笠間書院………

秀吉の虚像と実像

堀 新×井上泰至 編

湯浅佳子
北川 央
太田浩司
柳沢昌紀
原田真澄
堀 智博
菊池庸介
谷口 央

網野可苗
遠藤珠紀
森 暁子
米谷 均
金子 拓
丸井貴史
谷 徹也
藤沢 毅

【目次】

目次

本書の読み方

○本書は、どのようにして秀吉は「**虚像**」として語られ、今その「**実像**」が問われているのか、**14のトピック**を立て解明していくものです。
○よってそれぞれに対し、「**虚像編**」「**実像編**」を設けました。
○「**実像編**」は歴史学の側から、「**虚像編**」は文学の側から、それぞれ成果を持ち寄りまとめました。
○14のトピックで捉えきれない部分は、歴史学側から**コラム**の形で補っています。
○本書に登場する作品は、おおむね**付録**「**秀吉関連作品目録**」「**主要秀吉関連演劇作品一覧**」で一覧にしています。ご参照ください。
○分散しがちな秀吉とその歴史総体を、歴史認識・歴史叙述の点から再検証します。単なる通史ではない、多様な見方と大きな見通しの確認・発見を目指しました。主要な参考文献も挙げています。本書でそれぞれが、新たな「秀吉」を探すきっかけになればと思います。
○まずは次の「**序**」からお読み下さい。**編者による、本書の編集意図**が述べられています。

序

■虚像編・編者より

秀吉の「夢」、語り手の「夢」

……井上泰至

■実像編・編者より

実像と虚像、歴史学と文学、どちらも面白い

……堀 新

■虚像編・編者より

秀吉の「夢」、語り手の「夢」

井上泰至

秀吉とは、どういう「個性」であったのか？　学問的な問いとしては、ひどく困難な課題だが、ひとたび秀吉を軸にこの時代の歴史を語ろうとする時、これは避けては通れない。特に文学上の秀吉像とは、その「個性」についての解釈の歴史そのものだったと言ってよい。こうして「レジェンド」となった秀吉の「個性」といえば――明るさの中にある狡知《こうち》・機転・精励《せいれい》・寛容・大志、そして、出自の低さからくるコンプレックスと一体の承認願望といった言葉がまずは浮かぶが、詳しくは虚像編の各章によられたい。

露と落ち露と消えにし我が身かな難波のことも夢のまた夢

信長に見出されてから、武将としては異例の幸運に恵まれるが、家族の縁は薄く、しかし妻は賢夫人《けんぷじん》、晩年側室《そくしつ》との間に子に恵まれるがその将来を心配しつつ、この世を去る他はない。人間の抱える矛盾と魅力が、これほど語られてきた存在も、日本の長い歴史で稀有《けう》なのである。秀吉が実際そのような個性であったかどうかは今おくとして、本書の章立ては、実像編の編者堀新さんの提案を、丸呑みできたことから見ても、この時期の政治史は秀吉という個性と切っても切り離せないことは明らかだ。

　本書の実像編は、一次史料を中心に、高度に精緻な形で構築された秀吉とその活動の「実像」を解き明かしている。虚像編からは、それを鏡とし、バネとして飛躍していった、秀吉を巡る「レジェンド」の成り立ちと、その有りようを確認できる。これまでになかった試みである。思えば、それは秀吉だからこそ可能であったというべきか。その秘密は、秀吉の異例の出世にある。ひどく身分の低いところから天下人になったという「夢」、それも大きい。当然、条件に恵まれない後世の人々の「夢」を託すことができる。

　しかし、裏返せば、彼は本能寺の変の後、山崎の合戦で明智光秀《あけちみつひで》を討つことで突如主役に躍り出たからこそ、「レジェンド」になりえたという見方もできるだろう。そのドラマチックな展開も魅力だが、誰も注目していなかったところに史料は残りにくい。かえってそこにこそ、伝説化の沃野《よくや》は拡がっている、という逆説がある。

　人々は、関白任官・大坂城築城・天下統一・太閤検地《たいこうけんち》・近世京都の整備・二度の外征《がいせい》と、評価はさまざまだが、彼の大仕事の数々と、それに比しては哀れな豊臣家の末路を知っている。ひるがえって、その前半生は謎に満ちたままである。結果、「実はこうであったのだ」「実はそうであったのか」、というふくらましがこれほど期待される政権担当者も、日本史上そうはいなかったのではないか。

このありそうでなかった本の、その先にある問題についても少しふれておきたい。本書を手に取られた方は、実像編の各章が、可能な限り一次史料によって記述がなされ、その学問的な最新の果実にふれて、別の意味で、「実はそうであったのか」と知的興奮を得ることだろう。また、そこから虚像編に進むと、お馴染《なじ》みの「レジェンド」がどうして生まれていったのかを知って、半ば苦笑いしながら読むことだろう。

しかし、注意して読むと、実像編にあげられた史料の中には、虚像編と同じものが、多くはないがあることに気づくはずである。特に、戦の経緯については一次史料が残りにくく、残されたものは、豊臣家を亡ぼした徳川家の支配の時代の意識を反映していたり、自分の先祖の顕《けん》彰《しょう》を意図して記述されたりするから、虚実の選り分けが難しい。ここにこそ、歴史学の研究者と文学の研究者が共同で討議すべき課題も残っている。本書は、秀吉をめぐる問題系について、新しい視角からの整理がなされていると共に、今後考えるべき問題がそここに潜んでいるのである。

■実像編・編者より

実像と虚像、歴史学と文学、どちらも面白い

堀　新

歴史学、ことに文献史学の分野では、伝統的に「実証性」を重んじる。さまざまな文献史料があるが、歴史学が重視するのは古文書・古記録であり、これらを一次史料という。戦国時代（ここでは織豊期《しょくほうき》を含める）でいえば、戦国武将の書状や知行宛行状《ちぎょうあてがいじょう》、戦国武将や公家の日記、さらには検地帳《けんちちょう》や分国法《ぶんこくほう》などである。宣教師《せんきょうし》の記録や、『李朝実録《りちょうじつろく》』などの外国史料も活用される。その一方で、戦前までは多用されていた小瀬甫庵《おぜほあん》『太閤記《たいこうき》』や『川角《かわすみ》太閤記』等の軍記物語、いわゆる文学作品は編纂物であるために二次史料とされたうえ、「誤謬《ごびゅう》が多い」と烙印を押され、歴史研究において使用されることはほとんどなくなっている。たまに言及されていても、「太閤記のここが間違っている」といった内容ばかりであるから、歴史研究者の多くが文学作品だけでなく、文学研究から疎遠になるのは当然である。その結果、「実像を追究する」歴史学と、「虚像を楽しむ」文学という、歴史学側が身勝手な境界線を引いてしまった感がある。こうして、

同じく戦国時代を専門としながら、歴史学と文学は「近くて遠い」関係になってしまった。

こうした距離感は、もちろん個人的には近しい関係もあったが、戦国時代研究においては、数十年間続いていたように思う。こうしたなか、文学研究は作品テキストの徹底的な読み込みを進めていった。軍記物語は実在する合戦や人物を扱った作品であるから、前述した身勝手な境界線で言えば、「虚像を楽しむ」ためには「実像を追究する」必要がある。その過程で、戦国社会や人物の実像に迫る成果をあげていき、「実像も追究する」文学として、歴史学の領域にどんどん迫り始めたのである。

いっぽう歴史学においても、古文書・古記録にも間違いや、本人が書いたからこその虚偽や誇張もあり、それを踏まえて古文書・古記録を分析しなければならない。「誤謬が多い」ことは、検討対象から外す理由にはならないのである。こうして再び、軍記物語等の文学作品に注目し始めたのである。この点については、以下の文章が参考になろう。

日記と文書のみでどれほどのことが語りうるのか。日記と文書だけではその記述自体を理解することすら容易ではなく、戦国軍記と称される編纂物によって筋道を辿りながら、年次や個々の固有名詞を比定することから始めて、漸く内容が把握されるというのが実のところである。つまり一次史料こそといいながら、実は二次史料によって一次史料を解釈しているのである。

〈大桑斉「石山合戦編年史料をめぐる諸問題」〈真宗史料刊行会編『大系真宗史料』文書記録編12石山合戦、法蔵館、二〇一〇年〉〉

こうした状況は、石山合戦だけでなく、戦国時代研究全般に該当しよう。これを克服するためには、文学作品に真摯《しんし》に向き合うしかない。「虚像も追究する」歴史学である。この転換によって、戦国時代の実像をより深く捉える道が開けて来るだろう。

こうして、歴史学と文学双方の動きから、両者は再び近づいてきた。学際的研究の必要性が叫ばれて久しいから、むしろ遅すぎたくらいである。ただし、現在はまだ「近くて遠くない」程度の関係であるから、歴史学・文学いずれもが実像と虚像を十分に追究したうえで執筆する段階にはない。それは、「近くて本当に近い」関係になった時まで取っておくことにしたい。

そこで本書は、豊臣秀吉を素材に、歴史学が実像編、文学が虚像編を、それぞれの学問スタイルで執筆した。実像編は、主に古文書・古記録を使用して、現在何が、どこまで明らかになっているかを述べた。そのさい、必要に応じて典拠《てんきょ》となる古文書・古記録を示している。これに対して虚像編は、一般に流布している歴史常識が、どのような軍記物語によっていかに形成されたのか、その虚像のあり方を浮き彫りにしている。この両者があわさることによって、「実像も虚像も追究する」ことができるのである。それは、豊臣秀吉という人物はもちろん、彼の生きた社会をもより深く理解することである。それだけでなく、秀吉死後の時代の姿をも、豊臣秀吉という人物とその伝説を通じて掘り下げることでもある。

「実像も虚像も追究する」歴史学と文学のコラボレーションには、このような大きな可能性と魅力がある。実像と虚像、歴史学と文学、どちらも面白いし重要なのである。本書がそれを十二分に発揮できていないことを危惧するが、その第一歩として、意のあるところを汲んで頂ければ幸いである。

1 秀吉の生まれと容貌

異例の出世には条件がある。人並はずれた「運」の良さと、凡人から見れば「超人」的に見える能力である。科学の行き渡らない時代、「運」も「能力」も神仏によって約束されていたものとされがちである。しかし、生前の活躍が光源となってヒトガミとなっていく秀吉の時代の世界観自身は、下克上の精神、草莽《そうもう》の精神の表れでもある。実際は、秀吉の在世当時、恐ろしく素早く、的確な秀吉の判断と行動が超人的に見えていたのも興味深い。

1 秀吉の生まれと容貌

実像編 ▼堀　新（共立女子大学教授）

秀吉を動物に喩えれば、日本人のほとんどは猿と答えるだろう。しかし、秀吉は本当に猿に似ていたのだろうか。また、猿のイメージと結びついて、秀吉の生まれは天文五年（一五三六）申年生まれとされることが多い。これらはどのような根拠にもとづくのか、いつからそう言われるようになったのだろうか。信頼できる史料にもとづいて検証する。

生まれ――秀吉の生年月日

豊臣秀吉の生年には二説ある。有名なのは天文五年（一五三六）説である。この根拠は、土屋知貞《ともさだ》『太閤素生記《たいこうすじょうき》』であり、「天文五丙申年正月大朔日丁巳《ていし》、日出《ひので》ト均《ひとし》ク誕生」とある。これを受け継いだ武内確斎《かくさい》『絵本太閤記《えほんたいこうき》』によって、世間に広まった。天文五年は申《さる》年であり、その正月元日の初日の出とともに秀吉は生まれたというのである。この誕生時からの目出度さが、そのまま秀吉の大出世に繫がったという意味合いも加わって、それなりに興味深い内容である。

もう一つは天文六年説である。この根拠は、竹中重門《しげかど》『豊鑑《とよかがみ》』であり、「羽柴筑前守豊臣秀吉、天文六年丁酉に生れ」とある。これによれば、秀吉は申年ではなく酉《とり》年の生まれとなる。わずか一年の違いとはいえ、織田信長や徳川家康の生年が議論になることはないから、これは出自の低い秀吉ならではの問題と言えるだろう。

では、どちらが正しいのであろうか。『太閤素生記』の成立は寛永二年（一六二五）～延宝四年（一六七六）、『豊鑑』は寛永八年以前である。どちらも十七世紀前半という比較的早い成立ではあるが、秀吉の死後約三十年以上を経て成立した編纂史料であり、史料的根拠としては弱い。そこで信頼できる史料として、秀吉在世中の古文書等三点を検証したい。以下、年代順にあげていこう。

まず最初は、天正十八年（一五九〇）十二月吉日付で、秀吉家臣の伊藤秀盛が飛騨国石徹白《いとしろ》神社に奉納した願文《がんもん》写である（「桜井文書」）。これは秀吉一家の「御武運長久・家門安全・息災延命」を祈願したもので、そのなかで「関白様　酉之御年　御年五十四歳」と記されている。これによれば、秀吉は酉《とり》年生まれであり、天正十八年当時五十四歳だったことになる。年齢から逆算すれば、秀吉は天文六年の酉年生まれとなる。伊藤は近江時代からの秀吉家臣であり、秀吉の生年や年齢を間違えることはまず考えられない。

なお、この願文では秀吉の他に大政所（秀吉生母）と若君様（鶴松）の生年と年齢もあげているが、北政所（ねね）と「若君様御袋様（淀殿）」は「御とし（年）おほえ（覚）申さず候」として、生年と年齢を記していない。淀殿はともかく、伊藤がねねの生年を知らないのは不思議であるが、願文という性格上、不確かな事柄は記さなかったのであろうか。そうすると、明記されている秀吉の生年と年齢は、極めて確度が高いと言って良いであろう。

次に、秀吉の御伽《おとぎ》衆である大村由己《ゆうこ》『天正記《てんしょうき》』のうちの『関白任官記』である（『太閤史料集』）。

『関白任官記』の奥書《おくがき》には「天正十三年八月吉日」とあり、関白任官直後に書かれたものである。このなかで由己は「誕生の年月を算《かぞ》ふれば、丁酉《ていゆう》二月六日吉辰《きっしん》なり」と記している。これによれば、秀吉は「丁酉」＝天文六年二月六日の吉日生まれとなる。二月六日がなぜ吉日なのかは不明だが、秀吉が生まれた日だからなのであろう。『関白任官記』には秀吉を天皇の御落胤《らくいん》とするような、秀吉の低い出自を虚偽で糊塗する記述もある。しかし、天文六年二月六日生まれと記すことで、何か秀吉の出自が飾られるわけではないから、この日付の信憑性は高いとしてよかろう。

最後に、慶長二年（一五九七）三月一日付北野天満宮釣灯籠銘《つりとうろうめい》である。ここには、「御歳《おんとし》丙申、御祈祷のためなり」とある。これは秀吉が丙申＝天文五年生まれであり、還暦にあたる慶長二年丙申の年に、秀吉の無病息災を祈祷したものであろう。この釣灯籠銘の日付は秀吉死去の前年であり、秀吉が自ら寄進した釣灯籠に刻まれたと考えられる。これによれば、秀吉在世中から天文五年説があったことになる。しかも、秀吉本人が寄進した釣灯籠に刻まれているのであるから、これ以上確実な史料はないとも言えよう。

天文五年か天文六年か

以上三点の史料は、秀吉在世中に、秀吉自身、ないしは秀吉に近い人物が記したものであり、いずれも信頼できる史料である。しかし、これらの間で天文五年と天文六年の両説に分かれてしまう。これをどう考えたら良いのだろうか。この問題を解決することは難しいが、一つの可能性として考えられるのは、北野天満宮釣灯籠銘の日付が、後日に刻まれたのではないかということである。傍証ではあるが、美濃国円徳寺梵鐘銘《ぼんしょうめい》には、永禄七年（一五六四）十一月十一日の日付が刻まれている。しかし、これは寛永十七年（一六四〇）四月に再鋳されたものなのである。釣灯籠と梵鐘という違いはあるが、ともに神社や仏閣の什宝《じゅうほう》として大切に保存され、修理されながら現在に伝えられている。その過程で再鋳されるものもあり、その際に銘の文面を改めることがあるのである。円徳寺梵鐘で言えば、銘文の「上総介平信長公」は再鋳のさいの改作と考えられている。信長が「上総介《かずさのすけ》」を名乗るのは弘治三年（一五五七）までであり、永禄七年当時は「三介」だったのである。これと同様に、北野天満宮釣灯籠銘も後世の再鋳であり改作である可能性があるのではないだろうか。この推測には根拠がないが、このように考えない限り、信頼性の高い史料間の矛盾が説明できない。

ここで少し方法を変えて、秀吉の生年に関わるエピソードを紹介しよう。秀吉とは「猿」「犬」と呼び合ったとされる前田利家に関するものである。慶長三年に秀吉が死去したさい、利家が「耳塞《ふさ》ぎ餅」をしたという（岩澤愿彦《よしひこ》『前田利家』）。「耳塞ぎ餅」とは、同年齢の者が死去した際に厄除《やくよ》けに両耳に餅を当てる習俗である。耳を塞ぐのは、あの世から自分を招く声を聞こえないようにするためとされる。また、同年齢と言っても、自分の家から屋根棟が見える範囲とされる場合が多いとされ、清須城下では隣同士だったという秀吉と利家は、この条件にピッタリ当てはまる。そして利家の生年は、天文六年なのである。やはり秀吉は、天文六年生まれなのではないだろうか。

以上のことから、秀吉の生年は天文六年酉年である可能性が高いといえよう。そして誕生日も正月元日ではなく、二月六日と考えて良いのではないだろうか。『太閤素生記』や『絵本太閤記』の伝える年月日は、秀吉の大出世と愛称「猿」に引き付けて創作されたものといえよう。

なお、秀吉の誕生譚について一言しておきたい。秀吉は天下統一の過程で、自ら「日輪《にちりん》の子」と称するようになる。これは、母の胎内に太陽の光が差し込み、生まれた子どもが秀吉であるというものである。このような話を信じる者がいたとは思えないが、こうした誕生譚は東アジア全域にあり、特に中国では新王朝建設者には必ずある。おそらく秀吉はこうした「常識」を五山僧から聞き、「唐入り」を正当化しようとしたのである（北島万次『豊臣秀吉の朝鮮侵略』）。

容貌——木の下の猿関白

秀吉の容貌は猿に似ていたことから、愛称は「猿」だったとされることが多い。なかには『太閤素生記』のように、秀吉の幼名は「小猿」であり、成長して「猿」と呼ばれるようになったとするものもある。しかし、これを信頼できる史料で裏づけることは難しい。そもそも、秀吉の容貌は本当に猿に似ていたのであろうか。

図１　豊臣秀吉肖像画
（公益財団法人　阪急文化財団　逸翁美術館蔵）

ではまず、秀吉肖像画を見てみよう。図1は「これがよくに（似）申よし（由）、きい（聞）て候」と書き込みがあることで有名な秀吉肖像画である（逸翁美術館蔵）。秀吉本人ないしはごく近しい人物が「（秀吉本人と）よく似ている」と評価したものである。しかしこれを見ても、「猿に似ている」と言えば似ているし、「似ていない」と言えば似ていないのではないだろうか。この程度で「よく似ている」というのであれば、ほとんどの人間は皆猿に似ていると言わなければならないことは、百年以上前に三上参次が指摘している（三上参次「豊太閤に就て」）。

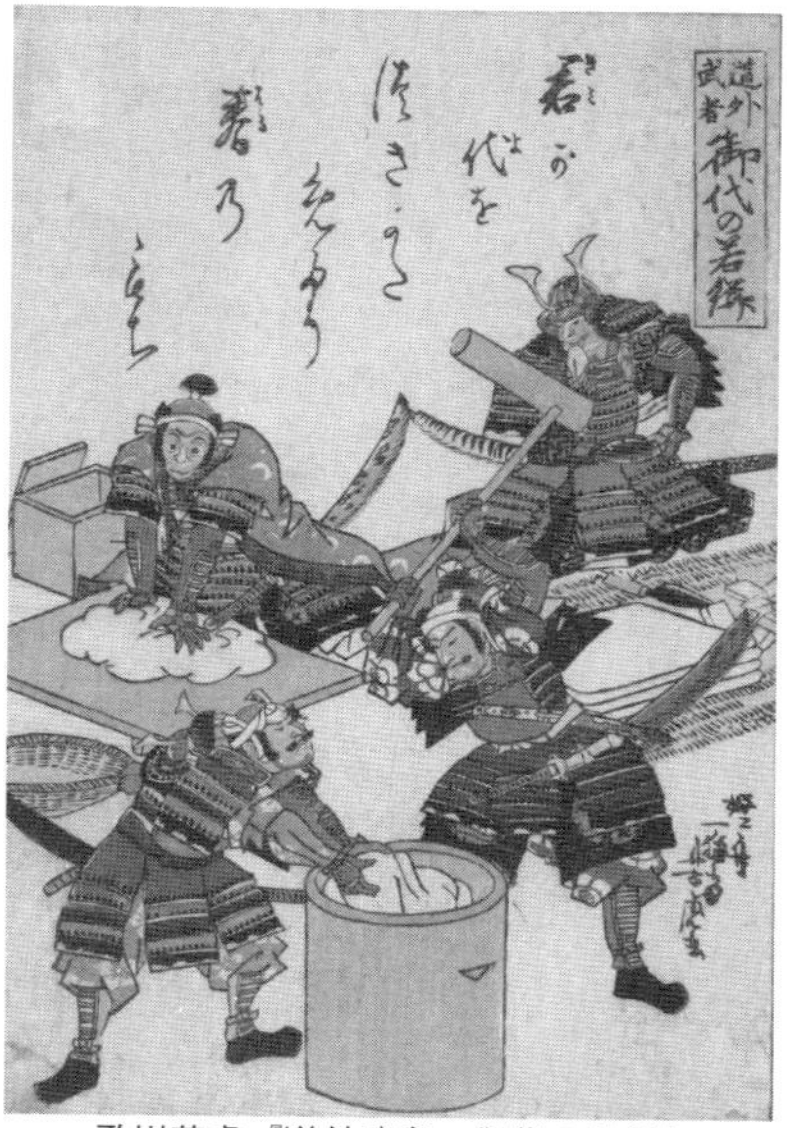

歌川芳虎『道外武者　御代の若餅』

次に、秀吉の伝記類の挿絵を見てみよう。意外にも、現代の秀吉イメージを形成した『絵本太閤記』ですら、秀吉の容貌を猿顔に描いていない。秀吉であることのポイントは、衣装の桐紋《きりもん》である（大阪城天守閣『秀吉の貌《かお》』）。しかし、嘉永二年（一八四九）出版の歌川芳虎《うたがわよしとら》『道外武者　御代の若餅』では、秀吉は猿顔に描かれている。この風刺画は、手前で餅を搗《つ》く信長と、それを手伝う光秀が描かれ、それぞれの衣装に織田の木瓜紋《もっこうもん》と明智の桔梗紋《ききょうもん》が記されている。そしてその奥で餅をこねている猿顔が秀吉であるが、衣装に桐紋は描かれていない。猿顔＝秀吉という共通認識を前提とした描き方である。

では、幕末にいたるまで秀吉のイメージが猿と結びついていなかったかと言えば、そうでもない。天正十九年二月二十六日に京都に掲げられた落首に、

まつせ（末世）とは　へち（別）にハあらし　木の下の
さる（猿）関白を　見るに付ても

とある（『広島大学所蔵猪熊文書』）。この内容は、猿のような秀吉が関白となっているこの世は、まさに末世であると歎くものである。「木の下」と秀吉の旧姓木下が掛けられているのは言うまでもない。「さる関白」が秀吉を指すことは、当時の誰もが連想できたであろう。

このように、秀吉を猿と結びつけるイメージは、秀吉在世中からあったことが確認できる。また、日本での抑留経験がある朝鮮儒者・姜沆《カンハン》『看羊録《かんようろく》』は、「（秀吉は）様子が猿のようであった」と述べている。姜沆は秀吉と面会していないものの、日本人の間で秀吉を「様子が猿のよう」とする話を聞いていたのであろう。間接的ながら、秀吉と猿のイメージを結びつける証言である。しかし、このことがすぐさま秀吉が猿顔だったとは限らない。秀吉は猿のように機敏に行動したという証言もあるからである（『岡田章雄著作集』四）。

猿か禿鼠か

そこで、秀吉の容貌について触れた史料三点を検証しよう。まず一点目は、秀吉の主君である織田信長書状をあげよう。「藤きちらう（秀吉）をんなとも（女共）」、すなわち秀吉の正室ねねに宛てたものである（「土橋嘉兵衛氏所蔵文書」）。この書状は木下家伝来とされ（山鹿素行『武家事紀』）、その点に関しては信頼性が高いとされている。その内容から、天正四年の安土城築城からあまり年月の経っていない頃のものと考えられる。このなかで信長は秀吉を「はげねずみ（禿鼠）」と呼んでいるが、これは秀吉の容貌からきていると考えられる。ただし、この書状は知行宛行状《ちぎょうあてがいじょう》でもないにもかかわらず信長の「天下布武」朱印が捺されているのは不審である。また、冒頭に「おほせ（仰）のことく」とあるが、家臣の正室の言葉を「おほせ」と表現することも不審である。他にも解決できていない問題点があり、大変著名な書状ではあるが、他に秀吉を「禿鼠」と呼んだ史料もなく、秀吉の容貌を伝える史料としては、にわかには信じがたいのである。

続いて二点目は、天正五年三月十五日付長岡藤孝《ながおかふじたか》等宛信長書状である（『細川家文書』）。冒頭に「猿帰候て、夜前《やぜん》之様子具《つぶさに》言上候」とある。この「猿」が秀吉とされ、敵情視察から帰った秀吉がその様子を信長に報告したと解釈されてきた。しかし、この書状の続きで、信長は今度は「一若」を派遣すると述べ、今日の様子は「徳若」に述べよと命じている。この「一若」と「徳若」は名前であり、「猿」と同等の者と考えるのが自然である。そうすると、この「猿」は既に近江国長浜城主であった秀吉ではなく、中間など低い身分の者であろう（鴨川達夫「秀吉のあだ名と風貌をめぐって」）。

最後は、玉木吉保《たまきよしやす》「身自鏡《みのかがみ》」である（『中国史料集』）。これは毛利氏家臣である玉木が、元和三年（一六一七）に自らの一生を振り返った自叙伝である。このなかで玉木は、天正九年六月に姫路城を出発する秀吉の姿を目撃し、「其姿軽やかに馬に乗り、赤ひげ（鬚）に猿眼《さるまなこ》」であったと述べている。秀吉が猿顔であった根拠とされることが多いが、「猿眼」とは猿のように赤い目ということであって、必ずしも猿顔ではない。また、赤鬚《あかひげ》と猿眼のセットは超人を意味し、玉木もこの後天下を統一して関白となった秀吉を「人間にては有《ある》まじ」と述べている。玉木は、秀吉の超人ぶりを強調するために赤鬚と猿眼と述べたに過ぎない可能性もある（鴨川達夫「秀吉のあだ名と風貌をめぐって」）。

外国人の見た秀吉

以上のように、国内の文献史料では、秀吉の容貌を伝えることは難しい。そこで、外国人が見た秀吉の容貌に関する記録五点を検討しよう。まず一点目は、イエズス会宣教師の記録である。天正十四年三月十四日、イエズス会副管区長ガスパル・コエリュはルイス・フロイスらとともに、大坂城で秀吉に面会した。はるか後方から見た秀吉の様子は、「がんらいあまり見栄えのせぬその容貌の特徴は、（我らの席）からは辛うじて識別できる（ほどであった）」という（ルイス・

フロイス『日本史』)。しかし、この記事の元になったフロイスの書簡には「遠くにいたので、その顔の細かい様相は見えなかった」とある（『十六・七世紀イエズス会日本報告集』）。その後、秀吉は畳半分も離れていない場所に座って話し始めたというから、「あまり見栄えのせぬ」というのは、その時の印象であろう。

二点目もイエズス会宣教師の記録である。天正十五年四月二十一日、九州出兵の途上に肥後国八代で秀吉は再びコエリュとフロイスに面会した。その時秀吉は「皆が見るとおり、予《(秀吉)》は醜い顔をしており、五体も貧弱だ」と述べている（ルイス・フロイス『日本史』）。この記述の元になった宣教師書簡はないが、いちおうフロイスの証言を信頼できるとして、秀吉自ら「醜い顔」と述べていることは注目される。

続いて三点目も、イエズス会宣教師たちの書翰をまとめたフェルナン・ゲレイロ「一六〇〇年の日本年報」である（『岡田章雄著作集』四）。このなかで秀吉は「まるで大きな猿のように、きわめて身軽に」木によじ登ったエピソードが紹介され、「人相がすこぶる猿に似ていた」と記されている。秀吉の容貌が猿に似ていたことをストレートに示す記録ではあるが、ゲレイロ自身に来日経験はなく、またこの記事の根拠となったはずの書翰もない。西洋人から見れば、秀吉に限らず、日本人など東洋人は猿に似て見えることもあり、ゲレイロの記録だけでは秀吉の容貌を猿顔と確定するには到らない。

これら宣教師の記録に対して、東洋人の見た記録三点がある。

まず朝鮮使節の記録である。天正十八年十一月七日、聚楽第《じゅらくてい》で秀吉に謁見した正使・黄允吉は「目光は爍々《しゃくしゃく》」、副使・金誠一は「その目は鼠のごとし」と感想を述べ、いずれも秀吉の眼光に注目している（閔順之『壬辰録』）。この時のことをまとめた柳成龍《りゅうせいりゅう》『懲毖録《ちょうひろく》』には「秀吉、容貌は矮陋《わいろう》、面色は黧黒《りこく》にして、異表無し。但《た》だ微かに目光閃閃として人を射るを覚ゆと云う」とある。秀吉は背が低く卑しげであり、色は黒く特に目立った特徴はないが、かすかに眼光が閃いて人を射るようであったというのである。まだ開戦前とはいえ、多少割り引いてみる必要はあろうが、秀吉は色黒で容貌は人並み以下だったようである。

続いて、倭寇に捕らえられて日本へ連行された中国人蘇八の記録である。蘇八は平戸島主（松浦隆信ないしは鎮信）に天正十五年の秀吉による九州攻めに動員され、天正十九年に秀吉の「唐入り」計画を伝えるために帰国した。蘇八は秀吉の姿を実見したらしく、「方白古登《ファンボゴドン》（関白殿）の左頬上に黒痣《ほくろ》数点あり、麺《（面）》は犬の形に似る、約年六十余歳」と述べている（侯継高「全浙兵制考」二）。九州攻めの頃の秀吉は約五十歳であるから、実際よりも老けて見えたようであり、容貌は犬に似ているという。肖像画では左頬に黒痣を確認できないが、蘇八の証言は具体的であり、実際に黒痣があったのではないだろうか。

以上のように、秀吉の容貌は醜いとされ、このことは秀吉自身も認めていた。しかし容貌は必ずしも猿顔ではなく、犬に似ているという証言もある。むしろ、その機敏な行動が猿に喩えられたり、あるいは赤鬚と猿眼という表現で、秀吉の超人性が讃えられていたのである。

むすびに

秀吉＝猿というイメージは、秀吉在世中から確認できる。秀吉を天文五年申年生まれとするのは、この影響であろう。しかし、秀吉の姿を実見した者の記録からは、秀吉の容貌は必ずしも猿顔とは断定できず、むしろ行動の機敏さから猿のイメージと結びつけられていた。また、異例の出世をはたした超人性を「赤鬚と猿眼」と表現していたのであった。

このように、秀吉＝猿というイメージは、低い出自に対する侮蔑のニュアンスを含みつつも、ポジティブな印象からも語られるものだった。しかし、時代を経るなかで、恐らくは江戸幕府や徳川家を絶対化・神聖化する「徳川史観」の影響もあって、幕末には秀吉の容貌は猿顔という共通認識が成立する。そしてそのイメージは現代まで続いているのである。

●参考文献

三上参次「豊太閤に就て」（『安土桃山時代史論』、日本図書、一九七六年、初版一九一一年）
岩澤愿彦『前田利家』（吉川弘文館、一九六六年）
『岡田章雄著作集』四（思文閣出版、一九八三年）
小和田哲男『豊臣秀吉』（中央公論社、一九八五年）
北島万次『豊臣秀吉の朝鮮侵略』（吉川弘文館、一九九五年）
鴨川達夫「秀吉のあだ名と風貌をめぐって」（『MUSEUM』五七五、二〇〇一年）
米谷均「『全浙兵制考』「近報倭警」に見る日本情報」（村井章介『八－一七世紀の東アジア地域における人・物・情報の交流』科研報告書、二〇〇四年）
米谷均「朝鮮侵略前夜の日本情報」（日韓歴史共同研究委員会編『日韓歴史共同研究報告書』第二分科篇、二〇〇五年）
鄭潔西「明代万暦時期における豊臣秀吉像」（『史泉』一〇九、二〇〇九年）
大阪城天守閣『秀吉の貌』（二〇〇九年）

1　秀吉の生まれこ容貌

虚像編

▼湯浅佳子（東京学芸大学教授）

近世期における太閤記物の嚆矢《こうし》『太閤記《たいこうき》』には、秀吉の日輪受胎《にちりんじゅたい》説が記されている。そして幕末の実録『真書太閤記』になると、日吉権現《ひよしごんげん》の申し子譚が加えられ、御伽草子や中世説話に描かれる一寸法師や弁慶等の主人公の「のさ者」としての性格が秀吉に付加されるようになる。『真書太閤記《しんしょたいこうき》』は、そうした中世以来の伝統的な英雄譚を取り入れることで、読者に親しみ易いイメージを秀吉に持たせている。

はじめに

近世期には、豊臣秀吉の人物像や事跡に取材した多くの文芸作品が成立した。その初期の作品の一つに軍記『太閤記《たいこうき》』（二十二巻二十二冊、寛永二年〈一六二五〉序）がある。作者は豊臣秀次《ひでつぐ》の侍医をつとめ、『信長記《しんちょうき》』や『童蒙先習《どうもうせんしゅう》』等を著した小瀬甫庵《おぜほあん》である。本書は、秀吉の生い立ちから朝鮮出兵や秀次の死までの歴史を記す。片仮名本で、寛永無刊記版のほか数版があり、宝永七年（一七一〇）には絵入り本も刊行され、後世まで読み続けられた。

秀吉を扱った作品には『太閤記』以前にも大村由己《ゆうこ》『天正記』や太田牛一『大かうさまくんきのうち』等があったが、『太閤記』以降は太閤記物と称される軍記や実録、講談、読本様式の様々な作品が成立する。そのうちの代表的な作品としては実録・白栄堂長衛『太閤真顕記《たいこうしんけんき》』（十二編三六〇巻）があり、写本の講釈風軍談として近世から近代をとおしてよく行われた。上方読本・武内確斎『絵本太閤記』（七編、岡田玉山画、寛政九年〈一七九七〉～享和二年〈一八〇二〉刊）はこの『太閤真顕記』の影響下に成立し大いに読まれた作品である。

そして近世期太閤記物の集大成といえるのが『真書太閤記《しんしょたいこうき》』（十二編三六〇巻一二一冊）である。『太閤記』から約二百年後の嘉永二年（一八四九）より幕末にかけて、栗原信充《くりはらのぶみつ》により書き続けられ、刊行された。こちらは実録で、虚構を施した歴史読み物となっている。本作品は『太閤真顕記』に他の太閤記物や軍記などを合わせて作られている。

この幕末刊行の実録『真書太閤記』と近世初期刊行の軍記『太閤記』とを比較した時、秀吉像にどのような変化が認められるだろうか。本章では、この二つの作品を中心に近世文芸における少年時代までの秀吉伝説の展開について考察する。

出生をめぐる奇瑞

秀吉の生年や生い立ちについては、『太閤記』をはじめ竹中重門《たけなかしげかど》『豊鑑《とよかがみ》』（写本四巻、寛永八年〈一六三一〉以前成立）、柿屋喜左衛門《かきやきざえもん》『祖父物語』（写本一巻、寛永十九年〈一六四二〉成立か）、浅井了意《あさいりょうい》『本朝将軍記』「豊臣秀吉記」（上中下三巻、寛文四年〈一六六四〉刊）、土屋知貞《ともさだ》『太閤素生記《すじょうき》』（写本一巻、延宝四年〈一六七六〉以前成立）、真田増誉《さなだぞうよ》『明良洪範《めいりょうこうはん》』（四十巻、元禄頃成立カ）等に記される。

このうち記事の詳細な『太閤素生記』によると、秀吉は天文五年（一五三六）正月一日（桑田忠親によると天文六年二月六日）尾州愛知郡中中村（現在の名古屋市中村区）にて出生、幼名は猿、後に藤吉郎、小竹、日吉丸という。父は木下弥右衛門といい、織田信秀（信長父）の鉄砲足軽だったが、負傷して百姓となり、秀吉八歳の時に死去。母はゴキソ村（現在の名古屋市昭和区御器所）の出で、秀吉と瑞龍院（秀吉姉）を生み、夫弥右衛門の死後は信秀家臣の同朋《どうぼう》竹阿弥に嫁したという。桑田忠親によると当書には史実と異なる記事が多いというが、『太閤記』とともに後世の秀吉伝に大きな影響を与えている。

『太閤素生記』や『太閤記』巻一「秀吉公素生」には、日輪《にちりん》が母の懐中《かいちゅう》に入り秀吉が誕生したという伝承が記され、そのことから秀吉の幼名を日吉・日吉丸とするという。両書に言及されてはいないが、この日吉という名からは日吉権現を想起させる。滋賀県大津市坂本にある日《ひ》吉山王権現《えさんのうごんげん》は、比叡山延暦寺創設以来、天台宗の守護神として立てられた神社で、その神使《みさきがみ》は猿とされ、庚申《こうしん》の本地ともされる（『日本神祇由来事典』「日吉権現」）。秀吉が猿のような容貌であったと伝えられることは、『太閤記』にも「輔車《つらがまち》は猿にも似たり」（信長の言葉）とあり、ここからも秀吉と日吉権現との関わりを想起させる。

松田修は、『太閤素生記』と説経「愛護《あいご》の若《わか》」とが日吉山王本縁譚《たん》の世界を共有しているとする。また小和田哲男は、信長に焼かれた比叡山を秀吉が復興したという史実にからめて、日吉山王本縁譚としての太閤伝説が比叡山の秀吉への報謝の念によって成されたとする林屋辰三郎の指摘を支持している。こうした両氏の説からも、秀吉と日吉権現との関わりが見えてくる。

ところで日輪が懐中に入り懐妊する奇瑞譚《きずいたん》は、小林信夫の指摘するように中朝の説話に多く例を見る。一方日本の高僧伝の中にも、日月が懐中に入り懐胎《かいたい》するという霊験譚があることは藤島秀隆の論に詳しい。このうち、秀吉と同じく日輪が母の懐に入り生まれたという人物に、平安時代の天台僧で比叡山中興の祖である慈恵大師《じえだいし》（元三大師・良源）がいる。『慈恵大僧正伝』

『絵本太閤記』初編巻一（国文学研究資料館蔵）

や『元亨釈書《げんこうしゃくしょ》』『後拾遺往生伝』によると、母が海中に座して天に向かう時、日光が降り懐中に入るという夢を見、忽ち懐胎したという。そしてこの慈恵大師の出身も日吉権現ゆかりの近江国である。こうしたことから、比叡山や日吉権現にゆかりのある人物として慈恵大師や秀吉の日輪受胎伝承が作られたと考えられる。

こうした日吉権現と秀吉との関わりが明記されるようになるのは、実録『太閤真顕記』・読本『絵本太閤記』・実録『真書太閤記』等の近世中期以降の秀吉伝で、そこには秀吉が日吉権現の申し子であるとの説が記される。

このうち『真書太閤記』では、秀吉の祖父昌盛《しょうせい》法師の代から物語が始まる。昌盛は比叡山西塔《さいとう》学林院の僧で、天下を泰平になし疲弊する万民を救うのは神仏の御慈悲にしかじと竹生島《ちくぶしま》弁財天に千日の参籠を行う。すると神女が現れ、昌盛の所願成就は子孫の代で成されるだろうと告げる。そこで昌盛は還俗し、故郷の近江国浅井郡《ごおり》長野村で於高《おたか》という女と夫婦になり、中村弥助国吉《くによし》と改名、その後尾張国愛智郡《あいちごおり》中村に移住する。その孫の昌吉と於仲《おなか》の間に生まれるのが秀吉である。なおこの於仲の父は持萩《もちはぎ》中納言保廉《やすかど》とされ、秀吉の貴種性が示される。こうして『真書太閤記』では、秀吉の由来を曾祖父の代まで描き、秀吉の祖父を竹生島弁財天の申し子とし、秀吉をも母於仲が日吉権現に祈誓して授かった申し子として、秀吉先祖三代の身の上に神仏の霊験が現れるという用意周到な筋立てを作っているのである。

そもそも申し子譚とは、仏教説話やお伽草子等に描かれる話型である。渡辺匡一によると、お伽草子の申し子とは「子宝に恵まれない夫婦が神仏に祈願し、子供を授かる話」で、「神仏から授かった「特別な子」として凡俗とは異なる聖性を保証され」「比類なき能力を持ち、神仏に見守られながら苦難を乗り越え、繁盛を遂げていく」者である。

では秀吉の場合はどうであろうか。『真書太閤記』で、秀吉の曾祖父昌盛国吉が竹生島弁財天に祈った願いとは、「我一身の後栄《こうえい》をおもはず、只《ただ》天下の乱を靖《しづ》めて民の急を救はんと欲するのみ」（初編巻一「昌盛法師願文祈誓の事」）というものであった。例えばお伽草子の『一寸法師』の翁姥や『文正草子』の塩焼き文太の場合、家一族の存続繁栄のために子を望むのだが、昌盛は天下平定と万民救済を志す者の誕生を願っている。その点において秀吉の申し子としての話は後者の話型に近く、仏教伝播のために生まれた、例えば聖徳太子のような聖人伝を想起させるものといえる。

異常誕生譚と特異な容貌

『真書太閤記』にはこのほかにも秀吉誕生時の不思議な逸話がある。霊星出現の話もその一つであろう（初編巻二）。また、産み月十月を過ぎても、一年を過ぎても母に何の気もなく、十三ヶ月目の天文五年正月一日に出産したという異常な誕生もそうである（同）。なおそうした話は仏教説話にもある。聖徳太子伝には「御くはいにん十月すでに満《まん》しても、さうなくたんじやうならせ給はず、（略）十三月をへて、あくる壬辰《みずのへたつ》の歳正月一日甲子《きのへね》の日午《むま》の時、御たんじやうならせ給ふ」とある。そして、十三ヶ月での誕生は極上の男子が生まれる吉事であり、悉陀《しつだ》太子（十二ヶ月）・漢の孝照皇帝（十四ヶ月）・羅睺羅《らごら》尊者（六年）・老子（八十年）といった天竺《てんじく》・震旦《しんたん》国の権者たちについての例があるとする（『聖徳太子伝』十巻十冊、寛文六年〈一六六六〉刊、巻二）。

こうした異常誕生譚は、中世の物語草子にも描かれている。一例としてお伽草子『弁慶物語』の弁慶は、熊野権現若一《にゃくいち》王子の申し子で、胎内に三年いて生まれる。出生時の姿は「髪は首まで生ひ下がり、目は猫の目に異ならず、歯は生ひそろひ、足手の筋さし表はれ」（『新日本古典文学大系　室町物語集下』）という異形であった。

この弁慶と同じように、『絵本太閤記』には「此児《このちご》生まれながら歯を生じ」（初編巻一「日吉丸誕生」）という赤子の秀吉の異様な姿が記されている。そして『真書太閤記』には、「この児《こ》の相《そう》こそ異体《いたい》なれ。色赤く猿眼《さるまなこ》にして眼中するどく瞳子《ひとみ》二つあり。頬先に五つの黒痣《ほくろ》ありて尋常《よのつね》の児とおなじからず、さながら猿のごとくなり」（初編巻一「秀吉公尾州中村に出生の事」）とある。この瞳が二つある人物の話としては、幸若「信田《しだ》」に「将門の御眼《まなこ》に、人見《ひとみ》が二つましまして、八カ国の王と成《なっ》て」という平将門伝がある。また説経「をぐり」にも、小栗の両眼に瞳が四体あり、説経「さんせう太夫」の厨子《ずし》王の両眼も瞳が二体あったという。秀吉のように生え揃った歯や二つの瞳を持った赤子とは、中世物語草子以来描かれる英雄像の一型であった。

放逸な少年時代

神仏の霊験のもとに天下を平治し民を救う者として生まれた秀吉であるが、少年時代の秀吉伝には、人の上に立つ者としては模範的とは言いがたい放逸な性格が描かれる。

もっとも『太閤記』には、「類ひ稀なる稚立《をさなだち》にして、尋常《よのつね》の嬰児《えいじ》にはかはり、利根聡明」「十を悟れる才智世に勝れ、取分《とりわけ》勇道の物語をば甚だ以てすき給ひつつ」と、日輪の子に相応しくその神童ぶりが記される。そして十歳の頃は家の貧しさのため人に使われ、遠江・三河・尾張・美濃を放浪し、「偏《ひとへ》に気象人に越え、度量世に勝れたる人」となったとあり（巻一「秀吉公素生」）、世過ぎの苦労の経験を重ね逞しく成長した秀吉の姿がある。

しかしその反面、八歳の頃、尾張国光明寺の門弟となるが「出家は乞丐《こつがい》の徒を離れざる物をと思《おぼ》し召し、万雅意《よろづがい》に振廻《ふるまひ》給ひ、僧共にいとはればやの心なりしかば」と仏門を嫌ったために、僧たちから却って仏法の障りとなるとして親元に帰される。その時秀吉は父の怒りを怖れ、「追い出しつる坊主共を打ち殺し、寺寺を焼き払ふべし」と僧たちを脅し口封じをしたという（同）。秀吉には武勇智略に長けた大人物という印象の一方で、横柄・横暴ともいえる性格がうかがえるのである。

『太閤記』のこうした秀吉の二面性は後の『真書太閤記』にも継承され、さらに脚色が加えられている。そこではまず、秀吉の優れた面について「隣家の子等と遊ぶに、形《なり》は年より小さけれども、こころは大きく、更に他の子等が下《しも》に立つことなし」と、大人物としての資質が記される（初編巻二「秀吉公尾州中村に出生の事」）。

しかし仏門に入った後、秀吉は問題行動を起こし始める。つまみ食いをしたり、学問をせず心のままに振舞ったり、果てには本尊の首を打ち落とすといった悪戯狼藉を働き、僧たちに憎まれついに寺を追い出される。日吉丸十二歳の頃である。その後も、いろいろな所へ奉公に行くが、十日と勤めず送り帰されること三十八度に及び、長松で瀬戸物陶工の仕事に就いて功績を積むが、やがてここにも厭き果て、匹夫の奴隷として終わるものかと思い立ってより以後は仕事もせず、心のままに遊び歩くというように、その放逸無法ぶりが描かれる（初編巻二「秀吉公尾州中村に出生の事」）。

秀吉出家の理由についても、『太閤記』には利根聡明の性質ゆえとのみあるのを、『真書太閤記』ではやや変えている。「村中の老少打寄りて「実《じつ》に貌《かたち》も心も猿に似たる者かな、斯《かか》る子なれども親なればこそ不便にも有るべけれ」など嘲り笑ふものも多かりけり」ということで、弥助夫婦も「我子ながら持てあまし、行儀も直り躾の為《ため》」と思ったので光明寺に入れたとある（初編巻二「秀吉公尾州中村に出生の事」）。秀吉の出家は、村人や親に疎まれたゆえであるとするのである。そして光明寺から追放された秀吉が家に戻った時も、母が従兄の源左衛門に「此児《このちご》中村へ連帰《つれ》りても何かせん。父は継《まま》しき仲なり。始末を語るもおこがまし。只此ままに何方《いづかた》へか奉公にすまし玉へかし」（同）と語っており、秀吉と父親との不仲がうかがえる。

このように申し子でありながらその異質さゆえに親から持て余され、主人公が家を出るという筋立ては、あたかも先述の弁慶や一寸法師のようなお伽草子世界の主人公を彷彿とさせる。異形に生まれた弁慶は、鬼子として父の弁心《べんしん》に疎まれ殺されようとするが、母の慈悲により山中に捨てられる（『弁慶物語』）。一寸法師も住吉大明神の申し子であるが、十二三歳になっても背丈が一寸しかないために、両親から「つくぐ〵と思ひけるは、ただ者にてはあらざれ、ただ化け物風情にてこそ候へ。われらいかなる罪の報ひにて、かようの者をば、住吉より給はりたるぞや。あさましさよと、みるめもふびんなり。夫婦思ひけるやうは、あの一寸法師めを、何方《いづかた》へもやらばやと思ひ」（渋川版『一寸法師』）と疎まれ、悔しく思った一寸法師が家出を決心をする。『真書太閤記』の秀吉も、こうしたお伽草子の主人公らの不遇な生い立ちに類似している。

『真書太閤記』では、その後秀吉は長松の奉公先をも出奔、蜂須賀村の小六《ころく》正勝のもとで働く。秀吉と蜂須賀との出会いは、秀吉が三河岡崎の橋の上で昼寝しているのを小六が足を踏んで通り過ぎ、それを秀吉が咎めたことに始まる（初編巻二「日吉丸、蜂須賀子六正勝に遭ふ事」）。小六は秀吉の振る舞いが世の常の者ではなく優れた智略の持ち主であることを頼もしく思い、家に住まわせる。その後秀吉は策を弄し小六から重代の刀を得る（初編巻三「日吉丸、即智変化の事」）。

親に疎まれ故郷を出奔した若者が、人との出会いを契機に出世したり、活躍の場を得ていったりする話は、やはりお伽草子の世界にもある。一寸法師は、親に疎まれたのを悔しく思い、針で刀を作り家を出、京に上る。三条の宰相殿の屋敷で足駄の下におり、それを履こうとした宰相を咎め名乗りをあげる。宰相は「一興なるもの」と一寸法師を認め奉公を許す。

また『弁慶物語』の弁慶は、異形ゆえに父弁心に疎まれ山中に捨てられる。その後は比叡山西塔の慶俊へと身を寄せ学問仏門に励むが、諍《いさか》いを好み乱暴を働くため周囲から忌み嫌われて山を出る。人を騙して太刀武具を得、諍い修行と称して諸国を廻るところを三条大橋で義経に出会い主従の約束をなす。

また申し子ではないが、物くさ太郎は大路に転がった餅を誰かが取ってくれるだろうと寝て待っていたのを、通りかかった地頭あたらしの左衛門尉のぶよりに認められる（渋川版『物くさ太郎』）。橋の上で堂々と寝るという秀吉の放埒ぶり、それを大物の所行と認める小六との出会いがあり、そこで出世への糸口をつかむという筋において、秀吉の話は物くさ太郎の話にも通じている。『真書太閤記』の少年時代の秀吉伝は、世になし物の無法者が、その秘められた力を人に見い出され出世していくという、いわば「のさ者」の話なのである。

まとめ

『太閤記』には秀吉誕生をめぐる日輪降臨説が記され、秀吉は高僧伝や中国の武王伝のような天下を掌握する者としての力を天より授けられた人物としての印象があった。それが後の『真書太閤記』になると、秀吉には中世物語草子に描かれる弁慶や小栗のような荒々しさや、物くさ太郎や一寸法師のような「のさ者」としての印象が付され、読者に親しみ易い秀吉像が描かれていく。本章では秀吉の少年時代までの話を『太閤記』『真書太閤記』という近世期初期と幕末の作品を考察するに止まったが、近世太閤記物は、軍記から実録へ、思想から娯楽へ、大衆化へという方向で展開していったと考えられる。

●参考文献
小林信夫「太閤伝説の成立」(『國學院雑誌』五九—八、一九五八年)
林屋辰三郎『日本の歴史』十二「天下一統」(中央公論社、一九七〇年)
桑田忠親『豊臣秀吉研究』(角川書店、一九七五年)
小和田哲男『豊臣秀吉』(中央公論社、一九八五年)
藤島秀隆「申し子譚の一考察」(『中世説話・物語の研究』桜楓社、一九八五年)
中村幸彦「真書太閤記」「太閤真顕記」(『日本古典文学大辞典』第三・四巻、岩波書店、一九八九年・一九九〇年)
笹川祥生「太閤記」(『日本古典文学大辞典』第四巻、岩波書店、一九九〇年)
松田修「太閤伝説の形成」(『松田修著作集』第一巻、右文書院、二〇〇二年)
渡辺匡一「申し子」(『お伽草子事典』東京堂出版、二〇〇二年)
阿部一彦「豊臣秀吉一代の軍記」(『戦国軍記事典　天下統一篇』和泉書院、二〇一一年)

●コラム

北政所の実名

▼堀　新（共立女子大学教授）

秀吉の正室北政所の実名は、一般に「ねね」として有名である。しかし、これは『太閤素生記』や『絵本太閤記』の誤りとされている。しかし本書では、「ねね」を採用している。その理由は後に述べるが、まずこの問題に関する研究史を振り返っておきたい。

「ねね」に疑義を唱え、「おね」を主張したのは桑田忠親氏である。北政所宛秀吉消息の宛名は「おね」であり、北政所自筆書状には「ね」と署名されているからである。「お」は敬称であるから「ね」が北政所の実名という。桑田説に従って、近年は映画やTVドラマでも、「おね」とされることが多い。

しかし、女性が署名する際に、名前の頭文字一字だけを記すのは通例である。そのうえ、室町～安土桃山時代に「ね」という一字名の女性は、北政所を除けば、一人もいない。そして「ねね」という女性名は一般的だったので、やはり「ねね」が正しいと角田文衞氏は主張した。女性名の常識からすれば「ねね」の蓋然性は高いが、角田説には北政所の実名が「ねね」である直接的な根拠がない点に弱みがある。なお、天正十六年（一五八八）四月二十一日付の従一位叙任口宣案には「吉子《よしこ》」とあるが、これは官位叙任にあたって格式張った名前を使ったものであり、吉子が実名とは思われない。

古文書という一次史料によっても決着が付かない論争であるため、系図・系譜という二次史料が注目された。木下家の「系図」には「子為《ねい》」、「平姓杉原氏御系図附言」には「於祢居《おねい》」、「木下足守家譜」には「寧子《ねいこ》」と明記されているのである（この場合の「於」や「子」は敬称である）。いずれも後世の編纂史料ではあるが、木下・杉原といった北政所に関わりの深い家のものである。これらにおいて「ねい」が複数あることは無視できない重みがあろう。なお人見彰彦氏は、「ねい」を普通は「ね」の長音、すなわち「ねー」と発音していた可能性があるという。

このように、近年の研究では北政所の実名を「ねい」とし、「寧」の文字をあてることが主流となっているのである。そのせいか、二〇一六年度NHK大河ドラマ「真田丸」でも、「寧」としている。

しかし、「寧」もまた二次史料による推論という弱みがある。実は秀吉本人が「ねゝ」と呼んでいる史料があり、『大日本史料』第十一編之二十五に紹介されている。それは名古屋市秀吉清正記念館所蔵文書のうち、天正十三年十一月二十一日付「掟」である。これは秀吉と北政所の間の取り決めを記した三ヶ条であるが、その最終条に「秀吉おねゝニくちこたへ《（口答）》候ハヽ、いちにち《（一日）》・一やし《（夜）》はり《（縛）》可申事」とある。北政所に口答えすれば一昼夜縛り付けるという興味深い内容から早くから存在を知られていた史料である。しかしどういうわけか、「おねゝ」という部分は注目されず『大日本史料』による翻刻が生かされることもなかった。

この掟は秀吉自筆と考えられるから（図版参照）、妻の実名を書き間違えることもなかろう。前述したように「お」は敬称であるから、「ねね」が北政所の実名なのである。『太閤素生記』が「祢々《ねね》」と記したのは正しかったことが、一次史料によって実証されたのである。文学作品恐るべし！

●参考文献

桑田忠親『豊臣秀吉研究』（角川書店、一九七五年）
人見彰彦「北政所（高台院）と木下家の人々」（『ねねと木下家文書』、山陽新聞社、一九八二年）
角田文衛『日本の女性名（中）』（教育社、一九八七年）
『小松茂美著作集27　人と書』（旺文社、一九九九年）
鴨川達夫他「刊行物紹介　大日本史料第十一編之二十五」（『東京大学史料編纂所報』四三、二〇〇八年）

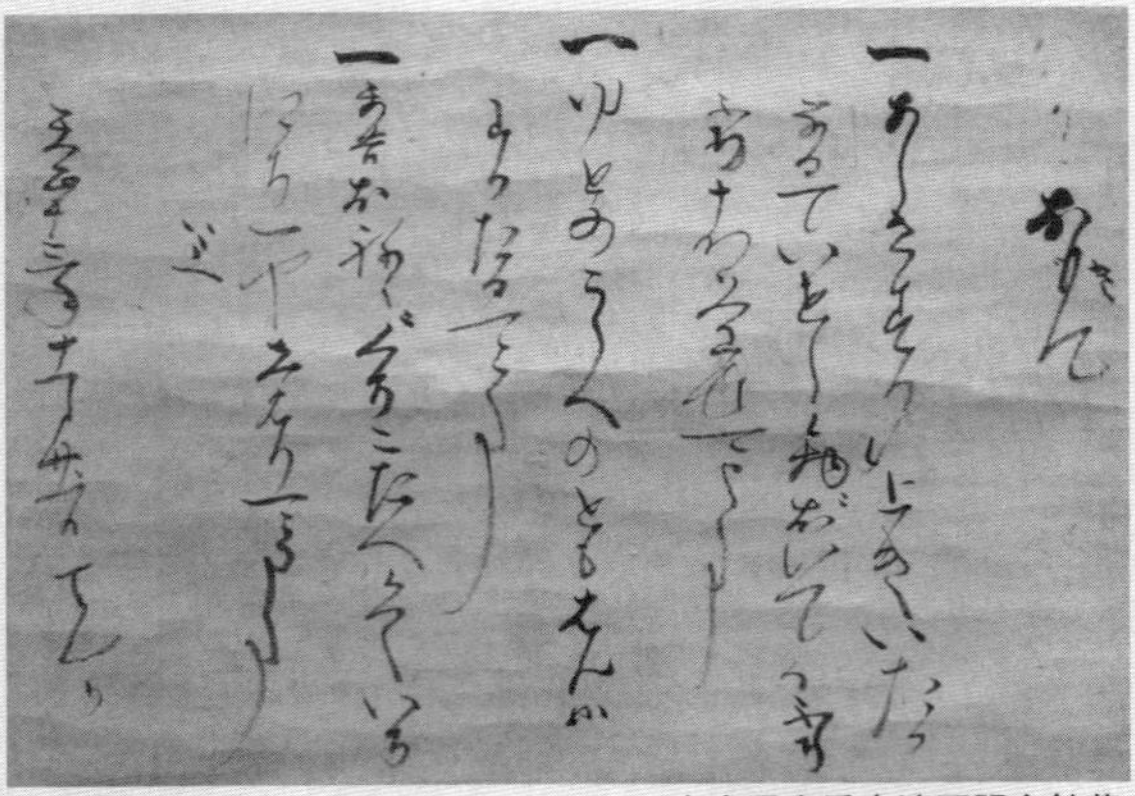

名古屋市秀吉清正記念館蔵

【翻字】

おき「も（抹消）」て
一、あしさすり候上、きいたかなるていをし候物ニおいてハ、ふちふち十つゝくわせ可申事、
一、ゆとのうらへのとも、はんかわりたる可候事、
一、秀吉おねゝニくちこたへ候ハヽ、いちにち・一やしはり可申事、
以上
天正十三年十一月廿一日　　てんか

2 秀吉の青年時代

秀吉の育った環境は謎に満ちている。父はだれか、どんな階層だったのか、織田家に仕えるまで何をしていたのか。その謎を前提に膨らんだ虚像は、時代が秀吉に求めたイメージを映し出す。平和と建設の江戸時代前期は、「忠義」の人として。対外的危機から英雄を待望する江戸末期には、たくましい「策略」の人として。さて、その低い身分の「謎」から、後の秀吉が成し遂げた大事業との関係について、「実像」編では魅力的な新説も提出されている。

2 秀吉の青年時代

実像編

▼北川　央（大阪城天守閣館長）

天下統一を果たし、関白にまで上り詰めた豊臣秀吉。しかし、その前半生は謎に包まれている。秀吉はいったい何をし、どのような青年時代を過ごしたのであろうか？

太閤様のご先祖

文禄四年（一五九五）九月二十五日、京都・東山の大仏殿経堂において「太閤様御先祖御弔《おとむらい》」の法要が営まれ、真言宗・天台宗・律宗・臨済宗（禅宗）・日蓮宗（法華宗）・浄土宗・時宗（遊行宗）・浄土真宗（一向宗）の仏教諸宗派から百人ずつの僧侶が出仕した（東寺文書、『言経卿記《ときつねきょうき》』）。俗に「千《せん》僧《そう》供養」と呼ばれたこの盛大な法要は以後も毎月二十五日と二十九日に大仏殿経堂で営まれた。それは「栄雲院道円《えいうんいんどうえん》」の祥月命日《しょうつきめいにち》が四月二十五日で、「栄光院妙円《えいこういんみょうえん》」の祥月命日が六月二十九日だったからである（『妙法院史料』）。では、「栄雲院道円」「栄光院妙円」とはいったい何者なのかというと、彼ら両人は秀吉の母大政所《おおまんどころ》の父母で、秀吉にとって「栄雲院道円」が母方の祖父、「栄光院妙円」はその室で、秀吉にとっては母方の祖母にあたるという。では、その秀吉の母方の祖父母というのはどういう人物なのであろうか。

　秀吉は、何か事件や出来事があるたびに、右筆《ゆうひつ》でお伽衆《とぎしゅう》でもあった大村由己《おおむらゆうこ》に命じて、自らの事績を物語としてまとめさせ、自身の立場や行動の正当化に努めた。『播磨別所記《はりまべっしょき》』『西国討伐記』『惟任謀反記《これとうむほんき》』『柴田合戦記』『紀州御発向記《きしゅうごはっこうき》』『関白任官記《かんぱくにんかんき》』『四国御発向并《ならびに》北国御動座《ごどうざ》記《き》』『九州御動座記』『聚楽行幸記《じゅらくぎょうこうき》』『大政所御煩《おわずらい》御平癒記《へいゆき》』『金賦《かねくばり》之《の》記《き》』『若公《わかぎみ》御誕生記』『小田原御陣』がそれで、いずれも天正年間の出来事を扱い、事件後まもなくまとめられているので、「天正記《てんしょうき》」と総称される。その内の一つである『関白任官記』には秀吉の出生をめぐる記述があり、それによると、秀吉の祖父母は朝廷で「萩の中納言」という公卿に仕えていたが、大政所が三歳のときに、ある人の讒言《ざんげん》により尾張国飛保村雲《ひぼむらくも》というところに配流《はいる》となった。その後大政所は上洛し、禁中に仕えて二、三年で身籠り、尾張に帰って生んだのが秀吉だというのである。秀吉の関白任官は天正十三年（一五八五）七月十一日であったが、この時点で父のいなかった秀吉は、それをいいことに自身の天皇ご落胤《らくいん》説をでっち上げ、母系で自らの出自を語ったのである。

　また、秀吉は天正十八年の朝鮮国王宛の書簡に「予かつて托胎《たくたい》の時に当り、慈母、日輪《にちりん》懐中に入るを夢む」（近衛家文書）と記し、文禄二年（一五九三）のスペイン領フィリピン総督宛の書簡では「予が誕生の時、太陽予が胸中に入りたり」（『異国往復書翰集』）、同年の高山国（台湾）宛の書簡では、「それ日輪の照臨する所は海岳山川草木禽獣《きんじゅう》に至り、悉《ことごと》くこの恩光を受けざるはなきなり。予、慈母の胞胎《ほうたい》に処せんと欲するの時に際し、瑞夢《ずいむ》あり。その夜己《つちのと》、日光室に満ち、

2. 秀吉の青年時代　実像編

室中昼のごとし」（『異国往復書翰集』）と述べ、天皇権威の及ばない海外諸国に対しては「日輪（太陽神）の子」という形で自身の出生を飾り、自己を権威付けした。

秀吉の父

池田恒興《いけだつねおき》や豊臣秀次《ひでつぐ》に仕え、晩年は前田利常《まえだとしつね》に招かれた小瀬甫庵《おぜほあん》の著した『太閤記《たいこうき》』にも、この「日輪懐胎《かいたい》」説が語られるが、そこには「父は尾張国愛智郡中村の住人、筑阿弥《ちくあみ》とぞ申しける。或時母懐中に日輪入り給ふと夢み、已《すで》にして懐妊し、誕生しける」とあり、「日輪懐胎」説は父筑阿弥の存在と並列で記される。同書ではまた、永禄元年（一五五八）九月朔日《さくじつ》に秀吉が織田信長に仕官を直訴した際、「某《それがし》父は織田大和守殿に事《つか》へ、筑阿弥入道と申し候て、愛智郡中村の住人にて御座候。代々武家の姓氏をけがすと云う共、父が代に至って家貧しければ、某微小にして、方々使令《しれい》の身と成りて、君門《くんもん》に達することあたはず」と、自らの出自を語ったとし、無事仕官がかなった秀吉は、「筑阿弥が子なればとて」、主君信長からしばらくの間は「小《こ》筑《ちく》」と呼ばれたと記す。文中の「織田大和守」は尾張・清須《きよす》城主で、信長の織田家（織田弾正忠家）の主家にあたるから、秀吉の父とされる筑阿弥は、清須城主織田大和守家に仕え、尾張国中村（名古屋市中村区）に居住した人物ということになる。

ところが一方、徳川家康に近侍した土屋円都の子で、自身も徳川秀忠《ひでただ》・家光《いえみつ》に仕えた土屋《つちや》知《とも》貞《さだ》の著した『太閤素生記』には、秀吉の父は「木下弥右衛門《きのしたやえもん》」であると記される。尾張国愛知郡には上中村・中中村・下中村という「在所」があるが、弥右衛門は中中村の人で、秀吉も中中村で生まれたという。弥右衛門は信長の父織田信秀《のぶひで》に「鉄炮足軽」として仕え、信秀に従い、諸所の戦いで戦功を挙げたが、傷を負い、体が不自由になったため、故郷の中中村に戻って百姓になった。秀吉の母大政所は、同じ尾張国の「ゴキソ（御器所）村」（名古屋市昭和区）の生まれで、中中村の弥右衛門の元に嫁ぎ、秀吉とその姉瑞龍院《ずいりゅういん》を生んだが、弥右衛門が亡くなった後は女手ひとつで二人の子を育てていた。ところが、中中村出身で織田信秀の同朋衆であった「竹阿弥」（筑阿弥）が病気になって故郷である中中村に戻って来たため、地元の人々の勧めもあって、「竹阿弥」が弥右衛門の家に入って大政所の婿となり、秀長《ひでなが》と南明院《なんみょういん》という秀吉とは「種替り」の男児一人、女児一人を生んだ。秀長は幼少の頃、「竹阿弥子タルニ依リテ」、「小竹」（小筑）と呼ばれたというのである。

この『太閤素生記』によると、『太閤記』が秀吉の実父とする筑阿弥（竹阿弥）は、実父弥右衛門が亡くなった後、母が再婚した継父に過ぎず、『太閤記』が秀吉の幼名とした「小筑《こちく》」（小竹）についても、筑阿弥の実子である秀吉の弟秀長の幼名であるとする。

寛文四年（一六六四）に百歳で没した京都の儒医江村専斎《えむらせんさい》が口述した『老人雑話』でも、秀吉が柴田勝家《しばたかついえ》と雌雄を決した賤ケ岳《しずがたけ》合戦において、秀長が救援に向かわず、中川清秀《なかがわきよひで》をみすみす討死させたことに秀吉が激怒し、諸将の面前で「身と種ちがったり」と罵倒したという逸話を紹介する。

しかし、『太閤素生記』によると、弥右衛門の死は天文十二年（一五四三）で、大政所と筑阿弥の結婚は弥右衛門の死後とあるにもかかわらず、筑阿弥の子とされる秀長の誕生が天文九年、南明院の誕生が天文十二年であるから、矛盾をきたす。大政所の子は、秀長・南明院を含めて四人とも弥右衛門の子であったとも理解できるが、『太閤素生記』の記述のとおり、秀長と南明院は間違いなく筑阿弥の子であったとすると、弥右衛門の生前から大政所は筑阿弥と通じており、不義の子二人を生んだということになる。もしそうであるならば、秀吉とその姉瑞龍院もまた筑阿弥の子であった可能性がないとはいえないので、『太閤記』の記述もあながち否定はできない。

一般には、『太閤素生記』の記述が通説的位置を占めるが、同書では弥右衛門を織田信秀の「鉄炮足軽」であったとしている。ポルトガル船が種子島に漂着してわが国に鉄砲がもたらされるのは弥右衛門死去と同じ天文十二年であるから、織田信秀が天文十二年以前から鉄砲隊を組織し、弥右衛門が「鉄炮足軽」を務めたことなどありえず、『太閤素生記』の記述を、そのまま鵜呑みにすることはできないのである。

秀吉の兄弟姉妹

異父か同父かは別として、秀吉には、のちに秀吉の跡を継いで関白となる秀次や秀勝（小吉）・秀保を生んだ姉瑞龍院、大和郡山城主で「大和大納言」と呼ばれた弟秀長、秀吉の命で夫と離縁し四十四歳で徳川家康の後室となった妹南明院という兄弟姉妹があったが、フロイス『日本史』には秀吉の兄弟姉妹について、興味深い話が記されている（第二部八十八章）。

一五八七年二月（天正十五年正月）のことであるが、一人の若者が、いずれも美しく豪華な衣装に身を包んだ二、三十人の身分の高い武士たちを従えて大坂城に乗り込むという事件が起こった。彼は伊勢からやって来、「関白の実の兄弟」を称し、彼を知る多くの人々がそれが事実で間違いないことを証言していた。秀吉は軽蔑した口調で母大政所に、「この人物を息子として知っているかどうか、そして息子として認めるかどうか」と厳しく問い質した。大政所は、その若者を「息子として認知することを恥じたので」、「そのような者を生んだ覚えはない」と嘘をついた。大政所がその言葉を終えるか終えないうちに、若者と従者の一行は悉く捕縛され、秀吉の面前で斬首された。彼らの首は棒に刺されて大坂と京都を結ぶ京街道に曝《さら》されたという。

それから三、四ヶ月後、今度は尾張国に姉妹がいるという情報が秀吉の耳に入った。彼女は「貧しい農民」だったので、秀吉は「己れの血統が賤しいことを打ち消そうとし」て、使者を派遣し、「姉妹として認め、それ相応の待遇をするから」と偽り、本人が望んでもいないのに彼女を京都に呼び寄せた。彼女はできる限りの用意をして、身内の女性たちとともに上洛したが、彼女らは入京するや否や捕えられ、全員が無惨にも斬首されたというのである。

このように、秀吉には瑞龍院・秀長・南明院以外にも兄弟姉妹がおり、大政所は不特定の男性と関係をもったらしいのである。それよりすると、秀吉の父についていては、『太閤素生記』のいう弥右衛門、『太閤記』のいう筑阿弥以外の男性である可能性もないとはいえない。秀吉の参謀として名高い竹中重治《たけなかしげはる》の子重門《しげかど》が寛永八年(一六三一)に書いた『豊鑑《とよかがみ》』には、秀吉について、「尾張国愛智郡中村」の生まれで、「あやしの民の子なれば、父母の名も誰かは知らむ」とあるが、母はともかく、父に関しては的を射た記述なのかもしれない。

秀吉生家の生業

先に紹介したように、『太閤記』で秀吉は、信長に仕官を直訴した際、「某父は織田大和守殿に事へ、筑阿弥入道と申し候て、愛智郡中村の住人にて御座候。代々武家の姓氏をけがすと云う共、父が代に至って家貧しければ、某微小にして、方々使令の身と成」る、と述べ、「木下藤吉郎秀吉」を名乗った。これを文字通りに受け取れば、秀吉の家系は武士ではなかったものの、武士同様に「木下」という苗字を名乗る上層農民であったが、父筑阿弥の代に零落して経済的に困窮し、秀吉は幼い頃からいろいろなところで下僕として働く身に落ちぶれてしまった、ということになろう。一方、『太閤素生記』では、秀吉の父「木下弥右衛門」は織田信秀に仕える「鉄炮足軽」であったが、戦場で傷を負い、戦《いくさ》働きが不可能となったため、故郷中中村に戻り、「百姓」になったというから、秀吉の少年期に生家は農業を営んでいたことになる。

秀吉の生家が農家であったことは、フロイス『日本史』にも「貧しい百姓の倅として生まれた」（第二部九十七章）と記され、秀吉の生家は「下賤の家柄であり、彼もその親族も、あるいは農業、あるいは漁業、もしくはそれに類したことを生業としていた」（第二部八十八章）とある。

『祖父物語《そふものがたり》』は寛永十九年（一六四二）の成立かと推定され、秀吉正室高台院《こうだいいん》（ねね）の祖父杉原《すぎはら》家利《いえとし》が住んだとされる尾張国春日井郡朝日村（愛知県清須市）の住人柿屋喜左衛門の祖父が語った内容の聞き書きとされる。同書には秀吉の伯父で、「甚目寺ノ東北町」に住む「又右衛門」が「ホウロク商売」をしていたこと、伯母婿の「七郎左衛門」（杉原家次《いえつぐ》）が清須で「レンジャクアキナヒ」をしていたこと、秀吉の姉婿「弥介」（瑞龍院の夫三好吉房《みよしよしふさ》）が「ツナサシ」であったことが記されている。「ホウロク」は「焙烙」で素焼きの土鍋のこと、「レンジャク」は「連尺」で、「レンジャクアキナヒ」は店舗を持たず商品を連尺で背負って売り歩く商人のこと、「ツナサシ」は鷹匠《たかじょう》の配下で働く者のことであるから、秀吉の周囲にはそういう行商などに携わる者もあったのであろう。しかしそれは秀吉生家が農家であったことを否定するものではないし、彼ら自身が百姓であったことを否定するものでもない。士農工商が未分化であった当時であるから、農作業の傍ら、行商などに従事した可能性は十分にある。

家を出た秀吉

『太閤素生記』によると、秀吉は十六歳のときに家を出たが、その際、実父弥右衛門の遺産として永楽銭一貫文をもらった。清須城下に赴いた秀吉はこの金で木綿針《もめんばり》を仕入れ、この針を売りながら、旅を続けたという。秀吉が針売りの行商人になったというのである。

一方、『太閤記』では、秀吉は八歳のときに、尾張国の光明寺に入れられたが、寺での修行になじまず、家に送り返された。しかし、実家は貧しかったので、十歳のときに秀吉は家を出て「人の奴婢」となり、「方々流牢の身」となって、遠江・三河・尾張・美濃の四ヶ国を転々とし、一ヶ所に落ち着くことはなかったという。

秀吉が家を出て、家族と離れ離れになったことは、小田原城主北条氏直《ほうじょううじなお》に宣戦布告した天正十七年十一月二十四日付の朱印状で、秀吉自身が「秀吉、若輩の時、孤と成て」と述べているから間違いない（伊達家文書ほか）。

また、毛利家の外交僧として名高い安国寺恵瓊《あんこくじえけい》は、天正十二年正月十一日付の書状で、当時日の出の勢いであった秀吉を評して、「乞食《こじき》をも仕り候て存ぜられ候仁」と記している。これは、フロイス『日本史』に、「貧しい百姓の倅《せがれ》として生まれた」秀吉は、「若い頃には山で薪を刈り、それを売って生計を立てていた。彼は今なお、その当時のことを秘密にしておくことができないで、極貧の際には古い蓆《むしろ》以外に身を掩《おお》うものとてはなかったと述懐しているほどである」とあるのと一致する（第二部九十七章）。

李氏朝鮮の宰相柳成龍《りゅうせいりゅう》の著した『懲毖録《ちょうひろく》』も、秀吉は「薪を売って暮らしを立てていた」と記すが、イエズス会の一六〇〇年及び一六〇一年の日本年報には、

彼（秀吉）はその出自がたいそう賤しく、また生まれた土地はきわめて貧しく衰えてい

2. 秀吉の青年時代 × 実像編

ため、暮らしてゆくことができず、その生国である尾張の国に住んでいたある金持の農夫の許に雇われて働いたからである。このころ彼は藤吉郎と呼ばれていた。その主人の仕事をたいそう熱心に、忠実に勤めた。主人は少しも彼を重んじなかったので、いつも森から薪を背負ってくることを彼にいいつけることしか考えなかった。彼は長い間その仕事に従事していた。

とある。これによると秀吉は、薪売りの商人だったのではなく、富裕な農家に雇われ、主人の言い付けで、森で薪を集め、運んで来るという仕事に従事したことになる。

スペインの貿易商人で、文禄三年に来日したアラン・ヒロンの『日本王国記』には、次のようなエピソードも紹介されている。

その頃美濃の国の辺境に、さる裕福な百姓がいたが、他の大勢の下男にまじって、中背の、おそろしく勤勉で、また実にものわかりのよい、藤吉郎という若者がいた。しかし、なにしろこの家では、他の仲間といっしょに山から燃料のたきぎを担いで持って来るというのが仕事だったのだから、さして重要な召使ではなかったに相違ない。そうやってこの仕事をやっている中に、ある日のこと、たきぎの焚《た》き方について、この家の他の下男らと言い争いを起こした。それはたきぎを担いで持って来る者が思っているよりも、多量の薪が消費されているということだったらしい。主人はこの出来事を耳にすると、すぐさま彼をこれまでの仕事から引き抜いて、ほかの仕事につけた。それはこの家で造っていた酒の役人であった。というのも、酒造りでなければ人から尊敬されないからである。藤吉郎は、この仕事にたずさわっている人々に指図することに専念した。

このエピソードは、『太閤記』に記される織田家の薪奉行としての活躍ぶりに類似する。信長から薪奉行を命ぜられた秀吉は、早速一年間に必要な薪の分量を調べ上げ、現行の三分の一で済むとの結論が出たので、信長に年間一千石ほどを無駄遣いしていると上申したというのである。あるいは織田家に仕官して以降の薪奉行としての事績を、アラン・ヒロンが誤って流浪時代のエピソードとして記したのかもしれないが、富裕な農家で薪刈りに従事した際の経験が織田家仕官後に活かされたのかもしれない。同様に経験を活かし、農家から独立して薪売りの商人になったのかもしれない。いずれにせよ、秀吉が薪刈りの仕事に従事したことは広く知られていたらしい。『川角太閤記《かわすみたいこうき》』に「秀吉は、恥ずかしく存じ候へど、昨今までの草刈わらんべなり」とあるのも、秀吉が薪刈りに従事したことを書いたものであろう。このように秀吉は、家を出て以降、農家に雇われたり、行商をしたり、時には「乞食」にまでなるなど、各地でさまざまな経験を積みながら、青年時代をたくましく生き抜いたのである。

そして、やがて秀吉は今川家の家臣松下《まつした》加《か》兵衛《へい》に仕え、さらに織田信長に仕官して、めきめきと頭角を現すのである。

秀吉と陰陽師集団

ここまで秀吉の経歴を確認してきて気になるのは、先に紹介した『豊鑑』に、秀吉は「あやしの民の子なれば、父母の名も誰か知らむ」と記されていたことである。

たしかにフロイス『日本史』にも、秀吉は「貧しい百姓の倅として生まれた」（第二部九十七章）とか、「下賤の家柄」（第二部八十八章）、「賤しく低い身分から出た」（第二部六十八章）、「きわめて陰《いん》鬱《うつ》で下賤な家から身を起こし」（第二部七十四章）といった表現がみられるが、「あやしの民」はただ単に貧しいとか、下賤であるとかとは、少し意味合いが違うように感ぜられる。

そこで注目したいのは、秀吉が瓢箪《ひょうたん》の馬験《うまじるし》を用いたことである。瓢箪は内部の中空に不思議な呪力が宿る霊物と考えられ、上杉本の洛中洛外図屏風（米沢市上杉博物館蔵）には、「しやうもし村」の家の屋根に瓢箪が掲げられている様子が描かれている（図参照）。「しやうもし」とは「声聞師《しょうもじ》」「唱門師《しょうもじ》」などと書き、民間陰陽師《おんみょうじ》のことである。彼らの住む「声聞師村」は各地にあり、「陰陽之太夫《おんみょうのたゆう》（陰陽師）」と「舞々太夫《まいまいだゆう》（舞太夫《まいだゆう》）」によって構成されることが多かった。ともに不思議な呪力を持つと考えられ、その呪力によって吉凶を占い、穢《けが》れを祓《はら》い浄《きよ》めたが、「舞々太夫」は「曲舞《くせまい》」と呼ばれる芸能の担い手でもあった。織田信長が愛し、江戸時代には幕府の式楽となった幸若舞《こうわかまい》なども「曲舞」の一種で、現在まで伝承される大神楽《だいかぐら》も「曲舞」を基にした芸能である。

上杉本洛中洛外図屏風（米沢市上杉博物館蔵）より
「しやうもし村」部分

明治五年（一八七二）に新政府が陰陽道を廃止してしまい、陰陽道が神道の中に溶け込んでしまったため、現在ではたいへんわかりにくくなってしまったが、地鎮祭はもともと陰陽道の行事で、声聞師たちには土地の霊を鎮める呪力が備わっていると考えられたのである。地鎮祭の司祭者であった声聞師たちはまた有能な土木技術者集団でもあった。

文禄二年、秀吉は畿内の声聞師たちを尾張に派遣し、荒地開墾に従事させた（『駒井日記』）。そのため、毎年正月に宮中で行なわれる祝福芸の「千秋萬歳《せんずまんざい》」がこれ以降十八年間も途絶えることになったのである。

ここで想起されるのが秀吉の事績である。彼は大坂城・聚楽第・伏見城・石垣山城・肥前名護屋城といった巨大城郭を次々と築き、それにともない城下町も建設した。備中高松城攻撃の際には長大な堤を築いて水攻めを行ない、京都改造にあたっては「御土居《おどい》」を築いて町を囲んだ。文禄五年には淀川の両岸に強固な堤（文禄堤）を築いて流路を固定し、左岸の「河内堤」の上を京都と大坂を結ぶ「京街道」とした。「普請狂い」と呼ばれた彼は、清須城割普請《わりぶしん》、墨俣一夜城《すのまたいちやじょう》など、物語や伝承世界においてもその実力を遺憾なく発揮した。

秀吉は当時最高レベルの土木技術者集団を率いていたとしか思えないのである。それは彼自身が声聞師であったからではなかろうか。瓢箪の馬験を見た当時の人々は、即座に秀吉を声聞師と認識したのではなかろうか。

長篠合戦図屏風（大阪城天守閣蔵）の織田信長本陣に三人の声聞師の姿が確認できるように、吉凶を占う彼らは戦国大名の側近くに仕えた。また、小谷落城の際、近江国森本村（滋賀県長浜市）の「舞々太夫」である「鶴松太夫」が城主浅井長政《あざいながまさ》の父久政の側近くに最後まで仕え、久政の介錯《かいしゃく》を行ない、自身も追腹《おいばら》を切ったように、「曲舞」の担い手でもある彼らは、その点でも戦国大名の側近くに仕える機会に恵まれた。

あるいは秀吉が主君信長に気に入られ、とんとん拍子で出世を遂げたのにも、彼が声聞師であったということがかかわっているのかもしれない。

声聞師というと、宗教・芸能の専業者であったかのように思われるかもしれないが、彼らは基本的に農民であり、農業の傍ら宗教活動・芸能活動を行なったから、声聞師であることは、農民であることを否定するものではない。但し、多くの場合、彼ら声聞師たちが所有する田畑の面積はわずかに過ぎず、耕作に適した土地柄でもなかったので、農業専業で生活するのは難しい状況にあった。イエズス会の一六〇〇年及び一六〇一年の日本年報に「彼（秀吉）はその出自がたいそう賤しく、また生まれた土地はきわめて貧しく衰えていたため、暮らしてゆくことができず」とあるが、その内容は、声聞師村の特徴によく符号する。歌舞伎中村座の十一代目中村勘三郎は、江戸の町奉行所に提出した願書に、慶長三年生まれの初代勘三郎について、「私初代勘三郎儀、その生国尾州愛知郡中村の産」（『甲子夜話』巻五十九）と記した。これもまた秀吉の出生地が芸能民の住む集落であったことを伝えているのかもしれない。

●参考文献
渡辺世祐『豊太閤の私的生活』（大阪創元社、一九三九年。のち、講談社学術文庫、一九八〇年）
鈴木良一『豊臣秀吉』（岩波新書、一九五四年）
桑田忠親『豊臣秀吉研究』（角川書店、一九七五年）
石毛忠「思想史上の秀吉」（桑田忠親編『豊臣秀吉のすべて』所収、新人物往来社、一九八一年）
小和田哲男『豊臣秀吉』（中公新書、一九八五年）
山路興造『翁の座―芸能民たちの中世』（平凡社、一九九〇年）
小島廣次「秀吉の才覚を育てた尾張国・津島」（『逆転の日本史　つくられた「秀吉神話」』所収、洋泉社MOOK、一九九七年）
北川央「伊勢大神楽―その成立をめぐって―」（横田冬彦編『シリーズ近世の身分的周縁2　芸能・文化の世界』所収、吉川弘文館、

二〇〇〇年）
北川央「陰陽師と芸能」（『大阪人』五六―五、財団法人大阪都市協会、二〇〇二年）
北川央「水を治めた人々　其の一　豊臣秀吉」（『Levee you・you』五〇、国土交通省近畿地方整備局淀川工事事務所、二〇〇三年）
藤田達生『秀吉神話をくつがえす』（講談社現代新書、二〇〇七年）
北川央「大阪城・秀吉と歌舞伎・中村座」（『十月大歌舞伎　大阪平成中村座』プログラム、関西テレビ放送、二〇一〇年）
服部英雄『河原ノ者・非人・秀吉』（山川出版社、二〇一二年）
跡部信「天下人秀吉の出自と生い立ち」（播磨学研究所編『姫路城主「名家のルーツ」を探る』所収、神戸新聞総合出版センター、二〇一二年）
北川央「伊勢大神楽と南大阪―山本源太夫組・山本勘太夫組、そして伊藤森蔵組―」（『地域学研究』二、南大阪地域学会、二〇一二年）
渡邊大門『秀吉の出自と出世伝説』（洋泉社歴史新書y、二〇一三年）
片山正彦「秀吉の出自は、百姓・農民だったのか」（日本史史料研究会編『秀吉研究の最前線　ここまでわかった「天下人」の実像』所収、洋泉社歴史新書y、二〇一五年）

2. 秀吉の青年時代 × 実像編

2 秀吉の青年時代

虚像編

▼湯浅佳子（東京学芸大学教授）

近世初期刊行の軍記『太閤記』と、幕末刊行の実録『真書《しんしょ》太閤記』での秀吉の青年時代を読み比べると、前者には信長の庇護《ひご》の下で忠義を尽くして働く秀吉像が記される。一方後者では信長をも凌《しの》ぐ秀吉の策謀家としての活躍が描かれる。『太閤記』には思想的な要素が投影されているが、『真書太閤記』はむしろ秀吉の英雄像を描くことを中心としており、大衆文芸としての性格が濃厚になっている。

はじめに

本章では、前章と同様、江戸時代初期の軍記・小瀬甫庵《おぜほあん》『太閤記《たいこうき》』（二十二巻二十二冊、寛永二年〈一六二五〉序、無刊記本ほか）と江戸時代末期の実録・栗原信充《くりはらのぶみつ》『真書《しんしょ》太閤記』（十二編三六〇巻一二一冊、嘉永二年〈一八四九〉～幕末刊）を中心に、上方読本『絵本太閤記』や実録『太閤真顕記』をも確認しつつ、近世文芸において青年時代の秀吉像がいかに展開していくかを述べる。

忠義と信の人、秀吉――『太閤記』巻一より――

『太閤記』巻一によると、秀吉二十歳の頃、主人の松下之綱《ゆきつな》から信長家中の胴丸を買うよう命ぜられ、黄金五・六両を預かり、遠江から尾張国に向かう。しかし秀吉はこれを立身出世のための資金とし、頼まれた胴丸は出世の後に調えて松下に渡そうと考える。そして尾張国の叔父と相談の上で木下藤吉郎と名を改め、清須城の信長のもとへ新参し仕官を直訴する（巻一「秀吉公素生」）。松下側からすれば横領とされかねない行為であるが、秀吉には「謀略を以て威名を振るひ、国家を持《ぢ》すは勇士の本意とする所なり」という大義名分があり、それは叔父の賛同を得たことでさらに揺るぎない主張となる。

叔父の話によると、信長とは次のような人物という。

> 武勇の道、昼夜を分かず耆《たしな》み、権謀を事とし、信を守り、其の気象愚にして愚にあらず、大ひに強き振る舞いのみ有り。又誹《そし》る方も有りけれど、実は賢く寛広なる人なり。其の上、利を進め百姓を虐《しへた》げなどする小人をば、事の外にくみ給へり。此人必ず天下の主たるべし。
> （巻一「秀吉公素生」）

その信長のもとで「韓信・張良の如く用ゐられ、時めき出《いで》なば、且は一門の眉目、且は国家の邪路を正さん為にても有べきか」という。ここでは、信長が秀吉と同じように天下人となるべき志と器量を持った人物であることが秀吉の叔父により示されている（4章虚像編参照）。

こうして信長に仕えることになった秀吉の働きについて、『太閤記』巻一においては全て信長との関わりの中で記される。ある時秀吉は、清須城の再普請が廿日過ぎても完成しないことへの危機感を信長に告げる。信長は「猿めは何を云ふぞ」と秀吉を咎めるも、これに普請奉行を命じたところ、秀吉は早くも翌日に普請を完成させてしまう。そこに鷹狩りから戻った信長は、城を確認もしないのに喜んで秀吉に多くの褒美を与えたという。甫庵は、この時の信長の様子を「終を初に立てる徴兆也」と評する。つまり、信長は初めから秀吉がうまく仕事を為果《しおお》せるであろうことを予測していたのだと甫庵は述べるのである。秀吉は猿のあだ名で軽んじられる新参者であったが、「上《かみ》を敬まひ臣職を尽くす者は必ず公庭に隙《いとま》なし」（巻一「秀吉公素生」）との謂れように、忠勤を尽くそうと懸命に働く秀吉のことを感心に思っていた信長は、秀吉の志を見込んで普請奉行の役に取り立てたのだ、と『太閤記』には記されるのである（巻一「秀吉初て普請奉行之事」）。

また永禄六年（一五六三）夏、信長が河原での合戦の訓練で秀吉を一方の大将として戦わせたところ、秀吉は「学ばすして道を知り、聞かずして法を得たる生知《しょうち》の人なれば、孫呉《そんご》が法に合《かな》ひ、駈《か》け挽《ひ》き自由をえたる事、寔《まこと》に魚水に在り、鳥林に遊ぶに似たり」という自在の働きぶりであったという（巻一「信長公、秀吉を戯《たはふ》れに大将にし試み給ふ事」）。

このように、信長の目に止まった秀吉の才能とは、第一に「唯《ただ》忠義を抽《ぬきいで》、善言を奉らんと思《おぼ》し召す計《ばかり》にて、異《こと》心はなかりけり」（巻一「秀吉初て普請奉行之事」）という秀吉の信長への一途な忠義心である。第二に、道や法を自然と弁える生来の聡明さである。こうした「自然に忠義に深き素性《そせい》」と「生知」の才は、日輪の子としての秀吉であるからこそ備わった資質として『太閤記』において示されているといえる。

しかし、主君のために良いと思えばすぐに進言する秀吉の率直さを、信長は「さし出者」（出しゃばり）としてしばしば制止する。また周囲も「あれほどつらの皮の厚かりしは、見も聞きもせぬ」と秀吉を嘲笑する（同）。秀吉へのそうした周囲の冷遇から起きた一件が巻一「秀吉卿賊を捕へ給ふ事」である。

永禄六年秋の頃、信長家臣の福富《ふくづみ》平左衛門尉の金竜の笄《こうがい》が紛失し、秀吉が疑われる。怒った秀吉は、尾張国津島に住む知人で富家の堀田孫右衛門尉のもとに出向き、そこで情報を得て盗人を捕らえ、信長に身の潔白を明かす。秀吉は「唯、加様の疑ひにあひ申す事も、偏《ひとへ》に身の貧《ひん》なる故と存候へば、覚えず涙もそぞろなりし」と信長に語る。信長は秀吉を不憫に思い、日頃の出しゃばりを許し、黄金と土地を授けたとある。ここで信長は初めて秀吉の類い稀な資質を理解し心を許したのだろう。秀吉にとってはこれが「福の事始めとして栄行《さかゆ》く身と成りし門出」であったと甫庵はいう（巻一「秀吉卿、賊を捕へ給ふ事」）。

『太閤記』には続けて秀吉のまめ人ぶりが記される。信長から薪奉行を命じられると、さっそく翌日より自ら火を焚き、囲炉裏の状態を確認し、一ヶ月分の薪代を換算して無駄使いを止めさせる。また一村から大木一本を代価と引き替えに献上させ、倹約の手立てとする。この采配に満足した信長は、秀吉を他の奉行に命じ替えたという。ここで甫庵は秀吉のことを「何れの奉行なりと云ふとも、昼夜の堺《さかい》も分かず勤められし人なり」と評する（巻一「藤吉郎殿薪奉行之事」）。いかなる仕事であっても信長の命とあれば全力で勤める、秀吉の実直な人柄が記されている。

『太閤記』にはまたこんな話もある。秀吉は、策略をもって敵方の美濃宇留間《うるまの》城主大沢次郎左衛門尉を味方にする。しかし正月に秀吉が大沢を連れて清須へ登城した時、信長は密かに秀吉に大沢を殺すよう命じる。困った秀吉は、自らが大沢の人質になるという策略で大沢を逃がす。甫庵は、こうした秀吉の逸話をあげ、その頃の全ての人に好まれていた人物の一人が木下藤吉郎秀吉であったとし、それは秀吉の「信厚き故」であったと評している（巻一「秀吉卿、一命を軽んじ、敵国に於ひて要害の主と成る事」）。このように『太閤記』巻一において、秀吉は信長に忠義を尽くすことで、周囲の信用を得ていくのである。

2. 秀吉の青年時代 × 虚像編

では信長については『太閤記』にどのように記されるのだろうか。

秀吉が十日ほどで墨俣に城を完成させた（4章虚像編参照）ので、信長は秀吉を城に置き、制書に城主としての十七箇条の心得を認め、「右の条々、此の旨を相ひ守り、寛容大成の巧を勤むべき者なり」として秀吉に渡す。ここでの信長の振る舞いについて、甫庵は次のように評している。

秀吉の生稟《せいひん》厳急なるに因《より》て、ゆるやかに成功を勤めよと制し給ふを以て、信長卿、才智の程を知るべし。中々勇功のみにて、天下速成の功は成るまじきにや。（略）信長、胸中甚だ大なるに因《よ》りて、秀吉国器の才を心にしめ、麁《そ》に入り細に入り知ろし召し、月を逐《お》ひ年を経《ふ》るに順《したが》ひて用い出《いだ》させ給ふは明君なり。（巻一「秀吉卿一命を軽んじ敵国に於ひて要害の主と成る事」）

信長は秀吉の厳しく急ぎすぎて余裕のない気性を知っていたので、緩やかに成功へと事を運ぶよう制書にて戒めたというのである。秀吉の天下人としての器量を見込んで巧みに出世へと導こうとしたことに、甫庵は信長の明君ぶりを見ている。

もう一話、二条城の将軍足利義昭より、重臣で武略の達者な者を一人逗留させよとの命が信長に下る。すると信長は思いの外に秀吉をその役に選ぶ。そのため多くの旧臣らが秀吉を憎み讒言するが、信長は聞き入れず「予は唯、才智大勇の者を用いて国家の為にせんと思ふより外《ほか》、他《た》なし」と、秀吉を選んだ理由を語る。すると旧臣らは改心し、信長を恨まず、心を磨き誠忠に励んだという（巻一「秀吉を讒しけるを、信長公用ゐ給はざる事」）。秀吉を重用する理由はただ国家平定のためのみとする、信長の天下人としての器量がここに記されている。

以上のように『太閤記』巻一に記される秀吉の青年時代とは、信長の庇護と采配のもとで存分にその力を発揮し得た時期だったのである。

玉懸博之は、甫庵の著作類にみえる天の思想が中国明代の善書の影響下にあるとする。「秀吉忠義の実、曾て査滓《さし》無きに依り、天甚だ感じて福祥を降《くだ》し玉ふなり」（巻一「秀吉卿一命を軽んじ敵国に於ひて要害の主と成る事」）と、その純粋な忠義心に天が感応したのだと甫庵が評するように、『太閤記』にもそうした中国善書の思想がふまえられ、天の思想に基づいた信長と秀吉との密接な主従の物語が記されているのである。

策謀家としての秀吉――『真書太閤記』より――

次に、『太閤記』より時代を下ること約二百年後の実録『真書太閤記』における秀吉の青年時代について述べる。該当箇所は初編巻四「筑阿弥日吉丸を相する事幷信長稲葉山城下出張の事」から二編巻十二「竹中重治秀吉の寄親《よりおや》となる事幷《ならびに》日吉末松下嘉兵衛に見《まみ》ゆる事」までである。筆者は前章1の虚像編で、『真書太閤記』の誕生時の秀吉に仏教説話や物語草子の主人公のような申し子としての神性が備わっていること、そして少年時代には「のさ者」としての造形が行われていることを述べた。では青年期の秀吉はどのように描かれるのだろうか。

『太閤記』には、信長のため忠を尽くして働く青年秀吉が記されていた。しかし『真書太閤記』からは、それとはやや異なる人物像が描かれている。それは策謀家としてのしたたかさを持つ秀吉である。

『真書太閤記』によると、永禄元年二月、秀吉は主人の松下之綱《ゆきつな》から黄金六両を渡され、織田家新製の鎧を調達しに行くよう命ぜられる。しかし秀吉は、途中尾州中村の実家に立ち寄り、そこに逗留して仕事もせずにぶらぶらしているので周囲の者から呆れ疎まれる。「のさ者」としての姿がここにもうかがえるのだが、しかし秀吉は遊び歩くふりをして実は良主を探しており、信長に目を付けてその振る舞いを密かに偵察していたのであった（初編巻七「竹阿弥夫婦藤吉郎へ異見の事」）。周囲を欺きながら己の本意を遂げようとする策略家の顔が現れ始める。

その後秀吉が信長の家臣となると、上島（大沢）主水や柴田勝家・佐久間信盛・山口教吉・福富秀勝といった信長の家臣たちを秀吉に敵対する者として描く。中でも柴田勝家と佐久間信盛については、「はじめより木下をいぶせきものにおもひて、彼がいふほどのことをさみし、または過言なりといかりののしりけれ」（初編巻十六「織田北畠合戦の事」）と、常に秀吉と対立し妬む人物となる。

佐屋川出陣の時、信長が旧臣の柴田・佐久間ではなく秀吉の意見を用いたために、秀吉は二人から憎まれる（初編巻十五「織田信長佐屋川に出張の事」、巻十五「織田北畠合戦の事」）。また敵地墨俣に要害の城を築く話では、秀吉に出し抜かれまいと、佐久間と柴田が率先して普請役を引き受ける。しかしそれが失敗したために秀吉が役を勤めることとなる。秀吉は、土地の土豪や偸盗者《ちゅうとう》などを精兵として使い、それらを丁寧に教訓しながら進めたところ、一昼夜にして城を完成させる（二編巻七「織田殿再度《ふたたび》濃州へ出馬評定の事」〜巻八「秀吉智計を以て砦成就の事」）。いわゆる墨俣一夜城の話である。もともと『太閤記』の話には築城に当たり柴田らの介入は記されていなかったが、『真書太閤記』では柴田・佐久間らが秀吉への嫉妬ゆえに城普請の役を引き受け、失敗するという話として展開する。

このほかに秀吉を憎む人物として山口教吉がいる。山口には信長への謀反心があり、清須城普請奉行役を故意に怠っていたが、秀吉がその奸計を見抜き、山口に代わって普請奉行となる。そして人夫らに蔓延していた信長への不信感を解消し、三日で城を完成させる（初編巻十二「山口父子反心奸計の事」、巻十三「人夫等心を改め出精の事」）。信長家臣の福富秀勝は、金竜の笄が紛失した疑いを秀吉に向けるが、秀吉が潔白を証した後は憎しみを改める。そして、「（福富が）藤吉郎を疑いつること浅浅しき心と云ふべし」「藤吉郎が身にいささかもくもりなし」「藤吉郎をかろしめ、侮りしものも俄にそれぞれ会釈をなすぞここちよき」（初編巻十六「福富平左衛門金竜の笄を失ふ事」、巻十七「福富平左衛門勘気を蒙ふる事」）と、『真書太閤記』の語り手による秀吉贔屓の言が散見する。また、秀吉が軍学者平手監物と軍陣の駆け引きをした際に、監物は「藤吉郎が掛け引きの自由、寄生の備へ天然と法に叶ひし」ことに感心し、秀吉に心を許したとある（巻二十六「木下平手陣法を論ずる事」）。このように『真書太閤記』では、秀吉を憎んだり対抗する者たちの失敗や後悔・改心を描くことで、秀吉の活躍を際立たせている。そして語り手の評として「今度藤吉郎が計策無双なり（信長の言葉）」（初編巻十三）・「利害分明にして必勝の機発顕然たり」（初編巻十六）という称賛的文言が添えられる。上島主水は美濃国斎藤家の間者で、智謀発明抜群の秀吉を忌み嫌い、これを退けようと槍試合で秀吉に挑むが、「眼《まなこ》くらみて前後を失ひ、あたかも日輪に向かふに、その光眼を射るがごとくおぼえて」秀吉に負けてしまう。そこで上島は「是ただごとにあらず、必定藤吉郎、天の扶助を得たるものなるべしと心付き、嫉妬の念を止めて心中実《まこと》に帰伏せし」と、秀吉に心を許し、美濃国の間者であることを明かす（初編巻二十三）。ここでは秀吉の人並み外れた眼力が上島を威圧する。日輪の子・日吉権現の申し子として持ち合わせた神的な力がここで出現する。

　秀吉のこうした能力が発揮されるに従い、秀吉と信長の関係も少しずつ変化していく。勢州発向のいくさ評定の場面では、秀吉は信長と共謀し、秀吉を憎む柴田の立場を立てることで思惑どおり事を運ぼうとする。『真書太閤記』の語り手は、この時の信長と秀吉の様子を「君臣

2. 秀吉の青年時代 × 虚像編

水魚のごとく互ひに相待て大功を立つるの時至れる。天運の然《しか》らしむることとは云ひながらふしぎなりける知遇なり」（初編巻十七「信長信州発向評議の事」）と述べる。信長と秀吉が二人三脚で戦況を乗り越えた話である。

しかし後には、秀吉一人の活躍が目立つようになる。信長が秀吉の諫言を聞かず美濃国へ発向した時、秀吉が無断で五色の旗を立てたのに信長は怒る。しかしそれは実は、戦況の不利を見通していた秀吉が信長の苦戦を救うために行った秘計であった（二編巻四「織田殿美濃発向の事」、巻五「信長難戦を好み危急の事」）。後にそれを知った信長は、秀吉の諫めを用いず出陣したことを後悔し、手段を講じて危機を救ったのは誠忠の至りと、秀吉を称賛する（二編巻五「木下五色の指物免許を蒙る事」）。これは『太閤記』巻一「秀吉旗竿を信長公截《き》り折り給ふ事」に脚色したものであるが、このように『真書太閤記』では、信長を懐柔しながら自らの作戦を確実に遂行していく秀吉像が描かれている。

美濃国制圧のため信長の命を受け、秀吉が墨俣の要害（墨俣城）を僅か七日で築き上げた時には、信長は城が完成した後にはじめて登場し、知らせに驚き、秀吉とその一党に恩賞を授けるばかりである（二編巻九「信長藤吉郎に感状を賜ふ事」）。こうして秀吉は、次第に信長をリードする立場となり、これを凌ぐ力を発揮するようになるのである（4章虚像編参照）。『太閤記』巻一には、信長の庇護のもとで活躍する秀吉が記されていた。しかし『真書太閤記』においては次第に秀吉が中心となって、智謀をめぐらし、あらゆる難題・苦境をクリアしていく活躍ぶりが話の眼目となる。

そこで留意したいのは、秀吉があらゆる難局を打開するために、道理をもって人を説き、心を開かせるという心がけを行っているということである。例えば清須城普請の時、山口教吉の妨害で人夫らが従わなかったのを、秀吉は主君信長への恩を説き人夫らの心を改めさせる（初編巻十三「普請方人夫等悪心の事」）。また謀反人上島主水へは、信長の仁心厚きことを説き改心させる（初編巻二十三「大沢主水織田家へ帰伏の事」）。そして美濃方の竹中重治を味方に付けるためには、信長の天下一統静謐への大志あることや、民の幸のために「身を殺して仁をなす」べき道を行うべきことを説き、頑《かたく》なな竹中の心を開かせる（二編巻十一「木下藤吉郎竹中半兵衛問答の事」）。こうして秀吉は、仁や忠、孝、慈悲、廉直といった儒教的徳目に基づく道理をもって人々を説得し、信長への信頼を集めようとする。奇策を弄し事を必ず成功に導くという計り知れない力の持ち主でありながら、一方では信長のため、目的達成のために汗を流して奔走するという秀吉の二つの姿が生き生きと描かれるのである。『真書太閤記』では、『太閤記』のように天の思想が人物に色濃く投影されることはなく、秀吉という人物の魅力を描くことに物語の眼目が置かれている。ストーリー重視の大衆文芸化がすすめられたといってよい。

おわりに

本章では、『太閤記』から『真書太閤記』という近世期の始終にある作品を取り上げ、青年期の秀吉像について考察した。両作品間には多くの作品が存し秀吉像を様々に描き話を展開させているといえる。

●参考文献
玉懸博之「松永尺五の思想と小瀬甫庵の思想――『彝倫抄』と『童蒙先習』とをめぐって――」（『日本思想大系　藤原惺窩　林羅山』岩波書店、一九七五年）

2. 秀吉の青年時代×虚像編

3 浅井攻め

この時期、秀吉は信長に寄り添う脇役ながら、美濃・近江出身者を含む家臣団を形成してゆく。秀吉に焦点を当てて物語が膨らむと、活躍の場は増え、「智将」の像が形成され近代にも受け継がれてゆく。一方、江戸前期、歴史から物語が分化する以前は、信長関係の記録・軍記が、両編で重要な資料となっていることにも注意したい。思えば、後にここは、秀吉の遺産の瓦解である関ヶ原の戦いの主役たちの、活躍の場となったのも興味深い。関ヶ原は竹中氏の領地、長浜に近い佐和山の石田三成はこの地の出身、西軍と戦った大津城の京極氏はこの地の名門、そして東軍の将藤堂高虎は、浅井の旧臣で秀吉の弟秀長に仕えているのである。

3
浅井攻め

実像編

▼太田浩司（長浜市長浜城歴史博物館館長）

元亀元年（一五七〇）から始まった信長の浅井氏攻めにおいて、木下秀吉は目覚ましい活躍を遂げる。秀吉は、姉川《あねがわ》合戦・箕浦《みのうら》合戦をはじめとする一向一揆との戦い、小谷城《おだにじょう》攻めにおいて実戦経験を積んだ。さらに、小谷城の前線基地としての横山城で、初めて一城の主となる。出世の端緒をつかんだこの一連の戦いについて、確実な史料からその軌跡を追う。

小谷落城と秀吉

天正元年（一五七三）八月二十九日、直前の八月までに「羽柴」と改名していた秀吉は、織田信長の命に従い、北近江にある浅井氏の居城《きょじょう》・小谷城《おだにじょう》の京極丸《きょうごくまる》を急襲した。足かけ四年間に及んだ浅井氏との戦いも最後の時を迎えていたのである。虎御前山《とらごぜんやま》城の本陣を出て、清水谷《きよみずだに》を直進、水の手谷から急坂をあがり京極丸に達した秀吉は、城の奥に向かって進み小丸にいた浅井長政《あざいながまさ》の父・久政《ひさまさ》を自刃させる。久政は享年四十九。久政を介錯したのは、幸若舞《こうわかまい》の舞手として知られた鶴松大夫《つるまつだゆう》であった。鶴松も追腹《おいばら》した後、そこに乗り込んだ秀吉は久政の首を持ち、虎御前山の信長の許まで運んで首実検《くびじっけん》に臨んだ。

翌日は九月一日。信長自身が京極丸へ上がり、今度は前方を攻撃、本丸下にあった赤尾屋敷に籠った浅井長政と、その重臣・赤尾清綱《あかおきよつな》を自刃に追い込んだ。長政は享年二十九。この攻撃にも、秀吉は参加していたと推定できる。浅井親子の首は京都に送られ、獄門にかけられた。この首が翌年の正月、信長と馬廻《うままわり》衆との宴席に、朝倉義景《あさくらよしかげ》の首と共に薄濃《はくだみ》にされ、出されたのは有名な話だ。浅井長政の子息・万福丸《まんぷくまる》も捕縛され、関ヶ原で処刑された。わずか十歳であった。

以上が『信長公記』に見る小谷落城の記述だが、同書は続けて浅井氏攻めの功により、秀吉は信長から浅井氏旧領を拝領し、領地宛行《あてがい》の朱印状を得ると記す。その浅井氏旧領の要として、秀吉は長浜を選んだ。長浜城主・秀吉の誕生である。この信長の浅井氏攻めにおいて、秀吉の活躍は目覚ましいものであった。ここで、その過程を遡ってみよう。

堀・樋口氏の誘降

元亀元年（一五七〇）四月二十五日、信長と共に越前朝倉氏攻撃のため、敦賀まで至った秀吉は、浅井氏の離反を知った信長が二十八日退却する後に残り、金ヶ崎城《かながさきじょう》で殿《しんがり》をつとめる。信長は三十日に帰京したが、秀吉も少し遅れて無事京都に戻ったと推察される。その後、岐阜に帰った信長・秀吉は近江侵攻の準備を整える。この戦いの端緒となったのは、近江・美濃国境の長比《たけくらべ》（野瀬山）城と苅安尾《かりやすお》（上平寺）城を守る浅井氏の重臣堀秀村《ひでむら》、その老臣樋口直房《ひぐちなおふさ》の誘降《ゆうこう》策であった。この動きについて『信長公記』は、信長が調略《ちょうりゃく》をもちい、堀・樋口氏を信長へ臣従《しんじゅう》させたとして秀吉の介在を記さない。浅井氏の家臣嶋氏の由緒書である『嶋記録』においても、樋口が信長方に変心し、長比城に信長勢を引き入れたとしか記述せず秀吉の登場はない。この他、『当

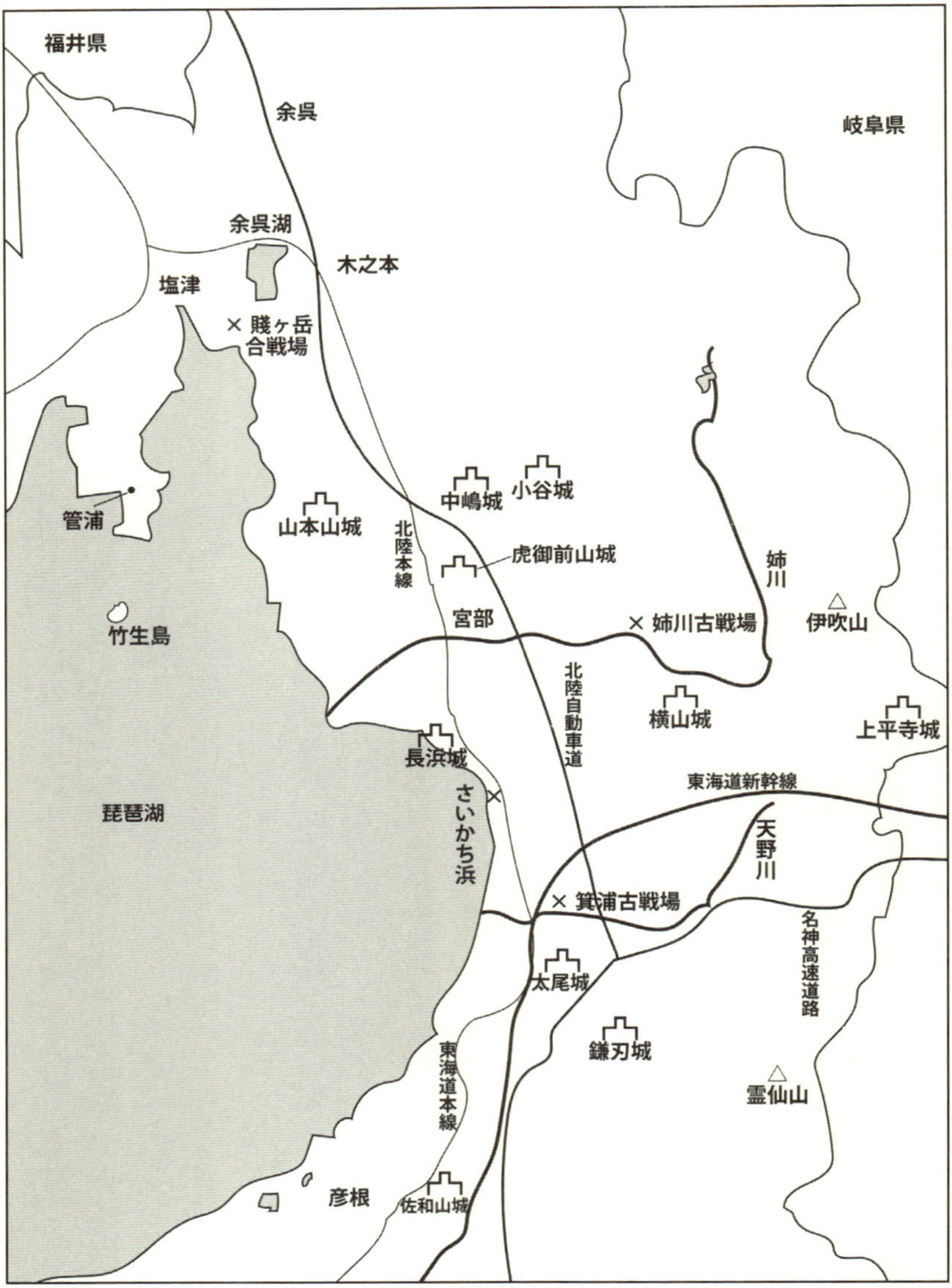

福井県
余呉
岐阜県
余呉湖
木之本
塩津
× 賤ヶ岳
合戦場
中嶋城
小谷城
山本山城
管浦
北陸本線
虎御前山城
姉川
宮部
× 姉川古戦場
伊吹山
竹生島
北陸自動車道
横山城
上平寺城
長浜城
さいかち浜
東海道新幹線
琵琶湖
天野川
× 箕浦古戦場
名神高速道路
太尾城
鎌刃城
東海道本線
霊仙山
彦根
佐和山城

湖北「浅井攻め」関係図

代記』は堀・樋口氏の誘降を、もと美濃斎藤氏の家臣であった竹中重治が、信長の依頼によって行なったと記し、やはり秀吉の介在を記さない。

　これらに対し、秀吉の介在を記すのが『浅井三代記』である。同書では信長が秀吉を呼び出し、秀吉が使者として重治の許に行き、堀・樋口への調略を命じたことになっている。重治は樋口の居城である長亭軒《ちょうていけん》城に至り、信長への従臣を勧め調略が成功したと記す。本書は、木之本浄信寺の僧・其阿《きあ》雄山《ゆうざん》（遊山）が編纂した軍記物で、元禄二年（一六八九）に出版されたが、その記述内容は史実とは異なる点も多く、その信憑性が疑われる面が多い。一方、関ヶ原町円竜寺住職の収集史料である「遍照山文庫所蔵文書」（『関ヶ原町史』史料編一所収）や『武功夜話』においても、信長から秀吉へ、秀吉から重治へ依頼した形で、堀・樋口誘降を説明しているが、これは成立が早い『浅井三代記』から影響を受けたものであろう。ただし、「遍照山文庫所蔵文書」では長亭軒城を、後に関ヶ原合戦で小早川秀秋《こばやかわひであき》が籠城することになる松尾山と注記しているが、堀・樋口氏の居城であった鎌刃《かまのは》城の誤りと考えるべきである。

　浅井氏重臣の堀・樋口氏の誘降に、秀吉や重治が関与したかについては、このように良質な史料は何も語らない。それは、『浅井三代記』などの軍記物が記すのみである。しかし、後述する信長の浅井氏攻めにおける秀吉の重要な働き、重治が秀吉家臣として活躍したこと、重治が近江人脈を持っていたと類推されること（重治が秀吉に臣従したこと、一時浅井長政に仕えていたことが『寛政重修諸家譜《かんせいちょうしゅうしょかふ》』等に見える）などから、この浅井氏攻めの初戦に当たり、秀吉・重治の調略が大きな役割を果たしたことは事実と考える方が妥当だろう。ただし、秀吉が浅井攻めに当たり、重治の隠棲地・栗原山を訪ねて、自らの家臣として働くよう、三顧の礼をもって依頼したというストーリーは、逸話の域を出るものではない。

姉川合戦と秀吉

元亀元年の姉川《あねがわ》合戦に、秀吉は当然参陣したと見られるが、良質な史料には明確な記述がない。現在に至るまで、日本人の姉川合戦史観に影響を与え続けている陸軍参謀本部編『日本戦史 姉川役』では、信長軍の第三隊を構成し、兵約三千人を卒したとあり、これが定説となっている。また、『武功夜話』においても、浅井側の武将・磯野員昌《いそのかずまさ》の猛攻を、秀吉軍は円陣を組んでかわしたと記す。『信長公記』には、合戦を前にした六月二十一日に、信長が小谷城の南西に当たる虎御前山へ入城した際の従臣として、柴田勝家《しばたかついえ》らと共に秀吉の名が上がっており、姉川合戦直後にも信長から横山在番《ざいばん》を命じられている事実から、秀吉が合戦当日も信長軍中で戦っていたことは、ほぼ確実だろう。

姉川合戦から二十日以上前の六月四日、秀吉は堺の今井宗久《いまいそうきゅう》に対して、「江北へ行《てだて》」の為、出先の砦三ヶ所に加勢するに際して、氏家直元《うじいえなおもと》・稲葉貞通《いなばさだみち》と共に自らの軍三千人が派遣されること、ついては、至急に鉄砲薬《ぐすり》三十斤《きん》と、焔硝《えんしょう》三十斤を調達するように命じている書状(名古屋市博物館蔵)が残っている。本書から、秀吉の部隊が信長の近江侵攻の中核的な存在であったことが読み取れる。この点からしても、姉川合戦に秀吉軍が参戦していないと考える方が不自然である。

秀吉は姉川合戦の直後、同年七月二十五日に竹生島《ちくぶしま》へ対して、仏田・寄進地・買得地に臨時課役《かえき》をかけないこと、また所領(門前と表記)として早崎村を保証すること、さらに竹生島船の自由航行を認めた直状《じきじょう》を出している。姉川合戦から一ヶ月を経過していない時で、寺地安堵《あんど》状《じょう》を出す早さに驚かされるが、実は秀吉はこの段階で竹生島の支配権をまったく掌握していなかったと推定される。

翌々年に当たる元亀三年（一五七二）七月二十四日に、後述するように信長は明智光秀らに命じて、竹生島を大砲・大筒・鉄砲で攻撃させている。この時点で反信長の勢力が、未だ竹生島にいたという事実は、先の二年前の秀吉の直状段階では、支配が及ばない状況で誘降したのみで、竹生島としては当初はそれに応じるつもりはなかったと考えるべきだろう。同島は初代・亮政《すけまさ》の時代から、浅井氏の厚い信仰を受けており、安易に信長・秀吉の誘いを受け入れることはなかったと考えられる。竹生島が完全に信長に与するのは、織田信長朱印状が竹生島に与えられた、元亀四年（一五七三）七月一日のことであろう。浅井氏の力が弱体化し、信長や秀吉への帰属を決断せざるを得なくなったのだ。実に、小谷落城の二ヶ月前であった。

志賀の陣と秀吉

信長は元亀元年九月から、近江比叡山周辺の青山・壺笠山《つぼかさやま》に立て籠もる浅井・浅倉軍と、十二月に和睦が成立するまで対峙《たいじ》した。「志賀の陣」と呼ばれるこの戦いにおいて信長は、本願寺・一向一揆が蜂起する一方、長島一向一揆との戦いも続行しなければならず、苦しい状況に追い詰められた。横山守備にあった秀吉は、信長の命令によって、浅井方の佐和山城監視の任にあった丹羽長秀《にわながひで》と共に、湖西へと琵琶湖を渡り「志賀の陣」の加勢に加わったことが、十一月二日付けの信長朱印状（保阪潤治所蔵文書）によって知られる。ここでは、三好三人衆《みよしさんにんしゅう》による南からの攻撃に備えるため、上京した徳川家康軍に加わり、京都東山の警護に当たっている。『信長公記』でも、秀吉が湖南の一向一揆と戦いながら瀬田まで至ったことを記す。その後、入京したものであろう。

秀吉はこの時期、京都でも信長奉行として活動する状況が、『言継卿記《ときつぐきょうき》』などに散見するが、十一月二十日に久徳《きゅうとく》左近兵衛尉《さこんびょうえのじょう》に対して、久徳の近況を「志賀に於いて承り」と記しており、「志賀の陣」の陣中にいたことは確実である。信長は将軍・朝廷の講和を受け入れ、十二月十三日・十四日頃に、この戦いはようやく終結している。秀吉も京都から横山城へ戻っている。

横山城主として

姉川合戦の後、小谷城の支城である横山城にいた浅井氏家臣の上坂《こうさか》、三田村、野村肥後は退出し、秀吉が定番《じょうばん》（城番）として入ることになる。秀吉の墨俣一夜城《すのまたいちやじょう》築城の事実が疑われる中、秀吉が最初に城主の座についたのは、この横山城であった。元亀元年六月二十八日のことである。

同年八月二十四日に、秀吉は坂田郡大原庄にあった観音寺（米原市朝日所在）の衆僧に対して、寺へ帰って居住することを許し、寺領も安堵する旨、直状をもって知らせている。六月二十八日に姉川合戦があり、その前の二十四日から横山城は信長軍によって包囲されていた。その状況下では、横山城の東麓にある観音寺は、僧侶が住めない状況となっていたと見られる。姉川合戦直後から横山城に入った秀吉が、事態の収拾が一段落ついた合戦から約二ヶ月後に、観音寺の住僧の還住《かんじゅう》を勧め、戦乱で荒廃したと考えられる同寺の所領を保護する方針を伝えたものと考えられる。秀吉は対浅井戦に対して、服属した者には宥和策で臨んだが、観音寺に対する還住《かんじゅう》許可は、その先駆けとして注目すべき事例だろう。また、横山城主としての秀吉の姿を知られる初見文書としても貴重である。

元亀二年（一五七一）二月二十五日、開城した浅井方の城・佐和山城（彦根市所在）の付城《つけじろ》の道具を、小谷城付城の普請資材とするので取り集めるよう、信長が秀吉と樋口直房《ひぐちなおふさ》へ命じている文書にも、横山城主として姿が現れる。この小谷城付城は、横山城のことと考えていいだろう。横山城は南北に主郭が二つある城郭として知られているが、北部の横山々頂の曲輪《くるわ》が浅井氏時代のもの、南部の細長く土塁が廻らされた主郭が秀吉時代のものと考えられている。この時に秀吉に預けられた道具は、この南部の曲輪を修築するのに使われたものと考えられる。また、後述する元亀二年五月六日の箕浦《みのうら》合戦に先だって、秀吉が多くの将兵を横山城へ配置したことが、『信長公記』で確認できる。

横山城主時代の秀吉を考える場合に、必ず触れなければならないのは、元亀二年または翌年の二月十七日付けの秀吉書状である。ここで、秀吉は横山城に在番していた大橋長兵衛《おおはしちょうべえ》について、その家来たちが大橋の本貫《ほんがん》である美濃国多芸郡高畠（岐阜県養老郡養老町三神町）において反乱を起こしたので、宛名である菅屋長頼《すがやながより》、塙直政《ばんなおまさ》、市橋長利《いちはしながとし》・塚本小大膳《つかもとこだいぜん》らに調査を依頼している（名古屋市博物館蔵）。大橋の領地のことはともかく、秀吉が城主であった横山城の在番衆として、美濃国出身の家臣がいたことが知られる。

この大橋長兵衛については、同じく元亀二・三年の文書と推定される、十二月二十日の秀吉書状が存在する。ここで、丸毛光兼《まるもみつかね》と所領争いを行っていた大橋長兵衛に対し、その所領の安堵を行っている。本書で興味深いのは、「横山在城の衆」にはその所領を安堵し、かつ諸公事を免除する信長の朱印状が発給されていると、同書に記されていることだ。大橋は信長から横山在番を命じられ、城主であった秀吉に一時的な家臣として配属されていたものであろう。つまり寄親（城主）である秀吉は、寄子（城兵）の大橋ら「横山在番の衆」の本貫地の経営についても責任を持つ必要があった。この事実は、横山城のような陣城における籠城軍の実態を知る上で参考となる。

また、『総見記』には元亀三年（一五七二）正月に、秀吉が岐阜城へ年始の挨拶に行っている間に、浅井氏はその家臣浅井井規《あざいいのり》や赤尾清冬《あかおきよふ》を差し向けて、横山城を攻撃したという記事が見えている。この時、浅井方の野一色助七（後述する頼母のこと）は、横山城兵の苗木佐助を討ち取り、加藤光泰を負傷させた話を載せている。苗木は東美濃の遠山一族と推定され、加藤光泰も美濃多芸郡の出身の武将である。浅井軍の猛攻は、同じく美濃不破郡の竹中重治によってくいとめられたが、この『総見記』の記述からも、横山籠城衆として美濃国の武将が多くいたことが確認できる。こういった人々が、初期の秀吉家臣団を形成していったと考えられる。

野一色家の秀吉仕官

この横山籠城中の秀吉について、浅井氏旧臣の家臣登用を行っていたことが知られる貴重な記録が残る。それは「大原佐々木先祖次第」（東京大学史料編纂所謄写本）と呼ばれるもので、浅井氏家臣の出自で、江戸時代には広島藩士（浅野家家臣）となった野一色秀長が、自らの父・勝右衛門や叔父・頼母の事績を、寛永九年（一六三二）に記述したものである。直接聞き取りができる父の話を子が記している点からして、その内容はかなり正確と言えよう。

同書によると、秀吉が近江国坂田郡・浅井郡の旧浅井氏領国に進駐してくると、浅野長政がこの地域の統治を任されるようになったという。そこで、勝右衛門と頼母は浅野長政を頼って、横山城にいた秀吉の許へ、臣従の挨拶に赴いたと記す。その場で、秀吉は勝右衛門については浅野長政の家臣となることを命じ、頼母については中村一氏の家臣となることを命じたとある。前者は本書によっても広島藩士であったことが知られ、横山城時代以降も浅野家の家臣であったことが分かる。後者の頼母は、中村一氏の家臣として家康の上杉攻めにも従軍、関ヶ原合戦の前哨戦である杭瀬川《くいせがわ》の合戦では、中村隊の中心として戦うが、嶋左近《しまさこん》の攻撃を受け討死にしている。岐阜県大垣市赤坂西町には、頼母を鎧と共に葬ったと言われる「兜塚《かぶとづか》」が現存する。

秀吉は、横山城主時代に、浅井氏旧臣を多く登用して、その家臣団を形成していったと考えられるが、その具体相が知られる点で、江戸時代の編纂物でありながら、本書の価値は頗る高いものがある。

箕浦合戦と湖北一向一揆

元亀二年五月六日、浅井長政に与する湖北一向一揆と織田信長の最大の戦いが坂田郡南部を流れる天野川岸の箕浦（米原市箕浦）周辺で展開した。『信長公記』によれば、浅井長政は姉川まで進出、秀吉が守る横山城へ押さえの将兵を配置し、一族の浅井井規《いのり》に足軽大将として五千の兵を付け、鎌刃城《かまのはじょう》の周辺（現在の米原市番場付近と考えられる）に放火させた。鎌刃城は浅井軍から織田軍に寝返った堀・樋口氏の居城である。

一方、同じく『信長公記』によれば、秀吉は浅井方が箕浦方面に先兵を遣わしたことを知り、「敵方に見えないように」というから、おそらく横山城の東を回って、堀・樋口の軍と合流したとある。この時の信長方の秀吉・堀・樋口の連合軍の人数は、五・六百人であったとも記す。これに対し、一向一揆軍の兵数は五千に及んだという。この数の差は、『信長公記』が敵軍を多くし、味方の戦果を大きく見せる操作を行っていると見られ、あまり信用できない。

それはともかく、秀吉・堀・樋口の連合軍は、下長沢（米原市長沢）で一向一揆と浅井氏の連合軍と激突、戦況は南から秀吉らが攻め、北に追いやられた浅井・一向一揆軍がこれを防ぐ形となった。この下長沢の戦いで、樋口直房《ひぐちなおふさ》の家臣である多羅尾相模守、その家臣・土川平左衛門（樋口からしたら陪臣）が討死したと『信長公記』は記述する。浅井・一向一揆の軍は、下坂浜付近（長浜市下坂中町）まで後退、そこに集結した所を、秀吉軍が攻撃をしかけ凄惨な戦いが展開する。敗れた浅井・一向一揆の軍は、八幡（現在の長浜市の市街地周辺）まで退却する。これを見た横山監視の浅井長政は、姉川まで進出していたが、不利を覚って小谷へ撤収した。

この合戦の状況は、徳山右衛門尉に宛てた、五月十一日の秀吉書状（長浜市長浜城歴史博物館蔵）でも確認することが出来る。そこでは、五月六日に浅井方が鎌刃表へ出陣して来たので、一戦を遂げ箕浦・八幡まで追撃、八幡から反撃して来た所を三度まで撃退、「首を取り、其の外悉《ことごと》く海へ追い入れ、太利を得候」と秀吉は記す。浅井軍を琵琶湖に追い詰め、溺死させたと記しているのである。本書は追而書《おってがき》で、戦況をより正確に知らせるため「合戦之絵図」を送ると述べている。現在、戦国時代の合戦図はほとんど現存しないが、当時から絵図をもって戦況を説明するという行為が行われた事実を知る意味で貴重な事例と言えよう。

長浜市西上坂町にある順慶寺《じゅんきょうじ》は、湖北一向一揆の中核であった十ヶ寺の一ヶ寺であったが、時の住職・善空が箕浦合戦で討ち死にしたという伝承を持つ。また、箕浦（米原市箕浦）の現地には、善空をまつった塚が現存し、ツバキの老木が植えられている。同じ十ヶ寺の一ヶ寺、長浜市榎木町にある浄願寺も、当時の住職・勝祐が門徒を連れ箕浦合戦に参戦したと伝え、これも十ヶ寺の一ヶ寺である米原市長沢の福田寺は、当時の住職・覚芸が門徒を従い戦ったと言われ、それぞれ戦没者を追悼する石碑が境内に建立されている。長浜市下坂浜町の「さいかち浜」では、一向一揆の僧俗が多く溺死したという伝承が残るが、そこに残った一本のサイカチの木が、わずかにその痕跡をとどめている。

　信長・秀吉側の記録では、『信長公記』に一向一揆軍を「五千ばかりの一揆」と記述するのみで、秀吉書状では浅井軍と戦ったとのみしか記さず、この戦いが浅井氏に与する一向一揆との対決であったことは、良質な史料には出てこない。しかし、北近江地域の真宗寺院に残る所伝を総合すると、この箕浦合戦は蓮如以来、北近江に浸透した真宗信仰を背景に形成された門徒集団と、信長との最大の合戦であった。この後、真宗門徒からなる一向一揆は、浅井長政との共闘のみでは事態を打開できず、武田信玄の近畿地方への出馬を期待せざるを得ない程（「嶋記録」所収文書）、信長軍への劣勢を強いられ、壊滅へと向かっていく。

元亀二年から三年の戦い

　同年八月二十六日、信長は小谷城と山本山城の間の「中嶋」という所に陣をおき、足軽を派遣して、余呉・木之本の周辺を焼いている。この兵は、翌日横山城に帰陣しているので、秀吉もこの作戦に関わっていた可能性が大きい。「中嶋」は、おそらく小谷城の西にある丁野《ようの》付近を指すのではないかと推定される。丁野山城の南に続く丘陵には、中島城と呼ばれる陣城が存在した。ここで、『信長公記』が「大谷と山本山の間五十間には過ぐべからず」と記述しているのは重要である。その間に信長が野陣を敷いたというのだが、この二城を結ぶ線が浅井氏の防御ラインであった。その線の分断こそが北部（余呉・木之本）への進出には不可欠な作戦と考えられていたことが読み取れる。二年後の元亀四年八月八日、この山本山城の阿閉貞征《あつじさだゆき》の降伏が原因で、小谷城内に混乱が生じ、落城に至った事実を考えれば、この防御ラインが浅井氏にとって、如何に重要であったかを認識させられる。

九月十二日の叡山焼き討ちにも、秀吉は当然参画したと考えられ、『武功夜話』にもその旨記されているが、『信長公記』や古文書には記述がない。

元亀三年（一五七二）に入ると、秀吉を最先鋒とする信長軍の浅井氏関係城郭や寺社への攻撃は激しさを増すことが、『信長公記』に記される。信長は三月六日には岐阜城から横山城に至り、前年八月二十六日と同様に翌日、浅井氏の本城・小谷と、支城・山本山の間に陣をおいて、余呉・木之本まで放火を行った。今回も陣をおいたのは、「中嶋」であろうか。この戦いにも、当然横山城主の秀吉は参陣したと考えられる。

七月二十一日には、信長は小谷城周辺の雲雀山・虎御前山に全軍を進め、佐久間信盛《さくまのぶもり》・柴田勝家・木下秀吉・丹羽長秀・蜂屋頼隆《はちやよりたか》に、小谷城の浅井氏居館の奥から京極丸に上がる「水の手」まで攻撃を行わせている。この時点で、小谷城清水谷は、信長・秀吉軍に制圧され、浅井氏は小谷山々上の曲輪に籠城せざるを得なくなったと推定される。

さらに、翌日には柴田勝家や美濃衆を小谷城の押さえに残し、秀吉に山本山城の攻撃を命じ、城から出て来た敵兵五十人を討ちとっている。二十三日には、余呉地域や木之本浄信寺（木之本地蔵）を焼きはらっており、「堂塔伽藍・名所旧跡一宇も残らず焼き払ひ」とあるので、浅井領国北部の伊香郡域の寺院が多く被害を受けたものと見られる。伊香郡域には、信長の兵火によって避難を余議なくされた、あるいは破損したという観音像が今も多く伝来するが、この焼き討ちの時の話も多かったと推測される。

七月二十四日、信長は浅井寄りの行動を取る浅井郡の山岳寺院・大吉寺（長浜市野瀬町）の攻撃を、秀吉や丹羽長秀に命じている。夜中に寺の背後から襲った攻撃であったという。大吉寺には比叡山と同じく天台僧が籠り、一向一揆軍も立て籠もっていたようで、秀吉・長秀の攻撃で多くが切り捨てられる修羅場と化した。また、同じ日には林員清《はやしかずきよ》・明智光秀、それに堅田《かただ》衆によって、竹生島が圧倒的な重火器によって攻撃されている。

虎御前山城の城番へ

元亀三年八月八日に至り、信長が小谷城の前の丘陵である虎御前山に、七月二十八日から構築を命じた城が完成した。『信長公記』は、この虎御前山城について「当山の景気興ある仕立、生便敷《おびただしき》御要害聞に及ばざるの由」、「何れも眼前に及ぶ景気、又丈夫なる御普請、申し尽くし難き次第なり」と最大の賛辞を送る。この城から南東約二キロにある宮部までの間、横山城から虎御前山城までの姉川北部の兵站《へいたん》を確保するため、信長は軍道を建設する。その道幅は三間半（約六・三メートル）、敵方すなわち道の東北に高さ一丈（約三メートル）に、長さ五十間（約九十メートル）の築地塀と、その外側に水堀を配したという。この軍道の痕跡は、今も長浜市宮部町に、条里制を無視した田地を斜めに貫通する道として存在する。

信長はこの虎御前山城の定番（城番）として秀吉を配した。現在数種残る虎御前山城の絵図では、いずれも秀吉陣所を最も小谷城に近く、防御性が高い曲輪においている。秀吉を虎御前山城番に配したことは、浅井攻めの最前線を横山城から虎御前山城に移したことの表れであるが、宮部までの軍道も秀吉の管理となった。小谷城の浅井長政は、元亀三年十一月三日、この軍道に面した築地塀を破壊すべく、浅井井規を派遣させたが、秀吉の軍によって撃退されているのは、秀吉が軍道をも管理していた事実を裏付けるものであろう。

翌年八月末、冒頭で記したように、秀吉は信長の命に従い、浅井氏の本拠・小谷城の最終的な攻撃に入る。秀吉にとって、元亀元年から四年に至る四年間は、このように北近江での激闘の日々であった。しかし、この間において秀吉は戦法や調略《ちょうりゃく》など、合戦・攻城のあり方を実戦から学び、味方となった旧浅井家臣を自らの家臣とし、その家臣団の基礎を形づくった。軍事・戦略修養においても、家臣団形成においても、後の秀吉政権の草創期と位置づけられ、彼の人生にとって欠くべからざる時間だったと言えよう。

●参考文献
小和田哲男『戦国史叢書6　近江浅井氏』（新人物往来社、一九七三年）
宮島敬一『浅井三代』（吉川弘文館、二〇〇八年）
太田浩司『浅井長政と姉川合戦—その繁栄と滅亡への軌跡—』（サンライズ出版、二〇一一年）

3 浅井攻め

虚像編

▼柳沢昌紀（中京大学教授）

浅井朝倉を滅亡に追い込む戦いにおける秀吉の活躍は、信頼できる資料にはそれほど多く記されていない。信長配下で立身出世をめざす智将秀吉のイメージは、いかに創出されていったのか。また姉川合戦《あねがわかっせん》における家康勢の活躍を最初に描いたのは、誰だったのか。主に出版された諸書を追いかけながら、検討してゆきたい。

理想の信長・秀吉・家康を造形――甫庵『信長記』

小瀬甫庵《おぜほあん》の『信長記』は、太田牛一の『信長公記』をもとにして書かれた。しかし、その執筆姿勢は大きく異なる。『信長公記』は比較的史実に忠実だが、甫庵の『信長記』はそうではない。甫庵は史実を曲げてまでも、織田信長を儒教的道徳者として描こうとした。理想的な修身と治国とを成就する存在として、信長を造形しようとしたのである。史実に忠実でないのは、信長の造形だけではない。秀吉や家康の事蹟についても同様である。元亀元年（一五七〇）のできごとを記す巻三から天正元年（一五七三）のそれを記す巻六までで、『信長公記』と異なる内容の記事を挙げてみたい。

例えば巻三の「姉川合戦之事」では、敵陣に火を焼《た》くのを見て朝合戦に出てくるのを察した信長が、家康に西側の朝倉勢に対するように頼むと、家康は加勢に稲葉伊予守を所望する。稲葉伊予守は氏家卜全《ぼくぜん》、伊賀伊賀守とともに美濃三人衆の一人で、『信長公記』では三人衆は一緒に、信長御馬廻と同じ東側で戦っている。また『信長記』では、優勢な浅井勢に対して、氏家と伊賀が馬を入れ、朝倉勢を追い散らした家康が稲葉らとともに横槍に突きかかる。それが信長・家康側の勝利に繋がり、家康と美濃三人衆は信長から感状と褒美の品を賜ることになる。この家康勢が横槍に突きかかったことによる勝利という図式は甫庵の創作であり、以後の多くの軍書に引き継がれて、徳川史観の一齣《ひとこま》を形作ることとなるのである。

次に、本題である秀吉及びその周辺の事蹟について見てゆこう。巻三の「浅井備前守心替付稲葉一揆退治事」では、浅井長政の心替りによって金崎《かねがさき》城から引き取る信長に、秀吉は自ら殿《しっぱら》いをつとめることを申し出ている。また信長は、「難ナク京へ引取」った秀吉を長浜に据え置く。実際に秀吉が長浜に入るのは、長政滅亡後にその旧領を拝領してからで、この時点で長浜に据えられたとする甫庵の意図はわからない。続く「佐々木承禎《しょうてい》父子野洲郡出張之事」では、竹中重治が調略して浅井方の堀・樋口を誘降している。但し秀吉の関与は記されない。「姉川合戦之事」では、秀吉は先陣を望むが、信長から、十三段の備のうち坂井、池田に続く三番を命じられている。

巻四の「佐和山城開退《あけのく》事并浅井勢箕浦城働《はたらきの》事」の後半は箕浦合戦の顛末を記すが、姉川表に出張した長政は浅井七郎に五千余騎を添えて差向けたとする。『信長公記』では「五千ばかりの一揆に足軽を付けられ」と、一向一揆勢が中心であったことが記されている。甫庵は「一揆」

という言葉を削ってしまった。秀吉は横山城から究竟の兵五百騎ばかりを連れて箕浦に至り、堀・樋口の勢と合流して一千余騎で対抗するが、敵は大勢にも関わらず、秀吉が馳せ加わったのを見てかなわないと思ったのか、退却してしまう。甫庵は、箕浦合戦の相手を一揆勢ではなく浅井七郎勢とすることによって、若き秀吉の武将としての評判を高からしめようとしたのである。

巻六の「刀根山《とうねやま》合戦幷近辺城々開退事」では、「田辺山《たなべやま》」に陣取った朝倉義景軍が、大嶽《おおずく》、丁野山《ようのやま》の陥落を受けて越前に退く様が記される。『信長公記』では、朝倉勢退去の前に信長がそれを予測し、「先手《さきて》に差向《さしむけ》候衆」に対して、これを逃さぬよう覚悟せよと再三伝える。しかし衆は油断があって動かず、信長自ら先駆することとなり、信長は衆を叱責する。この「先手に差向候衆」には秀吉が含まれていた。ところが甫庵の『信長記』は信長の叱責を記さない。実は前田利家や佐々成政らが先に進んでいたことがわかると、信長は彼らに「扨《さて》ハ越サレテアルヨナ」と戯れかけるのである。儒教的道徳者としての信長を印象づけるとともに、秀吉を含む主要武将達の失態を目立たなくすることを意図した改変であろう。

竹中重門の『豊鑑』と林家の『将軍家譜』

竹中重治の三男重門は、父同様秀吉の臣であった。その著『豊鑑《とよかがみ》』の序文には、「彼主（信長）の一生をば信長記とかやとて、しどけなげに書とゞめぬる物あれども、実ともおぼえぬふしもまじはれるにや」と記されている。桑田忠親は、「小瀬甫庵の『信長記』に少しく対抗するような気持で、著述したものである」とするが、その通りであろう。本書は後に群書類従に収められるまで、出版されることはなかった。

『豊鑑』は四巻からなるが、巻一前半の「長浜真砂」に浅井攻めのことを記す。それは甚だ簡略で、元亀元年の夏に浅井備前守が朝倉義景と同心して信長に背いたので、信長は軍を発することにしたが、秀吉が自ら望んで美濃国人竹中氏、牧村氏、丸毛氏を率いて先駆けしたこと、姉川合戦では竹中久作が遠藤氏を討ったこと、天正元年八月に信長軍が虎御前山《とらごぜんやま》に着陣すると朝倉が軍を差し向け、刀根山に着いたところで信長が駆け向かって破り、越前に乱入して義景を討ったこと、八月二十八日に備前守父子が自害したことなどを記すのみである。その後に「そのほどのこと信長記にあればもらしつ」と述べるので、この箇所は甫庵の『信長記』を横目に見ながら略述したのかと思われるのだが、記事の内容はかなり粗い。秀吉が元亀元年夏の、姉川合戦以前のどの戦いで先駆けしたのかがわからないし、天正元年に朝倉が差し向けた軍が刀根山に着いたところを信長が攻撃したというのも事実と異なる。

ところが林家によって編まれた『豊臣秀吉譜』は、この杜撰な『豊鑑』の記事に基づいて記されているのである。同書は『将軍家譜《しょうぐんかふ》』と総称されるものの一部で、林羅山と四男読耕斎《どっこうさい》によって編纂された。長谷川泰志が明らかにしたように、羅山父子は甫庵の『太閤記』を主たる典拠として、その記事を編年並べ替えし、その空白部分を『豊鑑』や『朝鮮征伐記』で補うことで、漢文体の『豊臣秀吉譜』を編纂した。前述のとおり、『太閤記』には浅井攻めに関する記事がないので、『豊鑑』を用いたのであろう。よって『豊臣秀吉譜』も、元亀元年に信長が浅井朝倉を攻めた際、秀吉が美濃の三氏を添えられて先駆けした旨を記す。

また、浅井了意《あさいりょうい》が『将軍家譜』を仮名書きに和らげたのが『将軍記』である。その一部である『豊臣秀吉伝』も、当然ながら同じことを記す。

浅井氏三代の事蹟を記す軍書――『浅井三代記』

　ところで、小谷城主浅井氏三代の事蹟を中心に記す軍書に『浅井三代記』がある。木之本浄信寺の僧雄山《ゆうざん》（遊山）作とされるが、刊本に作者名の記載はない。改定史籍集覧本、新訂増補史籍集覧本は十八巻だが、本章では十五巻からなる元禄二年版の巻数を用いる。

　巻十二の「浅井備前守心替リノ事」では、長政謀叛の一報を受けて信長が腹を切ろうとするが、秀吉ならぬ、家康が進み出てそれを止め、自らが西近江路を駆け通るのを見届けて、その後に引き取ることを提案する。家康は敦賀から若狭路を経て近江、美濃より三河の岡崎に無事帰城し、信長も京都に向かう。ここでは秀吉は全く登場しない。「堀ガ家臣樋口三郎兵衛謀叛之事」では、実像編でもふれられているとおり、信長が秀吉を召して竹中重治と相談し、堀・樋口を味方に引き入れよと命ずる。それを受けた秀吉は竹中にその旨を告げ、幼少の堀を補佐する樋口を説得、誘降する。巻十三の「姉川合戦之事」では、秀吉は『信長記』と同様、十三段備のうちの三番を命じられている。またその十三段備の十一段目までを切り崩した浅井勢に家康と稲葉が駆け入り、氏家・伊賀が馳せ来って勝利を収めるという図式も『信長記』のそれを踏襲している。注目すべきは、長政が小谷城《おだにじょう》に逃げ入った後、秀吉が信長に小谷城乗っ取りを進言していることである。ところが信長は生け捕りにした浅井方の安養寺三郎左衛門の言葉を信じ、城中には多くの残兵があることを理由にその進言を取り上げない。本書の作者は、「此時信長責給ハヾ小谷ハ即時ニ可レ落ナリ」と述べ、また「今日ノ軍ニ家康公ノ横槍暫時ノ間ヲソカリセバ信長卿ハ討取ベキ物ヲ」と記す。

　巻十四の「浅井大坂顕如《けんにょ》上人ヲ頼《たのみ》一揆ヲ催ス事」では、長政が顕如に要請して御書を賜ったので一向一揆が起こったことを記す。浅井七郎は三人の軍奉行の一人となっている。秀吉が五百余騎を率いて出陣した後、横山城に浅井玄蕃亮《げんばのすけ》らの一千余騎が押し寄せるが、竹中重治が抵抗する。秀吉は一揆勢を散々討ち取り、追い散らして横山城に戻ると、敵勢は小谷城に撤退する。竹中の粉骨が称賛され、秀吉が一揆勢千八百を討ち取ったと記されている。また「世上坊逆心之事」では、秀吉が宮部城に立てこもる世上坊を信長方に寝返らせている。

巻十五の「木下藤吉郎丁《よう》野《の》要害《ようがい》攻取《せめとる》事」では、中島宗左衛門が楯籠もる丁野要害を秀吉が攻め取る。続く「越前朝倉義景小谷面へ出張《でばり》之事」では、義景が二万余騎を率いて木之本「田神山」に着陣し、「田部山」に朝倉景鏡《かげあきら》が陣取ったのを受けて、秀吉が「馬上山」に要害を拵えて景鏡と対陣する。ちなみにこの時、実際は景鏡は近江に出陣していない。

なお『浅井三代記』は義景の越前退却時の信長軍の追撃については記さない。また「浅井下野守久政切腹ノ事」では、久政の自害の前に「京極つぶら尾」に登ったのは信長となっている。秀吉が登ったとする『信長公記』や『信長記』とは異なる立場をとっている。

このように『浅井三代記』は、甫庵の『信長記』を踏まえつつも、徳川寄りのさらなる改変を施し、浅井方の安養寺の謀計を記すなど、独自色を出している。また秀吉は、『信長記』よりも幾分活躍の度合いを増したように思われる。

智将秀吉の誕生――『絵本太閤記』

武内確斎《たけうちかくさい》作の読本『絵本太閤記』は、実録『太閤真顕記《たいこうしんけんき》』を用いて編まれた。浅井攻めについては、全七編中の二編に記されている。

二編巻二の「信長勢敦賀表退去」では、秀吉は『信長記』と同様に自ら殿いを申し出て、

「若此《もし》後殿《しんがり》仕損じ候物ならば、再び君に謁し奉らじ」という決意を示したため、諸軍一同皆、秀吉を賛美したとする。同巻三の「加藤虎之助長浜領巡見《じゅんけん》」では、これも『信長記』の記事を受けてか、無事美濃国に帰った信長は長浜城に秀吉を据えている。「木下藤吉郎襲二取鯰江《なまずえ》城を一」では、佐々木承禎の居城鯰江城を謀《はかりごと》をもって乗っ取っている。「信長長政三田村張にレ陣を」では、秀吉は敵陣に煙が立っているのを見て朝合戦を察する。『信長記』でそれを察したのは、信長であった。備配りは一番坂井右近以下五番まで諸将が配され、その次が信長の旗本で、秀吉はその旗本の先手をつとめることになる。同巻四の「藤吉郎破《やぶる》二磯野丹波守を一」では、浅井の先陣磯野丹波守が信長の五段備を破って旗本まで攻め込むが、秀吉の謀計で敗走する。「横山落城」では、信長は「横山の城は越前よりの咽首《のどくび》なれば、尋常《よのつね》の士の守りがたき場所なり」ということで秀吉を城代にし、「木下が居城長浜の城」は竹中重治と浅野長政に守らせる。

二編巻五の「藤吉郎智《ち》破二浅井朝倉勢を一」では、膠着状態の志賀の陣において、これも秀吉の謀計によって浅井朝倉勢を破ったとし、「依《よって》二勅命に一三家和睦」では、秀吉が京都の守護代であった時睦まじくしていた日野殿を頼り、勅命によって和睦が成立したとする。「磯野丹波守降《くだる》二信長に一」の後半は箕浦合戦記事だが、『信長記』とは異なり、長政父子が石山本願寺に頼んで江州の寺々を蜂起させたことになっている。秀吉は横山城から「鎌《かま》の刃《は》の城」に手勢一千人を引率し、門徒の一揆を殲滅する。

二編巻七の「朝倉義景田神山《たなかみさん》退陣」では、『信長記』と同様、朝倉軍の撤退を信長があらかじめ察して宵の間から陣触《じんぶれ》していたが、信長が真っ先に馬で駆け出す。遅参した柴田勝家、佐久間信盛らを叱りつけるが、先に進み行く軍勢があって信長が声をかけると、秀吉、前田利家、佐々成政らであることがわかる。信長は「今宵の先陣汝等なり」と称賛する。『絵本太閤記』は『信長記』の設定を受け継ぎつつ、秀吉をちゃっかりと褒められる側に配したのである。

本書は太閤記を書名に用いるので当然かとも思われるが、秀吉の活躍の機会が増えている。その智将ぶりや謀計が強調され、失態等、負の側面は描かれない。

万能なる智将へ――『真書太閤記』

栗原信充《くりはらのぶみつ》によって編纂された『真書太閤記』は、『絵本太閤記』と同様、『太閤真顕記』の一本を利用し、種々の書を参照して編纂された。全十二編からなるが、そのうち三編と四編に浅井攻めのことを記す。

三編巻二十三から二十六で、秀吉は信長に間道より引く退くことを勧め、本道に信長の馬印を押して殿いすることを提案する。その計略にはまり、信長はまだ退去せずと判断して着陣した朝倉勢に、秀吉は鉄砲をそろえて放ちかけるなど、竹中重治とともに敵方を散々に翻弄して京都に凱旋する。その結果、秀吉は長浜城主となる。同巻二十八では、佐々木承禎の鯰江城を乗っ取る。同巻二十九では、秀吉は竹中重治に堀の後見人の樋口を説得させ、多羅尾《たらお》右近とともに降参させている。

四編巻一から五は、姉川合戦記事である。「浜松御勢」と記される家康勢の活躍は、それほど強調されていない。敵陣に大火が焚かれているのを見て浅井朝倉の明朝の攻撃を察するのは、『絵本太閤記』と同様秀吉である。信長軍が一番から五番まで諸将を配し、旗本の先備を秀吉とするのも『絵本太閤記』と同じだが、「一書に」秀吉を十三段中の三番とすることもあわせ記す。信充の考証的な態度がうかがわれる。また五段の備が磯野丹波守に破られた時、それを見事な差配で打ち破るのは秀吉勢で、「木下離合自在器水の陣法」と評されている。また秀吉は信長に、長政が逃げ入った小谷城に進発することを勧めるが、信長は生け捕りにした安養寺の弁舌に惑わされて受け入れない。『浅井三代記』等を参照したのであろう。秀吉は信長に横山城攻めを申し出、城兵を降参退去させる。

四編巻六から十は、浅井朝倉の坂本出陣から志賀の陣の記事である。江州勢州の間に一揆が蜂起して信長は手を焼くが、秀吉はわずか五十余人の手勢を連れて「石部《いしべ》の城」の佐々木承禎と面会し、浅井に一味することをやめて室町将軍に忠義を尽くすことを説き、それに服した承禎が一揆勢を在所在所に引き取らせて、静謐《せいひつ》を取り戻す。また長期にわたってにらみ合いが続いて寒気が迫る中、浅井朝倉に信長軍が宇佐山《うさやま》を退陣したように見せかける奇謀で、織田軍は勝利を収める。その後、秀吉は足利義昭のもとに参上し、山門には宣旨《せんじ》を、浅井朝倉には将軍の御教書《みぎょうしょ》を下さるように言上し、その結果三家和睦が成立する。

四編巻十一以下は、元亀二年以降の記事である。秀吉の、浅井朝倉方諸将の切り崩しを中心とする活躍が描かれる。まず丹羽長秀と意を示し合わせて佐和山城主磯野丹波守を降参させる。大尾《おおお》城、朝妻《あさづま》城も開城させる。箕浦合戦で二万余の一揆勢をわずか八百余人で打ち破り、信長の叡山焼き討ちの後は、宮部城主善祥坊《ぜんじょうぼう》(世上坊に同)に対面して誘降する。元亀三年正月には、秀吉が岐阜城に年頭の礼に出掛けた留守に浅井方が横山城を攻めるが、竹中重治の術を尽くした戦いと秀吉の後詰《ごづめ》でこれを防ぐ。伊黒《いくろ》の宝泉坊《ほうせんぼう》も織田家に帰伏するが、その伊黒城は浅井方の日根野兄弟の働きによって敵方に落ちる。秀吉は元は同じ美濃国人の竹中に日根野の宿所を訪ねさせ、浅井方の戦には出陣せずに、故主斎藤に忠義を尽くすよう説得する。その後、朝倉家中の前波《ぜんば》、富田《とみた》らが降参してきたので、秀吉が信長に取り次ぐ。虎御前山砦普請を妨げようと出陣してきた義景は、前波らが投降した陣中の騒動で進攻せず、景鏡の五千余騎を留め置いて越前に帰る。信長退去後、長政と景鏡は虎御前山を攻めるも秀吉が抗戦し、代わって善祥坊が籠もる宮部山の城を攻めるが、秀吉は後詰でこれを防ぐ。

四編巻二十四から二十八は、浅井朝倉の滅亡を記す。浅井方の安養寺は故郷に閑居し、「阿《あ》閉《づち》淡路守」は織田方に寝返る。また秀吉は日根野兄弟を織田家に帰伏させ、兄弟は浅井七郎を討つ。秀吉は前波に大岳《おおずく》の三の曲輪《くるわ》の浅見対馬守を説得、降参させ、斎藤、小林、西方院らも同心したので、大岳を落とすことに成功する。さらに町野の要害も攻め取る。秀吉は、降参した者達に、義景に退陣を勧めよと言い含めたので、義景は今夜必ず「田神山《たのかみやま》」を引き払うだろうから追い討ちの用意をするようにと、信長に進言する。案のごとく義景は柳ケ瀬表に軍を引いたので、信長が真っ先に馬を出し、遅れた柴田、丹羽らを叱責する。越前へ行く道二筋のうち大将は疋田口《ひきだぐち》へ落ちたと判断したのも秀吉であった。刀根坂《とねさか》合戦で大勝した信長は、首実検をして江北に帰陣しようとするが、秀吉は義景を討ち取ることを進言する。義景は義鏡の裏切りにより自害して果てる。秀吉は越前より帰るやいなや、弟秀長とともに小谷城を攻め、長政の父久政を自害に追い込む。長政も自害し、浅井は滅亡する。

以上のごとく、『真書太閤記』における秀吉は、敵方諸将を味方につける能力に長け、要所要所で信長に的確な進言をする、超人的な存在に造形されている。ここに至って秀吉は、信長の天下取りに不可欠な、万能なる智将のイメージを身にまとうことになった。

『日本戦史・姉川役』と山路愛山の『豊太閤』

最後に、いずれも明治三十年代に出版された『日本戦史・姉川役』と山路愛山《やまじあいざん》の『豊太閤』を見ておきたい。

参謀本部編『日本戦史・姉川役』第一編「起因及戦役前ノ形勢」には、浅井長政の違背を受けての信長金ヶ崎退去における秀吉の殿いを記さない。一方、信長が秀吉に策を授けて竹中重治を派遣し、「鎌羽城」の守将堀秀村の家老樋口元則を誘降したことは記されている。第二編「作戦」には、姉川合戦における南軍の本軍（織田軍）の第三隊に秀吉の名がある。第一隊には坂井政尚、第二隊には池田信輝とあり、甫庵『信長記』以来の位置づけが踏襲されていると言えよう。第三編「戦後ノ動静及結果」では、横山城に秀吉及び竹中重治を置いたことを記す。また秀吉と丹羽長秀が門徒を建部、観音寺山、箕作山《みつくりやま》等に破ったという記事、秀吉が横山から箕浦に赴援して浅井七郎等を破ったという記事、元亀三年正月に秀吉不在の横山城を長政が襲って竹中重治が抗戦したという記事、朝倉義景滅亡後に虎御前山に戻った信長が秀吉に京極郭から浅井久政を攻めさせ、自裁させたという記事を載せる。

参謀本部第四部編纂
日本戰史
姉川役
版權所有
参謀本部

参謀本部編『日本戦史・姉川役』扉
（国立国会図書館蔵）

『日本戦史・姉川役』は、秀吉の一代記を記すことが目的ではないため、『絵本太閤記』や『真書太閤記』に見られるような智将秀吉の姿は描かれない。甫庵『信長記』以来の図式をベースに、それより後に記された軍書類の記事を適宜採用する。

3. 浅井攻め × 虚像編

山路愛山の『豊太閤』は、「信長に対する反動の時代」に浅井攻めのことを記す。愛山は、金崎《かねがさき》退口《のきぐち》を信長一代の厄運と評し、秀吉が最も難儀な殿いの役を蒙って踏み留まり、徳川の援兵もあって敵を防ぎ、信長を易く落とすことに成功したとする。姉川合戦では柴田、佐久間らとともに在々所々谷々に放火し、その後は横山城の城番になったことを記す。また志賀の陣においては丹羽長秀と相談して近江から志賀をさして進み、建部郷、箕作山、観音寺山の門徒一揆を打ち破って信長陣前に現れたことを記し、金崎退口とともに「秀吉の大功」と位置づけた。さらに元亀三年七月にいたるまで度々切って出ようとした浅井勢をくい止めたことを「首《はじめ》に秀吉の力なりしが如し」とし、中でも元亀二年五月の箕浦合戦で敵に見えないように山裏を廻って箕浦に駆けつけ、堀樋口と一手になり、総勢六百ばかりで五千の一揆勢を打ち破ったことについて「誠に戦略の妙を得たるものにして武功の著るしきものなり」と評価する。そして秀吉が人気を取ることの名人であり、調略で浅井方の大名を手なずけ、浅井を追い込んだとする。その結果、京極つぶらに上がり、浅井父子の間を取り切り、その死命《しめい》を制したと説く。

愛山は、浅井攻めにおける秀吉の武功とともに、秀吉の調略の役割の重要性を強調した。そこには『絵本太閤記』や『真書太閤記』によって広まった智将秀吉のイメージの投影も感じられる。信長配下で立身をめざす智将秀吉の評価は、この時点でほぼ確定したと考えて良いであろう。

●参考文献

桑田忠親『太閤記の研究』(徳間書店、一九六五年)

長谷川泰志「東京国立博物館蔵『将軍記』解題と翻刻（その一）―豊臣秀吉伝　上之一、上之二―」（『広島経済大学研究論集』二〇―一、一九九七年）
長谷川泰志「羅山と『豊臣秀吉譜』の編纂」（『文教国文学』三八・三九、一九九八年）
笹川祥生『戦国武将のこころ　近江浅井氏と軍書の世界』（吉川弘文館、二〇〇四年）
濱田啓介「『絵本太閤記』と『太閤真顕記』」（『近世文学・伝達と様式に関する私見』京都大学学術出版会、二〇一〇年）
山本卓「『絵本太閤記』の成立と出版」（『舌耕・書本・出版と近世小説』清文堂、二〇一〇年）
柳沢昌紀「「仮名草子」の書き手と読み手」（『シリーズ日本人と宗教―近世から近代へ五　書物・メディアと社会』春秋社、二〇一五年）

4 秀吉の出世

秀吉が歴史の表舞台に姿を見せつつあるこの時期、後に関ヶ原の戦いを家康の勝利に導く黒田家が浮上してくるのは興味深い。『黒田家譜』は藩の正統性を語るものであるから、史料を収集すると同時に、黒田寄りの記述が当然なされているはずだ。今の歴史学がこういう「史料」に依拠するところに、文学研究との共同討議の必要性のあることも見えてくる。ひるがえって、江戸時代における秀吉の「物語」は、信長が後景に退き、秀吉を中心に動いていくことになる。

4 秀吉の出世

実像編

▼太田浩司（長浜市長浜城歴史博物館館長）

秀吉はその姓を木下・羽柴・豊臣と変えていることが知られているが、さらに名乗りや官位にも変化が見られる。これらの変化は、秀吉のおかれた環境を反映していると考えられる。浅井攻めを終えて、秀吉が北近江を統治し長浜城主となった時期を中心に、姓や名乗り・官位の変化に注目し、その栄光と挫折が織りなす、物語でない秀吉の「出世」譚を描く。

秀吉の改姓と名乗りの変化

羽柴秀吉は天正元年（一五七三）九月一日、北近江の戦国大名浅井攻めの功績によって、主君信長からその旧領を与えられることになる。その後、最初は浅井氏の居城だった小谷《おだに》に入るが、天正三年（一五七五）頃に新たに町を開いた長浜へ居を移す。その間も、信長の家臣として、越前攻めや伊勢攻めに従軍、天正三年の長篠《ながしの》合戦への参陣後、紀州攻めや加賀攻めにも参加する。天正五年（一五七七）の加賀侵攻中に、柴田勝家と対立し勝手に北近江に帰国したことで、信長から叱責を受けるという失態もあった。

しかし、その年の十月には、信長から荒木村重《あらきむらしげ》に代わり中国計略を任され、播磨へ赴任することになる。播磨国では姫路城を拠点に、黒田孝高《くろだよしたか》の協力を得ながら、播磨制圧を続ける。信長家臣として、その領国としての北近江・長浜城を維持しながら、播磨に遠征していた時期である。天正六年（一五六八）には、播磨の三木《みき》城主別所長治《べっしょながはる》や、摂津の有岡城主荒木村重の離反があったが、天正八年（一五八〇）六月までには播磨を再統一した後、但馬・因幡侵攻を続け、「本能寺の変」時には備中まで毛利領国を侵食しつつあった。この一連の戦いで、秀吉は信長家臣団での地位を不動のものとし、関白まで登り詰める「秀吉の出世」の序章となったことはよく知られる所である。

この期間、秀吉は姓や名乗りを変化させている。播磨良紀は、二〇一五年二月に発刊された『豊臣秀吉文書集』一（名古屋市博物館編）の編纂作業での成果を踏まえつつ、その経緯と時期を細かく解明した論稿を最近発表した。ここでは、この播磨の業績を基に、秀吉の改姓や名乗りの変化が、秀吉のおかれた状況と如何に関係し、どのような意味があるのかを、少々掘り下げて考えてみよう。姓や名乗りの変化が、秀吉の成功と挫折に連動していることを示し、そのことで北近江・播磨統治時代の秀吉の姿をあぶり出す試みとしたい。

「木下」から「羽柴」への改姓

播磨良紀は、秀吉が「木下」姓を使った最後の文書を、元亀三年（一五七二）と見られる十二月二十五日付の松尾社中宛書状（松尾月読社文書）とする。また、最初に「羽柴」姓を使った文書は、元亀四年（一五七三）と見られる七月二十日付の大山崎惣中宛書状（離宮八幡宮文書）であると指摘する。つまり、「木下」から「羽柴」への改姓は、元亀三年十二月から翌年七月までの間であることが確認できる。さらに、元亀四年と見られる七月八日付の樋口直房《ひぐちなおふさ》書状（菅浦文書）の文中

年月日	事項
元亀 4 年（1573）7 月 18 日頃	「木下」から「羽柴」へ改姓。
天正 1 年（1573）9 月 1 日	織田信長から、浅井氏の旧領北近江を与えられる。
天正 3 年（1575）7 月 3 日頃	「藤吉郎」から「筑前守」への名乗り変更。
天正 3 年（1575）8 月 13 日	信長が秀吉居城・小谷に宿泊する。
天正 3 年（1575）8 月～ 12 月	小谷から長浜へ居所を移す。
天正 5 年（1577）10 月	中国計略のため、播磨へ赴任する。
天正 6 年（1578）2 月	三木城主別所長治が信長に離反する。
天正 6 年（1578）10 月	有岡城主荒木村重が信長に離反する。
天正 6 年（1578）10 月下旬	黒田孝高が有岡城に幽閉される。
天正 6 年（1578）11 月頃	「筑前守」から「藤吉郎」への名乗り変更。
天正 8 年（1580）1 月 17 日	三木城が開城する。別所長治自刃する。
天正 8 年（1580）6 月	播磨を再統一する。
天正 9 年（1581）2 月～ 8 月	この頃から秀勝が秀吉の代行者として北近江を統治する。
天正 9 年（1581）4 月 10 日	信長が秀吉居城・長浜を経由して竹生島詣でをする。
天正 9 年（1581）7 月 22 日頃	「藤吉郎」から「筑前守」へ名乗り変更。
天正 9 年（1581）10 月 25 日	鳥取城が開城する。
天正 10 年（1582）3 月	備中攻めに入る。
天正 10 年（1582）6 月 2 日	本能寺の変が起きる。

秀吉の北近江・播磨統治時代年表

に「木下藤吉郎殿」とあるので、改姓時期は七月八日から二十日までと、さらに限定できると述べる。織田信長は反旗を翻した将軍足利義昭《よしあき》を、元亀四年七月十六日に山城国槙島《まきしま》城に攻め、秀吉は十八日頃に降伏した義昭を河内国若江まで送り届けている。この行動との関連から、染谷光広は、「木下」から「羽柴」への改姓は、元亀四年七月十八日か十九日と限定していたが、播磨もこの説を紹介している。

「羽柴」姓の由来は、信長の宿老である丹羽長秀と柴田勝家から、姓の一字ずつを拝領したとされる。これは竹中重治の子・重門の著『豊鑑《とよかがみ》』にも記されており、疑う必要はないだろう。一般に、秀吉の改姓は元亀四年が改元した天正元年九月一日に、浅井氏滅亡を受けて、その旧領を領するようになってからと解されがちであるが、浅井氏の居城・小谷の落城に先立つ七月・八月に「羽柴」姓で出された秀吉文書は、上記も含め現存するだけでも五通もある。

その五通とは、先の大山崎惣中宛秀吉書状の他、近江国伊香郡古橋郷（長浜市木之本町古橋）宛の八月十一日付の秀吉直状で、住民の還住《かんじゅう》を促した文書が一つ。本書は、足かけ四年に及ぶ信長と浅井氏との戦闘により、北近江の多くの住民が山地へ避難していたが、浅井氏包囲網が縮小され戦闘が小谷城周辺のみとなった為、帰村して農業に従事することを勧めた内容であった。残りの三通は、いずれも八月二十日に滅亡した越前朝倉氏攻めに関する文書である。一通目は十三日の刀根坂《とねざか》合戦の模様を、丹後の武将・矢野備後守《やのびんごのかみ》に知らせた文書。二通目は八月中に出された越前織田神社への寺領安堵であるが、三通目は明智光秀と瀧川一益《たきがわかずます》との連署状《れんしょじょう》である。この文書、光秀と一益には花押《かおう》があるが秀吉にはないので、十三日の刀根坂合戦までは信長の朝倉攻めに随行したものの、その後の越前朝倉氏攻めには同行しなかった可能性がある。小谷城包囲網に戻ったものであろう。

このように、元亀四年七月の「羽柴」改姓時の秀吉は、信長の浅井・朝倉攻めの最終段階であり、浅井氏攻めの中心を担ってきた秀吉にとっては、戦勝の暁には浅井領を任せるとの信長の内意も聞かされていたことが推測される。「羽柴」改姓は信長による秀吉への褒美と期待が込められてものであり、さらに信長にとっては義昭の追放により、室町幕府を崩壊させ新たな政権を再出発させるための金字塔とも解釈できるだろう。信長家臣団において明智光秀に続き領国を得た武将として、宿老《しゅくろう》入りした秀吉の地位を象徴する改姓だったと位置付けたい。

「筑前守」の官途を名乗る

北近江に領国を得た秀吉が、文書の署名で「藤吉郎」の通称を記さず、「筑前守」の官途《かんと》を名乗るようになるのは、播磨良紀が述べるように、天正三年六月か七月からである。すなわち、天正三年と見られる瀧川一益宛の六月十九日付の秀吉書状（白土文書）においては、「羽柴藤吉郎秀吉」と署名するが、宮田光次宛の七月二十六日付の秀吉直状（長浜市長浜城歴史博物館所蔵文書）からは、「羽柴筑前守秀吉」と署名しているからである。

信長は同年七月三日に、朝廷による官位叙任の誘いを辞退し、主だった家臣へ官職や姓の下《か》賜《し》を願い出ていることが『信長公記』によって知られる。すなわち、松井友閑《まついゆうかん》に「宮内《くない》卿法印」を、武井夕庵《たけいせきあん》に「二位法印」、明智十兵衛尉光秀に「惟任《これとう》日向守」の姓と官職を、簗田《やなだ》左衛門太郎広正に「別喜《べっき》右近」という名乗りを、丹羽五郎左衛門尉長秀に「惟住《これずみ》」の姓が与えられた。『信長公記』には記載がないが、秀吉の「筑前守」への名乗りの変更も、この時同時に行われたと考えれば、事の次第を上手く説明できる。しかし、「筑前守」への名乗りの変更を、単なる信長の都合とみていいのか。何か、秀吉にとって特別な意味がないのだろうか。

秀吉は天正元年九月一日に、北近江の地を得て以後も、領国経営の拠点である城郭は、前代の浅井氏の小谷城をそのまま使用していた。しかし、天正二年（一五七四）に入ってから、湖岸の今浜に城地を求め、領内の百姓を動員して城普請を開始した。長浜城の築城である。これまで、坂田郡平方村（長浜市平方町）や浅井郡下八木村（長浜市下八木町）への六月六日付と六月八日付の人足徴発命令（川合文書・大阪城天守閣蔵文書）が知られていたが、最近になって伊香郡唐川村・布施村・高田村（長浜市高月町唐川・木之本北布施・高月町東高田）への七月十六日付の徴発命令（長浜市長浜城歴史博物館蔵文書）が発見され、秀吉の領国全体への人足徴用が明らかになった。

秀吉が何時、小谷から長浜に居を移したかは、明確な時期は分からない。よく知られているように、『信長公記』の天正三年八月十三日の条に、越前攻めに赴く信長が、岐阜からの出陣の途中、「大谷《おだに》羽柴筑前守所」に宿泊したと記されているので、この時はまだ秀吉は小谷（大谷）を拠点にしていたと理解するのが一般的である。

ところが、約二十五年経て書かれた石田三成《いしだみつなり》の文書に、秀吉の移住時期が記されている。関ヶ原合戦の直前、慶長五年（一六〇〇）七月六日付の石田三成直状（国友助太夫家文書）は、国友《くにとも》鉄砲鍛冶に従来通りの鉄砲生産を命じた内容だが、文中に「天正三年長浜ニ太閤様御座候已来《いらい》の法度たるべき者なり」とある。つまり、秀吉が長浜に居を構えたのは天正三年だと、三成は言っているのである。秀吉の奉行として、主人と辛苦を共にして来た三成の言であるだけに、この記述には重みがある。秀吉は信長が小谷に宿泊した八月十三日以降の年内に、長浜城へ居を移したと考えるべきだろう。

そのように考えれば、長浜の新城や新城下町建設に目処がついた所で、秀吉は「藤吉郎」から「筑前守」へ名乗りを変更したと考えることもできる。新たな領国支配の拠点が完成した祝いとして、名乗りの変更を行ったと解釈するのである。「筑前守」の名乗りは、信長側の事情のみでなく、秀吉側からも理由を探ってみる必要を感じる。

播磨侵攻と黒田孝高の幽閉

天正五年十月以来、黒田孝高《よしたか》や竹中重治の活躍により、破竹の勢いで進めて来た秀吉の播磨攻めに、天正六年二月になると黒い影が射した。播磨三木城の城主・別所長治が、毛利氏に内通して信長から離反したのである。さらに、四月に入ると毛利・宇喜多勢が播磨に侵入し、秀吉方の尼子《あまご》勝久《かつひさ》・山中鹿之助幸盛が籠る上月《こうづき》城を包囲した。秀吉は三木城攻めとこの上月城救援の二方面作戦を迫られたが、結局信長の命により、上月城を見殺しにして三木城包囲に専念せざるを得なかった。さらに、同年十月に至ると秀吉が中国攻めに入る以前から、信長により播磨計略を任されてきた摂津の荒木村重《あらきむらしげ》が信長に背く。これで、一度は信長領国となった播磨国は、大混乱に陥ることになる。

黒田孝高は、荒木氏の居城であった有岡城《ありおか》に向かい説得工作を試みるが、逆に荒木によって幽閉されてしまう。この事件の顛末については、『黒田家譜』に詳細な記事があり、黒田家の一方的な主張とは言え、事情がかなり詳しく分かっている。当時、孝高は播磨国人小寺政職《こでらまさもと》にも仕える身であったが、その命によって荒木の翻意を促すため、天正六年十月下旬に有岡城に赴いた。荒木は孝高を城内に招き入れたが、力ずくで生け捕りにし牢獄へ投じた。孝高が帰って来ないことを知った黒田家では、秀吉の本拠・長浜に人質として送られた孝高の子・松寿《しょうじゅ》（後の長政）を棄てて毛利・荒木に従うか、幽閉された孝高を棄てて、信長への忠誠を貫くかの選択に迫られる。

黒田家家臣たちは、黒田家を指すと見られる「御本丸」・「御上様」などに宛てた、忠誠を誓う起請文を四通も製作して結束を固めた。その起請文では、「今度孝隆（高）様　摂州（＝村重）遺恨有るにより、有岡ニ御逗留成され候」などと記され、「松寿殿様長浜ニ御座候上は、疎略存ぜず」と、具体的に官兵衛（孝高）や松寿（長政）の居場所を記している（天正六年十一月吉日付黒田氏家臣連署起請文、黒田家文書）。『黒田家譜』の記述は、このように実在する古文書から確証が得られ、孝高の有岡幽閉は事実として確認できる。

天正五年九月六日付の小寺官兵衛（黒田孝高）宛の信長朱印状（黒田家文書）に明白なように、秀吉の播磨侵攻以来、黒田孝高は信長の命により秀吉の組下で戦闘を行うことになっていた。事実、同年十一月の播磨福原《ふくはら》（佐用《さよう》）城・上月城攻めでは、孝高は竹中重治と共に秀吉の旗下で戦闘を行っている（下郷共済会蔵文書）。信長から預けられた家臣である孝高が、毛利・荒木方に捕われたという事実は、その寄親《よりおや》とも言える秀吉の責任が問われたと考えられる。

事実、信長は孝高が荒木・毛利方に翻意したと考え、秀吉に預けていた孝高の子息・松寿の殺害を命じた。長浜城で信長の人質となっていた松寿であったが、竹中重治の機転により、殺害を免れたという有名な話も『黒田家譜』に記載される。秀吉が孝高の動向に責任を負わされていたことを示していよう。孝高遭難は、秀吉の「出世」にも影響を与えかねない大事件だったと言える。

「筑前守」から「藤吉郎」への後退

この状況の中で、秀吉は自らの名乗りを、「筑前守」から「藤吉郎」に改める。すなわち、天正六年十月二十二日付の樋口彦助宛の秀吉書状写（伯耆志）には、「羽柴筑前守秀吉」との署名があるが、同年十一月十一日付の小寺休夢斎高友宛の秀吉書状（黒田家譜）では、「羽柴藤吉郎秀吉」と署名しているからである。その後、同年十二月十七日付の近江国坂田郡神照寺惣中宛の秀吉直状（神照寺文書）などでは、なぜか「筑前守秀吉」の署名に戻るものの、翌年の天正七年（一五七九）から天正九年（一五八一）七月までの間は、基本的に「藤吉郎」と署名することになる。

このように、「筑前守」という官途を棄てて、「藤吉郎」という通称に名乗りを戻した理由について播磨は、別所長治や荒木村重の離反や、黒田孝高の有岡城幽閉の事態が生じ、播磨攻略が一変して、織田方に不利な状況に陥った責任からではないかと推定している。秀吉の天下統一は、信長家臣時代の浅井攻め、越前攻略からの無断退却、その後の本能寺の変から山崎合戦への軍事行動など、多くの試練があったと推定されるが、この播磨攻めの蹟《つまづ》きも、「秀吉の出世」にとっては大きな危機だったと見られる。「筑前守」から「藤吉郎」への名乗りの後退時期は、天正六年十一月から十二月と想定されるが、これは先の孝高幽閉事件が十月に起きた直後である。ここから、信長や秀吉にとっての孝高の存在の大きさと、その失望感を読み取るべきだろう。

秀吉の城下町政策

ところで、秀吉が長浜城下町について出した文書として著名なのが、十月二十二日付の「こほ」宛の秀吉書状（河路文書）である。この文書は秀吉が城下町への町人集住策として打ち出していた年貢免除の命を、撤廃しようとしたものとして知られる。北近江の農村部の人々が、長浜城下町に集住し過ぎた結果、農業人口が減少、年貢収納に差し支えが生じる結果になった。秀吉は、この状態を解消しようとしたのである。

しかし、「それさま」の説得により年貢免除撤廃を断念したと、本書で秀吉自身が述べている。長浜の城下町形成過程を物語る非常に興味深い内容だが、従来は宛名の「こほ」は、ねねの侍女と考えられてきた。しかし、福田千鶴は『兼見卿記《かねみきょうき》』の記述の分析から、「こほ」はねねの侍女ではなく、大政所（なか）の侍女であったことを明らかにしている。したがって、「それさま」はねねではなく大政所で、秀吉は妻の力ではなく、母の斡旋により年貢免除撤廃の判断を覆したと言うことになる。

ところで、この文書の年次比定であるが、「藤きちらう　ひて吉」と署名しているので、従来は天正三年七月以前の「藤吉郎」時代の文書と考えられてきた。であれば、本書は十月二十二日付なので、秀吉が北近江を統治し始める天正元年か同二年の文書となる。しかし、天正元年は長浜城下町の建設に着手していたとは考えられないので、年代は天正二年しかあり得ないと判断されてきている。先に紹介した『豊臣秀吉文書集』でも本書は、天正二年に比定されている。しかし、長浜城下町の建設が着手されたばかりの天正二年十月の段階で、果たして長浜町に農村から流入者が溢れていた状況を想定することが出来るだろうか。

この疑問は、先に記したように、天正六年十一・十二月から秀吉は「藤吉郎」に名乗りを戻し、後述するように天正九年七月まで使用し続けた事実を踏まえれば解消する。つまり、十月二十二日付の本書は、天正七年か天正八年の文書と特定できることになる。この時期ならば長浜城下町もある程度完成しており、農村から人口流入が問題となっていてもおかしくない。秀吉が「藤吉郎」を再び使用することが判明したことで、本書は正確な年代が割り出され、秀吉が最初に建造した長浜町の成立についても、その過程を無理なく説明できるようになったのである。

本書が天正二年とすれば、長浜は急成長を遂げた城下町と評価できるが、天正七年か八年となれば、秀吉は播磨に在陣しつつ、家臣に指示を与えながら、長浜城下町を徐々に形成していったと理解出来ることになる。事実は、後者だったのだ。名乗りによる年次比定が、歴史理解にとって如何に重要であるかを改めて感じさせられる事例である。

再び「筑前守」へ

天正九年に入ると、秀吉は「藤吉郎」の名乗りを、再び「筑前守」に戻す。播磨はその時期を、天正九年七月二十日以降と述べる。すなわち、尼子氏の旧臣で秀吉の因幡攻めに貢献した亀井《かめい》茲矩《これのり》宛の秀吉書状（亀井文書）において、同年七月二十日付では「藤吉郎」を使用するが、七月二十二日付では「筑前守」を使用している。実はこれ以降も「藤吉郎」を名乗っている秀吉文書が若干存在するが、同じ相手への書状で名乗りを変えている点を重視し、秀吉のおかれた状況に変化があった結果と評価している。同年七月二十日頃における、秀吉の置かれた状況の変化を特定し得ないが、因幡攻めがある程度目途がついたためと播磨は述べる。

この時期の秀吉の行動を見ると、前年の天正八年一月十七日に、長く秀吉・信長に抵抗して籠城していた三木城の別所長治が自刃し、同城が開城となり、六月五日には播磨国宍粟郡《しそうぐん》の宇野民部《うののみんぶ》を攻め滅ぼし、播磨が再び秀吉領国として統一され、九月には検地を行っている。その直後から、因幡・伯耆国境へ出陣する。翌年に入ると六月から但馬への侵攻を開始、七月からは因幡鳥取城攻撃を本格化していった。鳥取城は天正九年十月二十五日に開城する。先の名乗りの「筑前守」への改変は、この鳥取城包囲網の中での出来事であった。秀吉はその後、伯耆国羽衣石《うえし》城の南条元続《なんじょうもとつぐ》を救援する動きをとった後、十一月には姫路に戻り、淡路攻撃を行った。

翌年の天正十年（一五八二）は、三月から備中攻めに入り、高松城攻めの最中に、六月二日に起きた「本能寺の変」の報を受けるのである。

於次秀勝の独立と名乗り

この秀吉の名乗りの変化時の状況を見直した場合、気になるのが尾下成敏による羽柴於次秀勝《はしばおつぎひでかつ》に関する研究である。於次秀勝は織田信長の五男で秀吉の養子となった人物だが、天正十三年（一五八五）十二月に丹波亀山《かめやま》城において、十八歳の若さで病死した。秀吉が播磨を基点とした中国計略を行っていたので、手薄となった北近江長浜領の統治を秀吉から任されたこと、秀吉の後継者として認められていたこと、最近では信長の四男ではなく五男であったことなどが指摘されてきていた。その中で、信長在世期の秀吉・秀勝の文書のあり方を分析した尾下は、天正九年二月から八月までの間に、秀勝が秀吉の代行者として長浜領を統治するようになったと結論づけている。

先に述べたように、「藤吉郎」から「筑前守」への名乗りの変化が、天正九年七月に行われたとしたら、それは秀吉が秀勝へ長浜領の支配を委ねた時期と一致することになる。後継者・秀勝の成長にともなう、北近江の秀勝領としての独立。その結果として、播磨を秀吉領として確立する方向性が生まれ、軍事的にも中国攻めに専念する。そういった、信長家臣団中の地位の向上や、部将としての自信が、秀吉の心に変化を与え、信長からの許しも得て、再び「筑前守」を名乗るようにさせたのではないか。

そこで、もう一点気になるのは、この時期に長浜へ信長を迎えたことである。秀吉は中国攻めの最中においても、安土《あづち》城の信長の許や、妻や母をおいていた長浜に度々戻っている。長浜に帰った時期は、まず天正八年二月から三月にかけてで、長浜で茶会を催していたことが『宗及他会記』などによって知られている。翌年の天正九年四月十日には、長浜に信長を迎えている。この状況は、『信長公記』に見える。信長はその日、突然小姓五・六人を連れて、竹生《ちくぶ》島《しま》詣《もう》でに向かった。秀吉がいる長浜城までは馬で行き、その先は船で片道十五里の所を、日の内に往復し安土まで帰った。安土から竹生島までは遠路なので、城内の女たちは遊山や寺詣でを行っていたが、信長は帰城するなり女たちが不在なのを知って怒り、厳罰に処したという話である。最初の「筑前守」の名乗りの直後に当たる天正三年八月十三日にも、信長を小谷城に迎えている事実があったことが『信長公記』にある。天正九年の「筑前守」への名乗り変更に際しても、直前に秀吉は自分の居城である長浜に信長を迎えていた。秀吉が信長から北近江を拝領して以来、信長が秀吉の居城を訪ねたのは、判明する限りこの天正三年八月十三日と、天正九年四月十日の二回しかない。これと前後して、くしくも秀吉は二回にわたって「筑前守」への名乗り変更を行っているのである。

信長を秀吉居城に迎えるのが、「筑前守」への名乗りの変更の必要条件であったとまでは言えないが、信長を居城に招くということは、秀吉が一つの成果を信長に見せつける意味があったと思われる。前者は長浜への本拠移転の報告、後者では秀勝への長浜領引き継ぎの報告、これを信長に告げる意図があったと読めなくもない。「筑前守」の名乗りは、その節目を自ら祝うために自称したものであったと考えられないだろうか。そうであれば、信長の竹生島詣では、秀吉の強い誘いがあったからこそ実現したと推定したくなる。

その後の秀吉の叙位任官

本章の主題ではないが、その後の秀吉の叙位任官について触れておこう。岡山県岡山市の足守藩に伝来した「木下文書」によって、秀吉は天正十年（一五八二）十月に従五位下《じゅごいのげ》・左近衛《さこのえ》権《ごんの》少将《しょうしょう》、十一年（一五八三）五月には従四位《じゅしい》・参議《さんぎ》の官位を得たことが知られる。しかし、これらの文書は後世遡って作成されたもので、秀吉は実際には天正十二年（一五八四）までは無位無官であったと見られている。天正十二年十月二日に従五位下・左近衛権少将となり、その直後の同十一月には従三位《じゅさんみ》・権大納言《ごんだいなごん》となる。この頃になると、小牧長久手合戦で徳川家康に相対的な勝利をおさめた秀吉を、朝廷も無視し得なくなったと考えられる。

翌年の天正十三年（一五八五）三月十日には、秀吉は従二位《じゅにい》・内大臣《ないだいじん》になり、衣冠《いかん》を着して初めて参内を遂げた。そして、七月十一日に関白に叙任される。しばらくして、朝廷から豊臣姓を下賜《かし》される。この関白就任や豊臣姓の下賜は、大坂城に入り、秀吉が天下統一の思いを新たにした結果であることは言うまでもない。その後、天正十九年（一五九一）に、甥の秀次に関白職を譲り、自ら太閤を称するようになる。秀吉が築き上げた豊臣家の存続を意識しての関白職譲与と理解される。

このように見て来ると、秀吉の改姓、名乗りの変化、叙位任官は、それぞれ秀吉のおかれた立場や、彼を取り巻く環境の変化を表すものだったと言えよう。また、これまで見たように、秀吉の姓や名乗りの変化は、彼の出世過程における、成功と挫折と連動するものである。特に「筑前守」から「藤吉郎」への名乗りの後退は、世に喧伝される秀吉の出世譚では必ずしも描かれない姿であり、人間・秀吉を考察するにあたっても重要な「事件」として位置づけるべきだろう。

●参考文献

染谷光広「木下秀吉文書についての補説」（『日本歴史』三〇〇、一九七三年）
谷口克広「信長の兄弟と息子の出生順」（『愛知県史のしおり』資料編一一（織豊一）付録、二〇〇三年）
柴裕之「羽柴秀吉の領国支配」（戦国史研究会『織田政権の地域支配』、二〇一一年）
福田千鶴「豊臣秀吉発給こぼ宛書状について」（『九州産業大学国際文化学部紀要』五二、二〇一二年）
播磨良紀「羽柴秀吉文書の年次比定について」（『織豊期研究』一六、二〇一四年）
尾下成敏「信長在世期の御次秀勝をめぐって」（『愛知県史研究』一九、二〇一五年）

4. 秀吉の出世 × 実像編

【追記】

成稿時、秀吉が木下姓を使った最後の文書として、元亀四年（一五七三）五月二十四日付の篠田伝七郎宛書状（二〇一五年七月十日、兵庫県豊岡市教育委員会発表）があることを失念していたので追記する。また、木下聡『秀吉研究の最前線』（洋泉社歴史新書、二〇一五年）に、本稿に関する記述があることに気がついたが、脱稿後だったので触れられなかった。

4 秀吉の出世

虚像編

▼原田真澄（演劇博物館招聘研究員）

出世していく秀吉の虚像が文学先品でどのように形成されていったのかを二つの面から追う。まず一つは、秀吉と信長の出会いである。そしてもう一つは墨俣《すのまた》一夜城《いちやじょう》である。この二つのエピソードの変容を追うことで見えてくる秀吉像とは、近世の人々が信長と秀吉に理想的な主従関係を見出そうとした願望の鏡としての虚像だった。

豊臣秀吉の前半生は、意外なほどに詳細が明らかではない。秀吉の名がはっきりと歴史上に登場するのは、秀吉が二十八歳の永禄七年（一五六四）十一月付の知行安堵状（「坪内文書」）である。それ以前の秀吉については、小和田哲男は「歴史以前」という。「歴史以前」の秀吉がいかにして信長に見いだされ、重用されるようになったのか。つまりはいかにして「出世」していったのかについては、史書（歴史）ではなく、文芸作品や講釈、演劇に脚色された巷説によってイメージが形成されてきたとも言えよう。近世以来、秀吉の出世譚の形成については、虚構たる文芸作品の力が大きかったのである。

限られた紙幅の中で、秀吉出世譚のすべてに触れることは困難である。本章では秀吉の出世の足がかりである信長との出会いと、出世街道を上りはじめる契機として名高い墨俣一夜城《すのまたいちやじょう》の二つの大きなエピソードに焦点を絞って秀吉の出世譚の形成と変容を追う。

秀吉と信長の出会い

小瀬甫庵《おぜほあん》の『太閤記』（寛永二年〈一六二六〉序）によれば、秀吉が信長に仕えたのは、永禄元年（一五五八）からであったという。元々松下之綱《ゆきつな》に仕えていた秀吉が、胴丸の鎧を調えてくるように金五、六両ほどを持たされて使いに出された。秀吉は持たされた金を、「此金《このかね》にて丈夫之身と成《なる》べき支度《シタク》之賄《マイナヒ》とし、天下之大器とならん人を憑《たのみ》奉り、立身を励《ハゲ》み、（中略）彼筒丸《かのどうまる》をも調《ととの》へつゝ、松下殿に渡し可《し》レ申《す》」（『太閤記』）と考え、松下の元から出奔する。松下の下を離れた後には、渡された鎧を買うための金を自身の支度金に転用して、「必《かならず》天下之主たるべし」と見込んだ信長へ仕えようと考える。そして、清須城にいた信長に自らの来歴を述べて「直訴」して仕官を願うと、信長は「心も軽く見えしが気もよく侍らん」と打ち笑みながら言い、めでたく抱えられることとなった（2章虚像編参照）。

『太閤記』に書かれたように、秀吉が信長に直訴して臣下となるといった両者の邂逅エピソードは、竹中重門《たけなかしげかど》『豊鑑』（寛永八年〈一六三一〉成立）、林羅山《はやしらざん》・読耕斎《どっこうさい》『豊臣秀吉譜《ふ》』（『将軍家譜』の中、明暦四年〈一六五八〉刊）、武内確斎《たけうちかくさい》『絵本太閤記』（寛政九年〜享和二年〈一七九七〜一八〇二〉刊）などの諸書にも表れている。『絵本太閤記』まで下ると、直訴の最中に柴田勝家《しばたかついえ》が「我君《わかきみ》に直訴《じきそ》せんとはすいさん也、察《さつ》する所敵国《ところてきこく》の間者成《かんじやな》るべし」と、秀吉を敵の間者かと疑う一幕が挿入されるなど、説話的な広がりをみせるに至っている（2章虚像編参照）。この「直訴」する秀吉に対して、第三者に仲介を頼んで信長への仕官を願っているのが土屋知貞《つちやともさだ》『太閤素生記』（延宝四年〈一六七六〉

以前成立）である。『太閤素生記』では、秀吉と同郷で信長の小人頭である一若という者に仲介を頼むことになっている。「一若ヲ頼ミ信長草履取ニ出ル」と、同郷の者の仲介で奉公が叶い、草履取になったのだとする。妥当かつ具体的なエピソードであるように思われるが、同様に仲介を以て家臣となったと描くのは、『太閤素生記』の他には真田増誉《さなだぞうよ》『明良洪範《めいりょうこうはん》』（四十巻、元禄頃成立カ）のみであるとされる。

一方、信長の方が秀吉を見込んで取り立てる流れとなっているのが柿屋喜左衛門《かきやきざえもん》『祖父物語』（『朝日物語』、寛永十九年〈一六四二〉頃成立）である。清須城下でたまたま通りかかった秀吉へ、門の上から信長が「小便ヲシ掛タマフ」と秀吉は腹を立て、しかも狼藉者の正体が信長と知っても怒りを収めなかったので、信長は「汝カ心ヲ見ントテシタル事ナリ、堪忍セヨ、以来ハトリ立テ召ツカハン」と言って秀吉を取り立てることになったのだとする。『祖父物語』以外の大半の諸書では、仲介者の有無の違いはあれども、概して秀吉側からの働きかけで主従関係が結ばれており、中でも『太閤記』の様に秀吉が「直訴」する形を取るのが一般的である。その中で、信長が主体的に秀吉を見いだす過程を描いている『祖父物語』は非常にユニークであり、信長が自身の正体を明かす場面の

「オレニテアルゾ、苦シカルマシ」
ト仰ラル
「オレトハ誰」
「信長ナリ」
ト宣《のたま》ヒケル

（文中の「」と改行等は筆者が私に付す）

というセリフの応酬も多分に演劇的であるように思われる。

　演劇作品において信長秀吉の邂逅場面を描く作品といえば、まず人形浄瑠璃の竹田出雲《たけだいずも》作『出世握虎《しゅっせやっこ》稚物語《おさなものがたり》』（享保十年〈一七二五〉初演）が挙げられる。『出世握虎稚物語』では、『祖父物語』と同じく信長の方が秀吉を見出して試し、その働きによって主従の縁を結んでいる。その人形浄瑠璃『出世握虎稚物語』を改作した草双紙に江島其磧《えじまきせき》『出世握虎《しゅっせやっこ》昔物語《むかしものがたり》』（享保十一年〈一七二六〉刊）がある。『出世握虎昔物語』では、敵方に襲われた信長の妻が居合わせた秀吉に助力を願い、その縁で織田家に取り立てられるという形に改変されているが、織田家側からの働きかけによって主従関係が結ばれる点では人形浄瑠璃『出世握虎稚物語』に通ずる。『出世握虎稚物語』の後続の演劇作品である人形浄瑠璃・近松柳《ちかまつやなぎ》他『日吉丸《ひよしまる》稚桜《わかきのさくら》』（享和元年〈一八〇一〉初演）でも同様に織田側の申し出によって秀吉と信長が主従になっている。演劇や草双紙のように、軍書類よりも自由な想像の元でエピソードを描き出せる文芸作品では、どちらかといえば織田側が秀吉の武芸なり心根なりを見込んで臣下に取り立てる傾向にあるのは興味深い。

　さらに、『出世握虎稚物語』や『日吉丸稚桜』などでは、秀吉は信長との出会いの直前に松下之綱《ゆきつな》の元に戻れない状況に陥っている。その状況下で臣下に誘う信長の申し出を受けるのは、道義的にも問題がない展開である。元より『太閤記』などで描かれた秀吉と信長の出会いには、主家の金銭を盗って逐電した挙げ句の主替えとすら言えるような一抹の後ろ暗さ、つまりは松下之綱への不義がある（2章虚像編参照）。演劇作品などで描かれた織田家の積極的関与による召し抱えは、二君に仕えた秀吉の正当化が計られたとみることも出来よう。秀吉による松下家への不忠・不義を減じつつ、秀吉と信長が江戸時代の儒教的思想として望ましい主従関係であったという虚像が構築されているのである（2章虚像編参照）。

墨俣一夜城

墨俣一夜城は、虚像か実像か。現在では、墨俣一夜城の実在については否定的な考えが主流であろう。本章ではその真偽ではなく、いかにして幻の一夜城が構築され、秀吉の出世譚に欠かせない役割を担うようになっていったのかを追う。

墨俣一夜城に関する言及としては、『太閤記』が早い例として挙げられる。『太閤記』巻一「秀吉卿軽《んじ》二一命《を》一於《て》二敵国《ニ》一成《る》二要害之主《ト》一事」には以下のようにある。永禄九年（一五六六）、織田と美濃・斎藤との争いにおいて、織田は美濃攻略の足がかりとして長良川の「川向こう」、つまりは美濃側に「要害」を構えて手勢を入れようと考えるが、誰もその敵地に築く要害に入ろうとする者がいない。そこで信長は密かに秀吉を召して相談したところ、秀吉は蜂須賀小六などの当時「夜討《ようち》、強盗《ガウダウ》を営《イトナ》み」とする者どもを集めて「番手」（警備）として要害に詰めさせることを提案し、自身がその大将になることを申し出た。信長は秀吉の案を取り上げて人数を集め、要害建築のために長屋や櫓などの城具をあらかじめ作らせて、長良川の上流から筏にして流すように準備する。永禄九年九月五日の未明に長良川の川上に着陣した信長は、打って出てきた斎藤方の攻撃を防ぎつつ、築城を指示する。「普請之人〻は夜を日に続《つヒ》で急ぎ、七日八日には大形《おおかた》城も出来《でき》、塀櫓《ヘイヤグラ》をもおし立《たて》、其夜にぬり立、長屋に至るまで残る所もなく」要害ができあがったのである。後に墨俣一夜城として有名となる秀吉出世譚の原型である。

『太閤記』によるこの要害建設の描写では、「墨俣」という地名は登場しない。また、実際の建築には三、四日程度はかかっており「一夜城」とは言えず、さらには建築の指揮を秀吉が直接ったとも書かれていない。秀吉は、「要害」の「番手」を集める手段を提案し、彼らの大将になることを申し出、砦が築かれた後には番手の者どもと共に砦に入ったことが書かれているのみである。要害建設後の秀吉は、斎藤方に夜討ちをしかけて大勝し、信長の恩賞にあずかり大将の旗印を許される。そして続く十二月には美濃の宇留間城主、大沢次郎左衛門を調略したところ、「秀吉は城主之身」となったと述べる。『太閤記』としては、秀吉の業績は築城ではなく、誰もが尻込みをした敵地の要害の大将になったことと、要害建設後の夜戦などの手柄が、秀吉の城主への出世につながったという書き方をしているように思われる。また、『太閤記』と同じく甫庵が著した『信長記』（慶長十六〜十七年〈一六一一〜一二〉頃刊）の「美濃国賀留美合戦事」には、「永禄五年五月上旬」に信長が「洲俣ニ要害」を建築した事が見え、遠山信春《とおやまのぶはる》『総見記』（元禄十五年〈一七〇二〉刊）も、永禄五年（一五六二）、信長が「尾州ヨリ人夫普請《ニンブフシン》ノ者ヲ呼寄《ヨビヨ》セ。洲《ス》ノ俣《マタ》ニ取出ノ要害《ヨウガイ》」を「夜ヲ日ニ継《ツイ》デ」築かせた「城郭」の城主に秀吉がなったとする。『太閤記』とは築城の年次が異なるが、要害が築かれた地名の「洲俣」（墨俣）が登場している点で注目される。一方、林羅山《はやしらざん》・読耕斎《どっこうさい》の『豊臣秀吉譜』や浅井了意《あさいりょうい》作とされる『将軍記』（寛文四年〈一六六四〉刊）では、『太閤記』と同様に美濃攻略のための要害に関する秀吉の手柄話を載せるが、これらには墨俣、一夜城などの語句は見えず、加えて秀吉自身が築城を指揮したという描写もない。

　秀吉の指図による墨俣の築城を明確に記している例としては、『絵本太閤記』初編七巻「藤《とう》吉郎再築二洲股砦一《きちらうふたたびすのまたにとりでをきづく》」・「洲股砦成二一夜一《すのまたのとりでいちやになる》」が版本としての初出ではないだろうか。故に墨俣一夜城は『絵本太閤記』の創作とも考えられていたが、『絵本太閤記』に先行する実録・白栄堂長衛『太閤真顕記』（別名『真書太閤記』）に、秀吉が短期間で墨俣城を作る場面（二編巻八「信長重て砦を築く評定の事并秀吉智計を以て砦成就の事）がある。安永期に作られたとみられる『太閤真顕記』は、写本で大いに流通し、『絵本太閤記』は主に同書に依拠して書かれていることは、すでに先学の指摘する通りである。その『太閤真顕記』では、秀吉に先立って佐久間信盛《さくまのぶもり》と柴田勝家が墨俣の砦の普請に取りかかるが、両人共に失敗する（二編巻七）。その後、勝家らの後任を決める評定で秀吉が「聊か思ふ子細も候」と普請の担当を名乗り出て、しかも「某に命せられなば七日の中に一城全く成就なさしめ」ると約束する。建築の際には「普請の次第人数を割て是を命す」と、割普請の応用の如き手法を駆使して、受け合った通りに七日目に「一城成就」したのであった。

『絵本太閤記』でも、『太閤真顕記』のように佐久間・柴田の失敗の後に秀吉が「洲股《すのまた》の砦《とりで》七日の内《うち》に全《まつた》く成就《じやうじゆ》いたすべきよし」を信長に言上し、砦の普請を任される。川を利用して材木を運び、堀を掘った土を砦の土台にしたところで、斎藤方の敵襲を受けたが雨によって戦いが中断される。夕立が去った後の再戦で、秀吉勢はかんじきを履いて泥濘に足を取られずに働き、斎藤方は大敗を喫する。合戦の内にも石垣等の準備が整ったので、秀吉方はその夜の内に塀に板を打ち付け、白紙を張り、矢狭間・鉄砲穴を絵で描いて「一夜《いちや》の内に城《しろ》の普請《ふしん》全《まつた》く成就《じやうじゆ》」する。一夜のうちに忽然と姿をあらわした城に斎藤方は驚いて撤退し、これを聞いた清須の信長は大いに悦んで墨俣の城に赴き、秀吉の大功を褒めたとする。『絵本太閤記』においても、そもそも秀吉は七日間の普請成就を約束しており、実際に材木の手配から堀や土台の普請を含めれば、「一夜」にして城が出来たわけではない。しかし、敵方から見れば土しかなかった場所に、一夜にして城が出来たように見えた。そのため、『絵本太閤記』は、この墨俣の城に関する秀

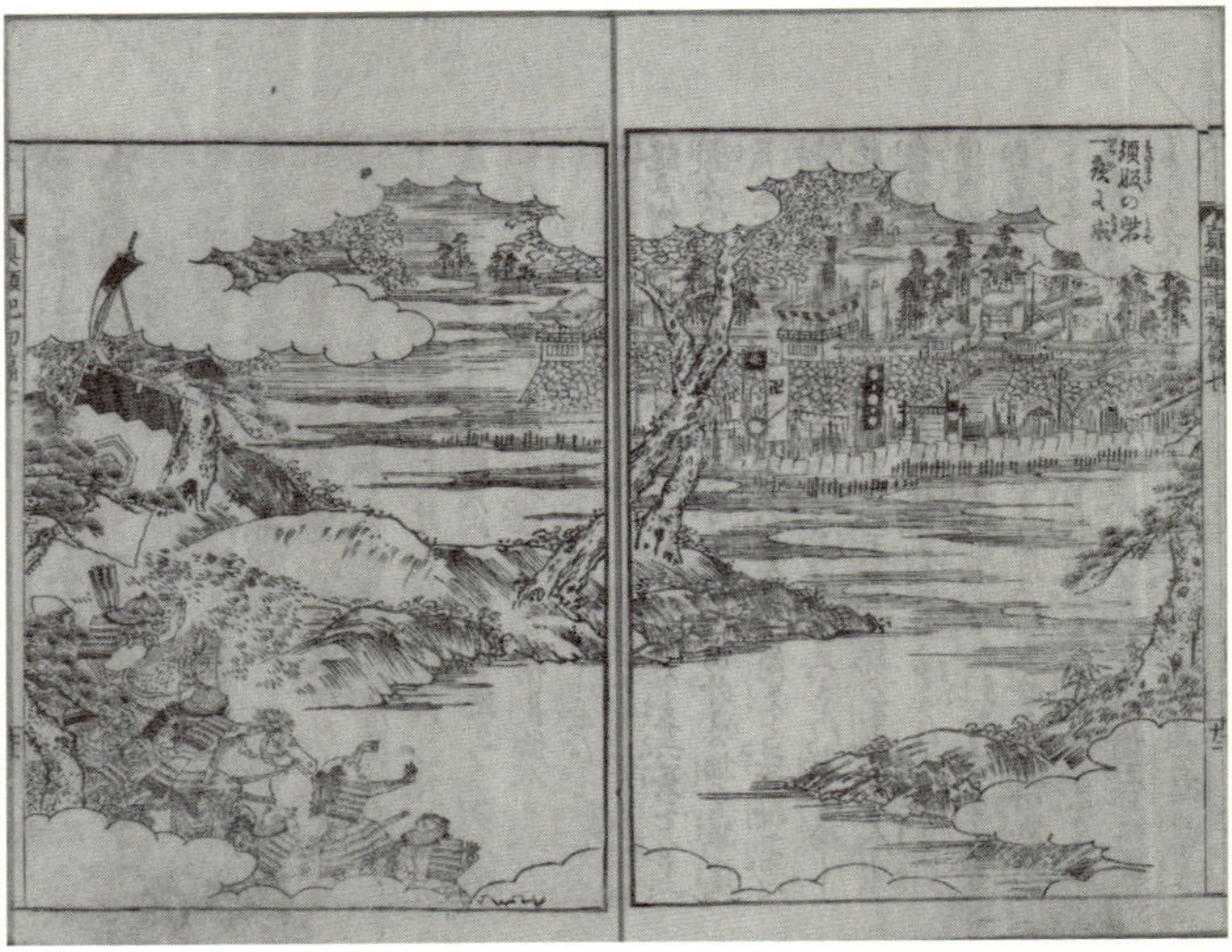

図1　『絵本太閤記』初編七巻挿絵
「須股《すのまた》の砦《とりで》一夜《いちや》に成《なる》」（国文学研究資料館蔵）

吉の出世譚に「洲股砦成二一夜一《すのまたのとりでいちやになる》」との印象的な小題と挿絵（図1）をつけ、これによって「墨俣一夜城」という虚構の伝説が構築されたのであろう（2章虚像編参照）。

『太閤真顕記』より早い時期の軍書類では、美濃攻略のための要害の普請を指揮するのは信長であったが、『太閤真顕記』以後は信長の命を受けた秀吉がその指揮を執っているのが大きな変化である。『太閤真顕記』の作者、白栄堂長衛が具体的に何を参照して秀吉の墨俣七夜城とでもいうべきエピソードを書いたのかは、管見の限り確認できておらず、後考に俟つところである。ただ一つ考え得るのは、白栄堂長衛は講釈師であるから、墨俣の城を短期間で建築したのは秀吉だとする巷間の風説や説話の類いがあったとすれば、それらを自らの講釈に取り入れるのは自然なことであり、その結果が『太閤真顕記』にも反映されたのではないだろうか。その様な秀吉の墨俣城築城という巷説の存在を思わせる一節が、演劇作品中にある。前述した人形浄瑠璃『出世握虎稚物語』の秀吉と信長の邂逅の場面において、信長は秀吉の智恵を試そうとして、仮に松林を切り払って「出城」を作るとすれば、何日必要かと問いかける。すると秀吉は、「割《わり》ぶしんと申す物にて。松一本に五人づゝ。千本あらば五千人の人歩《にんぶ》をかけ。一日に切リつくし。御領分《れうぶん》の町人百姓に中付ヶ。家々の蔵《くら》の戸前《とまへ》をあつめめんどりばにつき立なば。要害堅固《ようがいけんご》のあつはれ城郭《じやうくはく》。一日の内に成就《じやうじゆ》せん」と語る。墨俣という語は出ないが、秀吉による一夜城の伝説が、享保十年の『出世握虎稚物語』にして形成されつつあった傍証とも考えられよう。

願望の鏡としての虚像

太閤豊臣秀吉の様に、立身出世してついには最高権力者となった者を「今太閤」と称す。今太閤の例としては、政財界では伊藤博文や田中角栄、実業家では小林一三が挙げられるだろう。「太閤」には「出世」のイメージが欠かせない。太閤に至るまでの秀吉の歴史を語るのは、彼がいかにして出世していったかを物語るに等しい。階級が固定化された近世の民衆にとっては、卑賤の身から自らの才覚でのし上がっていく秀吉の出世譚は憧憬を抱くに十分魅力的であっただろう。そして同時に、その出世譚に描かれる秀吉像は、万人が憧れるに価するほどに瑕瑾なく輝かしく、魅力的であってほしいと願うものだったのではないか。例えば、軍書類一般において、信長秀吉主従の出会いのエピソードで「直訴」が好まれる傾向について、阿部一彦は、「読者が虚像と知りつつも、出世の糸口を自らの行動で切り開いて行こうとする青年藤吉郎の進取の姿勢を、ここにみいだそうとしているからではなかろうか」と述べる。信長と秀吉の邂逅を描く際、媒体の虚構性が増すに従って、両者が理想的な主従だと演出する傾向が強まるのもそのためであろう。秀吉が一兵卒で終わらず、城持へ出世する足がかりとなった墨俣一夜城の伝説では、はじめは信長であった要害普請の指揮者が秀吉へと変更し、築城の日数も七日から一日へと短くなった。その大きな契機となったのは『絵本太閤記』、及びその先行作である実録『太閤真顕記』である。輝かしい出世譚の主人公である秀吉という虚像は、講釈等の舌耕芸や演劇作品が掬い取っていった民衆の願望を反映しながら構築されていったのだと言えよう。

●参考文献

阿部一彦『『太閤記』とその周辺』(和泉書院、一九九七年)
藤本正行・鈴木眞哉『新版　偽書『武功夜話』の研究』(洋泉社、二〇一四年、初版二〇〇二年)
小和田哲男『秀吉の天下統一戦争』(吉川弘文館、二〇〇六年)
阿部一彦「信長・秀吉像の変遷　若き日の〈出会い〉をめぐる物語」(堀新編『信長公記を読む』吉川弘文館、二〇〇九年)
濱田啓介『近世文学・伝達と様式に関する私見』(京都大学学術出版会、二〇一〇年)
井上泰至『近世刊行軍書論　教訓・娯楽・考証』(笠間書院、二〇一四年)

5 高松城水攻めと中国大返し

この章は秀吉の人生の転機でもあり、派手な見せ場でもある。実際は超人的な働きでもなかったものが、どう巧みにレジェンドとなっていったのか、その舞台裏が解き明かされてゆく。しかし、秀吉の知恵と機敏さは、史実においても物語においても、基本的に変わりはないのである。

5 高松城水攻めと中国大返し

実像編

▼堀　智博（共立女子大学非常勤講師）

天正十年（一五八二）に行われた『高松城水攻め』と『中国大返し』は、豊臣秀吉が天下人へと駆け上る飛躍のきっかけとなった逸話としてあまりに有名である。しかしながらこれら一連の出来事は、後世の脚色が甚だしく、実際のところ、天正十年当時の緊迫した情勢下で、秀吉がいかなる行動をとったのか今ひとつ明らかにされていないのが現状である。そこで本章では、近年の研究成果に基づき、『高松城水攻め』と『中国大返し』の実態について明らかにしたい。

はじめに

天正十年（一五八二）という年は、波乱万丈な豊臣秀吉の生涯の中でも、とりわけ〝激動〟の一年であったと言ってよい。この年六月二日に、大恩ある主君織田信長が、京都本能寺において重臣の明智光秀の手にかかり非業の死を遂げる。当時秀吉は京都から約二三〇㎞離れた備中高松城を攻囲《こうい》中であったが、この知らせを聞くや否や電光石火で引き返し、同年六月十三日に京都山崎において仇敵を討ち果たした。信長の死からわずか十一日目の出来事である。天正十年におけるこれら一連の動向については、一般に『高松城水攻め』・『中国大返し』と呼ばれ、その後秀吉が天下人へと駆け上る飛躍のきっかけとなった逸話としてあまりに有名である。しかしながら現在語り伝えられているそれぞれの内容は、虚像編で明らかにされているように、後世の脚色が甚だしく、実際のところ、秀吉がこれら難局にいかに対応したのかについてはいまひとつ明らかにされていないのが現状である。そこで本章では近年の研究成果を参照しつつ、『高松城水攻め』・『中国大返し』に関わる秀吉の事蹟を丁寧に辿ってみたい。

『高松城水攻め』に至るまでの過程――織田・毛利間戦争

ここではまず、秀吉がなぜ毛利方の清水宗治《しみずむねはる》が籠城する備中高松城を攻囲するに至ったのか、当該期の織田・毛利両者間をめぐる政治情勢について確認しておきたい。

信長と毛利氏、両者は当初、友好関係にあったが、やがて信長が分国を拡大させていき、互いに領土を接するようになると両者の関係はこじれ、戦争状態へと突入していくこととなる。天正五年（一五七七）十月になると、信長は、その実力を認めた秀吉を中国方面司令官に抜擢し、毛利氏の対処にあたらせている。これに伴い、秀吉は早速軍事行動を開始するが、その出鼻をくじくように織田麾下《きか》の武将の離反が相次ぎ、秀吉はまず先にこれら鎮圧に兵力を割かざるを得なかった。さらにはこの間隙を突いて毛利本隊約三万の播磨侵攻を許すなど、信長の期待とは裏腹に、秀吉による中国方面への進出は、遅々として進まなかったのである。

しかしながら天正七年三月に、秀吉の調略《ちょうりゃく》が功を奏し、備前岡山城主の宇喜多直家《うきたなおいえ》が服属したことで戦況が好転する。ただし、宇喜多氏の服属はあくまで秀吉の独断で進められたものであり、信長にとっては決して歓迎すべき存在ではなかった。そのため同年九月四日に秀吉が直接宇喜多氏の赦免を願い出た際には、秀吉に対し容赦ない叱責を加えている（『信長公記』）。このように信長が宇喜多氏を快く思わなかった理由は、この時期信長が毛利氏との講和を模索していたことが背景にある（山本浩樹「織田・毛利戦争の地域的展開と政治動向」）。実際天正八年五月には、信長の意を受けた丹羽長秀《にわながひで》・武井夕庵《たけいせきあん》から毛利氏に宛てて講和条件が提示されている（『厳島文書』）。一方毛利方でも、安国寺恵瓊《あんこくじえけい》を介して織田方との和平交渉が開始されていた。毛利方が和平交渉に応じた理由は、織田方との戦争が徐々にではあるが押され気味であったことに加え、藩屛《はんぺい》として頼みとしていた宇喜多氏の離反が痛手であったことが大きい。結局この時の交渉が実を結ぶことはなかったが、毛利方ではこれ以降、信長打倒を振りかざすことはなくなり、その代わりに、宇喜多氏ら周辺諸勢力を屠り、出来る限り有利な条件を引き出してから織田方と講和を結ぶことに戦争の目的が変化していった。

天正九年十月に秀吉は、毛利方拠点である因幡鳥取城を陥落させ、織田方の版図《はんと》を着実に広げていたが、その一方で、備中・美作で戦線を展開していた宇喜多勢が、毛利方の猛攻により劣勢に追い込まれていた。当時の宇喜多氏は織田方の支援を受けられないまま独力で毛利勢と渡り合っていたものの、戦争が長期化するに及んでいよいよその国力に限界が近づいていたのである。そこで秀吉は天正九年十二月、宇喜多氏を救うべく、信長に対し中国出陣を要請し、翌年秋には信長自身中国へ進発し、毛利との直接対決に臨むことが決定する。この頃には上杉・武田など東国の諸勢力を圧倒し、毛利対策に十分注力出来る余裕が出来ていた。そのため信長は毛利との間であえて講和を結ぶ必要性はなくなっていたのである。

しかし、天正十年正月にはそれまで病気で臥せていた宇喜多直家が死去し、同年二月に備前児島湾における八浜《はちはま》合戦で宇喜多勢が大敗を喫すると、信長が来る前に、宇喜多領国が崩壊してしまう危険性が出てきた。そこで秀吉は宇喜多氏救援を目的として、同年四月に総勢二万の軍勢を率いて毛利・宇喜多両勢力の係争地である備中進出を開始する。毛利方では境目七城《さかいめしちじょう》（冠山・宮路山・高松・加茂・日幡・庭瀬・松島）の普請を行うなどしてこれに備えていたが、四月二十五日に冠山《かんむりやま》城（岡山県岡山市下足守）、五月二日には宮路山《みやじやま》城（岡山市北区足守）を激戦の末攻略し、五月七日には清水宗治の率いる五千の兵が立て籠もる備中高松城をいよいよ攻囲した。なお、秀吉が高松城を攻めるに際し、城兵との間に圧倒的な兵力差がありながら、あえて水攻めと言う迂遠な方法を選択した理由は、単に兵糧攻めを狙っていたわけではなく、秀吉は時間をかけて攻囲することで毛利本体の出陣を誘い、信長の到着を待って一気に織田・毛利両雄の決戦に持ち込もうとしていたのである（山本前掲書）。すでに信長に対しては虚偽の報告を行うことで、進発を前倒しさせることに成功していたし、一方の毛利方も、五月二十二日には、総大将の輝元《てるもと》が備中高松城から約三〇㎞の近距離にある猿掛《さるかけ》城（岡山県小田郡矢掛町）に布陣し、いよいよ秀吉の期待した状況が出来上がりつつあったのである。

『高松城水攻め』の実態

こうして秀吉は天正十年五月七日より備中高松城の水攻めを開始する。この時に構築した堤防については、残念ながら同時代史料に具体的な記録がなく、従来、『川角太閤記《かわすみたいこうき》』・『中国兵《へい》乱記《らんき》』など江戸時代に成立した軍記類に依拠した検討が行われてきた。それによると秀吉は、自身の陣所のある石井山の麓の蛙《かわず》ケ鼻から福崎（現在のJR足守駅）に至るまでの全長二十六町（約二・八三四㎞）の道程に、高さ四間（約七・二ｍ）の堤防を十二日間で構築して足守川を堰き止め、高松城内を水浸しにしたと言う（図1参照）。しかしながら近年、歴史地理学の観点からこの見解には疑義が唱えられている（林信男『備中高松城水攻の検証』・額田雅裕「備中高松城水攻めの虚と実」）。それと言うのも、仮に軍記の記載通りに堤防を構築したとすると、秀吉はこの工事で、一〇トントラックで延べ六万四三二九台分に相当する土砂を移動させたことになる。これだけ大掛かりな工事は、現代の土木技術をもってしてもわずか十二日で仕上げることは到底不可能であると言う。加えて、工事費用についても、銭六十三万五〇四〇貫文、米六万三五〇四石を要したと伝わるが（『武《ぶ》将《しょう》感《かん》状《じょう》記《き》』）、今の金額に換算すれば、おおよそ二七五億円という国家予算規模になると試算されている。天下人になってからならまだしも、当時信長麾下の一武将に過ぎなかった秀吉が、右費用を賄えるだけの財力を有していたとは考え難いだろう。

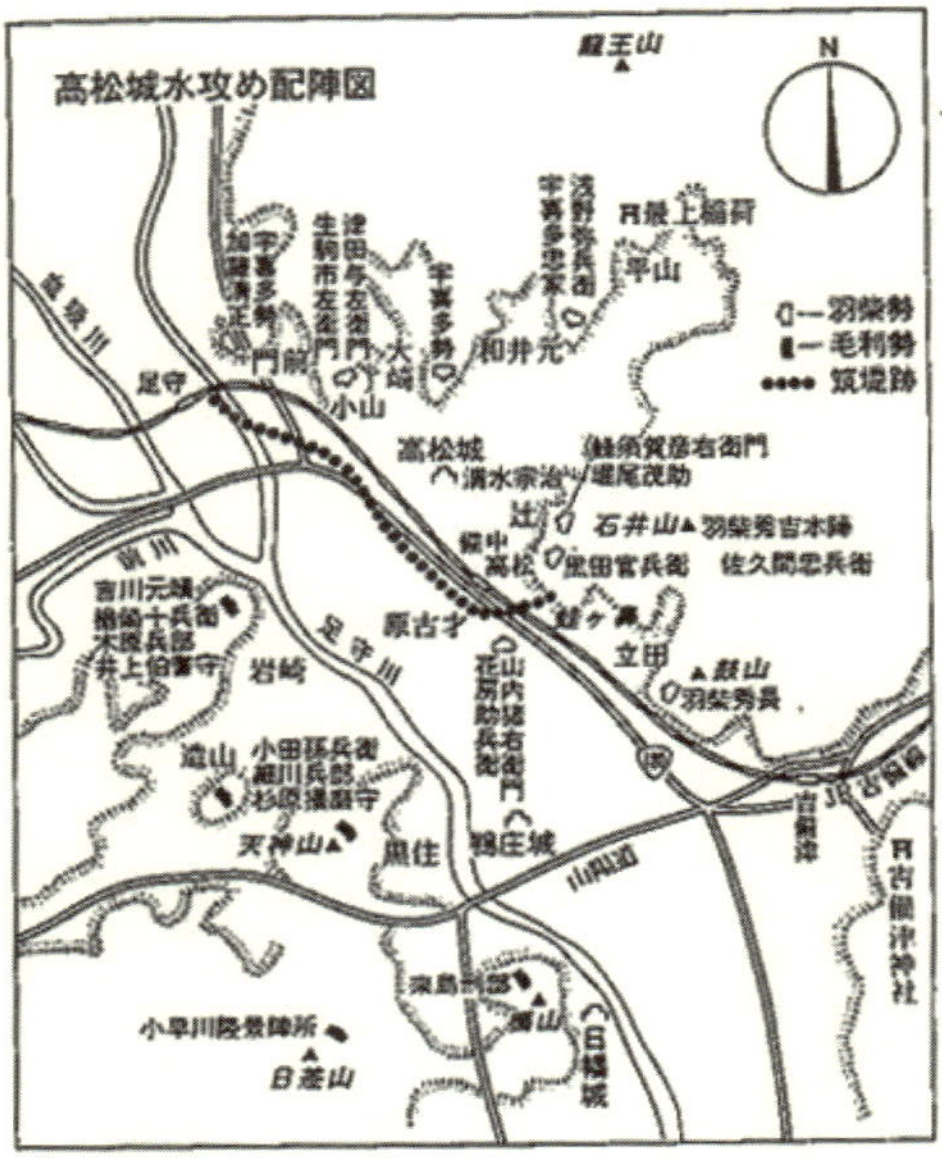

図１　高松城水攻め配陣図
（岡山県立歴史博物館編『歴史を彩るひとびと』68 頁より引用）

それでは実際、秀吉はどの程度の規模の堤防を構築したのだろうか。近年の研究成果に基づけば、三㎞にも及ぶ長大な堤防を築かずとも、その十分の一の、三〇〇mもあれば、地形上、容易に城を水没させることが可能であったことが明らかにされている。備中高松城の所在地は、東・西・北の三方を山地で囲まれた盆地であり、唯一開けた南側の平野部にも、足守川による浸食で形成された島状の自然堤防が連なって存在していた。このように高松地区は四方を囲まれているために土地は雨水が滞留し易く、当時高松城の周囲には湿地や沼沢地が広範に広がっていたものと考えられる。これら地形は、天然の要害として城を守護する分には都合が良いが、一方でこの地は度々の水害にも見舞われている。昭和六十年（一九八五）六月二十五日に生じた洪水では、累計一四七mの大雨が降っただけで高松地区は冠水し、高松城水攻めの光景が期せずして再現された（写真参照）。自然堤防と蛙ヶ鼻の間には、地元で「水通し（水越し）」と呼ばれる幅三〇〇m規模の狭隘地が存在し、高松地区における唯一の排水口として機能していた。梅雨の時期にあたり、秀吉はこの「水通し」を遮断するだけで、水攻めに必要な水量が確保出来たのである。実はこうした見解は、江戸時代にはすでに提出されており、岡山藩の地理学者古川古松軒《こしょうけん》（一七二六〜一八〇七）は、現地踏査を行った上で寛政三年（一七九一）に『備中国加夜《かや》郡高松城水攻地理之図』（岡山県総合文化センター所蔵）を描いている。この絵図では、前述の「水通し」の場所にのみ堤防を描き、「此所ニ新堤築ク」と注記している。このように古川は水攻めの実態を冷静に喝破していたが、秀吉の武勇譚の前に掻き消されてしまい、おおよそ二〇〇年の間顧みられることはなかったのである。

写真　昭和60年における高松地区の洪水時および平成11年における通常時の状況
（林信男『備中高松城水攻の検証』私家版、1999年より引用）

毛利勢との講和

堤防を完成させた秀吉は、備中高松城を外界から孤立させることに成功し、毛利勢との一大決戦に向けて、あとは信長本体の到着を待つばかりとなった。しかし、高松城包囲から一月後の天正十年六月三日深夜（四日未明）に、秀吉にとってはまったく予期していなかった信長自刃の知らせが飛び込んでくる（『浅野家文書』）。この訃報に接した秀吉は、急ぎ上洛して信長の弔い合戦に挑むことを決意する。そのためには現在対峙中の毛利勢との間に、一刻も早く講和を結ばなければならなかった。幸いにして毛利方の陣営には未だ信長の死は伝わってはいない。そこで秀吉は翌四日巳刻（午前一〇時頃）にまず高松城主の清水宗治《しみずむねはる》の切腹と引き換えに城兵の助命を認めた。なお、この時宗治は「浮き世をば今こそ渡れ武士の名を高松の苔に残して」との辞世の句を残して果てたとされるが、この歌は後に、長州藩士の清水家が、家祖である宗治を顕彰する目的から創作した可能性が高い（別府信吾「清水宗治像の再検討―顕彰のさまを検証する」）。その後秀吉は毛利の使僧・安国寺恵瓊を介して、同日夕刻には両陣営の講和をとりまとめている。この時秀吉が提示した主要な講和条件は、①毛利方が五ヶ国（備中・備後・美作・伯耆・出雲）を秀吉方に割譲すること、②備中高松城も明け渡すこと、③毛利方から人質を提出することの三つであった（『浅野家文書』・『毛利家文書』）。このように一方的な内容ではあるものの、毛利方ではこれを全面的に承服した。それというのも、織田方との戦争ですでに制海権を奪われ、兵糧物資の著しく不足した毛利方にはこれ以上戦争を継続させる余力は残っていなかったからである（光成準治「高松城水攻め前夜の攻防と城郭・港」）。そのため、後のない毛利方はたとえどんなに不利な条件を突き付けられてもこれを呑む以外他に選択肢はなかった。ただし、いざ領土引き渡しの段階となると毛利家内部でずいぶんと抵抗があったようで、最終的に天正十三年二月に至って三ヶ国（備中・美作・伯耆）に譲歩される形でようやく国分が実現している。

後述するように、秀吉は講和成立後、六月五日に備中高松城を発ち京都に向けて進軍を開始した。実のところ翌六日には本能寺の変の第一報が毛利方にもたらされていたのだが、せっかくの好機にもかかわらず秀吉を追撃することはしなかった。毛利方が追撃を断念した理由は、味方軍勢の劣勢・疲弊に加えて、もたらされた信長の死亡情報に、今一つ確信がもてなかったことが大きいだろう（篠原達也「本能寺の変後における毛利氏の情報収集と対応」）。実際、入手した情報の中身は、①信長・信忠（信長嫡男）・信孝（信長三男）の三名が生害した、②謀反の首謀者は津田信澄《つだのぶすみ》（信長の甥）・明智光秀・柴田勝家の三名らしい、という虚実入り乱れたものであった（『岡家文書』・『万願寺文書』）。そこで輝元は、同日厳島神社の社家の棚守房顕《たなもりふさあき》に対し、引き続き信長の死が事実であるのか確認を求め、新たな情報が入り次第注進するよう依頼している（『厳島野坂文書』）。安芸厳島は、瀬戸内海交通の要衝として畿内からの廻船《かいせん》も多く、また、多くの参拝者が集まることから、情報収集するには最適の場所であった。この他毛利家では紀州雑賀衆《さいかしゅう》をはじめとする複数の経路からもたらされた情報を精査し、畿内情勢を見計らっていたが、六月十一日に至ってようやく信長の死が確かなものであるとの確証を得ている（『三原浅野家文書』）。しかしこの時秀吉は備中高松から約一八〇km先の摂津尼崎にまで東上しており、もはや追い着ける距離にはいなかった。

『中国大返し』の実像

備中高松城を出立した秀吉は、山陽道（中国筋）を通り、決戦場の京都山崎まで約二三〇kmの距離を九日間で踏破した。いわゆる『中国大返し』である。しかし有名な逸話であるにもかかわらず、『中国大返し』の出発日時・移動距離については諸説あり、未だ定説を得るに至っていない。そこでここでは、秀吉の辿った行程を、出来る限り一次史料を用いて再現することとする。

まず、秀吉が備中高松城を出立した日付について。秀吉自身が語るところによれば、「六日迄致逗留、終城主事者不及申、悉刎首候事、七日ニ廿七里（約一〇六㎞）之所を一日一夜ニ姫路へ打入」とあるように、自身は六月六日まで備中高松に滞陣した後、清水宗治以下の首を刎ね、翌七日には姫路へと駆け入ったと記している（『浅野家文書』）。こうした記述に基づき、六日に出立したとする見解は数多い。しかしながら、たとえば昭和十三年段階における日本陸軍では、一日に約二十四㎞の行軍を基本としており（騎馬の場合は四〇～六〇㎞）、それと比較すれば、一日で一〇〇㎞を超える移動は極めて異例である（谷口克広『検証本能寺の変』）。それゆえ「二十七里…」の記述をそのまま鵜呑みにすることは出来ない。実はこの史料は、『中国大返し』から四ヶ月後の、天正十年十月十八日に作成されたもので、その内容は、織田信孝の老臣岡本次郎右衛門と斎藤玄蕃允に宛てた信孝への披露状である。当時秀吉は、信長亡き後の織田家の家督継承をめぐり、信孝との間に緊張関係が生じていた。そこで秀吉は、自分が織田家存続のためにどれほど尽力してきたか、全十一ヶ条に渡って書き連ね、自分を憎むのは筋違いであると主張し、信孝をたしなめたものこそ本状である。そのために文中秀吉の功績は最大限大袈裟に表現されたとみるべきだろう（服部英雄『ほらの達人・秀吉『中国大返し考』』・盛本昌広『本能寺の変—史実の再検証』）。

それでは六日が虚偽であるとするならば、秀吉は一体いつ出立したのだろうか。ここでは天正十年六月五日に摂津茨木城主である中川清秀に宛てた秀吉書状に注目したい（『梅林寺文書』）。この書状は、中川を調略すべく、信長・信忠父子が難を逃れ膳所に退去したとする虚偽の情報を伝えたことで著名な内容だが、秀吉は本状の尚々書において、「本日野殿（岡山県岡山市北区野殿）まで到着し、貴方のお手紙を拝見致しました。可能であれば、今日は沼（岡山県岡山市東区沼）まで参ります」と伝えている（『梅林寺文書』）。沼は備中高松城から約三十五km、姫路城までは約七〇kmの地点にある。右の記述に従えば、秀吉は六月五日に備中高松城を出立して沼まで行軍し、その後二日間かけて六月七日に姫路城まで到達したことになる。尚々書の内容も含めて虚偽とする見解もあるが（高柳光寿『本能寺の変』）、一日約三十五kmの移動は他日の行程と比べても不自然なものではなく、一〇〇kmの行軍よりよほど蓋然性が高い結論と言えるだろう。ただし全体として強行軍であったことは確かで、兵卒の多くは遅れがちであったことが諸書にみえる。

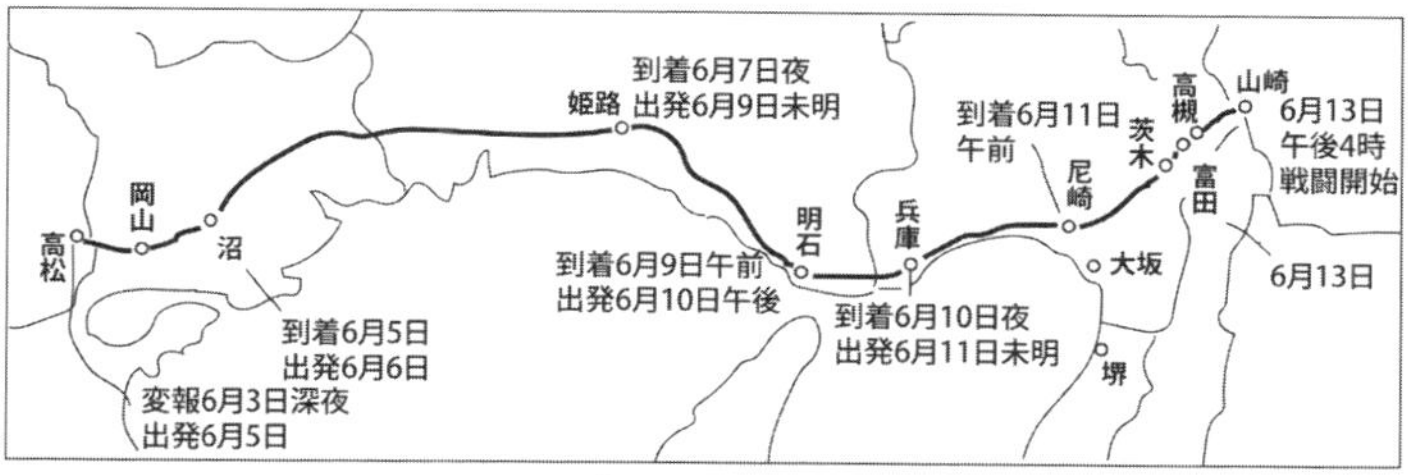

図２：高松城水攻め配陣図
（谷口克広『検証本能寺の変』吉川弘文館、2007年、163頁を元に作成）

　こうして七日に姫路城に到着した秀吉は、その後二日間姫路城に滞在し身支度を整えた後、九日午刻（午前十一時〜午後一時）には約三十五km先の明石に移動している（『広田文書』）。この時秀吉は未だ日の高いうちであるにもかかわらず、移動を諦めて明石でそのまま一晩を過ごしている。このように秀吉が一時的に明石に駐留した理由は、隣接する淡路島の動静を見定めるためであった（盛本前掲書）。当時淡路島は秀吉の勢力下にあったが、当地の海賊である菅平右衛門尉達長が、本能寺の変報を知るや否や、俄かに淡路洲本城（兵庫県洲本市）を奪取し、明智側と同調する動きを見せていたのである。これを放置して先に進めば、前方の明智と共に挟撃されかねず、見過ごすわけにはいかなかった。

　そこで秀吉は手勢を淡路島に派遣する他、広田内蔵丞や安宅神五郎など、淡路在住の諸領主たちの助力を仰ぎ、翌十日には菅氏を洲本城から撃退させることに成功している（『広田文書』・『荻野由之氏所蔵文書』）。

次いで秀吉は、十日午後に明石を立ち、夜中に約二〇km先の兵庫へと到着し（『荻野由之氏所蔵文書』）、そのまま夜通し歩き続け、翌十一日辰刻（午前七時～九時）にはさらに約三〇km先の尼崎まで辿り着いた（『金井文書』）。当然のことながら当時は街灯などと言うものは存在せず、闇の中の行軍である。翌十二日には摂津の領主である池田恒興・中川清秀・高山右近らと同道し、富田へと向かった。とりわけ、この二・三日の間に強行軍に及んだ理由について、秀吉自身「大坂衆参会候て、調儀を相トい」と記している（『荻野由之氏所蔵文書』）。ここで言う「大坂衆」とは、当時堺に駐留していた織田信孝と織田宿老衆《しゅくろう》の丹羽長秀を指している。本能寺の変が勃発する直前、両名は信長の命により、長宗我部元親を討伐すべく、四国渡海の準備を進めていたが、本能寺の変が勃発したことで軍勢が四散し、身動きが取れずにいたのである（谷口前掲書）。秀吉としては光秀との対決に向けて一兵でも多く味方が欲しい時期であるから、たとえ激減していようとも両名との合流は望ましいことであったろう。しかしそれ以上に秀吉にとって重要なことは、信長の遺児である信孝の存在である。と言うのも、仮に秀吉が信孝を軽視してそのまま行軍すれば、世間からは仇討ちと言う功名を独り占めするためのスタンド・プレイと取られ兼ねなかった。また、この時点で未だ織田宿老衆の一人に過ぎない秀吉にとってみれば、今度の戦闘に際しては総大将として、信長の後継者になり得る信孝を推戴するのは必然であったと言える（盛本前掲書）。こうして秀吉は富田を出発し、十三日昼には淀川畔で信孝を恭《うやうや》しくお迎えする（『金井文書』）。以降秀吉は信孝に付き従う形で、同日夕刻には光秀の待つ山崎の戦場へと向かうこととなった。

以上のように実際の『中国大返し』は快進撃とは言い難く、仇敵である明智に辿り着く以前の街道筋には、秀吉の行く手を遮る大小様々な障害が待ち受けていたのである。

おわりに

以上、本章では近年の研究成果を参照しつつ、『高松城水攻め』・『中国大返し』の実態とその前後の秀吉の行動を明らかにしてきた。秀吉はこれら難局を切り抜けることで、仇敵である明智光秀を誰よりも先んじて討ち取ることができたのである。その結果秀吉の立場は慥《たし》かに上昇したものの、しかし、繰り返すように、天正十年の段階においては未だ織田宿老衆の一人に過ぎず、天下人の地位に辿り着くまでには今しばらく時間を要することになる。この点についての詳細は、次章実像編の「清須会議と天下簒奪」の項を参照されたい。

●参考文献
高柳光寿『本能寺の変』(学習研究社、一九五八年)
林信男『備中高松城水攻の検証』(私家版、一九九九年)
額田雅裕「備中高松城水攻めの虚と実」(日下雅義編『地形環境と歴史景観―自然と人間の地理学』古今書院、二〇〇四年)
谷口克広『検証本能寺の変』(吉川弘文館、二〇〇七年)
光成準治「高松城水攻め前夜の攻防と城郭・港」(『倉敷の歴史』一八、二〇〇八年)
別府信吾「清水宗治像の再検討―顕彰のさまを検証する」(『岡山県立記録資料館紀要』四、二〇〇九年)
山本浩樹「織田・毛利戦争の地域的展開と政治動向」(川岡勉・古賀信幸編『日本中世の西国社会①西国の権力と戦乱』清文堂出版、二〇一〇年)
篠原達也「本能寺の変後における毛利氏の情報収集と対応」(広島市未来都市創造財団広島城編『輝元の分岐点―信長・秀吉との戦いから中国国分へ』二〇一三年)
服部英雄「ほらの達人・秀吉『中国大返し考』」(九州大学機関リポジトリ、二〇一五年 http://catalog.lib.kyushu-u.ac.jp/ja/recordID/1516170)
盛本昌広『本能寺の変 史実の再検証』(東京堂出版、二〇一六年)

5 高松城水攻めと中国大返し

虚像編

▼菊池庸介（福岡教育大学教授）

備中の高松城攻めに際した豊臣秀吉は、地勢を利用した水攻めを行う。当時、民間における秀吉像の形成・定着に影響を与えた写本の近世実録『太閤真顕記《たいこうしんけんき》』では、周囲の疑念や嘲笑を見返すかのように水攻めは成功する。高松城攻めの時にはまた、本能寺の変の報せがもたらされ、秀吉は「中国大返し」と呼ばれるような強行軍を行い都を目指す。『太閤真顕記』をはじめとする当時の読み物には、毛利方との和睦や都へ向かう途中にも、現在の秀吉像に通底するような、勝れた軍師としての秀吉が描かれる。

はじめに

高松城水攻めから中国大返しを成し遂げるまでの一連は、織田信長の宿老《しゅくろう》の一人であった秀吉が、名実ともに一等抜きんでた存在になるためのジャンプ台のようなものである。天下を手中に収めていくうえでの幕開けともいえ、秀吉の高智を称える話も多く含む。秀吉伝説の流布・定着には寛政九年（一七九七）〜享和二年（一八〇二）にかけて刊行された『絵本太閤記』の役割が大きいことは、よく知られている。いっぽう、『絵本太閤記』が素材にしたとされる写本の実録『太閤真顕記《たいこうしんけんき》』（別名『真書太閤記《しんしょたいこうき》』──幕末に版本として出された栗原信充《くりはらのぶみつ》のものは、編者の考証や改変が加わるため、ここでは別のものとして考える）の存在も無視することはできない。当時その内容を事実として受け止めるむきも、とくに民間において少なからずあったからである。そこでここでは、『太閤真顕記』を中心に秀吉の姿をみていこう。

『太閤真顕記』における高松城水攻め・中国大返しの構成

秀吉の高松城攻めは、織田信長の中国攻めのひとつとして行われたものである。播州三木《みき》や鳥取を攻略（三木城攻めのときの上月《こうづき》城のように、いったん攻め落としたのにまた反対に落城させられたものもあるが）した秀吉には、清水宗治《しみずむねはる》が治める高松（及びその周辺の城）攻めが控えていた。

『太閤真顕記』では、これらをひと続きに記すのではなく、再構成する。中国攻めは第五編から始まり、鳥取攻めはこの編の巻二十九で決着する（この巻ではさらに淡路も平定する）。『太閤真顕記』の標準的な構成は、全十二編各編三十巻であり、第五編の巻三十では、話の重点は織田軍による甲州攻めに移る。第六編に入り、しばらく甲州攻めの話が続き、武田勝頼《かつより》滅亡後は、明智光秀が信長の不興を買うことや安土宗論《あづちしゅうろん》などの話題が置かれ、その後巻七に入って、ようやく秀吉の備中攻め（冠城攻め）の話題に転じるのである。

煩雑になるが、もう少しその先の展開をみていくことにする。巻十四までは、高松城の水攻めに至るまでの秀吉軍の進撃が描かれ、巻十五において、また光秀の話題になる。秀吉の援軍要請を受けて中国発向《はっこう》の命が光秀に下されたためであり、その後愛宕山連歌、本能寺の変、謀反後の光秀らの上方の動向が記され、巻二十九で秀吉は信長の死を知る。巻三十において、毛利側と秀吉は和睦を調え、京都を指して上るところで第六編は終わる。

つまり第六編においては、本能寺の変（やそれが起こる経緯）と、それを承けた高松城の決着というまとまりで構成されていると言えよう。

おそらくこれは、鳥取攻め・淡路攻め（天正九年〈一五八一〉）→信長による武田滅亡（天正十年三月）→秀吉の備中攻め・中国大返し（天正十年三月～六月）という時間軸に沿うように話を配列している（実録の記述は、この手法をとる場合が多い）ことが大きな理由なのだろうが、それでもやはり、第六編に本能寺の変と高松城攻めとをまとめて盛り込んだのは、作者の意図するところでもあったろう。なお、第六編結末では、播州、そして京都を目指し、自軍に先んじてただ一騎急ぐ秀吉の姿を描くという、非常に印象的な終わり方をしている。

『太閤真顕記』のこの一連は、その構成からもわかるように、必ずしも秀吉の動きのみを追っているわけではない。ひとまずの終着点ともいえる山崎の戦に収斂《れん》すべく、そこに至るまでの、秀吉、信長、光秀の三人の動向から一連の状況を描き出す。当然そこには、『太閤真顕記』が講釈の題材であり（作者白栄堂長衛は講釈師と目される）、話を引き延ばすための、脇筋の挿入ということも考えるべきであろう。だが結果として、山崎の戦までの状況が重層的・立体的に記されるようになったことは、評価できる。なお、『太閤真顕記』のこの部分における編の区切り方は、編数は異なるものの『絵本太閤記』にも踏襲されている。

高松城水攻め

『太閤真顕記』で形成されたと思われる秀吉像のひとつに、周囲の人物には一見無理、あるいは無意味に見えるようなことを行い、それを成し遂げ、その効果を驚かせる、というものがある。他の人の思いも寄らぬような奇抜な考えを生み出すという秀吉の聡明さを示すエピソードは、近世初期の『太閤記』などにも看取でき、そのような秀吉像をさらに推し進めたものである。高松城水攻めの計略については、『川角太閤記《かわすみたいこうき》』や『陰徳太平記《いんとくたいへいき》』では淡々とした叙述にとどまるが、『太閤記』では、秀吉が高松城の地理的状況を観察し、水攻めを決め、堤を築き川水を引き入れるという計画を速やかに指示し、実行に移すという、地理に通じ指示も的確にできる優秀な指揮官として描かれる。なお、地理に通じているという秀吉像は、栗原信充《くりはらのぶみつ》『真書太閤記』においてさらに強められ、小早川《こばやかわ》・吉川《きっかわ》の陣営を見に来た安国寺《あんこくじ》恵瓊《えけい》（恵瓊は毛利の扶助を受けていたとする）と秀吉は対面、秀吉は高松をはじめ、備中備後のさまざまな地形をかたどったものを見せたり、信長の援軍の道筋、駅路の様子を記した帳面を見せて恵瓊を驚嘆させる場面もある。

さて、『太閤真顕記』では、このような要素に加え、敵方も含む周囲の人びとの反応が加わる。それは、水攻めなどできそうにないことへの不審でありまた油断や嘲笑でもあった。このような周囲の態度に反して、秀吉の計略は成功する。実際の高松城は低湿地に築かれていたようであり、秀吉の計略は目の付け所が良かったにしても、とりわけ奇抜というほどではなかったであろう。つまり『太閤真顕記』では、秀吉の計画を困難なものと捉え、それを成功させた――軍略家としての秀吉像の強調――というだけでなく、計画を突飛なものとして半ば軽んじていた者に対して見返してやったという痛快さも含まれるようになる。

本能寺の変の発端としての秀吉の応援要請

秀吉は高松城を水攻めした後、信長に応援を要請する。明智光秀も信長からの援軍に含まれていた。『太閤真顕記』では、援軍の一人として光秀が他の新参の者と一緒に扱われ、そのうえ秀吉の指図に従うよう命じられていたことで光秀の家来が憤るも、光秀はそれをよそに承知する。それまでにも光秀は、信長によってひどい仕打ちを受けていた。『太閤真顕記』では、恵林寺に隠れる甲州浪人の助命を願い信長の不興を買ったことや、徳川家康の饗応司を任せられるが信長の気に入らず、信長に命じられた森乱丸《もりらんまる》（成利《しげとし》）に打擲《ちょうちゃく》され、饗応司も解任されることなどが記される。これらに対する光秀は、一度は信長を恨むも、君臣の道を重んじ辛抱するというふうに、理性的人物として描かれる。信長はやや悪役的な造型がなされ、読者の共感は光秀の方に向くように記される。

その後『太閤真顕記』では、光秀に出雲石見両国を遣わされる旨が伝えられ、光秀は信長への恩に涙するが、あわせて任国である丹波亀山が召し上げられることを聞かされ、愕然とする。出雲石見はいまだ他領であり、光秀が攻め取らなければ、自領にはできない。いっぽう、居住地の亀山を召し上げられるため、光秀や家臣は行き場を失うことになるのである。ここに来て、光秀は信長への恨みを決定的に持つようになる。

本能寺の変は光秀の信長に対する積年の恨みによるものとされるが、『太閤真顕記』は、信長への遺恨を重ねるだけでなく、その間における光秀の、君臣の道を保とうとする理性と、それでも抑えきれなかった情念とのせめぎ合いを描き出している。信長が本能寺に逗留すると聞いた光秀は、情念が勝ち、中国に向かう途次で京都を目指すようになる。

毛利方との和睦

高松城内の清水宗治は追い込まれ、毛利方では応援として小早川隆景《こばやかわたかかげ》と吉川元春《きっかわもとはる》が出向くが、城に近づくことができず、天正十年五月末には和議の交渉が行われるようになる。この後の展開を簡潔にまとめると、六月二日に本能寺の変が起き、三日深夜に秀吉は、光秀が毛利方に送った使者を捕らえたことで信長生害の情報を得、即刻毛利方と和睦を結び、その条件として宗治を切腹させ、秀吉をはじめとする軍勢は光秀を目指して高松を引き払う（中国大返し）、ということになる。とくに信長生害の報せが届くのと宗治の切腹とは時間的に近接しており、たとえば『川角太閤記』では自軍を動揺させないために、信長の情報を伏せておく様子が活写される。また、毛利方が信長の死を知ったのは、秀吉軍が引き払った後という説もあるが（『豊鑑《とよかがみ》』『老人雑話』など）、和睦の交渉中に秀吉より聞かされる、という形を取るものも少なくない（『太閤記』『太閤真顕記』など）。

秀吉伝説のうち、成立の早い方に位置する『太閤記』では、宗治切腹のエピソードを置いた後に、章を改めて信長生害の報せが届くことを述べる。そして秀吉は、顔にはそのことを一切出さずに悠然と控え、毛利方が根負けして和睦が決まったところで、信長の死を相手方にも伝えるというエピソードの配列を行っている。これは、高松城水攻めの顛末と、その間に行われた毛利方との和睦交渉の経緯を整理して構成したわけだが、同時に、開城時における宗治の船上での切腹の次第を、効果的に描くことに成功している。切腹に際しての宗治や兄の月清《げっせい》入《にゅう》道《どう》たちを同情を込めた視線で記し、宗治に樽肴《たるざかな》を差し入れる堀尾吉晴《ほりおよしはる》にまつわる描写も含めて、叙情的な盛り上がりを見せ、高松城水攻めのクライマックスと言える。また、次章に続く、信長生害の報せを受けるエピソードは、宗治の切腹が行われている裏で起きていた衝撃的な状況を、読み手にも想像させる。報せをうけながらも悠然と構え、和睦交渉において、信長の死を敢えて相手方に告げる秀吉の度量の大きさと智者像が描かれる。

このようなエピソードの配列は、『太閤真顕記』でも受け継がれる。ただし、基本的な秀吉像は『太閤記』を踏まえるものの、こちらは秀吉の軍略に秀でた英雄ぶりをさらに推し進めるべく、とくに毛利方との和睦交渉の場面において、話の肉付けが著しい。毛利方からは秀吉陣を探るべく安岡寺恵瓊が遣わされ秀吉と対面する。ここでは、恵瓊が木下藤吉郎時代の秀吉と京都で出会い、その時に秀吉の人相を見、天下を取る人物と予言し、輪袈裟《わげさ》を秀吉に与えていたことが記されている。前の章では光秀が、秀吉と毛利が和睦したことを知る話があり、そのことを踏まえると、光秀の計略が失敗に終わる因果関係を読者に想起させるとともに、天下統一に向けて進んでいく秀吉の今後の展開を予告し、読者にそれを確認させるものとして、機能しているとわかる。

また、ここでの秀吉は、恵瓊が毛利方と懇意にしていると聞いても余裕を持った対応をとり、自軍がいかに盤石かを説いて、毛利側から和睦を申し出るよう勧める。その後三度にわたる使者とのやりとりが詳しく描かれるが、そこにうかがえる秀吉像は、たとえば毛利方が備後備中伯耆三国を差し出すと言って来ても、秀吉自らは使者に会おうとしないような、常に相手方に対し、強気の態度で臨むものである。信長の死も毛利方に教え、和睦の条件である三国と人質と誓紙の神文を、秀吉に向けてのものとして出すかどうか、改めて回答を求め、さらには、信長の死は毛利方には好機だろうが自身はかねてより謀略を持っており、毛利方と一戦交えても構わないと、大胆不敵な態度を示している。

この他、小早川隆景の提案で、信長の仇を討つための援軍が秀吉に差し出され、それは援軍といっても状況次第で光秀方に寝返る手筈になっているのだが、秀吉はその計略を見抜いており、援軍を分散させてしまうようなエピソードもある。要するに、毛利方との和睦交渉の場面における『太閤真顕記』の秀吉像は、知略に富み、危機に陥っても動じないばかりか、そのような場でさえ敵方よりも上に立ち、相手を翻弄させるという小気味よさが強められているということである。

なお、『絵本太閤記』は、この一連の部分を大きく構成し直している。詳しくは記さないが、本能寺の変のあと、高松に毛利方の援兵が到着、和睦の交渉を行う間に信長生害の情報を得て自分一人に秘めておき、清水宗治を切腹させ、和睦を結び、その後、家臣に信長の死を告げ、一足先に都に向かい、後に残る陣中が騒いでいるのを不審に思った毛利方が、ここで初めて本能寺の変を知る、という風である。本能寺の変を除くこの一連は、『陰徳太平記』を利用していることが知られるが、和睦のやりとりが整理され、宗治切腹場面の位置が和睦交渉が始まるよりも後に配置されたことで、記述としては全体的にまとまっている。秀吉は、宗治の切腹を認めない毛利方の裏をかいて、毛利方の使者でもある恵瓊を取り込み、宗治に切腹を説得させる。『陰徳太平記』では恵瓊自ら宗治への説得を申し出るが、『絵本太閤記』では秀吉が恵瓊に行かせ、その際の方策も指示するというふうに変わっており、秀吉の知将ぶりが強められる。また、和睦が成立し、信長の死を涙ながらに家臣に打ち明ける場面においては、秀吉の人情味あふれる態度も示される。

中国大返し

中国大返しでは、高松にいた秀吉の軍勢が、山崎までの約二百キロの行程を、一週間ほどで移動している。たとえば『太閤記』をみると、六月五日に和睦が整い翌六日に高松出発、八日に姫路着、一日休息を取り九日姫路出立、十一日に尼崎、十二日には山崎に到着したとし、十三日には合戦が始まっている。後代の人びとは、こういった短期間における大移動を成し遂げるだけの、秀吉が持つ集団統率力（これは求心力にも通じるだろう）を想像したのだろう。

『太閤真顕記』や『絵本太閤記』では中国大返しに際して、他の軍勢に先んじて、秀吉が一騎駆けに馬を東に向けて走らせる。秀吉の存在が象徴的にクローズアップされるとともに、主君に対する忠誠心とフットワークの軽さが強調されている。

さて、『太閤真顕記』では、そのような秀吉のフットワークの軽さだけでは飽きたらず、移動の間にもドラマを創り出した。明智方の伏兵である。

光秀は、秀吉が毛利と和睦を調えたことを知り（『太閤真顕記』では和睦交渉の場面より先にこのことが記される）慌てるも、すぐに次の手立てをうつ。腹心四王天但馬守《しおうてんたじまのかみ》と明石儀太夫《あかしぎだゆう》に命じ、尼崎付近に伏兵を置く。伏兵は、命知らずの者ども七、八十人が百姓に扮《ふん》して秀吉の目をくらまし、取り囲んで討つ、というものであった。

秀吉は後からついてくる側近の福島正則《ふくしままさのり》や加藤清正らも引き離し、ただ一騎、西宮辺を過ぎたところで、道普請をしている百姓を見て、馬を止め褒める。その先にも同様の者がいるが、それは伏兵であった。囲まれた秀吉は一方の細道を抜け、広徳寺に逃げ込むが、袋の鼠になってしまい、四王天に追い詰められる。秀吉は一計を案じ、浴室があったため、裸になり他の僧にまぎれて入浴し、他の僧が湯から上がったのを見て剃髪し僧の姿となる。台所で味噌をすっていると四王天がやって来るが、秀吉に気づかず、寺内を探しているうちに加藤清正がやって来て、四王天を討ち取る、という展開になる。広徳寺は京都紫野大徳寺の末寺であり、山崎の戦後に信長の法要を大徳寺で行うこととのつながりで出てきたのだろう。この話の見どころは、秀吉が僧侶に姿を変えて四王天の目をくらます所であり、四王天の前で何食わぬ顔をして味噌をする秀吉の姿には、どことなくほほえましい印象も受ける。『絵本太閤記』では、広徳寺が狭いため、向かいにある栖賢寺《せいけんじ》に逃げ込んだとする。栖賢寺が加わったのは、『摂津名所図会《せっつめいしょずえ》』

『絵本太閤記』四編巻一・栖賢寺（国文学研究資料館蔵）

巻六（寛政十年〈一七九八〉刊）川辺郡「栖賢寺」の項に見えるように、この寺で諸将を集めて山崎の戦の勝利を祝ったことや、寺内の腰掛松が、秀吉が腰を掛けて山崎の戦の軍令を定めたという情報を取り入れてのことかもしれない。

秀吉が髪を剃ることについては、『川角太閤記』、『太閤記』にもそれぞれ見え、後者には尼崎に着いてすぐに髪を下ろしたことしか記されないが、前者には寺名は記さず小庵とし、そこで落髪し、仏前に捧げることが述べられる。どちらにせよ、信長の仇を討つ覚悟を示す行動である。『太閤真顕記』や『絵本太閤記』は、危機を切り抜ける秀吉の頓智を表すものとして、全く異なる形で用いたわけだ。

『太閤真顕記』についてはその先にも意外な展開が待ち受ける。入道姿の秀吉は側近たちによって発見されるが、尼崎まで迎えに来た信長家臣中川清秀は、秀吉の姿を見て、大将らしからぬ姿と不満を口にし、福島正則と口論になる。そこに、秀吉の乗り換え馬が来るのだが、馬の口取りが本堂の壇上に上がり、自分こそ秀吉であると、正体を現すのである。僧形をしていたのは家臣浅野弥兵衛の従弟、八郎左衛門であった。秀吉はすでに光秀の謀計《ぼうけい》を予想しており、万一のために替え玉を使ったとする。『絵本太閤記』は、そこまでは行かずに、秀吉が僧に姿を変えたところで留めている。

以上、『太閤真顕記』を中心に、文学における高松城水攻めと中国大返しにおける秀吉像を眺めてきたが、勇気と才智と柔軟さと親しみやすさを備えた軍師としての秀吉像――現在も秀吉に対して持つイメージだろう――は、ここにも遺憾なく発揮される。

毛利方との和睦に成功し、上方への引き返しに成功した秀吉は、そのまま光秀を滅ぼし、信長家臣における自身の立場を強めていくことになる。

●参考文献

中村幸彦「絵本太閤記について」(『中村幸彦著述集』第六巻、中央公論社、一九八二年)

小和田哲男『豊臣秀吉』(中公新書、一九八五年)

濱田啓介「絵本太閤記と太閤真顕記」(『読本研究新集』第二集、翰林書房、二〇〇〇年)

※『太閤真顕記』は、架蔵本(『真書太閤記』)を基本とし、酒田市立光丘文庫蔵本(『真書太閤記』、国文学研究資料館マイクロ資料)、新潟大学附属図書館佐野文庫蔵本(『太閤真顕記』、国文学研究資料館マイクロ資料)を対照させて内容的に同一であることを確認した。

6 清須《きよす》会議と天下簒奪《さんだつ》

身分社会において、下位の者による政権の奪取は、二つの困難を抱える。ひとつは、どこかで同等、あるいは上位の者と決着をつけること。もう一つは、その実力での決着に正統性を得ることである。実像編からは、秀吉がステップを踏んでこの双方を一つずつこなしていった経緯が見えてくる。はじめは正当性を担保しながら、最後は実力で決着をつける。信長のような短兵急ではない。虚像編では、それを分かり易く、鮮やかに、「会議」と「葬儀」という二つの見せ場に集約している。

6

清須《きよす》会議と天下簒奪《さんだつ》

実像編

▼谷口　央（首都大学東京教授）

従来、清須会議で羽柴秀吉と柴田勝家の間で争いが起こり、それが賤ヶ岳の戦いへと進んだと理解されている。同様に、小牧長久手の戦いの後、徳川家康が秀吉への臣従を拒否し最後まで抵抗したことも、良く知られる話であろう。しかし、同時代の史料を読み直していくと、これらとは異なる実態が導き出される。ここではその「実像」を明らかにしていくこととする。

清須会議と織田家家督

天正十年（一五八二）六月にあった本能寺の変による織田信長の急死を受け、織田家臣団は、その後継体制をまとめるための会合を持った。この会合は、その行われた地の名前をとって清須会議と呼ばれる。これにより、信長死後の織田家中の運営体制が定まった。奈良興福寺の塔頭《たっちゅう》である多聞院《たもんいん》の僧英俊《えいしゅん》が記した「多聞院日記」同十年七月六日条を見ると、柴田勝家・羽柴秀吉・丹羽長秀《にわながひで》・池田恒興《いけだつねおき》・堀秀政《ほりひでまさ》の五人が会合し、信長の子である織田信雄《のぶかつ》・同信孝《のぶたか》（信雄はこの時まで北畠《きたばたけ》氏を、信孝は神戸《かんべ》氏を名乗るが、これ以降織田氏に戻している）は出席しておらず、意外なことで嘆かわしいとする。同時に、この会合を信長遺領の分捕りとも記している。翌七日条に具体的な信長遺領の分割状況が示されることから、そのことも含んでの記述であろう。

この会合のもう一つの議題であった織田家家督はどのように決められたのであろうか。これについては、秀吉が後に発した書状にあるように、信長の長男で同じく本能寺の変により亡くなった信忠《のぶただ》の長男三法師《さんほうし》を家督として取り立て、勝家・秀吉・長秀・恒興の四人の宿老《しゅくろう》（秀政は三法師のお守り役）がもり立てていくと定められた。そして、このことに信雄・信孝兄弟も賛同し、三法師は岐阜の信孝に預けられることとなった（「金井文書」）。「多聞院日記」七月七日条には、信雄・信孝の兄弟は幼少である三法師が成長するまでの代理となる「名代」になることを争ったので、両者ともに「名代」として取り立てられることはなかったことも記される。

以上のように、同時代に記された史料を見ると、信孝は家督に付いた三法師の対抗馬ではなく、その代理としての地位を信雄と争っていたことになる。そして、この会合により家臣団が決別した訳ではなかった。では、この時定められた体制はどのように機能したのであろうか。

なお、堀新は織田信長の死後もその状態が生き続けている状態を「織田体制」と呼ぶが、ここではそれに従い、これ以降、信長死後の織田家中の体制を「織田体制」と呼ぶこととする。

織田家を支える人々・その立場と運営方法

清須会議により定められた、織田家家督となった三法師を支える体制である「織田体制」の全容及び実態について、加藤益幹の研究に学びつつ確認していくこととする。

最初に、そこに含まれる人員について見ていこう。これは秀吉が「信孝様・三助様（信雄）、其の外家康（徳川）誓紙ならびに宿老共の一札以下、未来を大事に存じ、我等かたに所持つかまつり候事」（「金井文書」）と記していることから確認できる。清須会議が終わった後、四人の宿老と信雄・信孝の二人の信長遺子と、織田家と同盟関係にあった徳川家康の計七人が、それぞれこれから織田家を支えていくことを誓う誓紙を交わしていた。これについては、勝家が「清須において申し究めた誓印の置目」(「南行雑録」)と記していることからも裏付けられる。つまり、この七人がそこに含まれる人員であった。

続いて、その役割について見ていこう。まずは厳密には織田家中に含まれない家康から見ていくこととする。清須会議を終えた直後の七月七日付で、秀吉から家康に対し、信長の死により信濃・甲斐・上野の三ヶ国にあった織田勢は退いたが、その三ヶ国を敵に渡さないよう軍勢を派遣し、徳川氏が治めるように、との書状が出されている(「大阪城天守閣蔵史料」)。家康自身も「近々上方人数著陣候間」（「宇都宮氏家蔵文書」）とするように、織田家中からの援軍派兵を表明しており、実際、水野忠重は、信雄の意を受け、援軍として甲斐国へ出陣したようである(「水野記」)。以上から、家康は、後述するように重要な議題については承認権等を保持するが、基本は直接内政に関わるのではなく、関東の旧織田領の確保を担当していた。

それに対し、内政は四人の宿老によって担われていた。その方法は、三法師の所在地が問題となった天正十年八月から九月にかけての宿老同士の書状のやりとりから確認できる。同年八月十一日付の秀吉から長秀に対する書状によると、秀吉は岐阜にいる三法師の安土への移動を急ぎ、現在信孝と信雄の間で起こっている国境争いについて、信孝が求める木曽川筋を尾張・美濃両国の境界とする意見を支持する旨を伝え、三法師の安土移動が叶わないならその近所への移動を早急に行うようとの意見を出している(「専光寺所蔵文書」)。これを受けた勝家は、同じく長秀に九月三日付で書状を出し、三法師の安土移動は安土城の修復が完全に終わるまで行わないよう、また尾張・美濃両国の国境争いについては、双方から奉行を出し、今までの国境に従い画定していくようとの意見を出している（「徳川記念財団所蔵文書」）。

この二つの書状のやりとりを見ていくと、秀吉から長秀に対し意見が出され、それが勝家に伝わり、それに対する勝家の返事が長秀に出されている。もう一人の宿老である恒興は秀吉の意見に従っていたと推測されることから、ここでの手順からは、宿老個々が好き勝手に意見を述べるのではなく、長秀の元に意見が集まり、その意見を各宿老に伝えるという形であったことが確認できる。詳細は不明であり、あくまで結果的に現れた方法であることは注意すべきであるが、これこそが清須会議以降の織田家宿老中の合議体制であった。

続いて、先ほど見た秀吉と勝家の書状の内容について改めて見ていくこととしたい。まず秀吉の書状での注目は、信孝と信雄との美濃・尾張の国境争いについて信孝に従うとする点である。これは三法師の移動という条件付きとは言え、従来知られる清須会議後の両者の関係、もしくは後の両者の関係とは逆となる。ただ、三法師を自らの思い通りに利用できる場へ置こうとするなど、秀吉が信長亡き後の織田家中で主導権を握ろうとしている点は否定できない。

対する勝家の書状も秀吉同様に従来から知られる内容とは異なる。信雄・信孝の領国裁定について、勝家は信孝案を却下し、信雄案を採用すべしとの意見である。従来、信孝と組んでいたとされる勝家であるが、それとは逆の状況が確認されることになるのである。ただ、勝家の場合は、どうにか宿老全員が納得する形に向けて話し合おうとし、また「織田体制」により、何とか織田家中を持ち上げていこうとする姿が強く示されており、その結果としての信雄案支持である。秀吉の信孝案支持とその内実は異なることになる。

以上から、清須会議終了から約三ヵ月後の天正十年九月初頭までは、表面的には秀吉と勝家との争いは見られず、また、信雄・信孝を含む関係で言えば、この後に表面化する敵対関係とは逆であったことが確認されることとなった。これに対し、清須会議当初からその地位をめぐる争いが見られた信雄と信孝であったが、秀吉・勝家の書状に記されるように、その対抗関係は、織田家内での主導権争いに、尾張・美濃両国の国境争いも加わって続いていた。そして、その国境争いは、秀吉と勝家の意見の相違の一つともなっていたのであった。

勝家と秀吉の対立

いつから勝家と秀吉は対立することになったのであろうか。天正十年十月六日付の勝家書状を見ると、勝家は秀吉の勝手な行動に対する苦情や、秀吉が安土へ移動させようとする三法師を岐阜城に置くに至った経緯、また、自身は織田家のために働いており、自らのための勝手な行動は取っていないことや、織田領国内部での身内に対抗する城普請への苦情、さらに自分たちの軍事的な勢力を内部の内輪もめではなく、家康の関東での行動を見習い、織田家の敵へと向けることこそが信長の弔いとなると記し、全体を通じて秀吉を批判している（「南行雑録」）。

中でも、四ヶ条目の「若子様（三法師）の御事、惟五郎左（丹羽長秀）より一人として岐阜（織田信孝）へ申し上げらるる由に付いて、おのおの一同に兼ねて約諾の如く、御座移られ候様にと、岐阜へも五郎左へも返事申し候、」の記事は注目される。これは、加藤益幹が指摘するように、「長秀が一人で三法師の所在地について岐阜の信孝の所へ意見したとのことだが、それは勝家・秀吉・長秀・恒興の四人の宿老の合意の上という、かつての清須での決定に従った形で実行されなければならないと信孝・長秀に返事した」と、勝家から堀秀政に伝えているのである。

三法師の所在地に対する勝家の見解は、約一ヶ月前となる九月三日付の勝家書状と変化はない。しかし、長秀が勝家の意見に従わず、秀吉の意見にのっとる形で行動している点は、一ヶ月前の勝家・秀吉の両者の間に入って行動を取っていた状況とは異なる。

では、長秀の変化は何時であろうか。注目されるのが、勝家と秀吉の対立が表面化した、秀吉主催による京の大徳寺であった信長葬儀である。葬儀自体は、前に見た勝家書状が出された九日後の十月十五日にあったが、秀吉は、前月の九月九日までに、すでに信長の四男で自身の養子となっていた秀勝を喪主として実施することを決めていた（「馬越恭一氏所蔵文書」）。そして、同十八日に秀吉は、長秀・堀秀政と会合を行い、その詳細を定めていたのである。このことは、直後の二十一日に、秀吉がこの件で大徳寺を訪れていることからも裏付けられる（「兼見卿記《かねみきょうき》」）。この会合こそが長秀・秀政の秀吉方への賛同、つまり、反勝家体制が秀吉の元で構築された時となるのである。

ここでの秀吉の行動は、自身が織田家中の主導的な立場となる、事実上の信長後継者としての立場を目指したものと考えられる。と言うのも、前に見たように、秀吉は三法師の安土移動計画を実現させるため、勝家が求める宿老中の意見一致を無視した行為、具体的には、宿老の一人である長秀に信孝への意見の申し入れを行わせているのである。また、信長の葬儀計画は勝家をその相談相手から除外し、逆に、秀政・長秀を味方に引き入れると言った、清須会議によって定められた四人の宿老による意見一致に基づく体制を改編する行為であった。ここに「織田体制」の維持を、秀吉が求めていたと読むことはできないからである。

信長葬儀には長秀が名代《みょうだい》を出すなど、秀吉に賛同する者は直接ではなくとも何らかの形で参加したようである（「兼見卿記」）。言うまでもなく勝家の参加はなかったが、それに加えて、信雄と信孝の二人は葬儀を妨害するために上洛する、との噂が流れていた（「晴豊公記」）。秀吉に抗議する者には、信雄・信孝兄弟も含まれていたのである。では、この関係はどうなったのであろう。

「織田体制」の改編――秀吉のクーデター――

信長葬儀から七日後の十月二十二日、秀吉は本願寺坊官の下間頼廉《しもつまらいれん》への書状に、三法師の安土移動をいまだ果たせていないこと、また信孝のそれを拒む行為は清須会議での誓約違反であることを訴えている（「浅野文書」）。信長葬儀直後は織田家中の体制に変更はなかったようである。

そのような中、十月二十八日に丹羽長秀は上洛し、秀吉と会合している（「兼見卿記」）。ここには池田恒興も参加しており（「蓮成院記録」）、勝家を除く織田家宿老の会合であった。ここでの取り決め内容は、直後の十一月一日に秀吉が徳川家康に送った書状にあるように（「真田宝物館所蔵文書」）、勝家の行動により信孝が謀叛を企てたため、信雄を新たな織田家家督とするとするものであった。秀吉は、家康からその承諾を得るため、この書状を発したのである。このように秀吉は、謀叛人である勝家・信孝を除き、宿老総意による決定と信雄・家康の承諾も得ると言う、清須会議で定めた方法にのっとり織田家家督を交代させたのであった。しかし実態は、尾下成敏が指摘するように、「信雄・秀吉・惟住（丹羽）・池田等によるクーデター」であった。

信長葬儀後の十数日の間に、秀吉は三法師を信孝から切り離して安土へ移動させることをあきらめ、信雄を織田家の家督とする条件を示すことで、信雄との友好関係を作っていったのである。それと同時に、自身に賛同する宿老中の総意という形で、織田家の家督自体を実際に信雄に変更したのであった。何故秀吉はこのような行動に出たのであろうか。一つは、言うまでもなく勝家を「織田体制」から外し、自らが自由に織田家を運営していくためである。これはここまでに見た秀吉と勝家との事情により、もはや説明は要らないであろう。そしてもう一つが信孝との関係である。

本能寺の変直後から、信孝は京の寺社に対する信長以来の「継目安堵《つぎめあんど》（信長に認められた知行地を改めて認めること）」を行っており、秀吉が三法師の安土への移動を強く求めたのも、信孝に名代としての大義名分を与えないためであったとの見解が近年山崎布美によって発表された。安堵とはそれを認める側ではなく、受ける側がその効力を見込んで要請するものである。と言うことは、このような行為が要請されたということは、信孝に対するその権限能力が京の寺社から認められていたということになる。そう考えると、この時、織田家を自由に取り扱うことを求めていた秀吉にとって、信孝の存在は認められるものではなかった。そして、その信孝が織田家家督三法師と一体化していることは、信孝への抵抗＝織田家家督への抵抗となってしまうだけに、信孝と織田家家督との切り離しは果たさなければならない命題であったのである。

このような秀吉と信孝をめぐる状況を脱するには、信孝が現家督三法師を手放すか、それが不可能な場合は、家督自体を変更するしかなかった。そしてそれが実現することにより、秀吉は信孝を攻撃しても、織田家家督には刃《やいば》を向けるわけではない、つまり織田家への謀叛を起こしているわけではないといった状況を構築できたのである。その結果行われたのが今回の織田家家督の交代劇となるのである。そして、ここまでに記した、織田家家督の交代と信孝・勝家の排除という事実上のクーデターが秀吉により実行された結果、秀吉と反秀吉である勝家・信孝の二勢力の対立という形になり、具体的な抗争へと進んでいったのである。

織田家家督織田信雄と秀吉

この後、秀吉と信孝・勝家の抗争が始まるが、岐阜城への攻撃、その後の一時和睦は信雄によって実行されている（「小早川文書」・「吉村文書」）。秀吉は織田家家督である信雄を立てると共に、主筋信孝への直接攻撃は実行していないのである。そして翌十一年四月にあった北伊勢から賤ヶ岳へと続く戦いの際も、秀吉は信雄を「殿様」とし、また勝家らの行動は「信雄に対し謀叛企て候」とあるように、あくまで織田家家督信雄への謀叛という形を取ったのである（「秋田藩家蔵文書」・「閥閲録四」）。そして、自らの手で勝家を滅ぼした後の、信孝への攻撃から切腹に至るまでも、自らではなく信雄によって実行されている。加えて、同時期の書状を見ると、秀吉は信孝に対し「三七殿」と最後まで「殿」の敬称を用いている（「毛利文書」）。主筋信孝への直接の攻撃は、秀吉にとって、最後まで恐れがあったのかもしれない。

信雄は、信孝・勝家との抗争後、五月二十一日付で前田玄以《まえだげんい》を京都奉行に任命し、秀吉をその相談者としている（「古簡雑纂」）。また、六月十七日付で織田家臣の一人である越中国の佐々成政《さっさなりまさ》が新発田重家《しばたしげいえ》に宛てた書状では、「伊勢の国司に御すわり（座り）候　御息様（信雄）、上様（信長）御時にあい替らず天下御存知なられ候、羽柴筑前（秀吉）万端御指南申す儀候」（「石坂孫四郎氏所蔵文書」）とある。このように、天正十一年六月末頃までは信雄を織田家家督とする「織田体制」は表面上は維持され、その中で、三宿老の枠組みから秀吉だけ上昇して「指南」となったのである。

秀吉・家康と関東諸氏

ここまでは織田家中の動向を追ってきたが、外部から見た状況について見ていくため、話を少し戻すこととしたい。

秀吉は信孝・勝家と抗争関係にあった天正十一年二月、越後の上杉景勝《うえすぎかげかつ》と同盟関係を結んだ（「片山光一氏所蔵文書」）。上杉氏は、地理的に勝家の居城がある越前国の後方に位置することから、対勝家対策の一環と考えられる。この同盟関係に対し、関東の佐竹義重《さたけよししげ》・宇都宮国綱《うつのみやくにつな》から歓迎の意が景勝の元へ伝えられている（「景勝公御年譜」など）。この時期の関東の状況は、小田原の北条氏に対し他の関東諸氏が対抗していたが、その反北条氏の諸氏から歓迎されたのである。

そして、秀吉による勝家・信孝攻略が完全に終結した六月末、同じくその反北条氏の諸氏である太田資正《おおたすけまさ》・多賀谷重経《たがやしげつね》・結城晴朝《ゆうきはるとも》から、秀吉に対して書状が送られた。秀吉はこれら関東諸氏に対し、信長とつながりのあった方々であるので、今後も疎意に扱うつもりはない、と信長在世中の関係を意識した中で返信している（「佐竹文書」など）。

前に見たように、「織田体制」では関東での対応は家康に任されていた。実際、家康は天正十年十月末、信長死後に甲斐国を攻撃していた北条氏との和議を成立させ、同時に広域的に関東諸氏とも連携を取っていた（「木俣文書」）。これにより徳川氏と北条氏の抗争は終結したが、北条氏と関東諸氏との抗争は続いていた。そのため、家康は翌天正十一年六月に、今度は自らの娘を北条氏に嫁がせる計画をたて、北条氏をめぐる関東地域全域での抗争終結を目指した。

資正以下が秀吉に書簡を作成した日時に改めて注目すると、すべて家康が関東で北条氏をめぐる交渉を推し進めていた六月末となる。この時期に反北条諸氏が秀吉に接触を一斉に試みたことは、家康による娘の北条氏への輿入れ等の計画は、徳川氏と北条氏の関係強化となるだけであり、今後は家康に頼ることは困難であるとの意識が強く生まれた結果と推測される。

これまで「織田体制」による関東諸氏との直接的なつながりは家康一人に任されていたが、

ここに来て関東諸氏の方から家康を離れ、同じ「織田体制」でも急成長してきた秀吉に頼ることで、自らの勢力を維持しようとの動きが出てきたのである。この動きは天正十一年十月二十五日になると秀吉から家康に直接伝えられ、そこには、家康による関東での和平作りに遅れが見られるので、それを速やかに行うようにとの直接的な指示も含まれたのである（「武徳編年集成」巻二六）。

秀吉は、外部からは「織田体制」を乗り越える信長後継者としての立場にあることを認められつつあったが、正式には信雄・家康を臣従《しんじゅう》させる必要があった。そして、そのチャンスは、勃発に至る経緯は不明であるが、翌十二年の小牧長久手《こまきながくて》の戦いにより訪れたのである。

小牧長久手の戦い

天正十二年三月六日にあった信雄による三重臣殺害がきっかけとなり、秀吉と信雄・家康連合軍による戦いが勃発した。この戦いは家康本陣があった小牧と、家康が秀吉に個別勝利した長久手の地名から、小牧長久手の戦いと名付けられている。

当初は北伊勢（三重県）で始まり、三月末までに信雄領伊勢国は、ほぼ全域が秀吉方に制圧された。ここまでの秀吉方の攻撃は信雄攻撃が主であった。しかし、近江国坂本（滋賀県）に布陣していた秀吉は、「家康さへ討果候へハ」（「山本正之助氏所蔵文書」）と記すように、これ以降は、家康を討伐することも意図して、北尾張（愛知県）へ陣を進めた。まさに、秀吉による「織田体制」の克服を目指した対戦となったのである。

四月にあった長久手での対戦以降、家康が小牧から軍勢を出すことはなくなるが、対する秀吉は、八月になると西国・北国の軍勢の尾張国への出勢を命じた（「八代市立博物館未来の森ミュージアム所蔵文書」)。これは丹羽長秀も北尾張に布陣する、まさに秀吉方の全軍集結であった(「秋田重季氏所蔵文書」)。ただ、秀吉がこの時に織田・徳川勢を攻撃した形跡は見られず、九月二日になると和議の話が持ち上がった(「家忠日記」)。

この時の秀吉は何を意図していたのであろうか。この戦いにおける秀吉の最大目標は、言うまでもなく信雄・家康からの軍事的勝利であった。しかし、これが仮に果たせない場合、次善の策として政治的な達成、つまり、「織田体制」としての信雄・家康への勝利宣言ができれば、両者からの勝利となったのである。そう考えると、この時に長秀の尾張国布陣は重要である。と言うのも、恒興は長久手で戦死したため、この時に生き残る宿老は秀吉と長秀の二人だけであり、その二人が集結して終戦交渉を行っているからである。つまり、この二人が集結した状態での信

小牧長久手合戦概略図

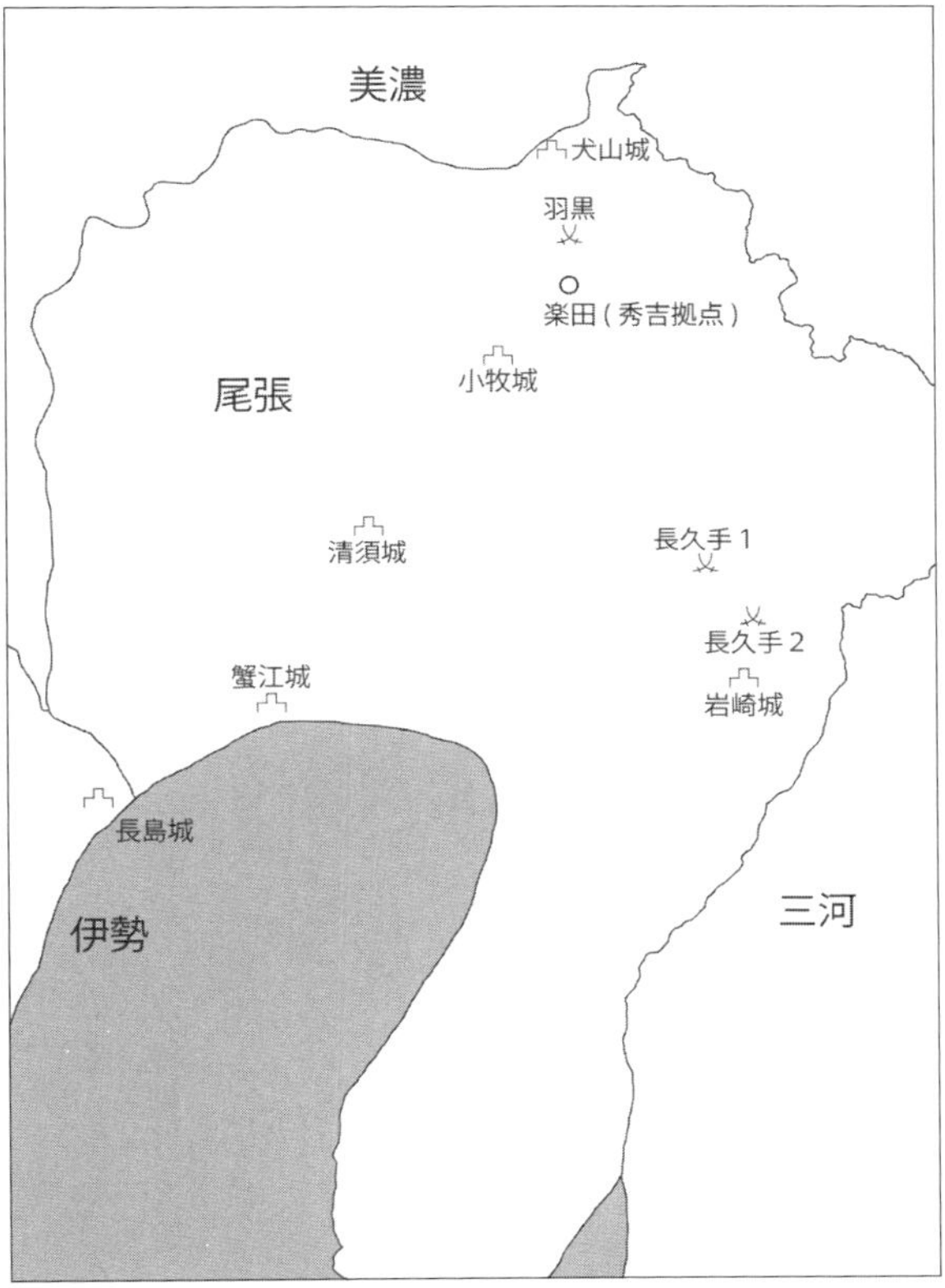

注:海岸線・国境線はイメージである。作図:土屋健俊

6. 清須《きよす》会議と天下簒奪《さんだつ》 実像編

雄・家康との和議交渉は、秀吉の「織田体制」総意による信雄・家康からの勝利の図式となる可能性を秘めていたのである。秀吉の意図はここにあったと思われる。

しかし、この時の和議交渉は成立せず、また長秀も越中国（富山県）での佐々成政への対応で帰国せざるを得なくなった。そのため秀吉は、翌十月に少将に任官するという、これまでと路線変更するかのように「織田体制」ではなく朝廷による地位上昇を果たした後、十一月に北伊勢を直接攻撃して信雄を降伏させた。そして、家康も軍勢を引くことにより、この戦争は終結したのであった。つまり、信雄の降伏は軍事的に達成できたが、家康との直接交渉はなく、確かに家康は実子於義丸《おぎまる》を終戦の条件として秀吉の元へ送ったが、それはあくまで終戦講和に留まるもので、その後の正式な臣従への道は不透明なまま終戦となったのであった。

北国攻めと信雄・家康

小牧長久手の戦いは、尾張・伊勢両国に集結した者のみではなく、両陣営による外交交渉が大々的に行われたこともあり、東は関東から西は四国・中国、また北国に至るまでの地域の大名・土豪《どごう》層が、信雄方に付くか秀吉方に付くかに組み込まれることになった。

秀吉は、天正十三年（一五八五）になると、小牧長久手の戦いの際に自らに敵対した者を個別撃破していくことになる。その攻撃対象は、紀伊国（和歌山県）の根来《ねごろ》・雑賀《さいか》衆、四国の長宗我部《ちょうそかべ》元親《もとちか》、越中国（富山県）の佐々成政であった。

この中で注目されるのが佐々攻めである。成政は秀吉の攻撃以前の五月に、家康を通じて秀吉との和平を進めようとした。それを受けた家康は、同年二月に大坂城を訪れ正式に秀吉に臣従していた信雄を通じて、これを取り計らったのである（「田安徳川家入札目録図版所載」）。

六月になると、これに対する返事とも言える信雄から家康への覚書が出された（「古簡雑纂」）。成政に関わる事項としては、秀吉の出陣以後に成政が家康領国へ逃げてきた場合は秀吉の判断にゆだねること、家康と信雄に対処を任せる形で成政が観念することになった場合は、信雄が引き受けることが求められている。また本書には家康についても記されており、以前秀吉の元に送られた於義丸等を秀吉は人質とは考えておらず、秀吉出陣中はそれらの者を家康領国の岡崎まで返すので、正式な人質として家康の家老中からの人質を二・三人ほど信雄領国の清須まで送って欲しい旨が記されている。家康は成政と秀吉との和議の仲介として信雄にそのことを取り次いだが、その結果は、信雄から家康に対する要求も示されることになったのである。

　この覚書は信雄が作成しているが、そこに秀吉が求める内容が記されていることは言うまでもない。秀吉は、旧織田家臣である成政を攻撃するにあたり、織田家家督信雄を前面に押し出して家康に圧力をかけたのである。そして、それは徳川家中全体としての秀吉への臣従の要求だったのである。翌七月八日付の千利休の書状にも、成政の処遇は、家康家老衆の人質が出されるか、成政が越中国を信雄へ明け渡すかのいずれかに決定したとある（「松井文庫所蔵文書」）。

　秀吉は小牧長久手の戦いを経て信雄を臣従化し、佐々攻めが実際に行われた前月の天正十三年七月十一日には関白に任官していた。また、藤田達生が指摘するように、この攻撃は開始前からその勝敗は決していたと言っても過言ではない状況であった。しかし、秀吉はこの攻撃を利用して、家康の正式な臣従化を図ったのである。そして、「織田体制」に含まれた家康を正式に臣従化させるには、関白に任官したとは言え、未だその長であった織田家家督を抜きにはできなかったのである。

---

6. 清須《きよす》会議と天下簒奪《さんだつ》 × 実像編

家康の臣従と全国統一

佐々攻めを終えた秀吉は、人質提出を改めて家康に要求した。これを受けた家康は、結束を固めるため、家中からの人質徴収を開始した（「家忠日記」）。そして、その直後の十月二十八日、家康は重臣層を浜松城へ集め、秀吉に人質を出すか否かを相談し、全員一致で出さないと決定した。家康は、徳川家中での人質徴収に加え、同盟関係にあった小田原の北条氏の重臣二十人の起請文を準備し、また、これまで中核寺院の復帰を認めていなかった三河真宗教団の完全復帰も同日付で行った。つまり、家康は、家中から外交・領国支配と、秀吉の北国攻め終了直後から、具体的な対秀吉対策を着々と進めたのである。

十一月十三日になると、徳川重臣石川数正《いしかわかずまさ》の出奔事件が起こるが、家康はその直後から三河国岡崎城や同国当部城の普請工事を行い、秀吉迎撃体制を整えた（「家忠日記」）。対する秀吉も、年が明けた一月半ばに出陣することを決めた（「一柳家文書」）。

両者再戦やむなしとなる中、翌天正十四年一月に、信雄が自ら岡崎まで下向して家康との会合の場を持った結果、秀吉と家康の戦争は回避されることとなった。ここでも信雄が前面に出る形で家康の行動を規制したのであった（「顕如上人貝塚御座所日記」）。戦争回避の結果、秀吉妹朝日《あさひ》が家康に輿入《こしい》れすることとなった。これは四月初旬から具体的に計画が進められ、一時はご破算になる可能性もあったが、五月十四日に朝日が家康の居城である浜松城に到着し、無事達成したのである（「家忠日記」）。

従来、これ以降、家康が十月末まで上洛することはなく、また、それが実現した際には秀吉母大政所が岡崎に送られてようやく実現したことから、家康が秀吉に正式に臣従するまではまだまだ時間が掛かり、これ以降も家康の抵抗は続いたとされる。しかし、跡部信により、秀吉は家康が即座に上洛することを求めていたのではなく、八月には家康の真田氏攻撃を優先し、上洛が遅れることはやむを得ないとしていたことが指摘された（「徳川美術館蔵文書」）。また、遠藤珠紀によっても、家康の叙位任官が天正十四年五月から六月頃にあったことが指摘されている。以上のような近年の相次ぐ研究成果から、家康の秀吉への臣従は、天正十四年五月にあった秀吉妹朝日の輿入れにより正式に実現したと考えられる。

これにより秀吉は、信雄を通じて進めてきた家康との間の政治交渉体制を脱し、家康を正式に政権の一員に組み込むこととなったのである。そして、これ以降、これまで信雄が秀吉と家康の間を取り次いだと同様に、家康は秀吉と北条氏・伊達氏との間にあったいわゆる「惣無《そうぶ》事《じ》」の交渉を取り次ぐ役を担ったのである。このように家康の臣従を経て、秀吉は「織田体制」を乗り越え、その参加者全てを自らの政権運営へ組み込むことに成功したのであった。

秀吉は、これ以降九州地方、関東・奥羽地方と全国統一を推し進めていった。これは、秀吉自身が北国攻め終了後に公表した、自身の最大目標である朝鮮出兵に向けての準備の一環でもあった（「伊予小松一柳文書」）。このことは、最後の統一戦争であった小田原合戦時に家康・信雄を始めとする東海道に領国を持つ大名への動員を加重し、朝鮮出兵の際に主力となる西国・四国・九州大名の力を温存したことからも読み取れる。そして、その達成と同時に、家康の関東転封《てんぽう》などがあったが、これこそ秀吉の目指した朝鮮出兵体制の完成形であった。そして、その完成形は、結論だけ言えば、同時に信雄の改易《かいえき》も含まれる、「織田体制」の完全消去をも伴うものであったのである。

6. 清須《きよす》会議と天下簒奪《さんだつ》 × 実像編

●参考文献

岩澤愿彦「秀吉の唐入りに関する文書」(『日本歴史』第一六三号、一九六二年)
下山治久『小田原合戦』(角川書店、一九九六年)
谷口央「長久手古戦場を歩く」(『織豊期研究』第八号、二〇〇六年)
谷口央「小牧・長久手の戦いから見た大規模戦争の創出」(藤田達生編『小牧・長久手の戦いの構造—戦場論上—』岩田書院、二〇〇六年)
跡部信「秀吉の人質策—家康臣従過程を再検討する—」(藤田達生編『小牧長久手の戦いの構造—戦場論上—』二〇〇六年。のち同『豊臣政権の権力構造と天皇』戎光祥出版、二〇一六年に一部改稿の上所収)
尾下成敏「清須会議後の政治過程—豊臣政権の始期をめぐって—」(『愛知県史研究』第一〇号、二〇〇七年)
加藤益幹「天正十年九月三日付惟住(丹羽)長秀宛柴田勝家書状について」(『愛知県史研究』第一〇号、二〇〇七年)
藤田達生「関白秀吉の越中出陣—北国国分の歴史的意義—」(富山市郷土博物館編『秀吉　越中出陣—「佐々攻め」と富山城』、二〇一〇年)
堀新『日本中世の歴史 七　天下統一から鎖国へ』(吉川弘文館、二〇一〇年)
谷口央「小牧長久手の戦い前の徳川・羽柴氏の関係」(『人文学報』第四四五号、二〇一一年)
遠藤珠紀「徳川家康前半生の叙位任官」(『日本歴史』第八〇三号、二〇一五年)
金子拓「秀吉は、本能寺の変後から全国統一をめざしていたのか」(日本史史料研究会編『秀吉研究の最前線』洋泉社、二〇一五年)
山崎布美「織田信孝の継目安堵—織田権力の終焉をみる—」(『国史学』第二一五号、二〇一五年)

6 清須《きよす》会議と天下簒奪《さんだつ》

虚像編

▼菊池庸介（福岡教育大学教授）

本章で主として扱う『太閤真顕記《たいこうしんけんき》』の世界では、秀吉が天下を手中に収めるにあたり、信長の後継者を秀吉のねらい通りに据え天下の実権を握るのに加え、柴田勝家《しばたかついえ》と佐久間盛政《さくまもりまさ》を悪役として効果的に用いて、秀吉の英雄像を高めている。さらに、信長の法要《ほうよう》場面をクローズアップし話を膨らませたことで、秀吉の天下簒奪《さんだつ》は劇的なものとなった。また「中国大返し」と「清須会議」の間に位置する「山崎の戦」での、筒井順慶《つついじゅんけい》方とのやりとりや天王山争奪の逸話も、秀吉のキャラクターを表すものとして見逃せない。

はじめに

秀吉は、信長の嫡孫《ちゃくそん》である幼少の三法師《さんぼうし》を後継に据えるとともに、自身が後見として実権を握る。秀吉が天下を掌握する過程では、どのようなドラマが作られていったのだろうか。前章同様、『太閤真顕記《たいこうしんけんき》』を中心に眺めていくことにしよう。

山崎の戦

清須会議に入る前にまず、主人の敵明智光秀を滅ぼした山崎の戦について見ていきたい。

本能寺の変が起きたとき、豊臣秀吉は備中高松におり、柴田勝家《かついえ》は越中魚津攻めの最中、滝川一益《たきがわいち(かず)ます》は関東に出陣、丹羽長秀《にわながひで》と織田信孝《のぶたか》は四国出陣のために摂津岸和田にいた。つまり、信長の有力家臣がすぐには都に戻れない状況で本能寺の変は起きており、光秀には有利に働くことになった。だが、中国大返しによって秀吉が思いの外早く上洛し、天正十年（一五八二）六月十三日に山崎の戦となり、光秀は敗走、安土城を目指すときに、小栗栖《おぐるす》にて落ち武者狩りの百姓によって殺される。

光秀の敗因のひとつには、自身の目算がことごとく外れたことが挙げられる。すでに『太閤記』において大まかに記されており、それを見ると、当然味方に付くと考えていた長岡藤孝《ふじたか》（細川幽《ゆう》斎《さい》）・忠興《ただおき》父子や筒井順慶《つついじゅんけい》の応援は得られず、合戦中で上洛まで時間が掛かるはずの柴田勝家と秀吉はそれぞれ勝利を収め、落武者狩で亡き者にしようとした徳川家康は無事に三河に帰り、娘婿の織田（津田）信澄《のぶすみ》も滅ぼされたとして、「一つとしてはかばかしき事はなしと、あきれはて」たとする。

右のうち、大和郡山の筒井順慶の話は、洞ヶ峠《ほらがとうげ》の伝説として有名であり、諸説ある。『太閤記』では光秀が順慶に加勢を願おうと洞ヶ峠に待つが、順慶は現れないという、実説に沿う話である。『太閤真顕記』では、ここにひとつのドラマを作り上げる。順慶は光秀と断金《だんきん》の交わりを持っており、光秀に味方しようとする。しかし、家老島左近《しまさこん》と松倉重兵衛は順慶を説得し、病気と偽らせ大和郡山に留まらせ、軍勢だけを洞ヶ峠に遣わす。合戦が起きてから状況を見て、優勢な方に加勢するという計略であった。疑心を持った光秀が使者を送り、順慶の病気を確認する場面では、夏場に夜着を重ね着させられて暑がる順慶の様子が、ユーモラスに描かれる。さて、島左近は、順慶の病気を理由に名代として、尼崎にいる秀吉のもとに走り、秀吉に加勢を申し出る。ところが、秀吉は順慶が欲深い性格であることを知っていて、日和見していることを見抜き、左近にそうと指摘する。このように『太閤真顕記』は、秀吉が順慶のもくろみをすべて見通していたとし、ここでも秀吉の超越者ぶりが発揮される。

この場面には続きがある。左近が順慶の二心《ふたごころ》の無いことを申し開きし、それを聞いた秀吉は、左近の家老としての資質を称え、褒美を取らせる。左近の弁解を受け入れ、称える秀吉の、器の大きさを表した箇所である。左近と秀吉の問答場面は、講釈としても演じられた『太閤真顕記』の見せ場のひとつでもあっただろう。これを承けた『絵本太閤記』では、秀吉は順慶の心底を見抜きながらも、順慶が味方についたと自軍に教えれば、軍勢の士気が上がると考えたため、あえて順慶の底意を暴かず左近の言に乗せられ（したがって左近の申し開きも無い）褒美を与えるという、秀吉の知略をもう一回り高めつつ、すっきりとまとまった描き方をしている。

山崎の戦では、もうひとつ、天王山の争奪戦という有名な話がある。戦の展開を有利にするべく天王山の頂上を押さえようと、秀吉、光秀双方が争うこのエピソードは、『惟任退治記《これとうたいじき》』や太田牛一『大かうさまくんきのうち』のように触れていないものもあるが、『将軍記』や『太閤記』など、早くから取りあげられる。その中で秀吉は、相手よりも早く天王山に登るよう命じている。『太閤真顕記』はそれを踏まえつつ、「（秀吉は）密かに陣中を出て敵陣その外四方を見回し」、「唯天王山を踏まへ、矢炮《やほう》をあげ、眼之下に敵を見て」、「稠布《おびただしく》放ち打は」、「敵忽《たちま》ち崩れ、味方勝《かち》を得ん事決然たり」、「天王山を社《こそ》大事の争ひ地也。急いで誰をか差向けん」と、秀吉自ら偵察に出向き、天王山が山崎の戦において、勝敗を決める場所となることを予想している。『太閤真顕記』における（さらには『絵本太閤記』も承け、現代まで伝わる）戦の場面の秀吉像は、指揮官として状況判断に優れ、地理に強く、フットワークが軽いことが挙げられるが、この山崎の戦においても、その姿は示される。

清須会議

光秀を滅ぼした秀吉は、信長宿老《しゅくろう》の中で頭角を現すようになる。よく知られているように、秀吉よりも上の立場や同格の存在には、筆頭とも言える柴田勝家や、丹羽長秀、池田恒興《いけだつねおき》、滝川一益などがいたが、このうち、丹羽長秀や池田恒興は、山崎の戦の前に秀吉を総大将として支持しており、秀吉はすでに彼らよりも上位に位置したと認められる。そして山崎の戦を経た秀吉は、信長の敵を討った功労者として、さらに発言権を強めていく。

その後に行われた清須会議は、光秀討伐に間に合わなかった勝家が清須城に入り、宿老たち（滝川一益は関東におり加わっていない）を集めたものであり、信長の領地の分割（知行割り）と、信長の家督相続について話し合ったが、とくに、家督を誰が相続するかが重要であった。信長三男織田信孝を推す柴田勝家に対し、秀吉は、信長の嫡孫でまだ幼い三法師（後の秀信）を推し、意向通りになる。それは結果として、信長宿老として第一の発言権を有していた柴田勝家を、乗り越えることともなった。

『太閤記』では、清須会議は簡潔に記される。家督相続の議論についてはとくに見えず、「残らず若君（三法師のこと）へ御礼」と、家督が決まったことのみが記される。この後に知行割《ちぎょうわ》りのことが記されるが、知行割りの対象とならなかった空地については、「悉く秀吉へ何となく自由せられしやうに成行しなり」と記され、秀吉の支配力の強まっていることがうかがえる。

秀吉の事蹟をまとめた早い時期の物では、『将軍記』の記事はもう少し詳しい。勝家、秀吉、丹羽長秀、池田恒興が評議して三法師を信長の後継にし、信長の次男信雄《のぶかつ》を名代としたこと、知行割りのこと、丹羽長秀が秀吉に勝家を滅ぼすよう密かに勧めること、近江長浜の地を秀吉に譲らせた勝家は、城を渡すべく長浜に向かう秀吉を討つために伏兵を置こうとするが失敗すること、などが盛り込まれる。長秀と秀吉の密談や勝家の伏兵のことは、『太閤真顕記』にも受け継がれるが、信長家督決定に向けての議論は、『将軍記』では具体的に記されない。『川角《かわすみ》太閤記《たいこうき》』では、この議論についてもう少し筆が費やされ、後継を決めるにあたり、長秀が勝家に秀吉のアドバンテージ——信長の敵を討ちおおせたこと——を訴えて、秀吉の意見に勝家を納得させている。また、秀吉が勝家に三法師（本書では吉法師と記す）の守り役を願い出て、その後三法師を懐柔、宿老が三法師に礼を述べる時に、秀吉が三法師を抱きかかえて面会し、あたかも秀吉に礼を述べるような構図になることまでもが描かれる。『川角太閤記』の、秀吉が三法師を抱えて宿老と面会する姿などは、「大徳寺焼香場」（後述）でも利用されるが、天下を手中にせんとする秀吉の巧妙なやり口が、より明確に造型されている。

清須会議の話をもっとくわしく、起伏に富んだものにしたのが『太閤真顕記』である。何よりもまず、柴田勝家の悪役としてのイメージを鮮明にし、それに追従する小悪として佐久間盛《さくまもり》政《まさ》（勝家の甥でもある）を設定する。つまり、英雄秀吉対悪役勝家の構図で話が形成される（なおこれに続く『絵本太閤記』は、作品における登場人物のキャラクター設定がさらに推し進められる）。

会議の前、すでに勝家と盛政は、秀吉を大望ある人物と評し、口論を仕掛けて亡き者にしようと企てていた。勝家は織田家宿老第一の立場として、会議を仕切り、後継者の話題を持ち出す。誰も何も言い出さないので、すかさず盛政が勝家に発言を求め、信長の本腹を理由に信長三男信孝を推挙する。そうすることで、自分が権力を握ろうと言うのである。誰も勝家の威に伏し、否と言えないでいる時、秀吉は三法師を薦める――会議全体に漂う圧迫感に屈しない秀吉の描かれ方である――。怒る勝家に対し、とうとう三法師推挙の理由を述べ、山崎の戦の勝利については、諸氏の戦功のお陰とへりくだることで、宿老たちの共感を得、ついに三法師を後継にすることが決まる。

もう少し見ていこう。会議の後で酒宴となり（勝家は傍若無人の振る舞いをする）、知行割りのさい、勝家は秀吉に長浜を所望する。長浜は秀吉が信長より初めて拝領した土地であり、断ってきたら口論を仕掛けようという腹である。だが秀吉はすんなり明け渡すのに同意し、勝家を拍子抜けさせる。今度は、名代として盛政に城の受け取りをさせ秀吉を殺害しようとするが、すでに秀吉はそのことを察しており、柴田姓の者でなければ認められないと理詰めにし、勝家の養子勝豊《かつとよ》を指名する。地の文でも「凡人に非ざる高智」と言うように、勝豊は勝家と不和であり、このことを利用すれば秀吉はいずれ長浜は我が手に戻ると読んでいたのである。また、この後の酒宴では、勝家が自分の肩腰を秀吉に揉ませるという有名な場面があり、勝家の傲慢さを示す一方、勝家の無理な要求にも対応できる秀吉の柔軟さを良く表している。勝家のこのような振る舞いが諸将の反感を招くのはあまりにも当然で、皆、秀吉に服するようになる。

勝家・盛政という悪役を効果的に使うことによって、秀吉の聡明さ、しなやかさが際立ち、このことと、清須会議で秀吉の推す三法師が後継に決まったこととが結びつき、それによって勝家と敵対する秀吉という構図の中に、目上の立場である勝家を軽々と乗り越えた秀吉の姿が、鮮明に浮かび上がったと言えるだろう。

大徳寺焼香場――秀吉の天下簒奪

天正十年十月十一日より十七日まで紫野大徳寺で行われた信長の法要は、秀吉伝説の中では欠くことができない。実際には、この後に賤ヶ岳《しずがたけ》の合戦に勝利し勝家を滅ぼしたり、織田信孝を自害させたりするなど、織田の有力者を排除することによって秀吉が信長に成り代わっていくのだが、その前に位置する大徳寺の法要の場面は、とくに民間において、秀吉が信長の天下を簒奪したイメージを決定的に植え付けたものとして重要である。それはこの場面が「大徳寺焼香場」として講談に演じられたり、明治期には同じ書名で、実録を基にしたこの部分を抜粋（厳密には柴田勝家の北国合戦、清須会議も含む）したボール表紙本が刊行されていたことからもうかがい知ることができる。

『太閤記』では、信長の恩をつくづく感じ、法要を営みたいと思いながらも、信雄や信孝が何も言い出さないので憚っていた（『太閤記』の儒教道徳を重んじる姿勢が垣間見える部分である）が、このままでは後悔すると、大徳寺で式を行うに至る。信長の恩義に報いるために秀吉が法要を企画、実行するという経緯は、『太閤真顕記』にも受け継がれる。いっぽう、『川角太閤記』では、柴田勝家の秀吉に対する謀略として信長の法要を提案するが、秀吉は新たに寺を建てるなどの準備が必要と主張、勝家の謀略を避けつつ法要の主導権を握っていくように描かれる。勝家と秀吉の対決に重点を置いた記述と言って良く、筋立ては『太閤真顕記』に受け継がれないものの、勝家対秀吉（と秀吉の勝利）という構図は『太閤真顕記』にまで行き着く。

『太閤真顕記』の信長法要に関する場面は、それだけで相当の紙数を費やしており（七編巻九第二章の一部と巻十）、内容的成長が著しい。そこに多く認められるのは、勝家の傲慢さ（及び盛政の小

6. 清須《きよす》会議と天下簒奪《さんだつ》　虚像編

悪ぶり）と、それを受け流しつつ利を取るという、これまでにも見られた秀吉像だが、それ以上に強く印象に残るのは、勝家や盛政をものともしない秀吉の圧倒的な強さである。信長の供養料について、勝家は秀吉を上回ろうとするが、秀吉の用意したそれは勝家の想像を絶するほどであり、結局勝家のもくろみは断念させられるという話などは、その一例である。

『絵本太閤記』四編巻十一・焼香の図（国文学研究資料館蔵）

しかし最大の盛り上がりを見せるのは、信長への焼香を行う場面である。諸将が集まる中、秀吉と三法師がいないのを幸い、勝家は三法師の名代である信雄と信孝に最初に焼香させ、自分もそれに続くことで威を示そうとする。しかし、そこに待ったの声が大音で響きわたり、秀吉が三法師を抱いて登場する。劇的と言うにふさわしい場面設定である。秀吉の姿は冠装束であり、清須会議において一国の主でありながら勝家の肩腰を揉まされた、勝家から見れば家の由緒もない、そもそもは新参の家臣としての秀吉が、天下人へと転化した象徴的な場面と言えよう。それを実質的に支えるものとして、朝廷より四位少将《しいのしょうしょう》の位が下されることが、この場面の少し前に記されている。
秀吉は、信雄、信孝、勝家、盛政らを信長に対し不忠であると断罪し、その理由をいちいち述べ立てる。勝家は怒り出し、秀吉の出で立ちに対しても文句を付けるが、「からから」と笑い、三法師が朝廷より三位中納言に任ぜられるとともに、自分も四位少将の位を得、守り役の自分は秀吉ではなく三法師同然である、と、勝家を全く寄せ付けない。また勝家に向かい、供の加藤清正や福島正則《ふくしままさのり》に全身を揉みほぐさせようかと、肩腰を揉まされた先日の意趣に軽口で報いるのである。

これまで、勝家や盛政は、秀吉を怒らせることで口論を仕掛け、それに乗じて亡き者にしようと、いろいろな策を練り、あるいは傲慢な振る舞いをしてきたが、それを秀吉自身は知恵によって、どちらかと言えば穏便に、自分の利するように収め、また勝家や盛政を結果的にはあざ笑うように仕向けてきた。それはそれで秀吉の小気味よい才智が伝わってくる。が、大徳寺でのこの場面は、秀吉が、立場上は目上に位置する勝家や、主人の子の信雄信孝を、ものともせずに一喝することで、一気に彼らの上に立ったと言ってよく、胸のすくような秀吉の強さが伝わってくる。また、この場面は、清須会議時において勝家に揉み療治をさせられたことも、伏線となって効果を高めている。そのような勝家の傲慢を、一度に吹き飛ばすかのような勢いに、『太閤真顕記』の享受者は溜飲を下げ、喝采を送ったであろう。講談による流布という点でも、勝家や盛政と秀吉との問答や、秀吉の勝家や信雄信孝に対する糾弾（というか啖呵といった方がふさわしい）があり、いかにも講談向きである。

四方の幕があがると、秀吉の軍勢が取り囲んでおり、勝家らは何も口出しできず、秀吉は三法師を一番に焼香させ、自らも三法師を抱いたまま、悠々と二番目に焼香を終える。順番としては二番目だが、三法師は幼く、秀吉は一番手同然であった。このとき、秀吉の天下簒奪は確実なものになったと見なすことが出来、強い印象を当時の読者にも植え付けたのである。

　秀吉はこの後柴田勝家を滅ぼす。すでに、秀吉伝説における力関係は逆転していると言えるので、本章は「大徳寺焼香場」までで留めておく。この先には小牧長久手合戦の家康への敗北の話もあり、秀吉の勢いに陰りが見えてくる。実は『太閤真顕記』の「大徳寺焼香場」でも、招待を受けた家康が本多忠勝《ほんだただかつ》や酒井忠次《さかいただつぐ》らと相談する場面で、（家康は）信長の家臣ではないから、焼香に行くには及ぶまいという意見や、忠次が信雄を同道して焼香し、家康が後見となることで秀吉の力を衰えさせようという意見が出たりするという、秀吉の権威に傷を付けるような、やや悪意をもって記された場面がある。『太閤真顕記』が作られた当代の、基礎を作った神君を称揚するトピックだが、それはまた、今後の展開を暗示するようでもあり、秀吉の天下取りの伝説に、影を落としている。ちなみに、『絵本太閤記』ではこの部分に登場する人物は、上杉景勝《うえすぎかげかつ》と直江兼次《なおえかねつぐ》に代えられ（出版するためには当然の処置である）、二人のやりとりを見ても、『太閤真顕記』よりは秀吉への悪意が薄められている。

　秀吉の天下簒奪の経緯は、山崎の戦と清須会議、そして賤ヶ岳の合戦ととらえるのが、現在ではふつうだろう。だが、実録や講談は、そこにもう少しドラマチックな展開を望んだ。天下を手中に収めた瞬間を欲したということである。清須会議の次に信長の法要のエピソードをクローズアップし、「大徳寺焼香場」として加えることで、それは一種のカタルシスも呼び起こしつつ、達成されたのである。信長の法要については美麗を尽くしたと記すものもあるが、そこに秀吉が頂点に上り詰める瞬間を加え、天下人秀吉の像を作り上げたのは、ひとつの歴史解釈であるとともに、当時の人びとの秀吉に対する願望でもあった。

●参考文献

小和田哲男『豊臣秀吉』（中公新書、一九八五年）

濱田啓介「絵本太閤記と太閤真顕記」（『読本研究新集』第二集、翰林書房、二〇〇〇年）

吉沢英明『講談作品事典』（中）（「講談作品事典」刊行会、二〇〇八年）

※『太閤真顕記』は、架蔵本（『真書太閤記』）を基本とし、酒田市立光丘文庫蔵本（『真書太閤記』、国文学研究資料館マイクロ資料）、新潟大学附属図書館佐野文庫蔵本（『太閤真顕記』、国文学研究資料館マイクロ資料）を対照させて内容的に同一であることを確認した。

6. 清須《きよす》会議と天下簒奪《さんだつ》×虚像編

●コラム

刀狩令

▼堀　新（共立女子大学教授）

天正十六年（一五八八）七月、豊臣秀吉は刀狩令を発令した。その内容は、

①諸国の百姓から刀・鉄炮等の武具を没収する、

②それを溶かして方広寺《ほうこうじ》大仏殿の釘や鎹《かすがい》とする、

③百姓は農耕に専念すれば長久である、

というものである。これは、百姓から武具を取り上げて、武士との身分差を明確にする意図もあったが、当初から「真の目的は一揆防止」とされていた（『多聞院《たもんいん》日記』天正十六年七月十七日条）。

刀狩令の冒頭に「諸国百姓」とあるが、秀吉は服属した大名全てに交付したのではない。九州の大名を中心に、一部の子飼い大名や畿内近国の寺社を対象としたのである。これは前年におこった肥後国一揆が直接の契機だった。

ただし、刀狩りはこの時初めて命じられたのではない。天正十三年の紀州攻めに際して、秀吉は「在々百姓」の刀狩りを命じている。また同年閏八月には、豊臣秀長《ひでなが》が大和国多武峰《とうのみね》で刀狩りを実施している。これは「天下平均ノ事」（『多聞院日記』天正十三年閏八月二十五日条）、すなわち全国一斉とされている。刀狩りは、天正十三年には豊臣政権の基本方針となっていたのである。

その後も、天正十八年八月に小田原北条氏を滅ぼして奥羽仕置《しおき》を始めるにあたり、「日本六十余州在々百姓」の刀狩りを命じている。さらには「唐入《からい》り」中の文禄二年（一五九三）四月に、肥前国平戸城主松浦鎮信《まつらしげのぶ》の「領内刀駆《がり》」を命じている。このように、秀吉は百姓の刀狩りを何度も命じているが、その時々に必要と考えた大名と地域にしか交付していない。しかし、刀狩りは個別法令や地域限定の法令ではない。

刀狩令の効力範囲をよく示しているのが、天正十八年に奥羽仕置である。秀吉は「日本全国で刀狩りを命じているので、出羽・奥羽も同様に刀狩を命じる」と述べ、他地域に命じた刀狩りは奥羽でも適用するのが当然と認識している。秀吉が天下統一をはたしたのはこの時であるから、これ以前に「日本六十余州在々百姓」に刀狩りを命じることは、論理

的にはおかしい。しかし、いったん秀吉から発せられた刀狩りは、その後に征服した地域はもちろん、もともと交付されていない大名や地域であっても、当然のように適用されるものだったのである。

天正十六年の刀狩令に戻ろう。前年の肥後国一揆が直接の契機であるが、肥後国一揆によって刀狩りが必要となったのではない。また、刀狩令が交付されなかった美濃・信濃・加賀・若狭・出雲等でも刀狩りが実施されている。「関白殿御分国武具サライ御座候」（「荘厳講記録」）を信じれば、秀吉に服属した大名領も含め、秀吉の勢力範囲全域で実施されたことになる。

この当時、加賀国は北二郡（河北・石川）を前田利《とし》家《いえ》、南二郡（能美・江沼）を溝口秀勝《みぞぐちひでかつ》が領していた。両者ともに刀狩令を交付されていないが、前田領では十一月に刀狩りを実施した。四ヶ月間苦慮してようやく実施したが、加賀国は一向一揆の勢力が強く、簡単に刀狩りが実施できる地域ではなかった。そこで利家は妥協的に、「村々之長《おさ》百姓」から誓詞を徴収するにとどめたのである。

その一方、溝口領では八月には武具没収を完了した。能登・越中をも領し、後に五大老となる利家に対し、子飼い大名である溝口はすぐさま刀狩りを実施したのである。しかし、弓矢と鉄炮は一つもなく、刀・脇差の没収数も少ないとの注文が付いており、刀狩りの徹底度は疑問である。

五大老クラスの大大名では、さらにその様相が異なってくる。前述したように、前田利家は刀狩令に対応しようとした。肥前国を領する小早川隆景《こばやかわたかかげ》は刀狩令を交付されており、徹底度は不明だが刀狩りを実施したであろう。隆景の甥である毛利輝元《もうりてるもと》も刀狩りを実施し、武具を搭載した船が六隻にもなったという。秀吉の養子である宇喜多秀家《うきたひでいえ》については史料がないが、刀狩りを実施したと考えて良かろう。

いっぽう上杉景勝《かげかつ》は、奥羽仕置のさいに出羽国仙北郡で徹底的な刀狩りを実施しているが、天正十六年以降も含めて、その領内に刀狩りを実施した形跡はない。それは徳川家康も同様であるが、家康と景勝は咎められなかった。そのいっぽうで、島津氏は刀狩りの遅延を責められている。

このように、刀狩りが徹底的に実施されたのは、刀狩令が交付された地域である。反乱がおこった地域や新征服地域などを武装解除し、不穏な情勢を鎮めるのが主目的だったと思われる。その他の大名や地域では、積極的に刀狩令に対応するものもあれば、全く対応しない、あるいはできないものもあった。大名や地域の実情に応じて様々だったのである。

なお、刀狩りは秀吉の創意ではない。天正四年に柴田勝家《しばたかついえ》が、越前国で刀狩りを行っている。この時代の全体的な趨勢として、百姓の武具を没収する傾向にあり、秀吉はそれを集大成したのである。ただし、豊臣政権における刀狩りの徹底度は様々であったから、江戸時代の農村には多くの鉄砲が残されていた。それは隠し持っていたのではなく、害獣駆除という名目の下、合法的に許されていたのである。

従って、「一揆停止」という秀吉の意図通りに、百姓を完全に武装解除できたのではない。そのため武装解除は目的ではなかったという見解もある。しかし、秀吉は刀狩令と併行して喧嘩停止《ちょうじ》を命じ、百姓や農村同士が武具を使用して紛争に決着を付けることも禁じている。武装解除を意図していたが、結果は伴わなかったということであろう。

冒頭で述べたように、刀狩りには身分差を明確にする意図もあった。刀や脇指《わきざし》等の武具を公然と帯びることができるのは武士である。武士以外で田畠を耕すのが百姓、耕さないのが町人である。百姓・町人のうち、領主によって特別に許された者のみが刀・脇指を公然と帯びることができる。また、中間《ちゅうげん》・小者《こもの》などの武家奉公人となった者は、その期間のみ刀・脇指を帯びることができる。このように、刀や脇指は武具であるとともに身分の表象でもあり、身分ごとにはたすべき役割が定められた。刀狩令の「百姓は農具さえ持って農耕に専念すれば、子々孫々まで長久である」という刀狩令の文言は、秀吉の本音であり、願望でもあると言えよう。

●参考文献
藤木久志『豊臣平和令と戦国社会』(東京大学出版会、一九八五年)
竹間芳明「北陸の刀狩」(『地方史研究』二八六、二〇〇〇年)
藤木久志『刀狩り』(岩波書店、二〇〇五年)
山本博文『天下人の一級史料』(柏書房、二〇〇九年)
山本博文「刀狩令に見る秀吉法令の本質」(山本博文・堀新・曽根勇二編『消された秀吉の真実』、柏書房、二〇一一年)

7 秀吉と女性

女性には多様な役割が求められる。戦国期は、①家と家をつなぐ「血」を結びつける「妻」、②家政のみならず政治家や社長の妻のように夫の事業を補完する「秘書」、③子をなし家を残してゆく「母」、の三つである。この角度から見た時、正室が②の役割に特化し、側室の一人が①と③、やがて②どころか事業の代表者を兼ねることになる。豊臣家の二人の女性は、一代で栄え、二代で滅亡したこの劇的な政権の象徴のような存在でもあり、そこに後世、「賢夫人」や「悪女」というイメージの付与も絶えない事情が見えてくる。

7 秀吉と女性

実像編

▼堀　智博（共立女子大学非常勤講師）

秀吉の妻妾として著名な『ねね』と『淀《よど》』、二人の関係性について従来は、対照的な性格ゆえに根深い確執があったものと見做《な》してきた。しかし、近年の研究成果に基づけば、実際には大坂合戦の始まる直前まで、二人は豊臣家存続のために協力関係にあったことが指摘されており、これまでの二項対立的な理解は克服されつつある。本章では、二人の生涯を辿りつつ、その実像に迫りたい。

はじめに

英雄色を好む、とは古今東西の偉人を語る上でよく聞く逸話であるが、豊臣秀吉もまた例外ではなく、百名以上の妻妾《さいしょう》が存在していたと伝わる。彼女たち妻妾の間には確固たる序列があり、その頂点に位置付けられていたのが『ねね』と『淀《よど》』である。このうちねねと言えば、秀吉と若い頃から苦楽を共にした糟糠の妻として賞賛されることが多いが、一方の淀については、秀吉の寵愛を傘に着て権力をほしいままに操り、挙句豊臣家を滅ぼした悪女として非難されがちである。両者の関係性について、かつての研究は、右に見る二人の対照的な性格を踏まえて、深い確執があったと見做していた。しかしながら、これまで語られてきた人物像については、江戸時代になってから創作された部分が多いことが指摘されており、こうした二項対立的な図式は、近年では克服されつつある。そこで本章では、最新の研究成果を元に、秀吉の二人の妻妾たちの実像を明らかにしていくことを目的とする。

ねねの実像

まずはねねの前半生を辿る。なお、ねねの呼称についてはさまざまな呼名が伝わっているが、同時代史料を確認すると、夫である秀吉は「ねゝ」と記しているので、実名は「ねね」であったと考えられる（本書コラム「北政所の実名」）。そこで本章では「ねね」を統一して使用することとする。

ねねは尾張国旭村の住人杉原定利と母朝日の間に次女として生まれた。生まれ年については諸説あるが、今のところ天文十一年（一五四二）に生まれたとする説が有力である。ねねが、生涯の伴侶となる秀吉といつ頃・どのようにして出会ったのか定かではないが、『木下《きのした》家譜《かふ》』に基づけば、永禄四年（一五六一）、ねねが十九歳の時に祝言を挙げたとされる。後に天下人となる秀吉も、この当時は二十四歳の若者で、未だ一介の足軽に過ぎなかった。ねねの母朝日は、とりわけ秀吉の出自が卑賤であることを理由して、二人の結婚に猛反対し、生涯これを許すことはなかったと言う（『平姓杉原氏御系図附言』）。仕方なくねねは杉原家を出て、叔母の嫁ぎ先である浅野家に養子縁組させて貰い、ようやく結婚に漕ぎ着けることが出来たとされる。

その後秀吉は順調に出世を重ね、天正元年（一五七三）八月に、織田信長より近江浅井《あざい》長政《ながまさ》の旧領湖北三郡とその拠点小谷城《おだにじょう》（滋賀県長浜市湖北町）を与えられて、念願の大名となった。この頃からねねの動向が同時代史料で辿れるようになる。このうち天正四年に出されたと思しき藤吉郎女共（ねね）宛て信長消息は、当時のねねの立場と心情を知る上で欠かすことの出来ない貴重な史料である（『土橋嘉兵衛氏所蔵文書』）。

信長はまず、冒頭部分において見事な贈り物を携えて安土に来訪してきたねねに対する謝礼を述べ、さらにねねの容貌が、以前に会った時より十倍も二十倍も美しくなったと褒め称えている。このように信長がねねのことをやや過剰に賞賛する理由は、文中「悋気《りんき》（嫉妬）するのはよくない」とある通り、夫の女性問題に憤慨するねねを宥《なだ》めるためであった。この頃、側室とみられる女性の存在が秀吉の周囲に見え隠れしている（『竹生島《ちくぶしま》奉加帳《ほうがちょう》』）。側室を迎えるだけならまだしも、秀吉は妻としての不足を常々ねねに詰っていたようで、これに耐え兼ねたねねは主君の信長の元へ訴えると言う強硬手段に出たようだ。そこで信長はねねの意を汲み、『お前のような禿げネズミは二度とねねのような良妻には巡り合えない（だから大事にしろ）』と叱責する記述を盛り込み、この消息を秀吉に必ずや見せるようにと、わざわざ『天下布武《てんかふぶ》』印を押してまで念押ししている。後日ねねからこの消息を突き付けられた秀吉は、さぞや震え上がったに違いない。その他、信長はねねに対して正妻としてのあるべき姿を訓戒しており、ここから、ねねが夫の不在時には一家を代表する責任ある立場に立っていたことが窺える。

その後天正十年に本能寺の変が勃発すると、秀吉は信長亡き後の天下統一事業を継承し、幾度の戦争に勝利することで、同十八年には豊臣政権が誕生する。この間にねねの果たすべき役割も、単に夫の留守を預かるにとどまらず広範に拡大し、いよいよその政治的重要性が増してくることになった（田端泰子『北政所寧――大坂の事は、ことの葉もなし』）。以下、具体的にねねの職務内容をみていく。

職務の一つめとして、朝廷・寺社に対する外交がある。全国統一事業と並行して秀吉は、朝廷・寺社勢力との本格的な折衝を開始している。秀吉は彼らの所領を安堵し生活基盤を整えてやる一方、時に威圧的な態度を示すことで、両勢力を政権下に組み込んでいった。ねねはこのような秀吉の交渉の裏側で、日常的に贈り物と挨拶を繰り返し、彼らと良好な関係を構築することで、秀吉による朝廷・寺社統制策を支えていたのである。

二つめとして、人質の管理がある。秀吉は攻略した地域の大名達から人質（大名の妻子や重臣）を取り、大坂や京都に屋敷を作らせて、そこに人質を置くという政策を採用した。こうした人質に対して日常気遣いを見せ、物の遣り取りなどを行っていた人物こそねねであった。秀吉死後徳川方をはじめ諸大名がねねと親しく交際を続けた理由の一つに、人質時代に、ねねから手厚い保護を受けていたことが挙げられよう。

三つめとして、戦争遂行のための後方支援策がある。天正二十年三月二十三日付けで秀吉はねねに対し、大坂城南東部に平野・天王寺など商業都市を含む一万一石七斗の領知を宛行《あてが》っている（『木下家文書』）。当該期、自らの妻に所領を宛行う事例は他に類例がない。この背景には、天正二十年当時、秀吉が『唐入り』の実現に向けた動きを本格化させていたことがある。国内における軍備の拡充が急務であり、その一環として秀吉は、大坂城と『唐入り』の前線基地である肥前名護屋城《なごやじょう》（佐賀県唐津市鎮西町）を繋ぐ航路の整備に注力していた。同年八月付の秀吉朱印状によれば、大坂から名護屋までの継船は、京都の豊臣秀次か、大坂城の留守居を担うねねの指示に従って使用すべきことが定められている（『佐甲家文書』）。このように秀吉は、信頼するねねに大坂城に留まらず、大坂の商業都市をも預けることで、右航路を利用した軍事物資輸送の円滑化をより一層進めようとしたのだろう。なお、ねねは秀吉から与えられた右の所領を元手に、資金運用も行っていたようで、大名への貸付金証文が今に残されている（『木下家文書』）。

以上の如く秀吉の全国統一事業の裏方として、ねねは欠くことのできない貴重な存在となっていた。また、こうした職務を通じてねねは幅広い人脈と権力基盤を構築し、その結果秀吉亡き後も、変わらず政治的影響力を発揮することが出来たのである。

『淀』の実像

続いて、淀の前半生を取り上げる。なお、淀についても時期により様々な呼称が使用されているが、彼女の実名は「茶々」である。一般に知られる「淀殿」は、淀の死後江戸時代に成立した呼称であり、本来ならこれを避けて「茶々」を統一して使用すべきであるものの、現段階で定着している呼称は「淀殿」であるため、ひとまず本章「第7章　秀吉と女性」においては敬称を略した『淀《よど》』を統一して使用し、他の章では「淀殿」とすることをお断りしておきたい。

また淀の生年も諸説あるが、現在では『義演准后日記《ぎえんじゅごうにっき》』の記述に基づき永禄十二年（一五六九）に生まれたとする説が有力である。父は近江小谷城主の浅井長政、母は信長の妹市《いち》である。浅井夫妻は政略結婚であったものの、夫婦仲は良く、淀の他、初・江の三女が間を置かず生まれている。淀は小谷城内で平穏な日々を過ごしていたが、しかし長くは持たなかった。父長政は義兄の信長と決裂し、やがて天正元年（一五七三）九月一日、小谷城が信長軍勢の総攻撃に遭い、長政は敢え無く自刃を遂げた。淀四歳の時である。小谷落城間際に助け出された市と三人の娘たちは、その後信長の弟で伊勢国上野城主の信包《のぶかね》の監督下でその身柄を保護されていたが（『総《そう》見記《けんき》』・『浅井三代記《あざいさんだいき》』）、やがて天正十年に本能寺の変が勃発し、信長が道半ばで横死すると、淀を巡る状況はまたも一変する。同年六月二十七日には、織田家の宿老《しゅくろう》衆が集い、信長の後継者や形見分けの内容が話し合われた（清須会議）。市の処遇についてはこの会議の直前に、信長の三男である織田信孝《のぶたか》の斡旋により織田家重臣の柴田勝家《しばたかついえ》の元に嫁ぐことが決定し、市とその娘たちは同年八月より勝家の居城である越前国北庄城《きたのしょうじょう》（福井県福井市中央一丁目）へと移動した。しかしここでも落ち着く間はなく、今度は勝家と秀吉が、信長亡き後の天下をめぐって覇権を争い（賤ヶ岳《しずがたけ》の戦い）、その結果、市一行は北庄に移り住んでからわずか五ヶ月目で再び落城の憂き目に遭っている。北庄落城寸前に、勝家は市に対し秀吉方に投降するよう促したものの、市はこれを拒絶し勝家と共に果てた（『太閤記』）。残された娘たちのその後について、正確な年月は不明なものの、淀が秀吉の元へ、初が京極高次《きょうごくたかつぐ》の元へ、江が豊臣秀勝《とよとみひでかつ》（秀吉の養子）の元へとそれぞれ嫁いでいった。戦国期を生きる女性の宿命として、淀には夫を選ぶ権利がないとは言え、秀吉とは三十二歳も年齢が離れている上、何より親の仇《かたき》と夫婦の契りを交わすことには、心中穏やかならざるものがあったに違いない。なお、秀吉が淀を見染めた理由として、母親である市譲りの美貌に惹かれたためであるとする俗説があるが、実際には秀吉は、淀が織田家の血筋であることに価値を見出していたに過ぎない。秀吉は、大恩ある織田家を蔑ろにして天下を簒奪《さんだつ》した、と世間から非難されることがないよう、織田一族を数多く豊臣家中に編成し厚遇した（小川雄「信長は、秀吉をどのように重用したのか」・和田裕弘「織田家の人びとと大坂の陣」）。このような思惑から、秀吉は淀を妻妾として迎え入れたのである。

　豊臣家に嫁いだ当初の淀について語る史料は何も残されていない。このことは当時の淀が秀吉にとって特別な存在ではなく、数居る妻妾の一人に過ぎなかったことを示している。淀の動向が具体的に明らかになるのは、天正十七年からである。この年正月秀吉は、淀古城（京都府京都市伏見区納所北城堀）を、信頼する弟の豊臣秀長を普請奉行《ふしんぶぎょう》に任命して修築させ、ここを淀の産所とした（『多聞院日記《たもんいんにっき》』）。その後同年五月二十七日に男児鶴松《つるまつ》（拾）を出産している。これが『淀』と呼ばれる所以である。但し、淀は出産後間もなく大坂城に移動したため、実際に淀城に滞在した期間は一年に満たない。

鶴松を産んだことを契機に、淀は「御台所《みだいどころ》」と呼称されるようになり、単なる愛妾の立場を脱し、正妻の地位に准ずるようになったと評価されている。ただし、たとえ子をなしても、公式行事等を通してみる淀の地位は、ねねに次ぐ第二位に留まる（『駒井日記《こまいにっき》』など）。加えて、ねねほどの広範な職務も淀には確認出来ず、その活動は専ら戦陣（小田原・肥前名護屋）における秀吉への随身と、自身の子供の養育の場面に限られており、両者の果たす役割には相当な開きがあったと言えよう。

ところで、鶴松をめぐっては、ねねと淀、いずれが養育権を握っていたのか古くから議論があるところだが、実のところ前近代の武家社会においては正妻も生母も子育てには基本的に関与せず、乳母がその実務を担当するのが習わしであった。このように子と母を分離させた理由は、母が自ら子を育てると、母子の情が生じてしまい、一人前の武士が育てられないと考えられていたからである（福田千鶴『豊臣秀頼』）。また、秀吉は淀とねねを合わせて「二人のかかさま」と呼んでおり、子のある・なしで両者の間に亀裂が生じないよう、いずれも鶴松の母として平等に処遇していたことが分かる。この点は次子秀頼《ひでより》が誕生した際にも順守されており、そのため、鶴松・あるいは次子の秀頼の誕生をめぐって、ねねと淀の間に深刻な対立は生じていなかったと言えるだろう。

こうして鶴松は父と二人の母に愛されて、立派に成人することが期待されていたが、天正十九年八月八日に、わずか三歳で亡くなってしまう。鶴松を失った秀吉は、もはや子をなすことは叶わないと考え、甥の秀次を後継者に指名し、自身はその後援にあたりつつ、『唐入り』の本格的な準備に取り掛かった。ところが、文禄元年（一五九二）の暮れに、秀吉に従軍して肥前名護屋城に居た淀が再び懐妊する（福田千鶴『淀殿―われ太閤の妻となりて』・跡部信「秀頼は実子でなかったのか？」）。この事態を受けて翌文禄二年五月二十二日付けで秀吉はねねに宛てて「めでたいことだが、自分の子供は欲しくないからそのように心得よ。太閤の子は鶴松のみであったが亡くなってしまった。今度生まれる子は茶々ひとりの子にしたら良いではないか」と書き綴っている（『名護屋城博物館所蔵文書』）。この書状については近年、秀吉が、秀頼を自身の子ではなく、淀が別の男性との間に子を成したことを暗示している、とする新たな解釈が提示されて注目を集めているが（服部英雄『河原ノ者・非人・秀吉』）、この見解には従い難い。この書状において秀吉が意図するところは、子のいないねねに対して、他の妻妾との間に子が再び出来たことを報告するに際し、『自分の子はもはや欲しくない』とあえて本心を押さえて、気遣いを示していることにある。その上で、今度生まれてくる子は、天下人の後継者として余計な期待を掛けることなく、実母のもとでただ健やかに育ててやればよいと提案しているのである。この提案通り、文禄二年八月三日に、秀吉の第二児秀頼（捨）が誕生すると、秀頼は武家社会の規範に反して、生母淀の元で養育されることになった（福田千鶴『豊臣秀頼』）。秀吉書状によれば、淀の乳が足りていないかを心配する手紙を複数したためており（『森文書』・『大橋文書』）、淀が自身の母乳で秀頼を育てていたことが窺える。

以上の如く、本節では淀の前半生を辿ってきたが、淀の活動は子育てなど奥向きの業務の範疇に留まり、淀が表舞台に立ち、恣意的に秀吉政治に介入した、という事例は一つとして確認出来ない。したがって、秀吉生前期における淀の権力実態については、過大な評価は慎むべきであろう。

秀吉死後のねねと淀

以上において、ねねと淀の前半生について概観して来たが、秀吉生前期において、両者の間に決定的な対立事由を見出すことは出来なかった。それでは慶長三年（一五九八）八月に秀吉が亡くなった後、二人の関係には何かしらの亀裂が生じたのだろうか。本節では二人の後半生を辿る。

まずはねねについて。慶長四年九月に徳川家康が秀頼の後見人を称し大坂城に乗り込んでくると、ねねは城内二の丸御殿を譲り渡し、自身は京都へと居を移した。その後慶長八年にねねは出家して高台院《こうだいいん》と名乗る。出家してからのねねは、一般に、政治とは無関係の、ひたすら夫の菩提を弔う禅床三昧の日々であったとされる。しかし、近年の研究成果に基づけば、秀吉死後もねねの存在は霞むことはなく、しばしば政治的影響力を行使していたと言う（跡部信『豊臣政権の権力構造と天皇』）。実際、この時期のねねについては頗《すこぶ》る誤解が多く、たとえば、ねねの京都における居住地もその一つである。先の禅床三昧のイメージと相俟って、ねねは高台寺（亡き夫の菩提を弔うべく、慶長十一年にねねが建立）に隠遁していたと思われがちだが、実際には京都新城（京都府京都市京都御苑）と呼ばれる城郭にあった。この京都新城は天皇が住まう禁裏御所《きんりごしょ》に隣接しており、ねねはこの城を拠点に、天皇・公家衆と、以前と変わらぬ交際を続けている。ねねはこれら交際の中で様々な口利きを依頼されており、たとえば口利きの中には、徳川方に捕縛された犯罪人の釈放など、家康の意にそぐわないものも含まれていたが、ねねにはそれを実現させだけの政治力が備わっていたのである。しかもねねは、個人としてではなく、豊臣家を代表する立場としてこれら活動に従事しており、ねねのこうした尽力により、豊臣家は朝廷との密接な関係が続き、他の一般大名とは異なる特別な立場を保持し得たのである。大坂城に残った淀も、ねねのこうした活動を承認しており、そのためにねねに対して、金銭的支援を惜しまなかった（『慶長日件録《けいちょうにっけんろく》』）。このようにねねと淀は秀吉死後、たとえ居住地を別にしようとも全くの没交渉であったわけではなく、豊臣家存続に関わって互いに連絡を取り続けていたのである。なお、右に見るねねの活動をより積極的に評価して、ねねが秀吉の生前の意向に基づき、豊臣家存続のための戦略的見地（大坂―京都における分業体制）から、あえて大坂城を離れ、京都に移り住んだのだとする見解も提出されており、傾聴に値しよう。

ねねと淀の連携は右の事例だけに留まらない（跡部信『豊臣政権の権力構造と天皇』）。慶長五年の関ヶ原合戦においては、より具体的に二人の協力し合う姿が確認出来る。同年九月三日から、石田三成《みつなり》方の諸将約一五〇〇〇が、家康と通じた京極高次《きょうごくたかつぐ》勢三〇〇〇が籠る近江大津城《おおつじょう》（滋賀県大津市浜大津）の攻囲を開始した。圧倒的な劣勢にもかかわらず、城兵は果敢に応戦し、結局関ヶ原本戦が始まる前日の九月十四日に至って高次はようやく降伏する。高次が最終的に降伏を受け入れた背景には、ねねと淀、双方からの降伏受諾の要請が存在した。当時大津城内には秀吉の妻妾の一人で、淀の従姉でもある松の丸が留まっており、一刻も早く救出する必要があった。

そこでまずはねねから単独で孝蔵主《こうぞうす》という侍女を使者として派遣したものの、高次は降伏に頑として応じなかった。そこで二度目に、淀側からも饗庭局・木食上人応其《もくじきしょうにんおうご》を派遣して貰うことでようやく高次も得心し、結果、松の丸を無事救い出すことが出来たのである（『時慶記《ときよしき》』）。このように停戦に向けて即座に協力がなし得た理由は、両者の間に日常的な遣り取りが存在したためであった。

右のような淀との親密な関係を見込んで、家康はねねに対し、大坂方への様々な仲介を乞うている。慶長十年五月には家康は、ねねを介して、息子秀忠《ひでただ》の征夷大将軍就任に伴い、秀頼方へ挨拶の上洛を求めたが、結果的にこの時のねねの仲介は失敗に終わった。淀はこの要求を呑むくらいならば、自分は秀頼と共に自害を遂げると断固拒絶したのである（『当代記』）。家康は一応挨拶を名目としてはいるが、これが秀頼に対する臣従要求であることは明白である。ねねも家康の意向を取り次いでいることから、豊臣家の存続のためには臣従《しんじゅう》も仕方なしと認めていたことがわかる。こうして、ねねと淀の路線対立がついに表面化したわけだが、しかしながらこの時点を以て、両者が全く決裂したと断定すべきではない。と言うのも、その後もねねは徳川方の意向を大坂方に取り次いでいることが確認出来、たとえば慶長十二年に、北野天満宮修繕の費用負担を、京都所司代の板倉重勝《いたくらしげかつ》に請われて淀に願い出たところ、問題なく受け入れられたという経緯がある。このようにねねの発言を拒絶することもあったが、だからと言って関係が全く途切れてしまうわけではなく、淀側も徳川方との交渉の窓口として、以降もねねの存在を重視していたのである。その後慶長十九年十月一日に至って、徳川・豊臣方の関係が拗《こじ》れ、開戦が避けられない状況となるや、ねねは単身大坂城へと向かっている。結局途中の鳥羽で幕府方に抑留されたようで、ねねはあえなく自邸に引き返しているが（『時慶記』）、これまでの経緯を踏まえれば、この時ねねは和平を模索して、徳川方への降伏を淀に促そうとしていた可能性があるだろう。

それから約一ヶ月後の同年十一月に、ねねの願いもむなしく、大坂冬の陣が開幕すると、ねねの元に、かつて賤ヶ岳七本鑓《しちほんやり》の一人として秀吉の下で活躍した平野長泰《ひらのながやす》が浅野長晟《あさのながあきら》を介して接触を図っている。長奏の息子の長勝《ながかつ》は、豊臣方として大坂籠城戦に参加しており、息子の身を案じた長奏は、ねねに頼んで息子の奪還を依頼してきたのである。これに対しねねは「はや大坂へ之通路無之候」と答えており、この時点でもはや大坂城内との繋がりが絶たれたことをむなしく吐露している（『浅野家文書』）。しかし、このようなねねの発言とは裏腹に、周囲の人間は、大坂城との繋がりをねねが未だ保持しており、やがて関ヶ原合戦時のように、淀と連携して和睦に奔走するに違いないと見做《みな》していた。そのため、家康は、大坂夏の陣においてはねねの甥である木下利房が願い出たにもかかわらず従軍を許さず、代わりに、ねねを大坂へ越させないよう監視を命じたとされる（『譜牒餘録《ふちょうよろく》』）。事実はさておき、家康にとって、ねねは依然として大坂城への影響力を持つ警戒に値する対象だったと言えよう。

最後に秀吉死後の淀の後半生についても触れておく。慶長四年一月十日に、秀頼は秀吉の遺命に従い、伏見城から大坂城へと移っている（『言経卿記《ときつねきょうき》』）。当時秀頼は未だ七歳と幼く、淀が秀頼の後見人として傍近くに侍り、代わりにねねは亡き夫の弔いを名目に京都へと居を移した。こうして淀は、これまで経験したことのない、政治の表舞台に足を踏み入れていくことになる。たとえば、秀吉死後の豊臣政権の政策の一つに、全国各地における寺社修造があり、名目上これらは秀頼の名のもとに進められていたものの、実質主導していたのは淀であった。こうした積み重ねが、やがて「大坂の様体、軍陣の体、万事母儀（淀）指出たまい、これによって諸卒色を失う」（『当代記』）とする、末期的な状況へと繋がっていくが、この責めを一人淀だけに負わすべきではない。秀吉死後の豊臣家中は慢性的な人材不足に陥っており、その結果、淀―秀頼母子に連なるごく少数の私的人脈で豊臣家政を運営するようになっていた。中でも淀と血縁関係にある織田氏一族の立場が相対的に浮上し、ここにきて俄かに脚光を浴びるようになったのである。先に触れた通り、秀吉は天下の簒奪者としての汚名を振り払うべく、織田一族を積極的に家中に取り込んでいた。慶長年間当時、豊臣家中では信長の兄弟の織田信包と織田長益《ながます》、信長の子供では織田信雄《のぶかつ》が未だ存命であり、大坂城内において、彼らの存在が、淀の発言を後押ししたであろうことは想像に難くない。こうして淀は豊臣家の代表として、家康と堂々と対峙したが、圧倒的な実力差の前に、慶長二十年五月八日に大坂落城と共に命を落とした。なお、淀と言えば、「烈婦烈女」として強い女性像が語られることが多いが、実際には、慣れない政治の重圧から、食欲不振・不眠症を慢性的に患っており、医師の曲直瀬道三《まなせどうさん》に薬を処方して貰っていたことが知られる（『玄朔道三配剤録』）。このように病苦に耐えつつも、秀頼のため、ひいては豊臣家存続のために力を振り絞っていたことは、淀の実像として留意しておくべきであろう。

おわりに

以上本章では、近年の研究成果を元に、秀吉の妻妾であるねねと淀の生涯を辿ってきた。元来、対抗関係にあったと思われがちな二人だが、実際のところ豊臣家存続のために秀吉死後も両者は長らく連携していたことが窺え、その基調は協力・協調関係にあったと改めるべきであ

郵便はがき

料金受取人払郵便

神田局
承認

2842

差出有効期間
平成30年2月
5日まで

101-8791

504

東京都千代田区猿楽町 2-2-3

笠間書院 営業部 行

■ 注文書 ■

◎お近くに書店がない場合はこのハガキをご利用下さい。送料380円にてお送りいたします。

書名　　　　冊数

書名　　　　冊数

書名　　　　冊数

お名前

ご住所　〒

お電話

読　者　は　が　き

●これからのより良い本作りのためにご感想・ご希望などお聞かせ下さい。
●また小社刊行物の資料請求にお使い下さい。

この本の書名＿＿＿＿＿＿＿＿＿＿＿＿＿＿＿＿＿＿＿＿

本はがきのご感想は、お名前をのぞき新聞広告や帯などでご紹介させていただくことがあります。ご了承ください。

■本書を何でお知りになりましたか（複数回答可）

1. 書店で見て　2. 広告を見て（媒体名　　　　　　　　）
3. 雑誌で見て（媒体名　　　　　　　　）
4. インターネットで見て（サイト名　　　　　　　　）
5. 小社目録等で見て　6. 知人から聞いて　7. その他（　　　　　　　　）

■小社PR誌『リポート笠間』（年2回刊・無料）をお送りしますか

はい　・　いいえ

◎上記にはいとお答えいただいた方のみご記入下さい。

お名前

ご住所　〒

お電話

ご提供いただいた情報は、個人情報を含まない統計的な資料を作成するためにのみ利用させていただきます。個人情報はその目的以外では利用いたしません。

ろう。このように、二人の立場とその役割については近年ようやく再検討が始まったばかりだが、実はその他の秀吉の妻妾たちについては、役割どころか、人名さえも確定できないものが多く課題は山積している。今後はこうした基礎的事項をも明らかにしつつ、秀吉が営んだ奥（後宮）の全容解明が期待される。

●参考文献

内田九州男「北政所・高台院の所領について」（『ねねと木下家文書』山陽新聞社、一九八二年）

田端泰子「『大阪冬・夏の陣』に収斂する淀殿の役割」（『女性歴史文化研究所紀要』一一、二〇〇三年）

田端泰子『北政所寧―大坂の事は、ことの葉もなし』（ミネルヴァ書房、二〇〇七年）

福田千鶴『淀殿―われ太閤の妻となりて』（ミネルヴァ書房、二〇〇七年）

服部英雄『河原ノ者・非人・秀吉』（山川出版社、二〇一二年）

跡部信「秀頼は実子でなかったのか？」（『本郷』一一三、二〇一四年）

小川雄「信長は、秀吉をどのように重用したのか」（日本史史料研究会編『信長研究の最前線―ここまでわかった「革新者」の実像』洋泉社、二〇一四年）

福田千鶴『豊臣秀頼』（吉川弘文館、二〇一四年）

和田裕弘「織田家の人びとと大坂の陣」（歴史読本編集部編『ここまでわかった！大坂の陣と豊臣秀頼』新人物文庫、二〇一五年）

跡部信『豊臣政権の権力構造と天皇』（戎光祥出版、二〇一六年）

7 秀吉と女性

虚像編

▼網野可苗（上智大学大学院）

希代の悪女――淀はそのイメージからか、秀吉を取り巻く女性たちのなかでも、とりわけ派手に描かれることが多い。しかし最近では淀を再評価する動きもでてきている。淀の悪女像が虚像であるとすれば、はたしてそれはどのように作り上げられたのであろうか。そしてそれはなぜ淀でなくてはならなかったのか。本章では秀吉の愛した女性のうち、波乱の人生を歩んだ淀に焦点をあてる。その虚像に迫っていくと、悪女像の展開の裏には、従来言われてきた徳川を正当化する動き（徳川史観）の存在だけではなく、豊臣贔屓《びいき》の風潮と、いつの世にもいたらしいゴシップ好きな民衆の姿が見えてくるのである。

悲劇のヒロインにはなれなかった女性

淀《よど》は浅井《あざい》長政《ながまさ》と織田信長妹市《いち》との間に生まれた、三姉妹の長女である。市の後夫・柴田《しばた》勝家《かついえ》の敵である秀吉に、別妻の一人として迎えられ、他の秀吉の妻が子をなさぬ中、彼女だけが二子（鶴松《つるまつ》、秀頼《ひでより》）に恵まれた。秀吉逝去後は秀頼と共に豊臣家の天下を守ろうとするが、大坂の陣で徳川方に敗れ、秀頼らと共に自害し、その波乱の生涯を閉じた。

　彼女の具体的な悪女像の形成をみていく前に、その呼称について触れておきたい。「淀」とは、秀吉との第一子・鶴松の産所としてあてがわれた淀古城に由来し、「淀君《よどぎみ》」「淀殿《よどどの》」などと目にすることが多いが、「君」が蔑称であるとして、今日一般的に「淀殿」を採るむきがある。ただ、近世期に限って言えば、「淀君」という呼称がただちに蔑称であると判断することは難しいだろう。それは、近世文学における淀の呼称が「淀君」のみならず「淀殿」「淀の方」などと非常に流動的であるためで、さらに同一作品中にも揺れが見られるなど、その呼称に特段注意が払われていたとは考えがたいからである。また、淀と同じ別妻であったにもかかわらず、後世批判されることのほとんどない京極龍子《きょうごくたつこ》（松の丸）に対して、『絵本太閤記』などが「松の丸君」としていることも、少なくとも近世文学上、「淀君」という呼称が蔑視と直結しないことを示すように思われる。このように見解の分かれる呼称の問題ではあるが、本章はその是非を問うものではないため、ひとまず敬称を除き、彼女を「淀」と呼ぶことにしたい。

「我は信長の姪、浅井の娘なり」とは『大坂物語』における淀の台詞だが、こう堂々と言ってのけられる程には、淀は筋目正しい家の出である。そのようなお姫様が、幼い頃に二度の落城を経験し、親の敵の別妻となり子をもうけ、豊臣の家と共に滅ぶという、波乱の人生を送ったのだから、悲劇のヒロインとしての素質は十分にあると言ってよい。それにもかかわらず、なぜ、彼女の悪女像は広く現代まで定着してしまったのだろうか。

徳川史観の被害者

淀の悪女像の萌芽は、徳川史観下に見出される。徳川史観とは、徳川家を正当化・絶対化する、一種の情報操作のことである。徳川に正義のあったことを主張するため、ことに豊臣側は悪とされ、貶められたのである。

徳川史観下に成った文学作品のうちで早いものに、慶長二十年（一六一五）に出版された仮名草子『大坂物語』がある。大坂冬の陣（上巻）と夏の陣（下巻）を扱った作品で、上巻が冬の陣終息後一ヶ月程で出版されていることから、徳川側の正当性を説くという、印刷物による政治的宣伝の効果を狙ったものとも言われている。

実際に『大坂物語』の記述を見ていくと、そこで語られているのは豊臣滅亡の道理であることがわかる。すなわち大坂の陣は、淀と秀頼が、両御所（家康・秀忠《ひでただ》）の慈悲深い（とされる）提案や、大《おお》野《の》治長《はるなが》ら豊臣側の側近の諫言《かんげん》があったにもかかわらず、それらを退け、完全に時流を見誤った行動をとったことによって引き起こされた、と。殊に淀は、彼女の教育方針の誤りが秀頼の素養のなさを生んでしまったのだと、その根本的な原因を押し付けられてもいる。このように、『大坂物語』は、豊臣滅亡は淀と秀頼という豊臣側の人間に原因があったと説き、加えて秀吉生前の悪政の報いでもあった、まさに「生者必滅の習ひ」「盛者必衰の理《ことわ》り」の出来事であると結論付ける。一方、淀の「悪女」としての描写はほとんどなく、秀頼を溺愛するがゆえに道（身の振り方）を誤る毒親、さらに潔さを欠いた武家の女性らしからぬ悪妻として描かれるに留まる。

しかしこの作中で説かれる淀の「女心の浅ましさ」は、豊臣を貶めるという徳川史観に利用され、その後、さらにエスカレートしていく悪女像の萌芽となったことは確かである。『大坂物語』から五十年ほど後に成った軍記『難波戦記』（寛文十二年〈一六七二〉以前成立）をはじめとする徳川贔屓の作品が描き出す淀の悪女像は、「萌芽」から見事に花開いたと言える。たとえば『難波戦記』の流れを汲む実録『浪速秘事録』における淀は、前田利長《としなが》や方広寺の鐘銘文を書いた清韓《せいかん》長老とも通じた「大淫好色、恥を知らざる婦人」にまで成り下がるのである。

つまり、徳川史観下において徳川方の正当性の主張と共になされた、「豊臣方を貶める」という行為こそが、文学作品における淀の悪女像形成の発端であると言えよう。その中でも、殊に大坂の陣は、豊臣家の滅亡と徳川時代の幕開けを象徴する、まさに徳川史観を打ち出すためにはうってつけの出来事であり、その大坂の陣で散った淀は恰好の材料であった。

事件の黒幕には淀

豊臣滅亡の責任を負わされた淀は、大坂の陣以外の様々な事件においても、その黒幕であったかのように描かれていく。その一例が秀次事件である。

近世前期成立と目される『豊内記《ほうないき》』は別名『秀頼事記《ひでよりじき》』というように、秀頼と大坂の陣を中心に記した作品であるが、このうちに「母北方夢想之事」として興味深い一節が存する。ある夜、母北方（淀）は、亡き関白秀次《ひでつぐ》が枕上に立ち、「自分だけでなく妻子らも卑賤の者に斬首され、辱められた恨みは晴れることがない。今後は秀頼を恨んでやる」と言って涙を流した夢をみたという。

秀次事件とは、秀吉の養子である関白秀次が謀叛の疑いありとして文禄四年（一五九五）切腹を命じられ、さらに秀次関係者の女子供までが三条河原で惨殺された、一連の衝撃的な事件を指す（11章参照）。『豊内記』は、秀次事件の背景には石田三成の讒言《ざんげん》があったとしながらも、その一方で、秀次の亡霊が淀の枕上に立って恨み言をしたとする。なぜ淀なのか。秀次が淀や秀頼を恨んでいるという設定はすなわち、淀が事件に関係していたことを暗示しており、まさにこのような認識――秀頼の誕生によって、直前に関白となった養子秀次が邪魔になったことが事件の本当の原因だという、真偽を別とした――が、人々の間にあったことをうかがわせるのである。

その認識が説得力を持った背景の一つには、おそらく『大坂物語』などに見える息子・秀頼への溺愛ぶりがあったであろう。愛息を守るために何でもするという淀像が、ここにきて秀次事件の黒幕へと淀自身を押し上げていくのである。

秀次事件の原因に加えられた淀は、最終的にはその首謀者とまで描かれるに至る。近世中期に刊行された読本『絵本太閤記』などには、秀次の悪心により秀頼を失うことを恐れた淀が、腹心の部下であった三成を呼び寄せ、秀次を亡ぼす計画を立てる件《くだ》りがみえる。秀次事件の発端が、従来悪人扱いされていた三成ではなく、我が子かわいさが極まった淀にすり替わってしまった。

『絵本太閤記』には他にも、淀と三成が数々の事件の裏で暗躍していたとする記述がある。たとえば朝鮮出兵に関しても、沈惟敬《しんいけい》との和平交渉の裏には淀と三成の策略があったという。淀と同様に、徳川史観上、悪として扱われる三成であるが、淀とはもともと近江出身という共通点があり、腹心の部下であったと専ら記される。そのような淀と三成の近しさは、作中で二人をまとめて悪の根源とする記述を容易にさせ、淀の悪女像のますますの増長に一役買っていると言えよう。

さらに『絵本太閤記』を掘り下げて見てみよう。本作において、淀に関する最も衝撃的な記述と言えば、『絵本太閤記』終巻に配された「淀君行状」の、淀が蛇身となる話であろう。

太閤逝去後の様々な心配がたたり、その容色の翳りをみた淀は、永遠の美貌を求め、日蓮宗の僧日瞬の提案する金龍の法を採用する。それは、淀の内腿の肉片を、三股川の大蛇に与え、またその大蛇の肉片を持ち帰り、淀の内腿の傷口に合わせるという怪しげな方法であった。大蛇の肉片は淀の傷口にぴったりと癒合し、みるみるその容色は艶めいていった。しかしそれに

『絵本太閤記』七編巻十二・淀君行状（国文学研究資料館蔵）

とどまらず、淫心や嫉妬心も増していき、殊にその妬みの深さがいよいよ増すと、裂けた口から長い舌を出し、まさに蛇形に成り果ててしまった。その異形の様は半刻でおさまり、どれも妖蛇の仕業だと申し訳程度に記されるものの、永遠の若さを保ちたいという悪女的発想はもちろん、嫉妬の念に貫かれた女が蛇身となる文学史上の常套に則れば、蛇身への変化は、嫉妬深い淀のキャラクター造型を大いに反映していると見るべきであろう。

豊臣贔屓≠淀擁護

だが、ここで注意しなければならないのは、これほど徹底的に悪女として描ききった『絵本太閤記』が、徳川贔屓の作品ではないということである。秀吉の出世譚を描いた『絵本太閤記』はそもそも秀吉没後二百年を当て込んで出版されたと思しく、寛政九年（一七九七）から享和二年（一八〇二）にかけて刊行され、そのヒットを承けた浄瑠璃、近松柳・近松千葉軒『絵本太功記』（寛政十一年〈一七九九〉七月、大坂若太夫座初演）が作られるなど、大いに世間を賑わせたことは、当時の太閤人気をうかがわせる。その一方、多大な影響への懸念もあってか、文化元年（一八〇四）に幕府より出版停止を命じられ、一時期ではあるが禁書扱いを受けている。これらを勘案すれば、『絵本太閤記』がすなわち徳川史観に基づいて物されたとは考えがたい。

つまり、『絵本太閤記』は、豊臣を貶める目的を持たないにもかかわらず、悉く淀を悪女扱いしているのであり、むしろその悪女像の甚だしさが徳川史観下の作品以上であることは、先に挙げた蛇の憑依という展開が示していよう。言い換えれば、『絵本太閤記』が描き出したごとき淀の悪女像の出現は、「徳川史観」という要素だけでは説明がつかないのである。

ここで注目したいのが、閨門《けいもん》対立――ねねと淀による女の戦い――こそが豊臣滅亡の原因であるという見方の存在である。この主張は早く、堀麦水《ほりばくすい》（享保三年〈一七一六〉～天明三年〈一七八三〉）の手になる実録『慶長中外伝《けいちょうちゅうがいでん》』に見える。『慶長中外伝』の特徴は、あらゆる事件の背景に閨門対立を見出し、石田三成ですらこの対立に巻き込まれた被害者だと描く程に徹底された、その叙述の姿勢である。また、対立を象徴するエピソードとして今日でも有名な「黒百合事件」（佐々成政《さっさなりまさ》がねねに献上した黒百合をめぐって二人の対立が表面化し、彼女らの讒言の結果、成政が処罰されたという話）を載せる早いものとされ、もちろん今日では虚説と見做されている事件ではあるが、閨門対立を象徴的に描き出した点は十分に評価される。

この『慶長中外伝』の姿勢が『絵本太閤記』に生かされていることは既に金時徳によって指摘されるとおりで、実際に閨門対立が滅亡原因だとする記述は『絵本太閤記』に散見する。その上で『絵本太閤記』の独自性を挙げるならば、その対立に、さらに強い善悪のコントラストをつけ、より一層その対立が豊臣滅亡の原因だという観を読者に印象づけることに成功している点である。

『絵本太閤記』において善（ねね）と悪（淀）とが最も対照的に描かれるのは、前掲「淀君行状」と、それに続く「北廳行状」である。「北廳行状」ではねねの最期を「めでたかりける終焉」と評し、さらに高台寺に納められたねね像の立派な挿絵を掲げる。これは、直前の「淀君行状」における、蛇女の典型である鱗形文様の衣裳を身にまとい、蛇形をあらわした淀の挿絵とおのずと対比され、対照的な両者を読者に印象づける意図をうかがわせる。

『絵本太閤記』七編巻十二
北廳行状（国文学研究資料館蔵）

ではなぜこれほどまでに、『絵本太閤記』などで閨門対立が強調されていったのだろうか。もちろんその善悪対立という発想の根源を一つと見做すことは適切ではないだろう。正妻VS別妻という確執の常套的構図や、あるいは、『大坂物語』以下の徳川史観の下に形作られてきた大坂の陣における淀の責任問題と、それに連なる淀の悪女像もまた、複雑に絡み合っていよう。しかし殊に『絵本太閤記』などの太閤贔屓の作品においては、豊臣の天下が永く続かなかった理由に太閤以外の――二人の女の対立という原因を設定したのだと考えられよう。言い換えれば、太閤贔屓であるがゆえに、太閤秀吉以外の、豊臣滅亡の原因が必要なのである。そしてその対立の悪役は、豊臣に終止符を打った大坂の陣に深く関係した淀であり、彼女と対照的に早くに大坂城を出て、ひっそりとその身を高台寺に落ち着け、豊臣の菩提を弔い続けたねねこそが善役なのである。

徳川史観によって強調された豊臣側、特に淀の落ち度は、徳川史観下の作品以外にも受け継がれ、それが豊臣贔屓の作品であればあるほど、永く続くはずの豊臣の御代が閨門対立――とりわけ、糟糠《そうこう》の妻でもない、ただ子をなしたというだけの一人の女――によって断たれたという無念が、ますます淀を貶めていったのである。

このことは、豊臣贔屓の実録『厭蝕太平楽記《えんしょくたいへいらくき》』（近世中期成立）でさえ、淀には大野治長への「色欲の御寵愛」があったなどと、悪女としての淀像を全面に押し出し、それが豊臣滅亡の一つのきっかけとなったように描いていることからもうかがえる。もはや豊臣贔屓の作品ですら淀を見放し、かばうことをしないのである。

実録の力

ここまで見てきたように、近世期における淀の悪女像の展開は、おおむね『絵本太閤記』に結実したのだが、繰り返される淀の悪女像の増長を考えるとき、実録の存在を看過することはできない。本章でも既に何作もの実録作品を取り上げたが、『絵本太閤記』が下敷きにしたと思しい『太閤真顕記』をはじめとする種々の太閤物実録に限らず、実録とは人々の興味関心に大いに影響されながら、脚色されていくという特徴を持つ。また写本で流通したことから、『絵本太閤記』のように出版停止のお咎めを受けることなく、また実名を朧化《ろうか》させる必要もない。作者名が明らかにされることもほとんどなく、つまり何の目を憚ることもない、自由な創作が可能であった媒体と言える。前掲の『慶長中外伝』の、閨門対立や、石田三成もまたその被害者だという斬新な執筆方針、『浪速秘事録』の甚だしい淫婦像の形成なども、実録という形式の賜物であったと十分に考えられる。つまり、淀像における悪女的側面のますますの展開は、もはや人々や時代の要請とも言うべき、ある種の下世話な・ゴシップ好きな人々の興味関心にも支えられていたのである。だからこそ、近松柳・近松松助『日本賢女鑑《にっぽんけんじょのかがみ》』（寛政六年〈一七九四〉十月一三日、北堀江市の側初演）などが描くような「賢女としての淀」が、大して人々に膾炙《かいしゃ》し得なかったのであろうし、近松半二ら合作『近江源氏先陣館《おうみげんじせんじんやかた》』（明和六年〈一七六九〉十二月九日、大坂竹本座初演）のように、淀の色狂いが敵の目を欺くためのものであった、などと結局淀の淫色深い行動を下敷きにせざるを得なかったのであろう。

　近世期における淀像の展開を、文学作品を通して考えてきたが、その流れをざっくりと掬い取れば、その発端を徳川史観下の作品に求められるものの、結局は、庶民の目に触れやすい媒体によって広まり、その像は、人の耳目を集めやすい、極端かつキャッチーなキャラクターとして人々に消費されたということが見えてくるのである。

近代文学の中の淀

　では、近世期に作り上げられた淀像は、近代文学の枠組みの中で一体どのように語りなおされたのであろうか。淀を主たる登場人物に据えた近代文学作品のうち、有名なものには坪内逍遙作の戯曲『桐一葉《きりひとは》』『沓手鳥孤城落月《ほととぎすこじょうのらくげつ》』が挙げられよう。

「新歌舞伎」の嚆矢とも言われる『桐一葉』（明治三十七年〈一九〇四〉三月、東京座初演）は、秀吉逝去後、片桐且元《かたぎりかつもと》が淀を徳川への人質になるよう提案する動きを見せ、却って大野治長らによって謀反人に仕立てられ陥れられる様を描く。淀の役どころとしては、夫秀吉を亡くし愛息秀頼を守ろうとする中で、寵愛する治長の言を重んじ、且元の忠心を認めないという過ちを犯しはするものの、取り立てて毒婦的要素が強調されているわけではない。また艶めいた演出も、淀の「秀吉が生きていれば」という言葉に治長が嫉妬する一連の件りがあるものの、富国強兵などの国家政策が推し進められた当時の世情的憚りがあってか、それほど淫乱さを強調したものではない。この『桐一葉』の人物造型を依田学海《よだがっかい》は「桐一葉の評」において「淀君の性質を写されたるは、さすがに作者の慧眼炬のごとく、実にその我慢急性にして父信長の性をうけつぎし女性と見えて（…）実相にして少しも演義とは思はれず」とし、高山樗牛も『桐一葉』の長所に「性格を工みに描けること」を挙げ、中でも淀君の性格がよく描けていると評している。近世の戯作に深く親しんだ逍遥ではあったが、自身の作品における淀像は、決して近世期のごとくただ奸計《かんけい》深く淫乱な人物とはならなかったのである。

『桐一葉』の続編にあたる『沓手鳥孤城落月』（明治三十八年〈一九〇五〉五月、大阪角座初演）でも同様に、淀は特別淫乱な女性としては描かれない。大坂の陣中、積もる心労によって淀は狂ってしまうが、それも徳川への深い恨みなどがなせるもので、近世期によく描かれるような淀自身の行いの報いであったかのようにはされない。

また、単行本書き下ろしという性格上、右の二作に知名度は劣るものの、逍遥の『大いに笑ふ淀君』（春陽堂文庫四四、昭和七年〈一九三二〉）も注目される。本作は、秀吉を恐妻家として描いた喜劇で、秀吉が出雲阿国《いずものおくに》に入れ込んだ状況にしびれを切らした淀が、曽呂利《そろり》の入れ知恵で、淀と名古屋《なごや》山三《さんざ》とが良い仲であるという噂を耳に入れることで秀吉を誘き寄せるという筋である。中でも、曽呂利が赤ん坊の秀頼を奪い逃げていくのを追う秀吉を、一人見送った淀が「次第に笑い顔になり（…）ヒステリー患者らしく、さも術なさうに止めどもなく激しく笑ひつゞけ」て幕切れとなるのは実に印象的であろう。『絵本太閤記』などの様々な場面で表現された悪女的要素が、逍遥の手にかかれば、淀の嫉妬深さや姑息さなどを包括する形で、「ヒステリー」という近代的枠組みかつ一個人の為人《ひととなり》と解釈され、還元されてしまうというのは面白い。

右の逍遥の作品、特に『桐一葉』『沓手鳥孤城落月』の淀役は、演じた五代目中村歌右衛門のお家芸となるほど大評判になった。その影響力に鑑みれば、逍遥の描いた淀像が今日まで続く淀像に連なると考えるのが自然であろうが、実際にそうならなかったことは現代に根強く残っている淀の悪女像からも十分に承知されよう。淀という一人の女性に対するイメージは、感情の起伏が激しいヒステリックな女性という、極めて近代的な人物分析による像に一新されることなく、依然として近世期までに作り上げられた淫婦毒婦というイメージに支配されているのである。それではなぜ明治以降に至ってもなお、『絵本太閤記』など前代の諸作品によるイメージが影響力を持ち続け得たのであろうか。

淀の悪女像を押し出したもの

そこで注目されるのが、明治以降に出現した講談本と呼ばれる類いの活字本の存在である。写本である実録、あるいは口演である講談といった、流動的なテキストを持つ作品は、活字化によって展開（脚色・成長）が止まってしまったと言える。しかし一方では、活字出版の大きな流れに乗せられ、焼き直された作品は、さらなる享受の拡大につながり、それらを下敷きとした新たな作品が生まれる契機ともなったのである。

そういった、実録、あるいは講談を講述筆記したごとき講談本を繙《ひもと》くと、近世期の悪女像の更なる脚色による、淀の激しい淫婦像を見て取ることができる。

揚名舎桃李《ようめいしゃとうり》講演『太閤』（博文館、大正七年〈一九一八〉）は秀吉の別妻の一人である三条の局が懐妊し、それを知った淀が彼女を死に至らしめようとする卑劣な行動を描き、またそれを阻止した不破伴作《ふわばんさく》にかえって恋慕し、権力を笠に着て何度も口説き、また泥酔した伴作の寝込みを襲うなど必死にものにしようとするも、フラれる残念な女性として登場する。もちろん三成と共謀するといった悪女像や、それに対するねねの賢婦像も健在である。

また、松林伯知《しょうりんはくち》講演『太閤栄華物語　夏之巻』（大学館、明治三十九年〈一九〇六〉）は、名古屋山三と不破伴作の対決の要に淀を据える。淀の美貌に惹かれた名古屋山三は、出雲阿国などそっちのけで淀に恋文を送るなど、積極的にアピールするが実を結ばない。それどころか不破伴作が淀に気に入られたことに激しく嫉妬し、二条の橋で伴作に切りかかる。

他にも淀と石川五右衛門とのカップリングを描いた作品もあり、淀は、様々な男性と浮名を流す（ことに意外性のない）キャラクターとしてその地位を確立していたと言えよう。

この、近代に至ってますます強まる淀のふしだらなイメージには、あるいは妾という存在への蔑視が含まれているという見方もできよう。芝定四郎『大坂軍記 絵入実録』（春陽堂、明治十九年〈一八八六〉）の「我を妾と蔑《あなどり》」という台詞、『忠勇木村長門守』（大正文庫一七、駸々堂、大正三年〈一九一四〉）の塙團右衛門直之があまりの淀の暴虐ぶりに、「禄でもない婦女の癖に」「妾の分際で」と罵倒する場面などはその一例である。世相の反映もまた一つの切り口として看過することはできないだろう。

近世期に下地の作られたキャラクターが明治講談本類によって更に花開くという現象は、実は淀に限らず見られる。例えば石川五右衛門もその一人で、近世期に行われた盗賊の義賊化が、明治大正期に英雄へと昇華していく様は既に奥野久美子に指摘されている。如上の講談本の影響こそが、近世期に作り上げられた淀の悪女像が根強く人々に継承されていった背景にはあったのである。

選ばれた悪女

秀吉の血を継ぐ秀頼を守るため、「御袋様」として最後まで戦い抜いた淀は、その後訪れた徳川の時代の徳川史観に絡めとられ、正義に刃向った悪としての役割を与えられた。淀の悪役としての役割は大坂の陣に留まらず、秀次事件や朝鮮出兵にも拡大されていき、豊臣滅亡に至る諸悪の根源として描かれるまでになった。そのイメージは奇しくも、豊臣贔屓の作品にまで受け継がれていき、正妻・ねねVS別妻・淀という善悪の構図におさめられていった。

そうして形成された土壌に、深く根ざしていったのが、淀の淫婦としてのイメージであった。秀頼出生にまつわる淀の密通疑惑は懐妊時に早くも噂されていたと思しく、生前から下世話なゴシップとは無縁でなかった淀だが、実録類の「脚色」という営為によって、ますます逞しくなった人々の想像力は、淀を様々な男性と通じさせ、淫乱な女性としての淀を作り上げていった。そこにはもはや豊臣／徳川贔屓も関係なく、淀のキャラクターを作品のスパイスとして利用するような姿勢が見えてくるのである。

淀のきわどいキャラクターは、それを明け透けに描いた近世期の実録類が、明治以降、講談本などの活字本として焼き直されることで、さらに広く享受されていく。そうしてより一層鮮やかに描かれた淀の稀代の悪女的キャラクターが、現代の淀像へとつながっているのであった。

自らの行動や意思とは関係なしに作り上げられる虚像は、特に女性の場合、出自だけでなく、夫や子孫といった様々な「血」の流れによって、如何様にも書き換えられていく。そしてそれは時の権力と不可分であり、死してなお、血や家に翻弄され続けるのである。その中にあって、とりわけ多くの作品に描き出された淀は、まさに選ばれた悪女であった。

●参考文献

中村幸彦「大坂物語諸本の変異」(『文学』一九七八年八月号、岩波書店)

桑田忠親『淀君』人物叢書新装版(吉川弘文館、一九八五年)

堤邦彦『女人蛇体—偏愛の江戸怪談史』角川叢書(角川学芸出版、二〇〇六年)

福田千鶴『淀殿—われ太閤の妻となりて』ミネルヴァ日本評伝選(ミネルヴァ書房、二〇〇七年)

高橋圭一『大坂城の男たち—近世実録が描く英雄像』(岩波書店、二〇一一年二月)

井上泰至　金時徳『秀吉の対外戦争：変容する語りとイメージ　前近代日朝の言説空間』(笠間書院、二〇一一年)

高橋圭一「幸村見参—大坂の陣の実録と講釈」(『文学』二〇一五年七・八月号、岩波書店)

奥野久美子「石川五右衛門ものの明治大正期における展開—実録・講談本から小説・戯曲へ—」(『文学』二〇一五年七・八月号、岩波書店)

●コラム

太閤検地《たいこうけんち》

▼谷口　央（首都大学東京教授）

太閤検地とは、豊臣秀吉による全国規模で行われた土地調査のことである。

太閤検地研究が注目を浴びた理由の一つに、昭和三十年代に起こった太閤検地論争が挙がる。この論争の中心となった安良城盛昭《あらきもりあき》による、太閤検地によって中世・近世の時代を分けるとする見解は、現在まで中近世移行期研究の中で絶えず問い続けられている課題である。

太閤検地は天正十年代から慶長三年頃まで二十年弱の間行われ、場合によっては、同一地で複数回行われたこともある。しかし、これらはすべて同一規定で行われていたわけではない。このことは、検地帳記載内容の比較検討により明らかであると同時に、検地施行の際に作成された、その規則である検地掟からも確認される。

天正十七年（一五八九）十月に出された美濃国太閤検地掟は、一反を三百歩とすることや田畠の等級別の石盛《こくもり》は規定される。しかし、そこには一間の長さの規定は見られない。ところが、文禄三年（一五九四）の和泉国や伊勢国になると一間＝六尺三寸と規定される。一方、同じく文禄三年にあった薩摩国の検地掟の場合、実際に残される検地尺から一間＝六尺三寸と確認されるが、検地掟内にその記載は見られない（宮川満『改訂太閤検地論第Ⅲ部』）。では、一間の長さは検地掟に記されていなかっただけで、当初から六尺三寸に規定されていたのかというと、そうではない。天正十八年（一五九〇）にあった三河国検地では、一間＝六尺五寸となっている。つまり、一間の長さは当初は六尺三寸と規定されたわけではなく、文禄三年までにその数値が確定されたのである（谷口央『幕藩制成立期の社会政治史研究』）。

検地掟の記載は、その規定が年々増加していったことは言うまでもないが、最終的には、そこで把握される百姓の階層についても記されるようになる。豊臣秀吉最晩年の太閤検地の一つである慶長三年（一五九八）越前国太閤検地の検地掟を見ると、検地帳の作成後は「検地帳に判をすえ《（据え）》、地下庄屋・長百姓・小百姓ともに悉《ことごと》く召し出しあい渡し、請状取るべき事」(『増補駒井日記』)と定められている(今野真「織豊期の「小百姓」」)。最晩年になって、豊臣政権は「小百姓」まで含めた百姓層を基盤として据えようとし、また、その方法として検地を行ったことが確認できるのである。

このように、太閤検地はその規定を厳密化させる、つまり、検地を行いつつ、それ自体が「進化」していったのである。近年は太閤検地を年次・地域など多角的に見た上で評価するようになってきたが(牧原成征「兵農分離と石高制」)、これまでは、このような個別認識の積み重ねの上で太閤検地を認識するのではなく、基本的には目的・規定は統一であり、その中で一部に地域差が表れる場合があったとの前提で論が進められていた傾向が強い。

太閤検地論争の際に主張された、太閤検地による中世社会と近世社会を切り分けるとする見解に問題が含まれることは研究史上でも指摘されている。一方、中世社会以来の伝統が脈々と継続していることは、いわば日本の歴史としては当然と言え、中世社会と近世社会を単純に連続面のみで見ることも、太閤検地及びその政策主体者である豊臣政権を過小評価することにつながることになる。それだけに、ここで指摘する太閤検地自体の政策的「進化」も念頭に置いた上で、改めて個別検証の積み上げに基づく、太閤検地の歴史的意義・基調を示すことこそが、現在求められていると言える。

●参考文献
社会経済史学会編『封建領主制の確立—太閤検地をめぐる諸問題—』(有斐閣、一九五七年)
宮川満『改訂太閤検地論第Ⅲ部—基本史料とその解読—』著作集 第6巻(第一書房、一九九九年)
三鬼清一郎『豊臣政権の法と朝鮮出兵』(青史出版、二〇一二年)
今野真「織豊期の「小百姓」—歴史学の現代的課題にふれて—」(『宮城歴史科学研究』第七四号、二〇一四年)
谷口央『幕藩制成立期の社会政治史研究—検地と検地帳を中心に—』(校倉書房、二〇一四年)
牧原成征「兵農分離と石高制」(『岩波講座日本歴史』第10巻近世1、二〇一四年)

8 秀吉と天皇

天皇という政治的・宗教的権威を戴きながら、権力を掌握し行使する。このような日本特有の政治体制は常に矛盾を孕んでいる。天皇と政治権力が同じベクトルを向いている時は、「忠義」の正統性を得られるが、天皇側の声と食い違う時、下手をすれば「逆賊」となる。天皇の権威に頼りすぎることは諸刃の剣なのである。そして過去の史実の引用が現実の政治を説明する神話的な解釈の時代にあっては、権威の「利用」という実態を「忠義」と演出することに使われるという意味において、史書と物語に厳密な区別はつきがたいのである。

8 秀吉と天皇

実像編

▼遠藤珠紀（東京大学史料編纂所助教）

秀吉は「尊皇《そんのう》」だったのか、それとも天皇と対立していたのか。時には「尊皇」を装い、時には天皇に圧力をかけ、また時には相互に利用し合う…。秀吉と天皇の間には、初の武家関白の誕生、百十数年ぶりの生前譲位、朝廷儀礼の復興、朝鮮出兵と中国への遷都計画、後継者問題、ついには豊国大明神号授与に至るまで、複雑な展開が見られる。本章では、その一つである聚楽第行幸《じゅらくていぎょうこう》を題材に、両者のリアルな関係の断片を拾い集めてみよう。

聚楽第行幸

秀吉が接した天皇は正親町《おおぎまち》天皇（一五一七～九三、在位一五五七～八六）、その孫後陽成《ごようぜい》天皇（一五七一～一六一七、在位一五八六～一六一一）の二代である。秀吉と天皇の関係について、戦前は「尊皇」、そして戦後は厳しい対立関係、というイメージが強かった。さらに近年は様々な角度から再検討されつつある。果たして両者はどのような関係を築いていたのだろうか。本章では後陽成天皇の聚楽第行幸《じゅらくていぎょうこう》を手掛かりに、いくつかの側面を指摘したい。

天正十六年（一五八八）四月十四日から五日間、後陽成天皇は、秀吉が京内野に新造した聚楽第に行幸した。「聚楽第行幸」と呼ばれる有名な出来事である。行幸（天皇の外出）は古代から様々な政治的意図を帯びて行われる儀式であった。聚楽第行幸についても、早く林羅山《はやしらざん》はある人の言として「秀吉は行幸に事寄せて、諸侯に朝廷を尊び関白秀吉の命に背かないようにさせることをもくろんだ」と記している（『続本朝通鑑《ぞくほんちょうつがん》』）。近年の研究でも、この行幸によって秀吉は武家の編成を樹立し、戦国時代以来乱れていた朝廷秩序を再編し、公武の「朝臣」を束ねる存在として自らの勢威を示した、すなわち天皇権威利用の典型例と位置付けられている。秀吉政権にとっての一つの画期であり、天皇との関係を語る上でしばしば取り上げられる出来事である。

聚楽に入る後陽成天皇の鳳輦
（『聚楽第行幸図屏風』堺市博物館蔵より、部分）

『聚楽行幸記』の作成

聚楽第行幸では、華やかな行列を組んで聚楽に向かい、和歌会や舞御覧などが盛大に行われた。これらは見物の人々に強い印象を与えた。

行幸の盛儀は、その場に立ち会った人々だけではなく、同時代から記録や語りとしても喧伝された。御伽衆《おとぎしゅう》大村由己《おおむらゆうこ》の記した『聚楽行幸記』である。秀吉は、事あるごとに由己に自らの活躍を記させている。これらは『天正記』と総称され、『聚楽行幸記』を含め、少なくとも十二のタイトルが存在した。『天正記』は、皇儲誠仁親王《こうちょさねひとしんのう》や本願寺門主の許など、人々が集まる前で「太平記の類」のように読まれ語られていた（『兼見卿記』『顕如上人貝塚御座所日記』など）。また由己は、秀吉の活躍を題材とした「太閤能《たいこうのう》」と称される謡曲も作成している。

還幸の翌々日二十日から、由己は連日親しい公家山科言経《やましなときつね》に行幸記について相談している。こうして推敲を重ね、翌五月には『聚楽行幸記』を書き上げた。

この『聚楽行幸記』は執筆当初から複数作成され、さらにその転写が行われていた。後陽成天皇や室町幕府最後の将軍足利義昭《あしかがよしあき》が所持していた行幸記には秀吉の朱印が捺されていたという。また徳川家康が所持していたと推測される本にも秀吉の朱印がある（蓬左文庫所蔵）。すなわち主要な相手には、秀吉から直接贈られていたと推測される。

そのほか上皇正親町院の許には、後陽成天皇から届けられている。前関白九条兼孝は五月に（宮内庁書陵部所蔵九条本）、公家阿野《あの》家でも閏五月に行幸記を書写している（個人蔵）。書写のほか、山科言経が知人に行幸記を読み聞かせている様子も窺える。

このように『聚楽行幸記』は、成立直後から武家にも公家にも読まれていた。行幸の場での盛儀はもちろん、行幸記という文章の形で、パフォーマンスの可視化が行われ、政治的効果が企図されたのである。つまりこの『聚楽行幸記』には、秀吉が語りたかったことが記されている。

近世に語られた聚楽第行幸

『聚楽行幸記』は江戸時代にも複数の写本が作成されている。また大村由己の天正記は、慶長年間（一五九六〜一六一五）に太田牛一の『大かうさまくんきのうち』と合冊されて版行され、多くの人の目に触れた。小瀬甫庵《おぜほあん》の『太閤記』、林羅山・林鵞峰《はやしがほう》『続本朝通鑑』、竹中重門《たけなかしげかど》『豊鑑《とよかがみ》』などに見える聚楽第行幸の記述はいずれも、『聚楽行幸記』を下敷きにしている。文章を漢文にし、かなりの脚色を加えているが、頼山陽《らいさんよう》『日本外史《にほんがいし》』も同様と考えられる。

『聚楽行幸記』の記事が多くの文献に引き継がれたことで、『聚楽行幸記』に語られた秀吉と天皇の関係が、そのまま後世のイメージを形成したと推測される。

聚楽第行幸が「天皇の政治利用」と評価されているように、『聚楽行幸記』では秀吉の天皇に対する忠義の様子が語られる。冒頭部分では聖代に比する御代に「君臣合体の時を得たり」と秀吉と天皇の一体化が主張され、ラストでもこの行幸は「天道にかなひ」、国の災いを除くであろうこと、それを実現した秀吉は地位・名声・長寿等を得るであろうと締められている。こうした組み立てが、秀吉の「尊皇」イメージの一端を形成したと考えられる。だとすれば、秀吉と天皇の関係を考えるに当たっては、『聚楽行幸記』で語られようとしたこと、語られなかったことに留意する必要がある。

江戸時代の歴史書に引用された記載では『聚楽行幸記』から適宜、話題の選択がなされている。その中で共通して記されているのは、内裏から聚楽までの行列の様子と、行幸中に天皇に所領を献上し、また諸大名に起請文を提出させたという件である。これらが一連の行幸儀式の中でも重要な要素とみなされていたことが窺える。近年の研究でもこの二つのポイントが注目されている。そこで次にこれらについて実像に関するエピソードをご紹介したい。

行幸の行列

まず行列についてみる。内裏から聚楽に向かう路程は十四、五町（約一・六㎞）ほどだったという。その道をまず天皇の生母勧修寺晴子《かじゅうじはれこ》、女御近衛前子《このえさきこ》以下の女房衆、続いて秀吉の猶子六宮（後の八条宮智仁親王）・伏見宮、五摂家以下前官公卿の行列が進んだ。次に天皇の行列が続く。まず先陣に殿上人《てんじょうびと》や近衛次将ら、天皇の輿、現任の公卿、さらに後陣として諸将を従えた関白秀吉と行列が続いた。数え上げられている人数だけで五百人以上、従者らを加えれば二千人をはるかに超える大行列である。『聚楽行幸記』によれば、沿道には「五畿七道より上り集った貴賤老少」多数の観衆が集まり「感嘆肝に銘」じたという。その効果は大きかったであろう。このように京都の人々に見える形で、華々しい行列を連ね、そこに天皇を登場させる、という手法は、この後秀吉の出陣や鷹狩りの時にもとられた。

この行列は、『聚楽行幸記』にも江戸時代の諸書にも詳細に記されており、近年の研究でも、行列の分析から秀吉と天皇の関係が探られている。最初にこの点に注目した中川和明は、行列は伝統的な国家秩序を重視したもので、天皇・朝廷に対する尊重を示すことにより政権の正統性を誇示した、と評価した。これに対して池享は、秀吉が室町時代に行われた足利将軍第への行幸時の将軍たちとは異なり、最後尾に位置していたこと。天皇が聚楽の御所に到着した時、後陣の秀吉はまだ内裏の門を出ておらず、天皇は御座につかなかった、という記述に注目した。そして天皇は秀吉の到着まで待ちぼうけを食わされたとし、「「伝統」の踏襲は、形式にすぎないばかりか、天皇をおとしめ、秀吉が事実上の国王という立場を誇示する手段とされたのである」と評価する。さらにこの池説には二木謙一の批判がある。氏は、先着した天皇は関白の華麗な行列を楽しみに見物していただろうと推測する。

池の指摘の通り、秀吉は最後尾で大人数の行列を形成していた。池は、これによって天皇が逆に前駈に見えたのではないかと指摘する。そして最後尾の位置は関白が令外の官（律令制で定められていない官）で公式の位置がないためか、と推測している。

ところでこうした関白の行列の淵源は摂関期に遡る。摂関期には、摂関が供奉して神社行幸が行われた。これは摂関家が自己の権勢を誇示するために行われ摂関の代替わりごとに遂行された。その中で摂関家は後陣に位置して美々しい行列を形成していた。それは公卿とは隔絶し、天皇とも並ばんとする存在であることを視覚的に示している、と指摘されている（大村拓生『中世京都首都論』）。その後、摂関家の権勢は弱まるが、室町時代にも、江戸時代の寛永行幸の折にも、行幸では後陣に供奉している。秀吉が最後尾で別の集団を形成していたのもこれらの例の通りといえよう。室町時代の行幸では、権力者である足利将軍は大将として天皇の近くに位置し、後陣の摂関は霞んでいた。これに対し秀吉は、関白であり、摂関期のように後陣に美々しい行列が現出し、権勢を示す効果が蘇ったのである。

　秀吉が行列によって己の権勢を示そうとしたのは事実であろう。しかし天皇を「おとしめよう」とする意図があったとまで読み取れるかは不明である。供奉した公家西洞院時慶《にしのとういんときよし》の日記にも、天皇が御所に入御《にゅうぎょ》した後、改めて秀吉の到着を待ったとあるが、特に不審などは記していない。御座に着かない、というのも儀式のための晴の座にはまだ着かないということである。先述の通り由己の行幸記は秀吉が自らの「忠臣」ぶりをアピールする形で、推敲を重ねた上で記され、天皇以下の所々に贈られた。その中でわざわざ非礼の場面を描いたわけではあるまい。やはりこのくだりも、これほどの規模の行列であった、と行幸の盛儀を表現するために記したと思われる。

　ただし江戸時代には、この記載はやはり気になったのであろうか。『聚楽行幸記』を詳細に引き記している諸書のうち、『豊鑑』はそのまま記すが、『続本朝通鑑』ではこの部分は省略されている。『太閤記』では、ほぼ同文の中に秀吉が「敬恭を尽し供奉し侍られ」たため、天皇が到着した時、秀吉はまだ禁中を出たところだった、と理由を加えている。

公家の家業の興隆

行幸中、天皇・院・六宮に京中の地子が献上され、さらに公家・門跡・女房に新たな知行地が与えられた。その宛行状では朝廷のために「御奉公」に励み、「家の道」をたしなむよう命じられている。そしてこれに反した場合の知行没収や宛行の権限は天皇に委ねられた。ここから山口和夫は「秀吉は知行宛行と朝役・家職の設定を媒介に公家を把握し、天皇の支配下に身分的に編成し掌握した」画期であると明らかにし、「豊臣政権期には天皇の地位は高かった」と評価する。『聚楽行幸記』では、公家への知行宛行に続けて諸大名二十九名に「禁中へ対し奉り」起請文を提出させたことが記される。西洞院時慶はその内容を、「今後秀吉のように禁裏を崇敬し奉りますとの約諾」と記している。そのように喧伝されたのであろう。天皇を介して自らへの忠誠を誓わせる、聚楽第行幸の一つの意義と指摘されている事柄である。

では、秀吉は天皇に朝廷の長としてどこまで自律的な権力を認めていたのか。従来の研究では、武家権力が天皇をも統制下に置こうとした嚆矢は、江戸幕府が慶長二十年（一六一五）に発布した「禁中并公家諸法度」とされている。

ところで天正十九年末秀吉は甥の秀次に関白を譲った。秀次の奏慶の行われた十二月二十七日、所司代前田玄以、豊臣伝奏《てんそう》菊亭晴季・勧修寺《かじゅうじ》晴豊《はれとよ》・中山親綱を通して、「掟の書き物」二通が天皇の許にもたらされた（『院中御湯殿上日記』）。この二通の内、一つは「御両御所（正親町院・後陽成天皇）の掟」、一つは「当関白殿（秀次）への意見の御掟」であり、御前で、女官たちも居並ぶ中で読み上げられたという。このうち秀次への意見の掟と思われるものは写しが残されており、内容が判明する（「本願寺文書」「南部晋氏所蔵文書」）。天皇・朝廷との関係では「朝廷に対して懇ろに奉公するように」と命じられている。他方の両御所の掟の内容は不明である。しかしこの記事からは、秀次に関白職を譲る段階で、すでに天皇・院に対しても何らかの「掟」の申し入れをしていることが窺える。詳細は不明だが、公式のルートで、人々の前で披露したことは注目されるべきであろう。これも一つの実態である。

なお諸将二十九名による起請文にも注目すべき点がある。活字として手に取りやすい『群書類従』所収本などでは、諸将の多くは「豊臣」姓で記されている。その中で徳川（本姓源）家康・織田（平）信雄・長宗我部（秦）元親・織田（平）信包・家康の臣井伊（藤原）直政の五人のみが、他の本姓を称している。聚楽第行幸を契機に、「豊臣」姓授与を介した擬制的な同族集団として武家を編成したとして注目されている記事である。

ところが諸本を見るとこの署名には三パターンある（表参照）。一つ目は『群書類従』本と同内容で最も豊臣姓の人物が多い。秀吉から足利義昭に献上された本の写本である前田育徳会尊経閣文庫所蔵本、大阪城天守閣現蔵の秀吉朱印が捺された本などが該当する。二つ目、天皇に献上した本の系統と推測される東山御文庫所蔵本では、前記の五人のほか織田長益・信秀が平姓で記されている。九条兼孝・阿野実政など公家が書写した本、また入手時期・経路は不明であるが毛利家・伊達家（ともに行幸には不参加）所蔵本もこのタイプである。

三つ目、家康に贈られたと推測される蓬左文庫本では、七人のほか、さらに長岡（細川・源）忠興、徳川（源）秀康、斯波（源）義康も豊臣姓ではない。豊臣姓以外の割合は三分の一以上に及ぶのである。この本も秀吉の朱印があり、秀吉監督下の原本の一つといえる。贈る相手によってか

表：『聚楽行幸記』起請文中の非豊臣姓の人物

類別	現蔵者	起請文に豊臣姓以外で署判している者	本奥書	備考	当初の所持者	主な同タイプの本
1	前田育徳会尊経閣文庫	源（徳川）家康・平（織田）信雄・秦（長宗我部）元親・藤原（井伊）直政・平（織田）信兼	天正十六年五月吉日記之、朱印有、	秀吉が足利義昭に贈った行幸記を慶長六年書写。原本は楠長諳筆。	足利義昭	群書類従所収本・大阪城天守閣所蔵本（秀吉の朱印あり）
2	東山御文庫	源（徳川）家康・平（織田）信雄・秦（長宗我部）元親・藤原（井伊）直政・平（織田）長益・平（織田）信秀・平（織田）信兼	天正十六年五月吉辰記之、御朱印在之、	桑田忠親氏は楠長諳筆とする。	後陽成天皇か	九条兼孝書写本・阿野実政書写本・毛利本・伊達本
3	名古屋市立蓬左文庫	源（徳川）家康・平（織田）信雄・秦（長宗我部）元親・竜野侍従（木下）勝俊・藤原（井伊）直政・平（織田）長益・平（織田）信秀・源（細川）忠興・源（斯波）義康・源（徳川）秀康・平（織田）信兼	天正十六年五月上旬記之、（秀吉朱印）	木下勝俊は姓が記されていない。	徳川家康か	勧修寺家本・高松宮家伝来禁裏本

えているのであろう。何らかの配慮あるいは圧力が企図されたのであろうか。

このように『聚楽行幸記』は全く同じ内容ではなく、他にも記述を変えていると推測される部分もある。諸本の検討、そこに見える秀吉の思惑については別に考えたい。

何故「聚楽第行幸」か？

最後に、そもそもなぜこの行事は、後陽成天皇による行幸だったのだろうか。天正十六年時点では、祖父である先帝正親町院が健在である。中世前期以来の伝統であれば、「治天の君」である院（退位した天皇）の御幸が企画されるのが通例であろう。

室町時代、天皇がパフォーマンスとして将軍のもとに行幸した著名な事例は三度あり、聚楽第行幸でもこれらが先例とされた。すなわち永徳元年（一三八一）に後円融天皇が足利義満第に、応永十五年（一四〇八）に後小松天皇が足利義持第に、永享九年（一四三七）後花園天皇が足利義教の許に行幸した例である（このほかにも永徳三年・応永二年・長禄二年など、何度かある）。いずれも将軍権力が安定した絶頂期の催しであると指摘されている。ただしこれらの例はいずれも院がおらず、天皇みずからが「治天の君」として政治を行っていた「親政」の時期である。

先にも触れた通り、儀礼としての行幸は、摂関期には摂関家の勢力誇示、院政期に入ると院と天皇の関係を誇示する儀式として機能したと指摘されている。このような行幸の性格は、鎌倉中期頃からは「治天の君」による御幸（親政時は行幸）に継承され、「治天の君」の御幸が公家社会の中心的行事に位置づけられたとされている。わずかに行幸の事例の見える伏見天皇・後醍醐天皇も、天皇が「治天の君」であった時期である。同様に室町時代の三度の室町殿行幸も、親政の時期であり「治天の君」としての行幸と捉えられる。

中世の天皇の多くは、ある程度の年数在位した後、譲位し、院（「治天の君」）として実権を握った。しかし応仁の乱の後、朝廷の窮乏もあり、このような生前譲位が行われなくなっていた。つまり退位して上皇となることはなく、崩御まで天皇（「治天の君」）として在位していたのである。正親町天皇自身も弘治三年（一五五七）に父後奈良天皇の崩御に伴い践祚した。その正親町天皇の譲位は、織田信長の時代より懸案事項となっていた。信長と天皇の関係を考える際にも、しばしば取り上げられる論点である。では秀吉の時期はどうだったのだったのか。

天正十二年十月、秀吉は正親町天皇の譲位を申し入れ、準備が開始された。ところが天正十四年四月、後継者の誠仁親王が急逝する。急遽、誠仁親王の子和仁《かずひと》王が親王宣下され、十一月に即位した。後陽成天皇である。これにより文明二年（一四七一）に崩御した後花園院以来一一五年ぶりに院（上皇）が立てられた。さらに摂関家近衛前久《このえさきひさ》の女前子が秀吉の養女として、女御となった。女御が置かれたのも十四世紀初頭の後醍醐天皇以来である。天皇家の在り方にとって大きな画期となった時期である（ただし『太閤記』巻七に見える大嘗会復興は行われていない）。

このように秀吉の時には、譲位の申し入れに何らの異論が出されることもなく、準備が進められた。既に堀新の指摘があるように天皇の立場として、信長の時と秀吉の時で大きな差があったとは思えない。ただし誠仁親王の急死という不慮の事態がなくても、実際の譲位までには二年弱かかるところであった。やはり譲位、即位はそれだけの大事業であったといえる（金子拓『織田信長〈天下人〉の実像』）。翻って考えれば、信長の時代も、信長あるいは朝廷に異論があったために果たされなかったわけではなく、準備の途上で終わったということであろう。

譲位が天皇の希望であったとする説は近年主流となっており、著者も同様に考える。さらにもう一歩進んで、院（「治天の君」）として政務を行う「院政」が中世の常態であった、そのため天皇は譲位を望んだ、とも指摘されている。しかし一方で、院政に関する研究では、正親町院は院政は行っていないと位置づけられている（『皇室制度史料』太上天皇三など）。

実際、この時期の叙位任官（人事）や様々な儀式の遂行は、後陽成天皇が主導しており、正親町院が院政を行っている様子は窺えない。聚楽に赴いたのが天皇だったのも、この時の「治天の君」が天皇だったことの一つの証左といえよう。直系の院が存在しながら、天皇による親政が行われているのは、中世では希有な事例である。正親町院が院政をしかなかったのは、譲位を望んだ当初からの予定だったのか、七〇歳という退位時の年齢によるのか、そのほか何らかの理由があったのか、更なる検討が必要であろう。とはいえ院は完全に隠居したり、秀吉と険悪だったわけではない。行幸にあたっても、先例となる記録を書写させたり、無事の遂行を願う祈祷を行ったり、秀吉の要請に応えて儀式の作法を教え、後見するため女官を派遣するなど、心配りをしている(『院中御湯殿上日記』)。その他の時にも秀吉と天皇の間を取り持つような行動も見られる。このような院と天皇の在り方も、この時期に注目される要素の一つである。

以上述べてきたように、この時期の公武関係には一筋縄ではいかないダイナミズムがあった。その詳細はリアルな断片を拾い集めることによって、徐々に明らかになるであろう。

●参考文献

桑田忠親『豊太閤伝記物語の研究』(中文館書店、一九四〇年)
中川和明「聚楽第行幸の行列について」(『弘前大学国史研究』九〇、一九九一年)
山口和夫「統一政権の成立と朝廷の近世化」(山本博文編『新しい近世史① 国家と秩序』新人物往来社、一九九六年)
橋本政宣『近世公家社会の研究』(吉川弘文館、二〇〇二年)
二木謙一『武家儀礼格式の研究』(吉川弘文館、二〇〇三年)
池享『戦国・織豊期の武家と天皇』(校倉書房、二〇〇三年)
大村拓生『中世京都首都論』(吉川弘文館、二〇〇六年)
堀新『織豊期王権論』(校倉書房、二〇一一年)
北堀光信『豊臣政権下の行幸と朝廷の動向』(清文堂出版、二〇一四年)
金子拓『織田信長〈天下人〉の実像』(講談社現代新書、二〇一四年)

8 秀吉と天皇

虚像編

▼森　暁子（お茶の水女子大学研究員）

真摯《しんし》に仕え奉った忠臣か、その仮面をもって狡猾《こうかつ》に立ち回った腹黒い権力者か。朝臣としての秀吉の評価は、大きく二つに分かれる。明治になるとその尊王ぶりが強調されたが、確かに、秀吉が天皇の復権に尽力したことは、近世の文学にもすでに描かれていた。しかし文学には、彼が天皇を利用したことも表わされていないなかったか。なぜ忠臣ともてはやされるに至ったのか。

乱世の忠臣

銀器（一説に煙草）を失敬した侯爵・蜂須賀茂韶《はちすかもちあき》を、「先祖が先祖だからな」と明治天皇がからかった話は、真偽不明なもののよく知られている。この冗談は、野盗《やとう》の親分・蜂須賀小六正勝《はちすかころくまさかつ》の配下に日吉丸（少年時代の秀吉）が入ったという、武内確斎『絵本太閤記』初編（寛政九年〈一七九七〉刊）に端を発する話題を、踏まえたものと思しい。この明治の逸話は、そのようなごく俗な太閤ものの話題にまで天皇がなじむ状況が当時あったことを示唆すると共に、豊臣一派への天皇の親しみもうかがわせる。

この親しみは、明治という時代の思惑と無関係ではないだろう。この頃、慶応四年（一八六八）

＝明治元年に豊国神社の再興の命が天皇直々に下されるなど、徳川の前に天下を掌握していた秀吉の再評価が顕著であった。これは征韓論が発生する土壌となった当時の対外戦略に関係があるのみならず、直前の政権たる徳川幕府を乗り越える動きとも連動したものと考えられる。民衆が新政権を「おさまる《（治）》めい《（明）》」と揶揄し、序文に「葵の花の長き盛を只管《ひたすら》に冀《こひねが》ふ」と謳う高《たか》畠藍泉《ばたけらんせん》『絵本徳川略史』が明治十五年（一八八二）に出版されるなど、遠ざかりゆく徳川時代を憧憬する空気は、東京＝江戸を中心に長く国中に漂っていた。

さて、ここで秀吉が持ち出されたことには、その親天皇性に拠るところも大きいだろう。秀吉が天皇の復権にいかに尽力したかは、秀吉自身の息のかかった大村由己『天正記』をはじめ多くの作品に記されている。近世初期から版を重ねた小瀬甫庵『太閤記』には、巻七・巻十一を中心にまとまった形で天皇への主要な貢献が示されている。巻七には、正親町《おおぎまち》天皇のため近年絶えていた大嘗会を行い院御所を造り太平の御代を成した秀吉が、その功績により官職に付けられることになり、本人の望みで関白となったことが描かれる。そして巻十一は丸々、孫の後陽成《ごようぜい》天皇の代に実現させた、自邸・聚楽第《じゅらくてい》への行幸《ぎょうこう》の話題である。その際には、数々の豪華な捧物をした上に、領地等の進上を明記した誓紙《せいし》を差し上げ、諸大名にも同様に起請文《きしょうもん》を書かせたことが記されている。

右からは、乱世で困窮した天皇権力へ経済的な援助を多々行ったことが理解できる。おびただしい軍書中を見渡しても、ここまで具体的な貢献が記された人物は、秀吉の他に見当たらない。旧主・信長の志を継いで王道を復古させたように描かれていることも相俟って、戦国時代における天皇の一番の味方のように見える。

加えて、上下の相思相愛の雰囲気がそこに描かれていることも重要である。『天正記』や太田牛一『大かうさまくんきのうち』にも同様の表現があるが、後陽成天皇の帝徳あってこそ秀吉のような優れた大臣が出たのだ、と両者の存在は一体化されている。そして、聚楽第滞在中のくつろいだ和歌のやり取りや、居心地の良さに天皇が滞在期間を延長した描写などからは、思いやりをもった忠臣のもてなしと、天皇の満足が感じられる。無機質に援助の内容を羅列するにとどまらず、その場に生じた互いの親愛の情まで示されていることで、両者の繋がりがいっそう深く印象付けられるのである。

この君臣合体の様子は、後続の太閤ものに引き継がれる。「正一位豊国大明神」の号が勅使から下され、秀吉が神に祀られる話題で結ぶ栗原信充『真書太閤記《しんしょたいこうき》』（大尾十二編は刊年未詳、十一編は慶応元年〈一八六五〉刊）に至っては、秀吉と天皇（家）の蜜月の関係は、もはや永遠性を帯びたものと読める（14章虚像編参照）。裏表なく天皇に仕え、その功績を天皇に認められた者として、秀吉はその姿を文学上に現してきた。

主君利用パターンの類似

文学に現れた秀吉の行動や態度は、彼が忠臣であることを示している。しかし一方で大いに天皇を利用した気配も、文学は匂わせてきたようだ。

右に挙げた『太閤記』にもそれは見て取れる。これは凡例に秀吉の善悪を偽らず公平に記すことを宣言しており、直接的に秀吉の行いを指弾する箇所も多い。天皇への仕え方については一見批判は見当たらないが、秀吉の旧主・信長への仕え方と類似した描写があり、それが秀吉による天皇の利用を間接的に示唆していると推測される。

信長に仕え始めた若い頃、秀吉は常に傍《かたわら》にべったりと控え、何かあればくっついて行く。またついつい己の身分も顧みず差し出がましい口をきき、そこから頭角を現していく。この秀吉の態度は、ただひたすら忠実に仕え、主のためになる良い事を申し上げようと思うばかりで異心はないのだ、と説明されており、信長はこの「さし出」者な忠義を気に入っていたらしい（巻一）。しかしこれは計算された稚気《ちき》に溢れた演技過剰の自己アピールで、忠義を口実に己の行為を正当化する手口とも見える。信長死後に目を転じてみれば、秀吉は主君の子息たちに政権を渡していない。『太閤記』は、信長の厚恩を本当に深く思っているのなら、信孝を殺したり、信雄を流罪にして知行を奪ったりせず、信忠の子を天下の主に据え自分は補佐するのが筋、と謗《そし》っている（巻三）。信長に対する秀吉の忠義は、結局己がのし上がる魂胆あってのことと糾弾しているのである。

　天皇に対する態度にも似た調子がある。聚楽第への行幸の当日、早起きして禁中《きんちゅう》に出向き、皆がまだゆったりとした様子でいるところを殊の外急がせた、という張り切った世話の焼きぶりは、馴れ馴れしく差し出がましい。そして9章虚像編で述べるが、朝敵排除を理由に戦争を仕掛けるところも、主君のためを口実に好き勝手に動く信長時代の振舞と同様である。ちなみに、このような天皇の威を笠に着た秀吉の様子は諸書に散見される。たとえば『天正記』「関白任官記」（天正十三年〈一五八五〉成立）には、柴田勝家《かついえ》や織田信孝《のぶたか》が天下を取れば王位が傾くのは目前だったとして「忠孝の臣」秀吉が賤ヶ岳《しずがたけ》合戦後に参議に任ぜられる話題がある。天皇側が秀吉を手懐けた話題でもあるが、秀吉の、自分が信長を継いで王道を守るべき人物だとアピールし、旧主の子息らを討ったことを正当化する記述でもある。

以上に加えて、大量の贈答品で主君の歓心を買い、また目立たんとする方策も類似している。還幸《かんこう》の行列に見える大量の櫃《ひつ》は秀吉からの捧物だったという記事は（『天正記』「聚楽行幸記」〈天正十六年（一五八八）成立〉にも自画自賛の調子で記される）、かつて信長に歳暮の御礼として、山の上から下まで進物の行列が続くほど尋常ではない量を用意したこと（巻二）と、そっくりである。

強大な君主に密着し、忠義者を演出し己の行いを正当化して力を振るう秀吉のパターンが見て取れる。武力という現実的な力を有する主君信長が倒れた後、代わりとして歴史的に日本に君臨していた天皇を自分の上に据えたのが、秀吉の抜け目ない計算だったのではないか。この新しい主君は、弱体化はしていても一目置かれる存在である。聚楽第で天皇を前に諸大名に起請文を書かせた際、天皇・公家への地子の献上のついでに、己への忠誠（こちらが秀吉の本当の狙いと思しい）まで誓わせることができたことから、その威力は明らかである。かつ、秀吉を頂点とする権力体制・軍事力とは実質的に切り離された存在である。十分借りられる威を持つ一方、自分の弱点となる可能性も低い。至極使い勝手の良い安全な主君を手に入れたわけである。

天皇を盛り立てて恩を売り、蜜月の関係を続けることで、関白となった秀吉の権力も同時に押し上げられ、また保障される。「朝敵」相手に戦争を起こす口実も得られる。『太閤記』における主君への仕え方の相似形は、そういった魂胆をあたかも告発しているかのように捉えられる。後水尾《ごみずのお》天皇の御代たる寛永年間に、仮にも父君・後陽成天皇が秀吉に利用されたなどと書いたものを出版するのは危険かつ畏れ多く、暗に匂わせるにとどめたのではないだろうか。

大正年代に書かれた徳富蘇峰《とくとみそほう》『近世日本国民史』は、秀吉は打算でなく「恐れながら皇室に、心から同情し」たとする。「朝威、朝権を利用し、覇者の政治を行うた」ことは認めるが、それでも乱世において朝廷を尊崇してその威厳を増した功績を認識すべきと、やや苦しい擁護をしている。天皇を利用した側面を認めざるを得ないのは、関白就任以降、積極的に他所へ介入し盤石の地位を築いた秀吉の姿が、『太閤記』をはじめとする文学にあまりにも顕著だからではないか。秀吉が天皇に近づいた結果手にしたものから見ても、目論見のための忠義だったと読めるのである。

つれないそぶり

見過ごされがちだが、他ならぬ秀吉に仕えた太田牛一著の『大かうさまくんきのうち』(慶長年間〈一五九六〜一六一五〉成立)にも、秀吉が天皇を利用していたことをうかがわせる記述がある。

秀次に譲られた聚楽第へ後陽成天皇の二度目の行幸があった時、秀吉は大津で鷹狩をしていた。出先から贈った長命を祈念する和歌に天皇からの返事があったことが記され、めでたい御世とことほぎ和やかな調子で話題が結ばれている。本の冒頭で後陽成天皇の徳が讃えられているところからすると、そのような素晴らしい当代天皇との近しさや、秀吉の徳をも表現する意図があったと思しい逸話である。

一見これも上下の親密さを示す話題だが、天皇からの返事には秀吉が来ないのが非常に残念だということもはっきり書かれている。関白を辞するや天皇を放り出し、私的な遊興を優先した秀吉への恨み言とも見える。『太閤記』に見える最初の行幸で、朝から張り切り甲斐甲斐しく世話を焼いたり、還幸の際に名残惜しげにまたの行幸を約していたりした姿とは、かなりの落差がある。今回主人となって天皇を迎える秀次に遠慮したとも解釈できるが、それでも列席しないというのは非礼に見える。

秀次に関白を譲ったこの頃、秀吉はすでに国内を制圧している。諸大名を攻める名目として積極的に天皇を使う必要がもう無いので、表面的に最低限の敬意の体裁を保つのみとなったことがここに表れてしまっているかのようである。秀吉の忠臣ぶりを示す後続の書物でこの逸話が引かれていないのは、そのためではないだろうか。

古代の天皇権威の利用

当代の天皇の利用を垣間見せる記述がある一方、秀吉が古代の天皇権威をも借りんとしていたことをにおわせる表現も見受けられる。

秀吉が皇統に連なるかのごとく書かれたものがあることはよく知られているが（1章虚像編参照）、文禄の役（10章虚像編参照）に際して散見される、神功皇后《じんぐうこうごう》を意識した記述に注目してみたい。

たとえば、『大かうさまくんきのうち』では神功皇后が筑前国吉祥寺に収めた縁起が秀吉のもとへ届けられ、竹中重門『豊鑑《とよかがみ》』（寛永八年〈一六三一〉成立）巻四と林《はやし》羅山《らざん》・読耕斎《どっこうさい》『豊臣秀吉譜』（寛永十九年〈一六四二〉成立）中巻では秀吉が神功皇后に倣って戦争を決意し、長門国の皇后を祀る社に参拝している。いずれも三韓《さんかん》攻めの先例にあやかった戦勝祈願の行為を描いたものである。しかし、『豊鑑』では秀次に関白を譲ったのを鶴松《つるまつ》の死ゆえと推測する記事からこの戦争の話に直結し、さらに秀頼《ひでより》誕生の話題にすぐ繋がるので、むしろ三韓からの帰還後に応神天皇を出産したという神功皇后と同化し自分の子が生まれるように侵攻を行った、つまり秀吉が予祝《よしゅく》の行為を行ったことを示唆しているとも読める。

また『豊鑑』と『豊臣秀吉譜』では、神功皇后の社の他に安徳《あんとく》天皇を祀る赤間関の阿弥陀寺にも参っているが、そこでは幼くして死んだ我が子と安徳天皇が重ねられているかのようでもある。神として祀られる古代の天皇たちと、自分や亡き子を一体化させるかのごとき意図を、秀吉が持っていたように読めるのである。後に秀吉が神格化されたこと（14章虚像編参照）を知っていて読めば、相応しい行為のようにも思える。

ただし、古代の天皇の行いを真似る行為は、当代の天皇をさし措いた行為であるとも言える。それに太閤ものにおいて秀吉が敬い志向すると思しいのは神格化された古代の天皇で、国内制圧後は、当代の天皇を重んずる表現はいずれの作品にも少ない。たとえ明との交渉で名前を持ち出していても、それはあくまで駆け引きのための名目と見える。

天皇たる存在を通して文学上の秀吉を眺めると、天皇の血を持っていたかもしれず、当代の天皇に仕え、いにしえの天皇の行いをなぞり、最後は天皇により神号を下され祀られたと、様々な接点が浮かび上がる。その中には、秀吉が当代の天皇を利用し、超越せんとした行いを示唆する記述もある。しかし深読みしなければ、天皇との接点の多さは単に天皇への敬意の深さの表れのように見え、忠臣としての像ばかりが眼前に結ばれてくるのである。

世論操作のための「忠臣」アイコン

最後に、明治の思惑が作った天皇の忠臣・秀吉像を考えておきたい。それが極端に形成されたのは、戦国時代における先駆者として、勤王《きんのう》と対外戦争へ大衆を導くアイコンにするためだったと推測される。

秀吉の物語と天皇への奉仕が宣伝されると共に、親しみやすい秀吉像を強調する操作がされた気配がうかがえるのは、秀吉が天皇に対し「（真）情の人」だったことを強調する『近世日本国民史』で、その根拠を、秀吉死後に秀頼に尽力した前田利家《としいえ》のような親友を持っていたことのみに求めている。秀吉を素朴な人情家と見なす向きは近世から漠然とあったと思しいが、その像が明確化され、天皇への態度にまで強引に敷衍されたわけである。さらに国外に攻め入ったのも天皇のためという解釈が付加され、大衆に愛される、誠意ある勤王の武将・秀吉が作り上げられたらしい。

そして国家の守護神として秀吉を祀り直す一方で、秀吉が天皇の血統であることは徹底的に否定されたと思しい。山路愛山《やまじあいざん》『豊太閤《ほうたいこう》』（明治四十一年〈一九〇八〉）には「根拠なき妄説」、『近世日本国民史』には名家に生まれなかったため必要だった「余計な小説」とされている。当時の小学・中学唱歌として作られた「豊太閤」と題する歌の数々においても、「その身は布衣《ほい》（庶民）に起れども」、「卑賤より起りて」などと、出自の低さが示される。それは秀吉があくまで天皇を超えることのない臣下であると示し、同時に、誰でも成りうる敷居の低い英雄と示すためだったと見える。山路愛山『豊太閤論』（明治三十九年〈一九〇六〉）や徳富蘇峰『人間豊臣秀吉』（昭和十二年〈一九三七〉）に秀吉を典型的な日本人とする見方があるのも、その意向の反

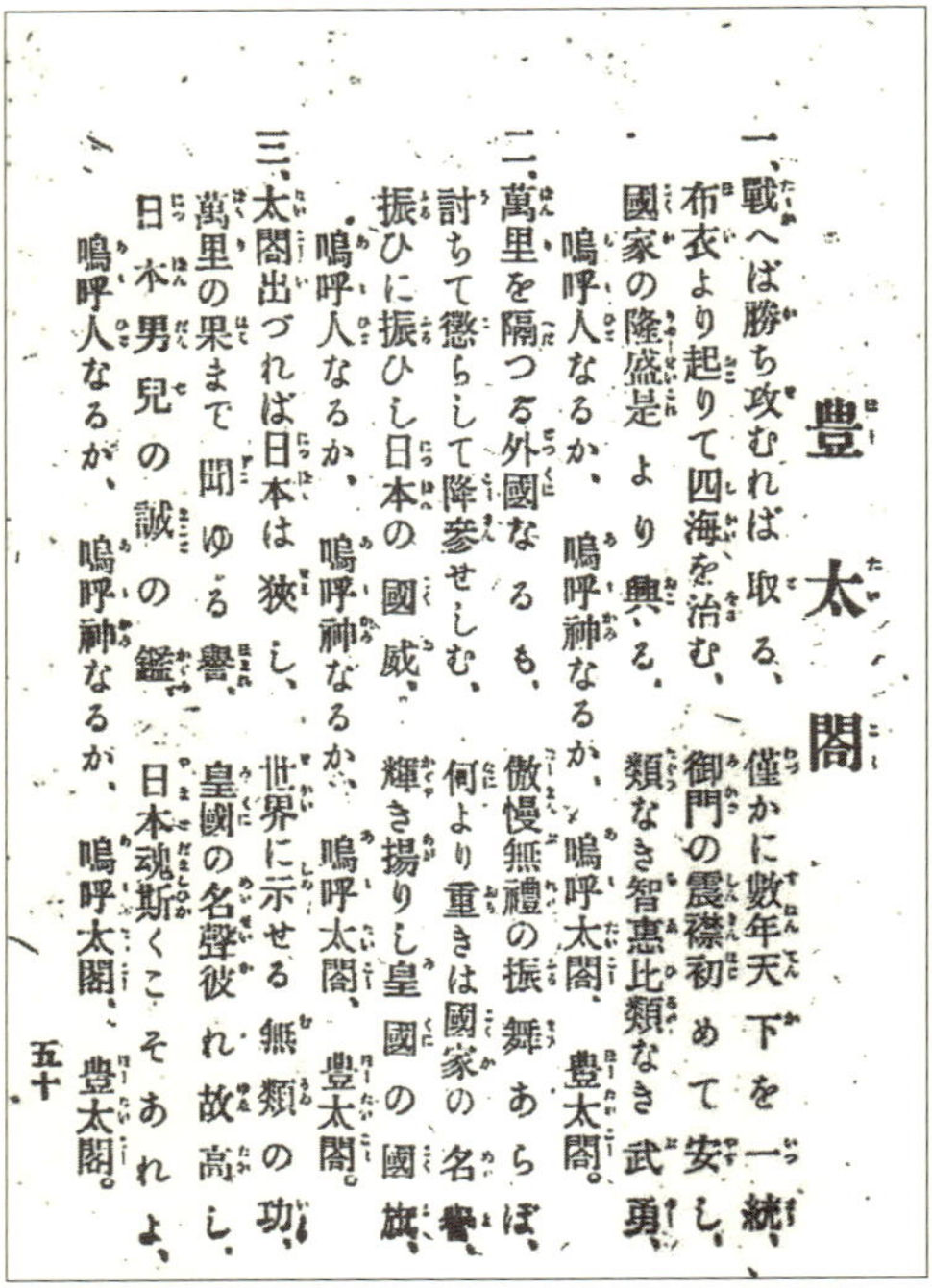
豊太閤

一、戰へば勝ち攻むれば取る、僅かに數年天下を一統、
布衣より起りて四海を治む、御門の震襟初めて安し、
國家の隆盛是より興る、類なき智惠比類なき武勇、
嗚呼人なるか、嗚呼神なるか、嗚呼太閤、豊太閤。

二、萬里を隔つる外國なるも、傲慢無禮の振舞あらば、
討ちて懲らして降參せしむ、何より重きは國家の名譽、
振ひに振ひし日本の國威、輝き揚りし皇國の國旗、
嗚呼人なるか、嗚呼神なるか、嗚呼太閤、豊太閤。

三、太閤出づれば日本は狹し、世界に示せる無類の功、
萬里の果まで聞ゆる譽、皇國の名聲彼れ故高し、
日本男兒の誠の鑑、日本魂斯くこそあれよ、
嗚呼人なるか、嗚呼神なるか、嗚呼太閤、豊太閤。

五十

安達音治編『高等小学唱歌』下巻（明治38年〈1905〉）より　豊太閤の歌（国立国会図書館デジタルコレクション）

映と思しい。日本人なら誰でも秀吉の如き偉業を成し遂げられる、つまり天皇を奉じ勇ましく他国への戦いに挑み、最期は神と崇められることができる（14章虚像編参照）というわけである。

明治の称揚により秀吉の人気が上昇したことは、群書類従《ぐんしょるいじゅう》を超える「従来未曾有ノ大出版」（広告文）として明治二十六年（一八九三）から刊行された帝国文庫の巻頭を飾ったのが、『真書太閤記』だったことからもうかがえる。秀吉没後三百年目の明治三十一年（一八九八）を一つのピークに、関連書籍も数多く出版された。日清戦争最中の同二十七年（一八九四）に発表された鬼雄外史『豊太閤之鉄魂：日清戦闘余劇』には、アイコン化された秀吉の効果がよくうかがえる。この物語は、清の地で天皇万歳を叫ぶ日本兵の声に冥界の秀吉が目覚め、征韓論を唱えた西郷隆盛らと共に、中途に終わった夢を今度こそ成し遂げんと日清戦争に乱入し勝利するファンタジーなのである。そして明治の思惑は、まんまと結実した。

> 茲に（秀吉）公の遺烈の発揚すべき機会こそ到りつれ、そは明治二十七八年の征清の役是れなり、此の大役に君の為め国の為めとて出陣せし人々は、一人として文禄の昔を思ひ出でざるはなく（中略）金瓢の馬標を燕京城頭に押し立てゝ、遙かに聖駕を迎へ奉り、謹みて版図拡張の賀表を奏上せんとせし、公の大膽大願を想ひ起さば、誰か筋肉怒張して、壮快を呼ばざる者あらんや……
>
> 橘隆友『豊太閤』（明治三十一年）

この日清戦争の回想には、時を超えた秀吉との同化に熱狂した人々の姿が見える。かくして、近世の本から読みとれた筈の秀吉による天皇利用の図式は忘却され、あるいは見て見ぬふりをされ、明治に完成・喧伝された天皇と秀吉の麗しい上下の間柄という物語は、新たな戦争を契機に世間の常識として定着したと見える。

戦国時代に秀吉は天皇の復権を果たし、それを己の国内掌握の方便に大いに利用した。近代には天皇家により神としての復権が宣言された秀吉が、最終的に対外戦争へ民衆を駆り出す存在となったと言える。この君臣の「蜜月」は、三百年後にまたも戦争に繋げられてしまったわけである。かつて神功皇后を仰ぎ戦争に赴いたという秀吉の物語が鑑として現実に引きずり出されたことで、日本が朝鮮・明（清）を攻めることの正当性が、そして天皇と秀吉がお互いを神として崇めあうことが、虚実の世界を通じループするに至ったのが明治という時代だったらしい。

●参考文献
桑田忠親「秀吉の歴史的評価」（同編『豊臣秀吉のすべて』新人物往来社、一九八一年）
小和田哲男『豊臣秀吉』中公新書 七八四（中央公論新社、一九八五年）
北島万次『豊臣秀吉の朝鮮侵略』日本歴史叢書 五二（吉川弘文館、一九九五年）
小和田哲男『戦争の日本史 一五 秀吉の天下統一戦争』（吉川弘文館、二〇〇六年）
佐谷眞木人『日清戦争 「国民」の誕生』講談社現代新書 一九八六（講談社、二〇〇九年）
井上泰至「重ね合わされていく戦争のイメージ 日清戦争期の歴史小説」（同・金時徳『秀吉の対外戦争：変容する語りとイメージ 前近代日朝の言説空間』（笠間書院、二〇一一年）
中野等「近世後期における「唐入り」の語られ方」（『歴史学研究』八八二、二〇一一年）

9 秀吉はなぜ関白になったのか

幕末の動乱期を除いて、江戸時代、大名が京都に長く滞在することは禁じられた。「禁中」の名の通り、天皇は帳の奥深く入り、歌道という「御学問」に専一すべきと定められた。そこには秀吉のように、草莽から這い上がって天皇から関白職を頂き、その権威を使って日本を制圧し支配した先例も意識されていたか。当然、江戸時代、秀吉の関白任官は「成り上がり」という文脈で語られることとなる。また、秀吉に制圧された在地勢力の恨みもそこには介在する。

9 秀吉はなぜ関白になったか

実像編 ▼堀 新（共立女子大学教授）

秀吉は征夷大将軍《せいいたいしょうぐん》になろうとし、そのためには源氏改姓する必要があったので、まず足利義昭《よしあき》の養子になろうとした。しかし、義昭に養子入りを断られたために将軍任官を諦め、仕方なく関白になったとされる。このエピソードは本当だろうか？

秀吉の関白任官

羽柴秀吉は天正十三年（一五八五）七月に関白に任官する。まだ全国統一は終わっていないものの、明智光秀・柴田勝家《かついえ》を滅ぼし、徳川家康を屈服させ、主君織田信長を継承する地位にあったことは、誰の目にも明らかだった。その秀吉にふさわしい官職として、関白が選ばれたことを不思議に感じるかも知れない。一般に、武家であれば征夷大将軍になるのが当然と考えられているからである。秀吉は、なぜ征夷大将軍ではなく関白を選んだのだろうか。あるいは、関白を選ばざるを得なかったのであろうか？　天下人の官職は、その国家構想を端的に示しているから、見過ごせない問題である。

秀吉の関白任官について、次のようなエピソードが語られることが多い。秀吉は征夷大将軍になろうとし、そのためには源氏改姓する必要があったので、まず足利義昭の養子になろうとした。しかし、義昭に養子入りを断られたために源氏改姓をはたせず、将軍任官を諦めざるをえなかった。そして秀吉は仕方なく、関白となったのである。

このエピソードは大変有名で、江戸時代以来、多くの歴史書や概説書に述べられている。近年はさすがに事実と断定はされていないが、秀吉の発想からみてありえないことではないというニュアンスで述べられることも多い。しかし、これは秀吉の関白任官当時の記録にはなく、最初にこの「事実」に触れるのは、寛永十九年（一六四二）に成立した林羅山《はやしらざん》・読耕斎《どっこうさい》『豊臣秀吉譜《ふ》』である。その内容を以下に掲げよう（読み下しに改めた）。

秀吉は征夷大将軍たらんと欲し、権大納言源（足利）義昭に謂《い》ひて曰く、「公（義昭）、其《そ》れ我（秀吉）を養ふべし。我将軍たり。公もし我を養ふならば、則ち公安んじて、富み尊く栄ふること疑ふべからず」と。義昭は愚昧にして、遂に従はず。是において、秀吉、菊亭右大臣晴季《はれすえ》と相議す。晴季曰く、「関白は人臣の高爵、士民の景仰《けいこう》、貴きこと将軍に遠し。公（秀吉）、其れ関白に任ずべし」と。秀吉悦ぶ。

この内容は、秀吉が将軍任官を望んで足利義昭《よしあき》に養子入りを申し入れて断られたというのは、前述した俗説の通りである。しかし後半部分では、菊亭晴季《きくていはるすえ》の「関白は将軍より貴い」という助言に従って、秀吉は関白に任官したという内容である。

『豊臣秀吉譜』の作者は林羅山・読耕斎父子連名となっているが、読耕斎は当時わずか十九歳で、父羅山《らざん》の説を筆記したに過ぎないとされている（桑田忠親『太閤記の研究』）。羅山は二代将軍

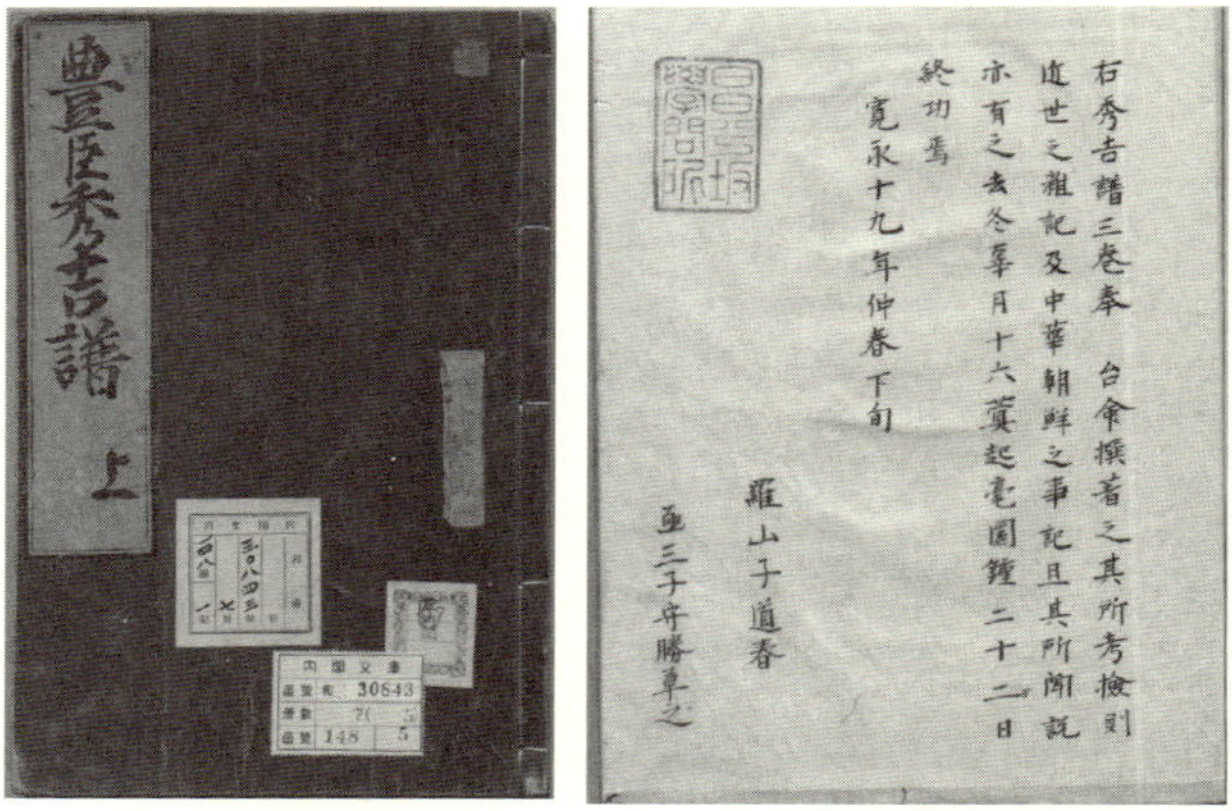

林羅山・読耕斎『豊臣秀吉譜』版本表紙（左）と写本奥書（右）
（国立公文書館蔵）

秀忠《ひでただ》から執筆の命を受けて、わずか一ヶ月ほどで『豊臣秀吉譜』全三冊を書き上げている。そのため。記事の大半は小瀬甫庵《おぜほあん》『太閤記』、出生など『太閤記』の空白部分を竹中重門《たけなかしげかど》『豊鑑《とよかがみ》』、朝鮮侵略戦争を堀正意《ほりせいい》『朝鮮征伐記』に拠って執筆している（長谷川泰志「羅山と『豊臣秀吉譜』の編纂」）。この関白任官の記事は、前記三書のいずれにもなく、羅山が独自に究明した内容である。しかし、前述したように、これら一連の経緯は秀吉の関白任官当時の記録には全く見当たらないから、羅山が捏造した可能性が高いのである。

このエピソードの問題点

このように、このエピソードには大きな問題が二点ある。まず一点目は、秀吉が将軍任官を望んでいたことや、足利義昭に養子入りを求めたことが、同時代史料には全く見当たらないことである。逆に、関白任官の前年である天正十二年十月に、正親町《おおぎまち》天皇から将軍任官を勧められたものの、秀吉はこれを辞退したとする史料すらある（『多聞院日記』天正十二年十月十六日条）。これを掲げると、

今度於二京都一、羽柴筑前（秀吉）ハ従二叡慮《えいりょ》一四位ノ大将ニ任〆《じて》、兼二将軍ノ官ヲ一可レ被レ成之旨、雖レ有二勅定《ちょくじょう》一、主《ぬし》ノ望ニテ五位ノ少将ニ任了ト

これによれば、この時秀吉は天皇から四位の位階と近衛大将の官職に征夷大将軍を兼ねるよう勧められた。しかし秀吉の望みによって、位階・官職ともにワンランクずつ下げて五位・近衛少将に任官したというのである。将軍任官も辞退したのであろう。この時に秀吉が五位・少将に叙任したことは事実であり、またその前に秀吉を四位・大将に推任しようとしたことは『宇野主水日記《うのもんど》』でも確認できる。従って、将軍推任のみ裏づけられないが、その部分のみ誤りと片付けてよいであろうか。百歩譲ってそうだとしても、秀吉が将軍推任を請けないと思われるような状況があったことは認めなければならないであろう。そうすると、秀吉が征夷大将軍任官を望んでいたというこのエピソードの前提部分に大きな疑問が生じるのである。

続いて二点目の問題は、源氏でなければ征夷大将軍に任官できないという前提条件である。確かに、鎌倉幕府の源頼朝《よりとも》、室町幕府の足利尊氏《たかうじ》、江戸幕府の徳川家康、いずれも源氏である。しかし、鎌倉幕府の摂家《せっけ》将軍（藤原頼経《よりつね》・頼嗣《よりつぐ》）と親王《しんのう》将軍（宗尊《むねたか》・惟康《これやす》・久明《ひさあき》・守邦《もりくに》）のように、非源姓将軍は存在する。また直近でも、平姓である織田信長に対して、正親町天皇は「将軍か太政大臣か関白か」への三職推任を行っている。これらの前例から、天皇側が源姓将軍にこだわっていたとは考えられない。そうすると、秀吉は足利義昭の養子となる必要性はなくなるのである。万が一、秀吉が義昭に養子入りを申し入れたとしても、この当時の両者の力関係からして、義昭が断ることは考えられない。

家康の源氏改姓・将軍任官は特殊例

しかし、徳川家康が慶長八年（一六〇三）二月に将軍任官にあたって、前もって吉良《きら》氏から系図を借り受けて源氏に改姓し、そのうえで将軍となったのは事実である。なぜ家康は、不必要な源氏改姓を行ったのだろうか。実は家康は、その生涯において三度の源氏改姓をおこなっており、その理由はそれぞれ異なっている（岡野友彦「家康生涯三度の源氏公称・改姓」）。慶長八年の源氏改姓は三回目のもので、この時は将軍任官のためであった。しかし、前述したように、源氏であることは将軍任官の絶対条件ではないから、この当時の特殊事情があるはずである。これには複数あると思われるが、最大のポイントは、豊臣政権下の家康が羽柴授姓されていたことである。

秀吉は有力大名に羽柴授姓し、本姓を豊臣に改姓させていた。これにならって、家康も羽柴授姓され、「羽柴江戸大納言」と呼ばれていた（「関地蔵院所蔵文書」）。家康だけでなく、嫡子《ちゃくし》秀忠も羽柴授姓され、本姓を豊臣に改姓していた。豊臣政権下において、徳川氏だけは別格だったとされることが多いが、羽柴授姓・本姓豊臣化については、徳川氏も例外ではなかったのである。もっとも、家康が本姓豊臣を名乗った史料は確認できないが、秀忠が豊臣を名乗っている以上、家康のみ本姓豊臣ではないとする根拠はない。「家康だけは違う（はず）」という発想は、家康を神格化した江戸幕府の徳川史観に惑わされていないだろうか。

慶長三年の秀吉の死後、秀吉の定めた法や国制が機能していた「豊臣体制」から、家康は公然と逸脱するようになる。前田利家の死後、家康が最大の実力者であることは誰の目にも明かであったが、「豊臣体制」下ではその地位はあくまでも豊臣秀頼の後見人であった。それは、慶長五年の関ヶ原の戦い後も同じである。この状況を打開するために家康が選んだのが、征夷大将軍任官であった。これによって、家康は豊臣からの天下簒奪をカムフラージュするとともに、諸将が豊臣から離反して家康に臣従《しんじゅう》する大義名分ともなったのである（笠谷和比古『関ヶ原合戦』）。

こうした目論見のある将軍任官であるから、本姓豊臣のままでの任官は論外である。そして将軍の地位を少しでも正統化するため、かつて中世社会に存在した源氏将軍観を引きずり出し、源氏の中の源氏として清和源氏《せいわげんじ》に改姓する必要があったのである。しかし、秀吉の場合は征夷大将軍でなければならない理由はなかった。

以上の理由から、秀吉が征夷大将軍への任官を望んでいたこと、源氏改姓のために足利義昭に養子入りを申し入れたこと、いずれも事実とは認めがたい。では、秀吉が関白になったのはなぜであろうか。これは秀吉の関白任官の直前に、関白の二条昭実《あきざね》と、左大臣の近衛信輔《のぶすけ》が関白職をめぐって争った関白相論《そうろん》にある。信輔が昭実に関白職を譲るよう求めたのが、ことの始まりである。信輔は、内大臣の秀吉が右大臣は信長の凶例を理由に左大臣を望んでいると主張している。そうすると、信輔は左大臣を譲るほかなくなり、前官（この場合は前左大臣）となってしまう。前官では関白になれないと考えた信輔は、一刻も早く関白になろうとしたのである。しかし、昭実はこの年に関白に任官したばかりであり、当年中に関白辞任の前例はないと、信輔の要求を突っぱねた。朝廷内では決められず、両者は秀吉に訴えたところ、何と秀吉は自らが関白に任官すると言い出したのである。

驚いた信輔は、「藤原基経公以来、五摂家以外は関白を望むことはできない」と主張した。信輔の手記には、当初は「五摂家ノ外《ほか》」ではなく「凡下《ぼんげ》」（一般庶民を卑しめていう表現）と記されており（「羽柴秀吉関白宣下次第」）、秀吉の低い出自に対する差別意識が鮮明に表れている。これに対して秀吉は、近衛家に一〇〇〇石、他の四摂家《せっけ》に五〇〇石ずつ家領を用意した。そこで前久は信輔に対して、「関白とはそもそも一天下を預かるものである。現在、秀吉が天下を掌握しており、五摂家を悉く滅ぼしても誰が文句を言えるだろうか」と説得した。そして秀吉は前久の猶子《ゆうし》となって近衛名字・本姓藤原に改姓して関白に任官したのである。さらには、いずれ関白を信輔に譲るという約束さえした。ここまでされれば、もはや信輔も反対できなかったのである。しかし、信輔への関白禅譲の口約束は守られることなく、失望した信輔は次第に異常な行動が目立つようになり、朝鮮侵略戦争への参陣奉公を望むにいたった。これは豊臣武家関白に対する痛烈な嫌みでもあったのか、激怒した秀吉は文禄三年（一五九四）に信輔を薩摩国坊津へ流すのである。

なお、秀吉が左大臣になることはなかった。秀吉は内大臣のまま関白となり、翌天正十四年には、右大臣・左大臣を飛び越して太政大臣となる。秀吉が左大臣を望んでいるというのは、信輔の誤解であった。秀吉の急激な官位昇進が信輔を焦らせ、自滅させたとも言える。秀吉は関白任官直後から、天皇の意思により仕方なく関白になったと述べているが（「近衛家文書」）、これはもちろんウソである。近衛家の養子となって、無理矢理関白となった事実を隠蔽しようとしたのである。

以上の経緯から、秀吉がもともと関白職を望んでいたのではなく、たまたま起こった関白相論によって関白に任官したのではないだろうか。ただ、関白は五摂家以外には任官不可能であったから、近衛家の猶子となった上で関白に任官したのであった。この点は重要である。征夷大将軍は源氏である必要はなかったが、関白は五摂家でなければならなかったのである。しかも、源氏は足利氏に限らず、吉良氏や武田氏など多く存在するから、将軍よりも関白に任官することの方がずっと困難だったのである（三鬼清一郎『織豊期の国家と秩序』）。ただし、「関白の方が将軍よりもずっと貴い」という菊亭晴季の言葉をそのまま信じるわけにはいかない。これが正しい認識であれば、秀吉は最初から関白を望んだであろう。この晴季の言葉は、秀吉をなだめるためのレトリックなのである。羅山は晴季から日本の官職制度について学んでおり（山田邦和「歩いて楽しむ京都の歴史」）、師匠である晴季の有能さを賞賛する一方で、それにまんまと騙された秀吉の愚かさを嘲笑しているのであろう。

秀吉の関白任官と徳川史観

このように、秀吉の関白任官はたなぼた的であったが、秀吉にも高位高官を必要とする理由があった。それは織田家からの天下簒奪をカムフラージュするため、信長の子信雄《のぶかつ》よりも高い地位が必要だった。実力では既に信雄を上回っていたが、それだけでは不十分だった。戦国時代は「下剋上」といわれるが、実力主義の無秩序な社会ではなく、下剋上を忌避しこれを否定する道徳観や秩序観も存在した（堀新『天下統一から鎖国へ』）。主従関係の逆転は謀叛や天下簒奪に他ならず、これを正当化する大義名分が必要であった。その恰好の材料が官位だったのである。軍事的に屈服させた信雄を権大納言に推挙し、自らはその上の内大臣となった段階で、秀吉の官位利用の当初の目的は達成されていた。ところが、この後たまたま関白相論が起こり、これをきっかけに関白となったに過ぎない。そのため、関白に任官しても関白らしい仕事は何一つしなかった。むしろ「天下を切り従える」のが関白の職務だと主張し（『駒井日記』文禄三年四月十三日条）、関白職の意味を全く作り変えてしまうのである。

ここで最初のエピソードに戻ろう。秀吉が将軍任官を望んで義昭に養子入りを断られ、仕方なく関白に任官したと言い出したのは、林羅山・読耕斎『豊臣秀吉譜』である。羅山は江戸幕府の御用学者であり、将軍秀忠の命で『豊臣秀吉譜』を編纂した。羅山は秀吉の事績を編年で整理する実証的な姿勢の一方で、こうした改竄や捏造も行ったのである。羅山の意図は、将軍に任官したくてもなれなかった信長・秀吉の天下人としての地位を貶《おとし》め、その一方で将軍となった家康こそ真の天下人であると絶対化し、徳川家の天下支配を正当化することにあった。このような歴史認識を徳川史観という。徳川史観は中世社会に存在した源氏将軍観を再生させ、それに裏づけられて「説得力」をもって受け入れられた。この後二〇〇年以上も諸書で繰り返されたために、日本人の歴史意識にすり込まれ、現在に至るまで大きな影響力をもっている。そこで創作・捏造された「事実」や「常識」が、現代もなお生き続けているのである。

●参考文献

桑田忠親『太閤記の研究』（徳間書店、一九六五年、初版一九四〇年）

笠谷和比古『関ヶ原合戦』（講談社、二〇〇八年、初版一九九四年）

長谷川泰志「羅山と『豊臣秀吉譜』の編纂」（『文教国文学』三八、一九九八年）

岡野友彦「家康生涯三度の源氏公称・改姓」（二木謙一編『戦国織豊期の社会と儀礼』吉川弘文館、二〇〇六年）

堀新『日本中世の歴史七　天下統一から鎖国へ』（吉川弘文館、二〇一〇年）

山田邦和「歩いて楽しむ京都の歴史」（『中日新聞』二〇一二年二月十五日付）

三鬼清一郎『織豊期の国家と秩序』（青史出版、二〇一二年）

堀新「豊臣秀吉は征夷大将軍になりたかったか」（山本博文・堀新・曽根勇二編『偽りの秀吉像を打ち壊す』、柏書房、二〇一三年）

堀新「徳川史観と織豊期政治史」（『民衆史研究』八九、二〇一五年）

9 秀吉はなぜ関白になったか

虚像編

▼森　暁子（お茶の水女子大学研究員）

秀吉は征夷大将軍《せいいたいしょうぐん》に成りそこね、代替案として関白に就任した——よく知られた逸話である。一方、前章で見たように秀吉の天皇への忠義が計算ずくだったとすると、関白こそが戦略的に選んだ道筋とも見えてくる。秀吉はこの地位をどのように使い、そして脱ぎ捨てたのか。ここでは、関白という武器／枷を臨機応変に利用した政治家・秀吉の姿を読み取ってみる。

関白任官の打算

征夷大将軍になりたかった秀吉だが、そのためには源氏の姓が不可欠である。そこで見返りをエサに将軍足利義昭《よしあき》に養子にしてくれるよう頼んだが、愚昧な義昭は承知しない。菊亭晴季《きくていはるすえ》から関白は将軍よりも高い位であると聞き、喜んだ秀吉は関白に任ぜられることとなった。以上は林羅山《はやしらざん》・読耕斎《どっこうさい》『豊臣秀吉譜《ふ》』（寛永十九年〈一六四二〉成立）上巻に見える話で、秀吉がそもそも征夷大将軍を望んでいたという話の初見である。その後、すっかり零落した様子の義昭が毛利輝元《てるもと》の屋敷で養われているところを見かけ、秀吉が声を掛けたという後日談の面白さもあり、人口に膾炙《かいしゃ》したと思しい。

この征夷大将軍を邪魔されて、大逆転で関白に就いたというのも面白いが、積極的・戦略的に関白を選び取り、自身の成功に活用したという秀吉の姿も、文学には見て取れる。そもそも、近世初期から版を重ねた小瀬甫庵『太閤記《たいこうき》』凡例には「藤吉郎といひし凡俗より殿下（関白）に至らせ給ひし間」云々、寛永八年（一六三一）成立の竹中重門『豊鑑《とよかがみ》』冒頭には「関白までなり昇り」などと、誇らしい到達点として関白が記されており、摂家以外には許されなかったこの地位を、武家の身で初めて掴み取った優越が透けて見える。関白こそが、秀吉が志向していた地位であると、自然に捉えられるのである。

なお、関白が征夷大将軍を上回る高位であるという発想が、『豊臣秀吉譜』の前にあった可能性もある。秀吉配下・田中吉政の旧臣と推定される川角三郎右衛門の著した『川角太閤記《かわすみたいこうき》』（元和七～九年〈一六二一～一六二三〉成立）巻四には、鎌倉見物中の秀吉が若宮八幡宮で頼朝《よりとも》の木像を見つけ、天下を取った者同士として親しく話しかける場面がある。そこで秀吉は、関白の自分は征夷大将軍のあなた（頼朝）よりも位が高いからあなたのことは下に見てお付き合いをする、とふざけている。これが当時一般的な理解だったとすると、征夷大将軍を目指す必要はそもそも無い。秀吉は関白を意図的に掴み取ったものと、いっそう自然に解釈できる。

さて、任官の事情について、秀吉の御咄《おはなし》衆・大村由己《ゆうこ》による『天正記』「関白任官記」（天正十三年〈一五八五〉成立）では、秀吉を関白にせよと詔があり、辞退に及び難く受けたという。しかし『太閤記』巻七によれば、摂家の間で関白職をめぐる争いがあったところに乗じて秀吉がこの職を望み、漁夫の利的に手にしたという。天皇はこの時秀吉に関白を許すか迷っていたが、大臣家からの口添えにより実現したとも記されている。話が喰い違っているが、『天正記』に秀吉の息のかかった宣伝文書の性質があることと、8章虚像編で見たように秀吉が天皇への接近を国内掌握の名目に役立てている様子からすると、公家権力内の高位に就くことも、秀吉の計画の内だったと捉えられる。

『天正記』「関白任官記」には、昔からある源平藤橘《げんぺいとうきつ》（源氏・平氏・藤原氏・橘《たちばな》氏）の四姓の他に、関白と成るやいなや秀吉が新たに別姓（豊臣氏）を立てる話題がある。自分の任官を輝かしく歴史に残すためと記されているが、豊臣氏という新しい有力な一派を作り上げることで、既存の公家社会の煩わしい枠組みから抜け出る意図もあったと見える。つまりこれは、関白の権力を我が物にした上でまずは公家衆との間に一線を引き、なおかつ配下の武家の家格を引き上げる手段の一環だったのではないか。秀吉を頂点とする関白体制の本質は、武家集団である。それに都合の良い新たな身分秩序の構築が着々と進められていた様子が、ここに垣間見えるようである。

「下剋上」の回避／「朝敵」排除の思惑

さて、秀吉の関白就任周辺の出来事を眺め渡すと、この地位に就いたのは国内掌握に利用するためだったと思しい。すなわち、織田信雄《のぶかつ》（信長子息）攻め→関白就任→九州の島津氏攻め→聚楽第行幸《じゅらくていぎょうこう》→関東の後北条氏《ごほうじょうし》攻めの順番で事が起きているのが、どうにもにおうのである。

『太閤記』では以上の話題は、巻七に関白任官、巻九全体が織田信雄攻め、巻十全体が島津氏攻め、巻十一全体が聚楽第行幸、巻十二の大半が後北条氏攻めという形で現れている。巻七は賤ヶ岳《しずがたけ》合戦の勝利の後に、秀吉の権威が日毎に増していく状況が描かれ、四国を従えた記事の後に関白任官の話題がある。この巻では京の経営やパフォーマンス的な北野《きたの》大茶湯の催しなど、信長の後継者然とした秀吉の振る舞いが目立ってくる。その後巻八に佐々成政《さっさなりまさ》の動向、巻九に小牧長久手《こまきながくて》の戦いの次第と、織田信雄・家康らと秀吉の対決と決着が描かれる。そして巻十では、古代のごとく上洛して君命を守れとの書状を、上洛せず勝手な任官をする無作法な島津氏に送り、従わないと見るや攻撃を仕掛け屈服させたことを記す。巻十一の華々しい聚楽第行幸を間に挟み、巻十二では今度は朝恩を恐れない後北条氏に参内せよ、君恩を知らないのは人非人であると同様に書状を送り、これも従わなかったので総攻撃をかけ勝利したことが描かれる。

　要するに、信長没後の権力争いのいわば最終段階、そして遠国まで触手を伸ばし始めたタイミングで、秀吉は関白の地位を得ているのである。秀吉の天皇への貢献と親密な交わりと、国内に残る有力な勢力への攻撃は、『太閤記』ではほぼ代わる代わるに記されている。自分が関白であるとアピールし、本来主家筋の信雄を下した行為が下剋上の誹《そし》りを受けぬようにしたこと、そして秀吉自身とは縁の薄かった他国を朝敵に仕立て攻撃したことが、この出来事の順番から露顕しているかのようである。続く巻十三の冒頭には、秀吉が王道を守り行幸を成し、天下泰平で四海の外まで幕下に属している、と総まとめ的な文章が記される。天皇への忠義・行幸と、信雄攻めおよび島津・後北条氏攻めは、秀吉の天下統一に必要不可欠な行為として一体に表れているのである。

「朝敵」の烙印への恨み①――島津氏

　朝敵呼ばわりされた島津・後北条氏の側はたまったものではない。徳川に政権が移った近世となっても、朝廷の敵として攻められたことを描いた物語が世に広まり、かと言って大っぴらにこれを釈明することもしづらかった。末裔が徳川政権下に存続できたからこそ、いつまでもついて回るこの不名誉は厄介だった。秀吉の理不尽な言い掛かりに対する恨みを、写本に見出すことができる。

島津氏は降伏後に本領安堵《あんど》を許され、源頼朝《よりとも》に遡るという旧家の面目をなんとか保つことができた。降った際の当主義久の堂々とした様子も『太閤記』に讃えられており、無様な敗北という印象はない。その後は重用されて、関ヶ原までは豊臣氏と運命を共にした。それでも、天皇に弓引くものと名指しされた悔しさは消えることがなかったらしい。

近世中期以前の成立と目される写本『庄内陣記《しょうないじんき》』は島津領内の謀反の顛末を記した史書だが、秀吉の島津氏攻めにも言及している。「秀吉も五畿内中国北国すべて平治すといへども、関東の北条に、九州の島津家、猶武威を振て従はず」と、国内に残る二大巨頭を秀吉が虎視眈々と狙う状況下での開戦で、最終的に、勅命を奉ずる関白秀吉相手に戦えば朝敵と言われてしまい、そうなればその日から日本中が敵に回るので、義久が仕方なく和平へ動いたとしている。そもそも「勅命」を笠に攻め込まれる以前から島津氏は摂家の近衛殿を通じて九州の勅免《ちょくめん》を願い出ていたのだが、秀吉が関白の立場を利用して島津氏の届けを却下していたことまで記しており、秀吉の謀略に翻弄された口惜しさがうかがえる。

「朝敵」の烙印への恨み②——後北条氏

後北条氏の場合はさらに深刻である。朝敵とされた挙句こちらでは当主氏直《うじなお》の父氏政《うじまさ》・氏照《うじてる》兄弟らが処刑され、『太閤記』によれば天命を恐れぬ者としてその首は京の戻り橋にさらされた。氏直は高野山に追われ、それまで築いた権力体制を維持することは許されず、その後まもなく病死する。しかも後北条氏は島津氏と違い、豊臣配下としてはその後高位に就けなかったため、豊臣寄りの物語の数々に遠慮なくその敗北の様が記された。五代かけて築き上げた版図を破壊し、嫡流《ちゃくりゅう》を滅ぼし、一族の名を貶めた秀吉への恨みは深い。

北条氏政・氏照兄弟墓所（小田原市）筆者撮影

近世初期から写本で流布した後北条氏の軍記『北条記』では、公儀を蔑ろにした、帝都に対して奸謀を企てたと氏直を指弾する秀吉の書状に対し、征夷大将軍になろうとしたが義昭に許されず、そのため公家を脅し騙して関白に成った表裏《ひょうり》（嘘）だけの者、と氏政が批判する台詞がある。ここでは秀吉が征夷大将軍を目指していた説が取られており、『豊臣秀吉譜』との影響関係も注目されるが、秀吉が関白という立場を利用して攻撃の口実にしたことへの批判が、やや遠回しながらこちらにも見受けられることが重要である。

また後北条氏家老の子孫と思しい兵学者、大道寺《だいどうじ》友山《ゆうざん》は著書『霊巌夜話大意之弁《れいがんやわたいいのべん》』（享保十三年〈一七二八〉成立）の中で、征夷大将軍に成りそこね関白職に経上り、禁裏の威光を笠に着て天下の権を執ったと、こちらも征夷大将軍を目指していた説を引きながら、秀吉が関白の立場を利用して天下を掌握したと明確に指摘している。

なお、版本で流布した後北条氏の軍記、旧臣・三浦浄心《みうらじょうしん》による『北条五代記《ほうじょうごだいき》』（寛永十八年〈一六四一〉刊）には、秀吉の目論見への直接的な批判こそないが、後北条氏攻めの記事に「朝敵」の語を一切使用せず、この時主家が蒙った悪評を伝えまいとしているかのようである。

後北条氏の不幸は、娘（督姫《とくひめ》、のち池田輝政《いけだてるまさ》の後室）を氏直に嫁がせていながら、家康がこの時秀吉についたことにもあった。家康が姻族《いんぞく》を裏切り敵対したとの誹りを免れるためには、後北条氏攻めへの参加を後世においても正当化する必要があった。そこで、家康娘婿の氏直や、後に幕臣となった氏政弟＝氏康《うじやす》子息らに一定の配慮をする形で、当時実質的に後北条氏を束ねていた氏政が、滅ぼされてしかるべき悪者に仕立て上げられたと推測される。優秀な父・氏康と引き換え氏政は暗愚であったとする説が近世に広げられたのは、そのような徳川史観が裏で糸を引いたためと思しい。後北条氏の関係者は、朝廷のみならず徳川家に憚った事情もあり、秀吉の理不尽な攻撃を近世でも批判しにくかったことだろう。その結果、結局は後北条氏全体の評判が下がってしまい、滅ぶべき愚かな一族と見なされ続けてきてしまったと考えられる。

枷からの脱却／政敵の排除

関白の地位の利用という観点から、国内統一後の、秀吉と新関白秀次をめぐる動きについても取り上げておく。

関白の地位につくことで天下取りに必要な戦争を起こした秀吉だが、国内を掌握した後は、この肩書が重職ゆえに枷となる可能性を危惧したらしい。そう読めるのは秀吉の仕えた太田牛一の『大かうさまくんきのうち』（慶長年間〈一五九六～一六一五〉成立）で、日本国中を配下に置いて本朝においては望みはもう無い、と文禄の役に先駆けて関白を甥で養子の秀次に譲ったタイミングから見て、国外にまで手を伸ばすのは関白としてあまりにも逸脱した振舞と非難されかねないとの判断があったように見える。

ただし、国外に侵略戦争を仕掛けるという越権行為には枷になりかねなくても、国内の統制に絶大な威力を誇るこの地位を完全に手放してしまうのは惜しいため、身内に渡すことで手元にその旨味を保持したらしい。そう糾弾する調子があるのは『太閤記』である。『太閤記』はそもそも秀吉が関白に就いたことについても驕りが過ぎる、身分に合う人物ではないと非難していたが（巻十一）、ここで秀次に譲ったことも、天皇の許可を得ていても「私心の極」と批判している（巻十七）。

さて秀次に無事関白を渡した秀吉だが、思いがけず拾（秀頼《ひでより》）が生まれると、我が子の政敵として秀次が邪魔になってしまった。そこで、今度は秀次が死ぬべき理由の演出に、関白を用いたと思しい。『太閤記』は、秀次の罪状は直接には秀吉への謀反で、これは讒言《ざんげん》としているが、それはひとえに秀次が関白の高職を疎かに思い、万事がその法に違っていたためだろうと説明し、例として正親町《おおぎまち》上皇の死後すぐに精進もせず狩りに興じたことを、その職に違うもってのほかの行いと挙げている（巻十七）。秀次が非道な狩りや人殺しに耽った様子は、新井白石《あらいはくせき》著の歴史書『藩翰譜《はんかんふ》』（元禄十五年〈一七〇二〉成立）に収録された、後代の徳川忠長《ただなが》（家光《いえみつ》弟）の乱暴狼藉の逸話と似通っている。両者には、親族間の権力争いに敗れ自害に追い込まれたという共通点がある。忠長の逸話は、死すべき理由を捏造された本来罪のない者として、秀次の話に倣って作られた可能性もある。逆説的だが、秀次の所業というのも、秀吉による濡れ衣と捉えられていたのではないだろうか。

秀吉の本心はあくまで、秀頼の妨げと成るだろう秀次一派の殲滅にあったと推測される。『太閤記』によれば、酸鼻を極める秀次妻子の処刑に対して関白家の罪の裁き方でないと非難があったと記されているが（巻十七）、それは残虐さのみならず、秀吉が関白の重職を方便としたことまで暗に責めたものだったと見える。

秀吉は関白の名のもと、国内掌握に必要な戦争を主家筋と遠国に仕掛けた。乱世に天皇権力は弱体化していたが、前章虚像編で述べたように、その権力を復し蜜月の関係を保つことで、自身の権力もまた高からしめることができたと考えてよい。自分に対抗しうる戦国大名を服従させるのに関白の名は威力があり、征夷大将軍の代わりなどという消極的な理由ではなく、意図的にこの地位を目指したと考えられる。そして、対外戦争を志すと一転して枷となりかねないこの地位を秀次に譲り、さらに秀次が邪魔となると関白の重職であることからその罪の深さを演出し、死に追いやったと見える。秀吉は関白という身分の重要さをよく理解して、その都度機敏に利用し尽くした、ある意味天晴《あっぱれ》な奸雄と読めるのである。

●参考文献

北川鐵三校注『第二期戦国史料叢書 六 島津史料集』（人物往来社、一九六六年）
石毛忠「思想史上の秀吉」（桑田忠親編『豊臣秀吉のすべて』新人物往来社、一九八一年）
矢部健太郎「豊臣「武家清華家」の創出」（『歴史学研究』七四六、二〇〇一年）
矢部健太郎「豊臣「公儀」の確立と諸大名」（『史学研究集録』二六、二〇〇一年）
堀新『日本中世の歴史7 天下統一から鎖国へ』（吉川弘文館、二〇一〇年）
堀新「豊臣秀吉は征夷大将軍になりたかったのか？」（山本博文・堀新・曽根勇二編『偽りの秀吉像を打ち壊す』柏書房、二〇一三年）

●コラム

「惣無事《そうぶじ》」と「惣無事令」

▼谷口　央（首都大学東京教授）

「惣無事」とは、総じて無事、つまり、すべてにおいて平穏・無難であるの意である。そして、「惣無事令」とは、そのことを強制的に命じる法令の意で用いられてきた研究用語である。

一九七八年、藤木久志は、豊臣（羽柴）秀吉の全国統一過程は「惣無事令」に基づくと指摘した。その後、その内容や根拠となる史料の年次に修正を加え、『豊臣平和令と戦国社会』にその見解をまとめた。そこでは、豊臣政権の全国統一は「惣無事令」に基づく国郡等の境目決定のための個別交戦権の剥奪と、それに代わる豊臣裁判権による解決であり、それは中世村落間紛争の喧嘩である自検断権の規制とした。同時に、刀狩り令や海賊停止令も含め、秀吉による全国統一過程での法令を、総体として「豊臣平和令」と位置づけたのである。ここでは、朝鮮出兵も「惣無事令」に基づく展開とされる（藤木久志『豊臣平和令と戦国社会』）。

この後、「惣無事令」を「天下静謐《せいひつ》令」とする見解（立花京子「秀吉の天下静謐令」）や、武力征服の色彩が濃い内容を持つとの見解が示されることとなった（藤田達生『日本近世国家成立史の研究』）。

ここまでの研究では、「惣無事令」に関わる史料はすべて秀吉が関白となった天正十三年（一五八五）以降のいずれかとされてきた。しかし、その初出は秀吉がいまだ織田家中の一員であった天正十一年であることが明らかとなった（竹井英文『織豊政権と東国社会』・佐々木倫朗「東国「惣無事」令の初令について」）。また「惣無事」の理解についても、東国に特有の和睦形態であることが指摘されることとなった（戸谷穂高「関東・奥両国「惣無事」と白河義親」）。これらに続いて、その全ての事例が見直された結果、「惣無事令」とされる法令は無く、秀吉による「惣無事」は、すべて個別的・時事的な抗争の和睦・仲介を示すことが指摘されたのである（藤井譲治「「惣無事」はあれど「惣無事令」はなし」）。

以上が、現在の秀吉による「惣無事」認識となるが、ここでは「（惣）無事」関連文書を通じて、秀吉が統一過程時期に、どのような立場・地位にあったのかを、これまでの研究（馬場俊一「豊臣政権による徳川関東領国の江戸選定とその意義」）に学びつつ、史料を読み解きながら見ていくこととしたい。

天正十一年十月段階の秀吉による「無事」とは、信長在世時代にならい、北条氏と北関東諸氏との和睦を進めるとの意図で用いられている（「武徳編年集成」）。秀吉が信長亡き後の織田家中から抜け出せていない状況が確認される。ところが、小牧長久手の戦い終了後の天正十三年三月になると、信長在世の記述は見られなくなる（「彦根藩井伊家文書」）。「無事」が示す内容自体に変化は無いものの、織田家中を越える権力者としての秀吉の姿が示されることになる。一方で、同文書では秀吉は「助言」して取り扱うとしており、あくまで徳川家康を通じての関東の「無事」要求であった。ところが天正十四年四月になると、「無事」実現のため、領国の境界画定への指示が出される（「上杉家文書」）。さらに、家康の臣従が事実上決定した直後の天正十四年五月になると、秀吉は文書中に「無事」とは記さないものの、関東諸氏に対し、直接「境目」を確定する旨を伝えることになる（「専宗寺文書」等）。

「惣無事」とは、秀吉が個別的に抗争の和睦もしくはその仲介を企図した意味であるが、関連史料からは、全国統一を推し進める秀吉のその時の立場・地位についても知ることができるのである。

●参考文献

藤木久志『豊臣平和令と戦国社会』（東京大学出版会、一九八五年）
藤田達生『日本近世国家成立史の研究』（校倉書房、二〇〇一年、初出は一九九一・九三年）
立花京子「秀吉の天下静謐令―全国制覇正当化の原理―」（『戦国史研究』第二五号、一九九三年）
戸谷穂高「関東・奥両国「惣無事」と白河義親―卯月六日付富田一白書状をめぐって―」（村井章介編『中世東国武家文書の研究』高志書院、二〇〇八年）
竹井英文『織豊政権と東国社会―「惣無事令」論を越えて―』（吉川弘文館、二〇一二年、初出は二〇〇九年）
佐々木倫朗「東国「惣無事」令の初令について―徳川家康の「惣無事」と羽柴秀吉―」（荒川善夫他編『中世下野の権力と社会』岩田書院、二〇〇九年）
藤井讓治「「惣無事」はあれど「惣無事令」はなし」（『史林』第九三巻第三号、二〇一〇年）
馬場俊一「豊臣政権による徳川関東領国の江戸選定とその意義」（首都大学東京都市教養学部人文・社会系卒業論文、二〇一四年一月提出）

10 文禄《ぶんろく》・慶長《けいちょう》の役《えき》／壬辰《じんしん》戦争の原因

戦争というものは、情報を秘匿しなければ成り立たないから、その真の目的を推し量るのは容易ではない。特に軍事独裁政権の場合、それは指導者個人の問題も絡んでくる。ただし、この戦争は長い目で見て、中国中心の伝統的な東アジアの秩序を真っ向から打ち破ろうとしたものであるので、その後の日本と東アジアの関係性を映す「鏡」となっていったことは間違いない。分断されつつも独立した民族国家が朝鮮半島に生まれた、その新たな状況が、戦後日本ではこの戦争について沈黙をもたらした、という意味でも。

10 文禄《ぶんろく》・慶長《けいちょう》の役《えき》／壬辰《じんしん》戦争の原因

実像編 ▼米谷 均（早稲田大学講師）

豊臣秀吉は、いったい何に駆り立てられて朝鮮侵略を断行したのであろうか。その動機や原因・目的については、古来より諸氏によって侃々諤々《かんかんがくがく》と論じられてきた。動機については、功名心や征服欲など、原因については、軍役を通じた政権の求心力強化のためとも、目的については明の征服を本気で考えていたとも、言われて来た。そしてそもそも秀吉は、この戦役を通じて「何者」になりたかったのであろうか。

豊臣秀吉の本心を読み解くこと

日本人は誰にも理解されないきわめて表裏のある心の持主である。従って日本人は三つの心を持っているといわれ、一つは口先のもので、これは真実ではなく偽りであることが誰にもわかる。他の一つは、ただ友人にだけ示す胸の中の心であり、残る一つは心の奥底にあって、何人にも通じない自分自身のためだけのものである。

（ジョアン・ロドリゲス『日本教会史』上巻、第十章）

十六世紀以降、来日した宣教師たちは、感情を表に出さない日本人の心を把握するのに苦労した。ヴァリニャーノは言う。「外部にあらわれたことばや態度では、日本人が心中で考え企てていることを絶対に知ることはできない」（『日本要録』）と。そうしたなかで秀吉は、喜怒哀楽が豊かなゆえに、その本音を探ることは手易い感がある。ところが実はさにあらず。ロドリゲスの言う、第一のみせかけの心と第二の友人に示す心は、比較的容易に知ることができよう。しかし秀吉の胸中に折り畳まれた第三の心に触れるのは、極めて困難であり、宣教師たちもそれを見事に見誤って、結果的にバテレン追放令を招いている。独裁者のようでいて会ってみれば妙に腰が低く、夢想家のようでいて超現実主義者である秀吉の本心は、同時代人ですら憶測し難い代物であった。況んや後世の人間においておや、である。なかでも古来より難問中の難問とされるのが、「秀吉は朝鮮への軍事侵略をなぜ断行したのか」、その理由を探り当てることであろう。

朝鮮出兵の原因・目的をめぐる諸学説

まず、この戦争の呼称を定めておこう。この戦争は、日本史の立場から言えば「文禄《ぶんろく》・慶《けい》長《ちょう》の役《えき》」、韓国朝鮮史の立場で言えば「壬辰《イムジン》・丁酉《チョンユ》倭乱《ウエラン》」、中国史の立場で言えば「万暦《ばんれき》朝鮮役」「抗倭援朝《こうわえんちょう》」など、三国の立場によって用語が様々に分かれている。客観的事実だけを言えば「豊臣秀吉の朝鮮侵略」が便当なのであるが、後述するように、秀吉の当初の戦争目的が「征明」を目指した総動員戦役であったことを重視すれば、不十分な用語である。近年では、戦争当事国の立場から最も中立的な「壬辰戦争《じんしんせんそう》」という用語が提唱されているが、時期も当事者も戦場地も判然としない、インパクトに欠けた語である。よって本章では、便宜的に「文禄の役」「慶長の役」の使用を踏襲することとする。

太閤秀吉が何故出兵に至ったのか、この問題は江戸時代から長く論じ続けられて来た。堀《ほり》杏庵《きょうあん》曰く「名を三国に顕《あらわ》したかったため」、林鵞峰《はやしがほう》曰く「愛児鶴松《つるまつ》の夭折がきっかけ」、貝原《かいばら》益軒《えきけん》曰く、「貪利・驕慢・忿怒のための出兵」、と。あるいは山鹿素行《やまがそこう》のごとく、秀吉の「朝鮮《ちょうせん》征伐《せいばつ》」と神功皇后《じんぐうこうごう》の「三韓征伐《さんかんせいばつ》」を重ね合わせて、肯定的な評価を下す者も数多くいた。この問題をめぐる論評については、近世から一九八〇年代までの動向に関しては北島万次が、ごく最近までの動向については津野倫明が、簡潔に整理していて参考になる。それによれば、出兵の原因・目的として、「勘合《かんごう》」復活、秀吉の功名心、明征服、国際新秩序の確立、政権維持のため等の事項があげられてきたと言う。

まず「勘合」復活、すなわち日明通交の復活交渉のため朝鮮に出兵したという説であるが、古くは田中義成《たなかよしなり》や辻善之助《つじぜんのすけ》がこれを提唱し、戦前においてはかなり有力な学説であった。そのため戦後の教科書（家永三郎『新日本史』）などにおいても、「秀吉は……日明貿易を再開しようと考えたが、明がこれに応じなかったので、明を討とうとして道を朝鮮に求め……」といった記述が見られた。また藤木久志の惣無事論《そうぶじろん》においても、この「勘合」復活説が重要な論点の軸となっている。なお日本側史料に登場する「勘合」という言葉は、遣明船通交で用いられた入国申請用紙としての「勘合」の意味で用いられることは少なく、一般には「朱印の押された外交文書全般」ないしは「それを用いた通交貿易」の意味で使われているため、論考を進める際には細心の注意を要する。

「勘合」復活説に対し、厳しい批判を加えたのが、池内宏・徳富蘇峰《とくとみそほう》・田保橋潔《たぼはしきよし》・中村栄孝《なかむらひでたか》である。その理由は、「勘合」復活要求は朝鮮出兵前には登場せず、出兵翌年の名護屋《なごや》における和議交渉にて初めて持ち出されたからである。そして池内・中村は、秀吉の功名心こそが出兵の動機の源泉であるとし、徳富・田保橋は、明に対する秀吉の征服欲にその動機を求める。また朝尾直弘は、重商主義的な要素を出兵の理由に求める「勘合」復活説を批判し、朝鮮出兵は軍役賦課を通じた集権的な権力編成を強化するための方策であったと説く。いっぽう三鬼清《みきせい》一郎《いちろう》は、対外領土拡張説と勘合（貿易）振興説は、二律背反的なものでなく、互いに他を前提として成立すべきものであったと見る。

東アジア世界の国際秩序の再編という観点から、出兵の動機や背景を求める説もある。一六世紀後半以降、明を中心とした冊封体制が弛緩するなか、秀吉の朝鮮侵略が行われたことに注目した論である。荒野泰典は「唐入《からい》り」構想には「武威」の論理が貫徹していたと言い、北島万次は、秀吉が自ら「日輪の子」と称し、「日本は神国」であるとの言説を用いて、近隣諸国に対する征服構想を正当化しようとしたと言う。また堀新は、織田信長から受け継いだ「唐入り」構想を通じて、秀吉は「明から自立した日本国王」を自認し、最終的には「中華皇帝」たらんことを目指したと言う。最近では、秀吉の出兵動機の背景として、ポルトガル・イスパニア両国の世界分割構想《デマルカシオン》の影響を重視した平川新の論を受け、深谷克己がイベリア・インパクト論を提唱している。

戦争目的の変遷に注目する論考もある。中野等は「唐入り」すなわち明征服こそが、当初からの秀吉の出兵目的であり、文禄の役はその遂行を目指して行われたと明言する。しかし戦線膠着や日明講和を経て、徐々にその目的は現実に応じて変化し、慶長の役は文字通りの「朝鮮侵略」を主目的とした戦争となったと説く。津野倫明も中野説を支持し、明征服を目標とした文禄の役を「敵の完全打倒を目的とした第一の戦争」、朝鮮南部の征服を目的とした慶長の役を「敵国土のいくばくかを略取しようとした第二の戦争」であったと区別する。しかし同時に、秀吉の明出征（「大明国《だいみんこく》まで仰《おお》せ付《つ》けらるべき事」）の可能性は、慶長の役においても撤回されず、秀吉が没する慶長三年（一五九八）に至っても、翌年の秀吉親征計画が立てられていたことを、津野は指摘している。

以上のように、文禄・慶長の役をめぐる原因・目的論はまさに百花斉放の感がある。この論争をめぐっては、中村栄孝による次の論評が、最も的を得ているのかもしれない。

> 秀吉の胸裏深く蔵されていた意図は、戦局の推移とともに、折にふれ時に応じて、その片鱗が示されていったにすぎない。それゆえ、人おのおの、見る所にしたがい、好む所にはしり、あるいは、時代の風潮に動かされて、その説く所を異にし、そのために諸説は相きそって帰一しなかった。
>
> （『日朝関係史の研究』中巻、75頁）

けだし至言として心に刻むべきであろう。

朝鮮出兵の動機と目的

筆者は、文禄・慶長の役とは、基本的に最後まで「唐入り」を戦争目的に掲げた戦役であったと考える。しかし明征服は、あくまで建前上の公式的な目的である。本音により近い動機の部分となると、秀吉は「名誉」の問題であることを、しばしば口にしている。ここでは原点に立ち帰って、この問題に関連する史料を再検討してみよう。

まず秀吉は、対外征服構想をいつ表明したのであろうか。一般にそれは、天正十三年（一五八五）九月に、一柳直末《ひとつやなぎなおすえ》へあてた秀吉朱印状の「作内《さくない》（加藤光泰《かとうみつやす》）のためには、秀吉日本国の事は申すに及ばず、唐国まで仰せ付けられ候心に候か」が、最古の「唐入り」表明だと言われている。しかし近年鴨川達夫は、この文言を「子飼の武将のため明国まで征服しようとする秀吉の意志表明」と解釈することに疑問を呈し、分不相応な所領加増を要求する光泰を叱責するため用いられた、秀吉独特の誇大表現に過ぎないと言う。仮にこの説に従った場合、秀吉の「唐入り」表明をめぐるの最古事例は、右事例の翌年におけるガスパール・コエリョ（イエズス会日本準管区長）の秀吉謁見の時となる。

天正十四年三月十六日（一五八六年五月四日）、大坂城で執り行われた右謁見の様子は、通訳を勤めたルイス・フロイスが次のように報告している。すなわち日本全土を征服し、関白の地位についたのは、「ただ単に死んだ時その名と権力の名声を残し」たかったためであると言う。また「自分は朝鮮とシナを征服することを決心し」たので、二隻のナウ船の調達とその操縦者の雇用の交渉を伴天連《バテレン》たちに頼みたい、と言う。そして、

もし、この事業の最中に死ぬようなことがあっても、何ら悔いるところはない。というのは前に述べたとおり、彼は名を残す以外のことをしようとしているのではなく、今まで日本のいかなる領主も試みたことのないことを敢てしようとしているのである。

（一五八六年十月十七日付、フロイス書簡）

と記している。実はこの会見時のフロイスは、通訳の分を越えた大演説を始め、「ナウ船調達」の件をコエリョが提案したかのように話していた。同席者のオルガンティーノは、その軽率さを非難しつつ、秀吉の発言を次のように後年説明している。

自分は六十歳以上生きることはないし、しかもこの世にはもはや生死以外には他のことは

何も無いと思われると言って、〔シナを〕征服して在世中に名前を得ることを急いで決心するに至ったと語りました。この名前と評判のみが死後に人々に残ることになると言いました。
（一五八九年三月十日付、オルガンティーノ書簡）

すなわち、秀吉の発言趣旨に関しては、オルガンティーノもフロイスも同様の証言をしていることが分かる。秀吉がなぜ「唐入り」を思い立ったのか。それは「己《おの》が名声を死後も後世に遺すためである」、と。そして秀吉はこれ以降、右のような発言を折に触れて繰り返すこととなる。

なおコエリョたちに表明した明征服構想は、およそ一ヶ月後に具体的な指令の形となって現れている。天正十四年（一五八六）四月十日、秀吉は毛利輝元《もうりてるもと》に対して九州平定を指示した際、「高麗御渡海事《こうらいごとかいのこと》」に言及する。すなわち明を征服する前段階として、まずは朝鮮を服属させるため秀吉が直々に出陣する、という意志表明である。同年六月十六日になると、秀吉は対馬《つしま》の宗義調《そうよししげ》に対し、九州遠征の後に朝鮮へ軍勢を送る計画がある旨を通知している。そして翌年、九州平定に成功し、筥崎《はこざき》にて宗義調・義智《よしとし》を引見した秀吉は、天正十五年（一五八七）六月十五日、朝鮮国王の日本来朝交渉を改めて厳命した。三年後、宗氏の工作によって朝鮮通信使の来日がようやく成就すると、秀吉は以下のような朝鮮国王あて返書を下付した。

予、大明に入るの日、士卒を将《ひき》いて軍営に臨まば、即ち弥《いよい》よ隣盟を修むべきなり。予が願は他《ほか》無し、只《た》だ佳名を三国に顕さんのみ。（天正十八年〈一五九〇〉十一月、朝鮮国王宣祖あて豊臣秀吉書契）

このように秀吉は宣祖《ソンジョ》に対して征明事業の協力を強いるとともに、その願望たるや、自分の名声を日本・朝鮮・明の三国に顕示することに他ならない、と宣言しているのである。以上の事例から、秀吉の「唐入り」の動機は、「自分の名声を遺すため」と言う、一見すると至極単純なものであったことは相違無かろう。先行研究者はこれを「功名心」ないしは「名誉欲」と表現することが多いが、筆者は「承認願望」と表現するのが最も相応しいと考えている。例えば薩摩の島津氏制圧後に肥後八代《ひごやつしろ》に滞在していた天正十五年四月二十一日（一五八七年五月二十八日）、秀吉はコエリョを再度引見し、次のような台詞を通事役のフロイスに語っているからである。

『皆が見るとおり、予は醜い顔をしており、五体も貧弱だが、予の日本における成功を忘れるでないぞ』と。……さらに彼は、日本全国を平定し秩序立てたうえは、大量の船舶を建造せしめ、二十万から三十万の軍勢を率いてシナに渡り、その（国）を征服する決意であるが、ポルトガル人たちはこれを喜ぶや（いなや）と付け加えた。

（フロイス『日本史』第二部九四章　刊本第一冊291頁）

右は、出自や容貌をめぐる劣等感を、達成した偉業を誇示することで克服し、むしろそれを明け透けに他人に語ることで自らを奮い立たさせているような、いかにも秀吉らしい発言である。そして彼は己が名声を、現世において全世界に認めさせた上、死後においても人々に記憶され続けたいと言う、燃えるような願望を持っていた。この自分の名声をめぐる承認願望こそが、彼にとっての文禄・慶長の役の動機であり、その名声確立こそが絶対に譲れない原則だったのではあるまいか。そうであれば、「唐入り」という戦争目的も、所詮は名誉獲得のための手段に過ぎない。また戦局の膠着に伴って開かれた日明講和交渉において、「勘合復活」の他、「大明皇女の降嫁」「朝鮮四道の割譲」「朝鮮王子の来朝」など、様々な条件が日本側から提示されたことをもって、「秀吉の戦争目的が揺らいでいる」と評価するのは、当を得ていないと思う。これらの講和条件群は、現実とギリギリ折り合った上で「いかにして秀吉の名誉を保持するのか」という最大目的を充足させる見せ札に過ぎない。文禄の役から日明講和交渉期を概観すると、日本側のゴール・ポストが常に動いているかのように見えるのは、そうした事情があったためと考える。

秀吉が成りたかったもの

では当戦役を通じて秀吉が最終的に成りたかったものは何であろうか。朝鮮の漢城《ハンソン》陥落の情報に接した秀吉は、天正二十年（一五九二）五月十八日、秀次《ひでつぐ》にあてた朱印状（前田尊経閣文庫）で戦役完遂後の支配構想を示している。いわゆる「三国国割計画」覚書として、また後世、前田綱《まえだつな》紀《のり》が「豊太閤三国処置《ほうたいこうさんごくしょち》 太《はなはだ》早計《そうけい》」と名付けた史料として知られている。その要点は、①関白秀次は来年初頭に渡海出陣せよ。②自分も近々渡海して明国全土を征服した後、「大唐の関白職」を秀次に譲る。③後陽成天皇《ごようぜいてんのう》は二年後に北京へ行幸する。④日本の帝位には、皇子の良仁親王《かたひとしんのう》か皇弟の智仁《としひと》親王が就く。⑤日本の関白には、羽柴秀保《はしばひでやす》か宇喜多秀家《うきたひでいえ》が就く。⑥朝鮮には羽柴《はしば》秀勝《ひでかつ》か宇喜多秀家を置く、等々である。また右朱印状と同日に、山中長俊《やまなかながとし》（秀吉右筆）が聚楽第《じゅらくてい》の女中に出した文書（組屋文書）においては、⑦上様（秀吉）は北京の御座所に移った後、やがて寧波《ニンポー》に動座する予定であること、⑧最終的には天竺《てんじく》までも攻略する心算であること、等の旨を示している。

ここで注目したいのが、北京に移座する予定の後陽成天皇と秀吉の立場である。天皇の北京行幸が真剣に検討されていたことは、公家衆や五山僧が天皇の供奉を命じられたり、行幸の故実の調査が行われていることからも明らかである。そして跡部信や黒嶋敏《さとる》ら多くの研究者は、秀吉が後陽成天皇を「中華皇帝」に推戴するつもりであったと考える。しかしその場合、明における秀吉の立場が判然としないのである。明征服が完遂するまでは、「大唐の関白職」でいるつもりだったのか。そして秀次にこの職を譲り、寧波の御座所に移った後の秀吉は、果たして楽隠居の如き立場でいるつもりだったのであろうか。もしそうであれば、イタリア半島の征服地をサルディニア国王に献上したガリバルディ並みの気前良さである。秀吉は、明征服の暁には北京周辺の土地を「内裏御料地」として後陽成天皇に献上する予定であったと言うが、堀新が指摘するように、大明全域の支配者は秀吉自身を想定していたと考えるのが自然であろう。中国版の「治天の君」すなわち「中華皇帝」の地位は、やはり秀吉以外に考えられないのである。もちろん秀吉は、このことを明言してはいない。しかしこれこそが、ロドリゲスの言う第三の心、すなわち「心の奥底にあって、何人にも通じない自分自身のためだけのもの」だったのではあるまいか。

　秀吉がいかなる地位を欲したのかという論点は、日明講和交渉のすえ履行された「日本国王」冊封とも関わる重要課題である。その詳細は、本書別項のコラム「破り捨てられた?冊封文書」を参照されたいが、客観的に見れば、ここに至って秀吉は明の万暦帝《ばんれきてい》に臣属する立場を受容したかように見える。しかも徳川家康ら諸大名らも、明の軍官職を授与されたため、「あたかもシナの封建家臣のような身分」になったと、フロイスは冷徹に評している。しかし秀吉にとって冊封の受容は、「朝鮮南部の日本割譲を明が公認すること」と併せて成立するものだったようで、これを明使に全否定された秀吉は、たちまちこの受封の事実を無かったことにして、朝鮮への再侵略を決意している。単なる「日本国王」号の賜与だけでは、秀吉の「佳名」を顕すには足らなかったのであろう。そして彼の面子を満たすだけの凄惨な略奪戦争が、朝鮮南部において実に執拗なまでに行われてゆく。

慶長三年（一五九八）八月十八日、秀吉は伏見城にて死去した。翌年四月、その遺骸は洛東の阿弥陀ヶ峰に埋葬され、山麓にかけて壮麗な豊国社が造営された。そして秀吉遺愛の品々が、この霊廟に奉納されてゆくのであるが、その目録（『妙法院史料』五-173・177）を見ると、ある特徴に気付く。明の冊封使がもたらした冠服の類は多数奉納されているのに、誥命・勅諭・詔書・金印など、秀吉の「日本国王」冊封の証左となるべき物件が一切見られないのである。一五九〇年に朝鮮通信使がもたらした朝鮮国王書契や、一五九一年にヴァリニャーノが秀吉に献上したインド副王書翰の方は、目録に記載されているにもかかわらず、である。そして「豊国大明神」としての秀吉の遺像には、明から得た烏沙帽《うさぼう》が、戦利品の如く頭上を飾っている。一八三二年

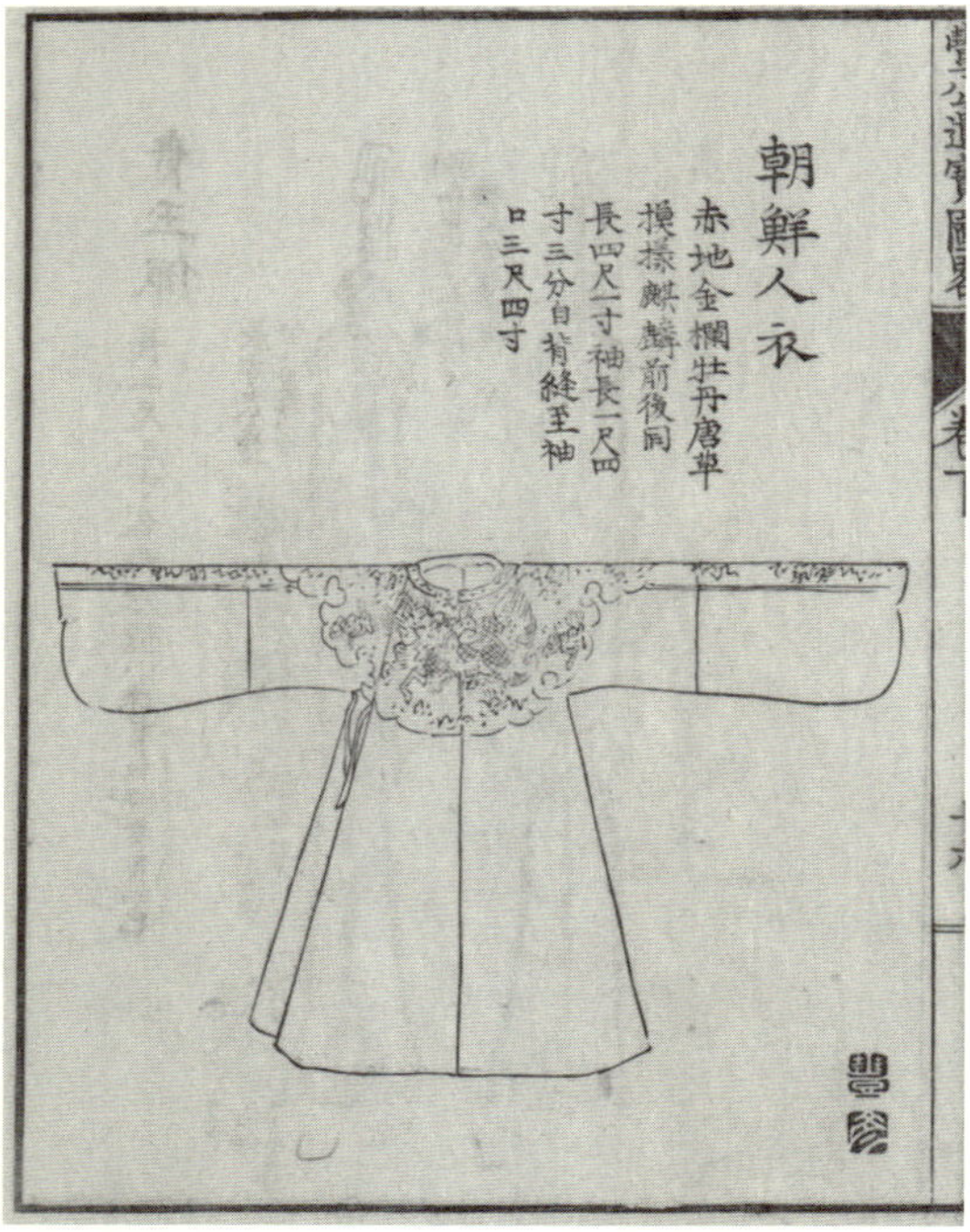

『豊公遺宝図略』下巻（天保３年〈1832〉）より
（国立国会図書館デジタルコレクション）

に『豊公遺宝図略《ほうこういほうずりゃく》』が刊行された頃になると、明の冠服は朝鮮国王からの献上品のごとく説明されるに至る。あたかも死してなお秀吉は、己が名声を守るため、後世の人々の記憶を「あるべき姿」に書き替えているかのようである。

●参考文献

中村栄孝『日鮮関係史の研究』中巻第二章（吉川弘文館、一九六九年）
北島万次『豊臣政権の対外認識と朝鮮侵略』第一章（校倉書房、一九九〇年）
五野井隆史『日本キリシタン史の研究』第二部第二章（吉川弘文館、二〇〇二年）
中野　等『秀吉の軍令と大陸侵攻』（吉川弘文館、二〇〇六年）
跡部　信「豊臣政権の対外構想と秩序観」（『日本史研究』五八五、二〇一一年）
堀　新『織豊期王権論』第Ⅱ部第二章（校倉書房、二〇一一年）
堀　新「織豊期王権論の成立と東アジア」（『歴史評論』七四六、二〇一二年）
津野倫明『長宗我部氏の研究』第七章（吉川弘文館、二〇一二年）
津野倫明「朝鮮出兵の原因・目的・影響に関する覚書」（高橋典幸編『戦争と平和〈生活と文化の歴史学 五〉』、竹林舎、二〇一四年）
鴨川達夫「秀吉は「唐入り」を言明したか」（『日本史の森をゆく』中公新書、二〇一四年）
黒嶋　敏『天下統一』（講談社現代新書、二〇一五年）
跡部　信『豊臣政権の権力構造と天皇』第四章（戎光祥出版、二〇一六年）

10. 文禄《ぶんろく》・慶長《けいちょう》の役《えき》／壬辰《じんしん》戦争の原因　実像編

10 文禄《ぶんろく》・慶長《けいちょう》の役《えき》／壬辰《じんしん》戦争の原因

虚像編

▼井上泰至（防衛大学校教授）

対外戦争の評価は、その言説が産み出される時代の東アジアの情勢や日本の針路と切っても切り離せない。全ての歴史は現代史だと言われるが、正史ではない俗史の言説にも、いやむしろ一般向けの読み物の「物語」にこそ、それは当てはまるのかも知れない。

「徳川史観」「皇国史観」「帝国史観」

秀吉が起こしたこの戦争の原因に関する文学上の言説は、東アジア全体を巻き込んだ事件についてのものであるので、この戦争に対する評価をめぐるものに直結し、ひいては、その言説が生み出された時代の豊臣政権への評価、および対外認識と切っても切り離せない。今仮にそれらを、①徳川史観を反映した秀吉の狂気の戦争、あるいは際限ない貪欲さや驕《おご》りから起こしたという評価、②皇国史観を反映した神国日本の武威《ぶい》を発揮した偉業としての評価、さらには③私に「帝国史観」と名付けた、気宇壮大《きうそうだい》の大英雄として秀吉と、彼の帝国皇帝への意志を評価する見方の、三つに大別してみた。

もちろん、攘夷の武力的実行を訴えて蜂起した幕末の水戸天狗党《てんぐとう》の檄文《げきぶん》が、「尊王攘夷は神州之大典」にして、「赫々《かくかく》たる神州開闢《かいびゃく》以来、皇統綿々」として「威稜之盛《さかん》なる実に万国に卓絶し」た例として、この戦争で「神州固有之義勇」を振るったとするように、②と③が合わさった見方が幕末には生まれ、それがやがては、海軍の協力者でもあった吉川英治によってアジア太平洋戦争中に書かれた『新書太閤記』に見えるような、倭寇《わこう》の大将の中には、「楠家の一族もおり、国を愛するがために血をながした一族のわかれが、一帆万里をこえて、国外に武を振うとき」「その生命の光焔に、護国のたましいが発しられ」た、とする見方にまでつながっていく。しかし、江戸時代にあっては、明治以降のように②と③は常に同居したわけではない。むしろ江戸時代の言説は、①を基調としながら、②や③が徐々に混在しながら芽生えてきたというのが実態である。

林家とその後——徳川史観の形成

江戸の通俗歴史読み物の史観に決定的な影響を与えた林羅山《はやしらざん》・読耕斎《どっこうさい》『将軍家譜』中の『豊臣秀吉譜』（明暦四年〈一六五八〉刊）においては、鶴松《つるまつ》の夭折を嘆き悲しむ余り、この戦争を思いついたことが書かれ、この計画を公表するや、諸臣は内心秀吉が狂ったかと思いつつ、これに反対することなく古今未曾有の壮挙であるとして、やむなくこれに従う。こうした見方は、文禄の役の和議交渉に手間取っていた時期、秀吉自らが朝鮮渡海に言及するや、浅野長政《あさのながまさ》がこれを狐が付いたかと批判し、戦争による濫費・荒廃と渡海後の群盗の蜂起を語ってこれを必死で諫める場面にも引き継がれており、『太閤記』その他の依拠資料にない、羅山たち独自の見方であったことが確認できる。後者の話は、十九世紀初めになって絵本化され、大変好評を博した『絵本太閤記』までほぼ一貫して描かれていく記述であり、江戸時代の一般的な傾向と言ってよい。

特に、朝鮮側のこの戦争の資料である『懲毖録《ちょうひろく》』の和刻本につけた貝原益軒《かいばらえきけん》の序では、秀吉の飽くことを知らぬ貪欲から起こした驕慢《きょうまん》な好戦性を指摘している。こうした見方は、同じ福岡藩に仕える香西成資《こうざいしげすけ》の言説を経て、朝鮮実学者たちの眼にもとまっているほどであった。

しかし、一方で明清《みんしん》交代のインパクトによる、武の国日本という自意識、いわゆる「日本型華夷秩序」観は、この戦争の評価を変える力ともなった。山鹿素行《やまがそこう》は『武家事紀《ぶけじき》』で、神功皇后《じんぐうこう ごう》以来の武威の発露であると同時に、日本の諸将が団結しておれば明を破ることができたという勇ましさは、幕末に至って再度蘇ってくる「英雄史観」の源流と言っていい。軍記関係でも、早く堀正意《ほりせいい》は、書名を戦争の「正義」の観点から『朝鮮征伐記』とし、戦争の大義名分に天皇を戴いて唐入りをする野望は、信長生前の中国攻めの際、秀吉から披露されている。また紀州藩軍学者であった宇佐美定祐《うさみさだすけ》の『朝鮮征伐記』では、秀吉が諸将を集めて朝鮮への侵攻を宣言する際、愛児の死による狂気と合わせて、秀吉の覇気を賞する者もいたことを記す。こうした見方は、太平の時代ながら軍事政権であった江戸時代の支配の有り方から来る見方であって、先に挙げた益軒でさえ、秀吉の「好戦」を批判する一方、朝鮮側の「忘戦」が亡国の原因であったとする点にうかがえる。

絵入歴史読み物と国学・後期水戸学――皇国史観

この後は荻生徂徠《おぎゅうそらい》によって、明国の能力主義的制度が、世襲の日本軍を負かしたのだとする本格的な兵学上の議論もなされていく（『鈐録《けんろく》』）が、一般には十九世紀に入って一つの転換点を迎える。『絵本太閤記』は、おそらくは秀吉没後二百年を意識して、ふんだんに絵を盛り込んで、大坂における秀吉人気にあやかった大衆的な歴史読み物だが、「皇国史観」と「帝国史観」の芽がはっきりと見える点で、見過ごすことができない。

「皇国史観」に関して言えば、本書の序文の多くは、同時期に出された『絵本楠公記《なんこうき》』『絵本忠臣蔵』同様、公家及び地下官人《じげかんじん》（特に豊国社の寺宝を管理した妙法院関係）によって書かれている。その序者の肩書を枠で囲む様式は絵本読本に先行する、名所図会の様式に倣っている。即ち、十八世紀末から十九世紀初めに勃興する朝廷の権威復興の動きやこれと連動した宣長学の伝播と同じ流れの中で、本書の刊行を考える必要があるのである。宣長は、神国の武威の発露として秀吉（豊国神）の外征を評価しており（『馭戎慨言《ぎょじゅうがいげん》』）、本書の序者たちについては宣長学の影響が指摘されつつある。また、本書が「勤王」の文脈にあることは、絵本ものの続編で楠正成《くすのきまさしげ》を扱っていることから見逃せない。それは、維新の志士の葬礼の際、勤王の武将にあやかってこれを祀る流れに繋がっていくからである。

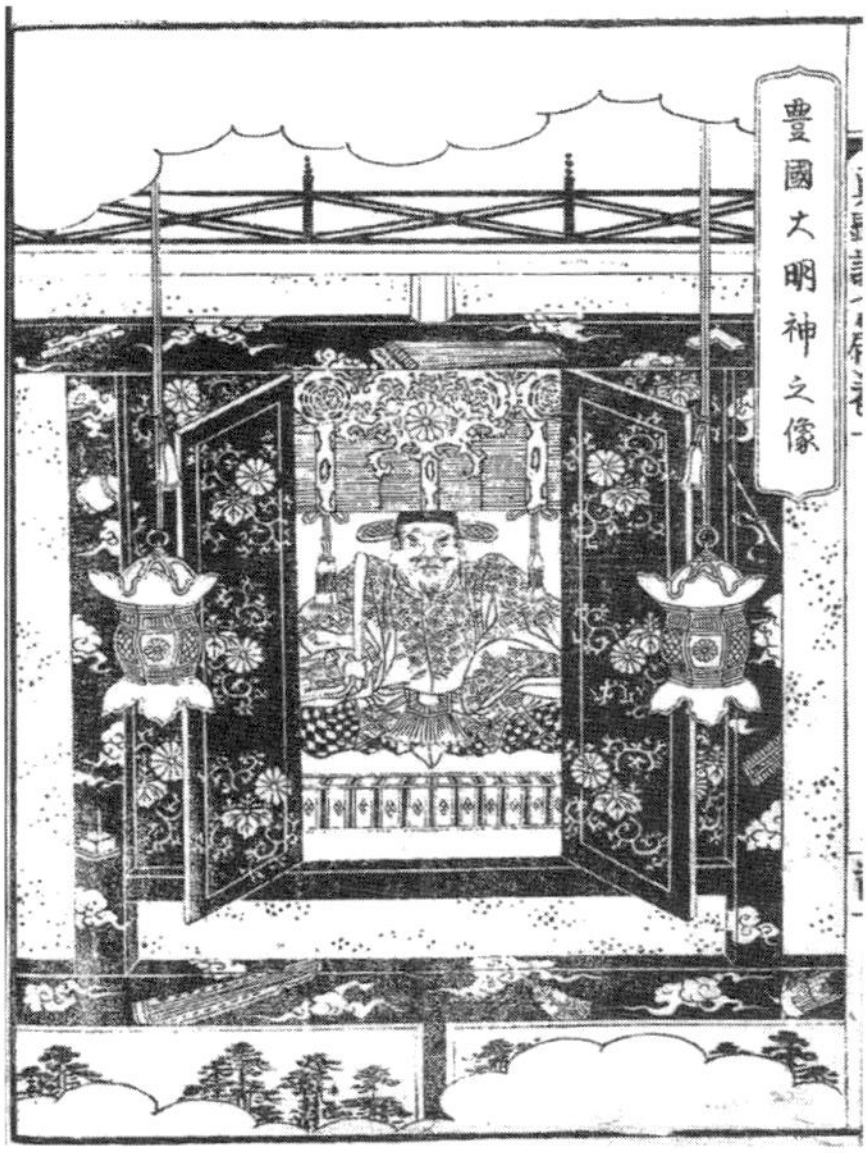

『絵本太閤記』七編巻一附言（国文学研究資料館蔵）
秀吉肖像。御簾や衣冠束帯など神像化が確認され、附言では貝原益軒による征韓の好戦性批判を、真向から反駁して秀吉の征韓を英雄の行為と賞賛する。

靖国神社の前身である招魂社《しょうこんしゃ》は、国事殉難者を祀るが、彼らに最も影響力のあった水戸の藤田東湖《ふじたとうこ》と長州

10. 文禄《ぶんろく》・慶長《けいちょう》の役《えき》／壬辰《じんしん》戦争の原因　×　虚像編

の吉田松陰の勤王精神を端的に表して有名な「正気歌」は、楠・秀吉を自分たちの先例として詠みこんでいるのである。こうした流れは、最終的には、慶応四年（明治元年〈一八六八〉）、京都東山に国事殉難者を招魂社に祀るに当たり、豊臣秀吉・楠正成に次いでこれを祀るものとし（太政官布告）、同年明治天皇の大坂行幸において、豊国神社の建設の命が下され、各地で豊国神社の再建・建立へとつながっていく（14章虚像編参照）。

帝国史観――幕末の危機意識の中で

では、「帝国史観」の方はどうであったか。例えば、吉田松陰は山鹿流の軍学者であったから、その言説は、秀吉の外征に倣《なら》い、朝鮮・満州・台湾・フィリピンへの外征を明記し、特に朝鮮・満州はその中心的ターゲットとされ、そのために洋学を学んで富国につとめ（『幽囚録《ゆうしゅうろく》』など）、国内の士気鼓舞のため「国体」を守る（『講孟余話《こうもうよわ》』など）という、大日本帝国のその後の進路を暗示するものであった。

ただし、こうした見方は「皇国」の要素を除いて幕府側にもあった。仙台藩の洋学者大槻磐《おおつきばん》渓《けい》は、碧蹄館《へきていかん》の戦いの後、小早川隆景《こばやかわたかかげ》の増派要請を受けて自身渡海しようとするも断念、その遺志を継いでほしいと語る秀吉の覇気を評価し、秀吉の寿命が五六年長ければ、明を滅ぼして、清の出る幕もなかったろうとまで言い切り、秀吉はアレキサンダー・フビライ・ナポレオンに比すべき世界的英雄として、秦の始皇帝や漢の武帝より上位に置かれる（『近古史談』）。

さらに、堀田正睦《ほったまさよし》・岩倉具視《いわくらともみ》の言説にあたれば、佐幕・討幕の両派とも世界情勢を「戦国」ととらえており、そうした見方が、政治的立場の別なく「大攘夷」の先例として、秀吉の外征を大きく評価する見方を後押ししたこともうかがえる。そして、その淵源は、既に『絵本太閤記』の七編附言で、作者武内確斎《たけうちかくさい》がわざわざ、益軒の秀吉「好戦」論を正面から批判して、益軒を大英雄の心を理解できない腐れ儒者とこきおろし、その後に御簾の中に納まる神像化した秀吉像を掲げるところに求められるのである。

ナショナリズムか愛すべき英雄か

幕末・明治から戦前・戦後の流れも簡単に見ておこう。まず、幕末の絵本読本『絵本豊臣勲《くん》功記《こうき》』も、実録を正史に準じる軍書として編集した栗原信充《くりはらのぶみつ》『真書太閤記』も、序文（『絵本豊臣勲功記』は安政四年〈一八五七〉刊の初編、『真書』は嘉永六年〈一八五三〉刊の三編、斎藤竹堂序）でこの戦争を理由に秀吉を英雄とする見方に変わりはない。ここはやはりペリー来航以降の攘夷論と英雄待望論が背景にあると見てよいだろう。

ただし、徳川史観が消えたわけではない。中絶した前者に朝鮮の役の記述はないが、後者では、秀吉の朝鮮出兵が、鶴松の死による狂気から発議されたとの印象はかなり薄められている。それよりも、清水寺での発議が先例のあること、大老クラスの反応が悪いのに対し、若い世代の大名の反応が好戦的であること、浪人（戦争）の輸出が発議の理由に加えられていることなどに触れているあたりが興味深い。おそらく、浪人の問題は『日本外史《にほんがいし》』の影響だろう。故実家として有名な栗原信充は、漢学は柴野栗山《しばのりつざん》に学んだが、国学は平田篤胤《あつたね》についたという。自ら後に国史編纂（『通俗国史』明治十三～十五年〈一八八〇～八二〉）を行った島津久光《しまづひさみつ》が鹿児島に彼を招聘したこともあわせ、今後十分な吟味が必要だが、信充の段階ではまだ徳川史観の名残のあることを確認できればそれでよい。

江戸から明治の転換点に位置するのは岡谷繁実《おかのやしげざね》『名将言行録』（初版明治三年〈一八七〇〉、明治二十七・八年版で大幅増補、明治四十二年〈一九〇九〉版が流布版）である。もはや、そこには鶴松の死による外征発議の言説は全く見られない。先に大槻磐渓『近古史談』で問題にした、碧蹄館の戦いの後、小早川隆景の増派要請を受けて自身渡海しようとするも断念、その遺志を継いでほしいと語る秀吉の説話を引いて、「雄偉不群」と書き付け激賞する。その後結局国内の守りのため、兵の増派を悔し泣きして諦める秀吉にも言及、その出典が、先の遺志を継いでほしいとの言説も含め、古賀侗庵《こがとうあん》『良将達徳抄』であることが確認できる。

明治は近代史学の成立期であり、それを経過したところで、江戸の俗史に代って一般向けの歴史読み物を提供したのが、徳富蘇峰《とくとみそほう》や山路愛山《やまじあいざん》らの「民間史学」と吉川英治らの大衆小説である。いずれも新聞人の著作であるか新聞を発表の場としている点が象徴的である。

今日の史学においても通史記述においては皇国・帝国史観を除き参照されるという、徳富蘇峰の『近世日本国民史』は、当初から明治天皇史を構想し、その出発点に信長時代を選んだ。それは、中国の朝貢体制からの独立と勤王の原点を信長に求める史観に基づいている。従って、大正九年暮脱稿の「豊臣氏時代丁編・朝鮮役」において、蘇峰は、朝鮮の役の本命は征明にあり、それは羅山が言う愛児を失った秀吉の個人的動機でもなければ、山陽の言う戦争の輸出でもない、近代になって史学で盛んに唱えられた貿易を拒否されての挙という説（辻善之助「豊臣秀吉の支那朝鮮征伐の原因」）も当たらない、英雄の征服欲と、中国文明へのコンプレックスのない「無学」と、富んでいて、なおかつ与《くみ》しやすい、明・朝鮮に対する「現実」認識にあった、という。

明・朝鮮が与しやすかったかどうかはともかく、「英雄」の「征服」欲説は、今日の史学の認識にも近いところもあり、それは幕末の大槻磐渓の認識にも酷似している。それに、大陸への野心の歴史の先例を秀吉に見ようというのが、蘇峰の論の狙いであったろう。別の観点からも論証できる。蘇峰は大正十年八月の序文でこの戦いを「特に其の日本国民性の大なる欠陥を暴露してゐる」とするが、その欠陥とは本文によれば、外交の失敗と海軍の弱体による制海権の失墜にあったという。

そのことに準えられる問題を、序文の書かれた時点での、日本の外交・軍事の課題に求めれば、アメリカを想定した海軍増強計画たる八八艦隊案とワシントン軍縮会議によるその頓挫の一件が浮かんでくる。日露戦争後、アメリカ海軍を念頭に、海軍は第一次世界大戦の戦争景気による経済成長を受けて、艦齢八年未満の戦艦八隻と巡洋戦艦八隻を根幹とした大艦隊整備計画を策定（明治四十年〈一九〇七〉、帝国国防方針における「国防所要兵力」の初年度決定）、紆余曲折の後、大正九年「国防所要兵力第一次改訂」の予算案が通過。それが、大正十年十一月から翌年正月にかけてのワシントン海軍軍縮条約により、計画は破棄（又は一部変更）を余儀なくされたわけである。蘇峰が征韓を論じる前提として、倭寇を評価する点もこの文脈を無視できないだろう。やがて、この言説は、本章冒頭で取り上げたところの、吉川英治が、秀吉の征韓の志を倭寇と重ねて語るところに帰着するのである。

もう一人の民間史学の雄、山路愛山の『豊臣秀吉』（明治四十一年〈一九〇八〉）はどうか。朝鮮の役の原因及び、中国へのコンプレックスを払拭したとの評価は、徳富蘇峰と大同小異で、むしろその先蹤と見るべきながら、論述の仕方に違いがある。蘇峰の史料博引と、西洋史との比較は、一見近代的に見えて、ハリセンの音が聞こえる史家の方法で、江戸期の太平記読みの語りと近い面がある。和漢の故事との比較の方法を、欧米の戦争記述にスライドしたに過ぎない。『防長回天史』を書いた愛山も、軍記はよく読んでいたが、彼はむしろ軍記的語りの中の評判（評論）、あるいは漢文の世界の「論」に傾く。

続いて重要なのは、矢田挿雲《やだそううん》の歴史小説『太閤記』（大正十四年〜昭和九年〈一九二五〜三四〉）である。桑田忠親《くわたただちか》の名は、秀吉、および太閤記研究で広く知られているが、彼が秀吉に関心を持ったのも、「報知新聞」に連載されたこの小説からであったと後年告白している（『豊太閤伝記物語の研究』昭和十五年〈一九四〇〉、のち『太閤記の研究』昭和四十年〈一九六五〉）。

吉川英治『新書太閤記』とはどう異なるのか。矢田は、秀吉の外征を、老年の欲ボケとして、明るく、しかし批判的に描いている。そこが海軍に協力して、勤皇の倭寇の系譜から秀吉の外征を捉えた吉川と立場を異にする。もちろん、矢田も引用史料の厚みから言って圧巻だった蘇峰の仕事には依拠しており、敬意も表してはいる。

> 徳富蘇峰先生によれば、朝鮮の史官が、この時の光景を叙して、鶴松のオシシのことまでちゃんと描写したそうである。（「日本の小便小僧」）

しかし、外征の原因は、鶴松の死と秀吉自身の誇大妄想に求められる。

> （外征の準備はそれ以前から）殊に鶴松の死は秀吉を狂乱させたと当時噂されたほどであった。秀吉は天を仰ぎ地に伏して哭した。子を喪った者でなければ到底味わい知ることのできない悲痛を胸に宿しつつ、秀吉は八月以来、外征の準備に拍車をかけた。
>
> 秀吉は大明を征して、大明王となる——というとりとめのない空想に身をゆだねている間だけは、さしもの悲痛がいくらか、ほんの少しだが、堪えやすく思われるのであった。

（淀の方との生活による目の疲れ、大政所・秀長・鶴松の死に「自分ほど不幸せな者はない」と考えるようになった）

秀吉のように立身出世した者が、自分を三国一の不仕合せ者と思うわけがあろうかと不思議であるが、彼はこのごろ大まじめにそれを考えるのである。しかしそう考える下から、底抜けに楽天家である彼の生地が頭をもたげて、

「しかし悲しみに負けてはならんぞ。こうして歎いてばかりいては、ついにはからだを損じてしまう。早く大明国を手に入れて、大明の王になり、北政所は日本におき、淀君は北京に伴ない、春は日本の桜、秋は北京の月を賞して、百までも百五十までも長生きをせねばならん」

と元気のいい空想を逞しゅうするのであった。

（「小西行長の進言」）

そして、死の床で夢枕に現れた信長との対話にこの視点は集約される。

信長からあの世に呼ばれ

「そうら見ろ、あまり永過ぎるぞ、すぐにこい」

「え？　すぐに？」

「外征の士卒を犬死にさせるつもりか、どうだ」

「決して、決して」

と太閤は苦しそうに喘いだ。太閤が生きていると、なぜ外征の兵が犬死にをするのか、また、太閤が死ねば、なぜ彼等は救われるのか、そこの理合が夢の中では、ちゃんと太閤に納得できるらしいのである。

（「太閤魘される」）

10. 文禄《ぶんろく》・慶長《けいちょう》の役《えき》／壬辰《じんしん》戦争の原因 × 虚像編

戦後の司馬遼太郎は、『新史太閤記』（昭和四十三年〈一九六八〉）で、山路愛山や矢田挿雲が描くところの、明るい、人たらしの秀吉の魅力を再生しており、自身塗炭の貧しさから成りあがった吉川英治が描いた秀吉のような、草莽からの立身という気真面目さは影を潜めると同時に、朝鮮の役までは筆を及ぼさず、家康との講和で筆を置いている。そして、『関ヶ原』（昭和三十九年〜四十一年〈一九六四〜六六〉）では、朝鮮の役の失敗こそが豊臣政権の失墜の原因であるとして物語を締めくくる。戦後『新書太閤記』の筆を一旦置き、ついに朝鮮の役まで描くことなく一編を終えた吉川英治と同様、司馬にとっても朝鮮の役は、戦後の物語の中で秀吉をヒーローにする際、捨象されるべき対象となったのである。

●参考文献
野口武彦『江戸の兵学思想』第六章（中央公論社、一九九一年）
飯倉洋一「濫觴期絵本読本における公家・地下官人の序文」（『江戸文学』四〇、二〇〇九年）
井上泰至　金時徳『秀吉の対外戦争：変容する語りとイメージ　前近代日朝の言説空間』（笠間書院、二〇一一年）
黒沢文貴『二つの「開国」と日本』（東京大学出版会、二〇一三年）
井上泰至『近世刊行軍書論　教訓・娯楽・考証』（笠間書院、二〇一四年）

※本章の一部は、「帝国史観と皇国史観の秀吉像―『絵本太閤記』の位置」（前田雅之・青山英正・上原麻有子編『幕末・明治―移行期の思想と文化』勉誠出版、二〇一六年）に発表したものである。

●コラム

破り捨てられた？冊封《さくほう》文書

▼米谷　均（早稲田大学講師）

豊臣秀吉の日本国王冊封

日本史において、中国皇帝から王号を授与された人物は極めて少ない。古代における奴《な》の国王・邪馬台国の卑弥呼・倭の五王などを除けば、中世以降に「日本国王」号を授与された人物は、懐良《かねよし》親王・足利義満・足利義持《よしもち》・足利義教《よしのり》・豊臣秀吉に限られる。正式に冊封《さくほう》の手順を通じて王号を授与され、これを受諾した事例となると、更に絞られる。すなわち、①冊封の要請（請封《せいほう》）、②冊封使の派遣、③受封儀礼の執行、④冊封の謝礼（謝恩）のプロセスを踏んだ人物は、大目に見ても足利義満と豊臣秀吉しかいない。また中国皇帝が陪臣すなわち「国王」の臣下にも官職授与を命じた事例となると、倭王珍《ちん》の臣下倭《わ》隋《ずい》ら十三名と、秀吉の臣下徳川家康ら十八名の二例に留まる。さらに、冊封に伴って中国から日本へ送られた文書類や冠服《かんぷく》の類が伝存している事例は、秀吉受封時のものに限られてしまう。豊臣秀吉への冊封事例が、日本史上いかに特殊であるか、これからもお分かり頂けよう。

文禄五年（一五九六）秋、各々来日していた明の冊封使と朝鮮通信使が堺《さかい》で合流した。冊封使の使命は、膠着した文禄の役（壬辰倭乱・万暦東征）にケリをつけ、日明両国に「名誉ある終戦」をもたらすことである。その随行を明に強いられた通信使は、秀吉の無慈悲な下命によって堺に止め置かれ、冊封使のみ大坂登城が許された。ところが初め歓待を受けた冊封使も、やがて秀吉の激しい罵倒を蒙る災難に遭遇した。

L　爾《なんぢ》を封《ほう》じて日本国王と為すと曰ふに至り、秀吉、色を変《へん》じて、立ちどころに冕服《べんふく》を脱《だつ》して之を地に抛《なげう》ち、冊書《さくしょ》を取りて之を扯裂《しれつ》し、罵りて曰く、吾れ日本を掌握《しやうあく》す。王たらんと欲せば則ち王たらん。何《なん》ぞ髯虜《ぜんりょ》の封《ほう》を待たんや……と。

（頼山陽《らいさんよう》『日本外史《にほんがいし》』巻十六「豊臣氏」中）

右は、冊封文書（ここでは誥命《こうめい》）を読み聞かされた秀吉が、激怒して着用していた明の冠服を脱ぎ捨てて、誥命を引き裂き、「泥鰌《どじょう》ヒゲ野郎に日本国王にされてたまるか」と叫んだという一場面である。簡にして要を得た『日本外史』の描写は、後世多くの人々に多大な影響を与えたようで、「秀吉が冊書を裂く図」などのイメージ画像が作られたと言う。しかし徳富蘇峰《とくとみそほう》や石原道博《いしはらみちひろ》が既に指摘したように、これは事実ではない。冊封文書のうち、誥命は大阪歴史博物館に、勅諭《ちょくゆ》は宮内庁書陵部に、無傷なまま所蔵されているからである。ではどうしてこのような言説が生まれたのであろうか。そもそも実際の受封儀礼はいかなるものであったのか。本項目は、こうした謎を解いてみたい。

秀吉引見儀礼の実像

文禄五年（一五九六）九月一日（明《みん》暦では二日）、秀吉は大坂城で冊封使を引見し、冊封文書と冠服に接した。その有様は、楊方亨《ようほうこう》（冊封正使）の稟帖《ひんちょう》（A）、沈惟敬《しんいけい》（冊封副使）の稟帖（B）、景轍玄蘇《けいてつげんそ》（対馬の外交僧）による柳川調信《やながわしげのぶ》肖像賛（C）によれば、おおよそ以下の通りであった。

① 秀吉は金印を頭上に押し頂き、明の官服を着用し、誥命の旨を拝聴した。

② 秀吉は五拝三叩頭《ごはいさんこうとう》して北京の紫禁城《しきんじょう》を遥拝した。また万歳三唱した。

右によれば、秀吉は、おおまかではあるが明の儀式作法に従って受封したことになる。ただしAとBは明本国にあてた報告書であるため、五拝三叩頭をもって北京を遥拝したという②の部分は、明式の受封儀礼の執行を強調して使行の成功を粉飾した可能性が高い。一方で、秀吉が「日本国王」の金印を奉じたことや冠服を着したこと、及び万歳三唱したことは、対馬側の人間が撰文したCにも記されているところから見て、信憑性は低くないと思われる。なお大坂登城を拒まれた黄慎《ファンジン》（通信使正使）は、堺で得た伝聞情報をもとに、朝鮮国王に対して以下のような帰朝報告（D）を行っている。

③ 秀吉は庭上に立って五拝三叩頭を行い、恭しく官服を拝領した。

秀吉がいわゆる庭上拝《ていじょうはい》を行ったというイメージは、朝鮮王宮の殿庭《でんてい》における粛拝《しゅくはい》儀礼の有様を、無意識に織り交ぜて作り上げた想像図であろう。結局、より客観的な行礼情報は、ルイス・フロイス（イエズス会士）の年報補遺（E）に依拠せざるをえない。彼は秀吉側近を情報源としていた関係上、信頼性が高い情報を常に得ていた。

④ 秀吉の引見儀礼は、畳の間で日本式に行われた。秀吉と楊方亨は対等の座にあり、徳川家康ら大名たちが陪座した。酒杯を交わした後、秀

吉は金印を頭上に捧げ持ち冠服を受領した。ついで秀吉は明の冠服に着替えて入室し、盛大な宴会が始まった。

フロイスによれば、引見儀礼は殿舎内部で日本式に行われたという。また金印を捧上して冠服を着用した有様は、Cと共通している。さらにフロイスは、儀式終了後の出来事として、以下のような重要な記事を記している。

⑤　九月一日の引見の晩、秀吉は沈惟敬の宿所を訪れ、「シナ国王が予に対して非常に立派な礼を尽くしてくれた」ので、秀吉の出す返書においては、明皇帝の助言と判断に従う旨を記さねばなるまい、と述べた。

⑥　九月五日、堺に戻った冊封使は、秀吉の使僧の歓待を受けた後、「日本軍は朝鮮国内の陣営を撤去し全面撤退すべき」との書状を使僧に託した。これを大坂で読んだ秀吉は、明側の真意を理解し、頭上に湯気が立つほど激怒した。

これによれば、秀吉が激怒した理由は、「爾《なんぢ》を封《ほう》じて日本国王と為す」と記された誥命を聞いたためではなく、引見儀礼の数日後、日本軍の全面撤退を要求する冊封使の書状を読んだため、となる。また秀吉が誥命を拝聴した日と、激怒した日の間には、数日間のタイムラグがある。よって頼山陽が描写したような、「秀吉は冊書の内容を聞かされ激怒し、即座にこれをビリビリと破った」という話は、とうてい成立しえないのである。

進化する秀吉引見儀礼の描写

では『日本外史』のような「冊書引き裂き」イメージは、どのように形成されていったのであろうか。前述したAからEまでの史料は、冊封使が秀吉よりも上位に立つか、少なくとも両者対等なイメージをもって描写されている。逆に秀吉を上位に置き、冊封使が屈辱的な待遇を受けたように記しているのは、恐らく一六〇六年の諸葛元声《しよかつげんせい》『両朝平攘録《りようちようへいじようろく》』「日本上」（F）にある以下の一節が嚆矢ではないかと思われる。

F　九月初二日、倭将夜押絲《イエヤス》・輝元《てるもと》等、冊使《さくし》を引《ひき》て入見す。方亨《ほうこう》は前に在《あ》り。惟敬《いけい》は金印を捧げて階下に立つ。やや久しくして忽《たちま》ち殿上の黄幄《こうあく》開く。一老叟《いちろうそう》、杖を曳《ひ》き二青衣《せいい》を挟んで内より出ず。即ち関白なり。侍衛、呼吶《ことつ》すれば、人皆《み》な竦慄《しようりつ》す。惟敬は先に匍伏《ほふく》し、方亨は只《た》だこれに随うを得るのみ。老叟、大いに責譲の語有り。

コラム　破り捨てられた？冊封《さくほう》文書

侍臣行長《ゆきなが》曰く「此れ天朝送礼の人なり。宜《よろ》しくこれを優待すべし」と。……次日、冊使を宴す。惟敬、方に撤兵通好を発言す。関白、即ち怒りて曰く「天朝、使を遣わし我を封ず。我、姑《しばら》くこれを忍ぶ。朝鮮は決して和するを許さず。天使も亦《ま》た久留すべからず。明日上船すべし。我、まさに再び兵馬を調《ととの》え、朝鮮に前往し厮殺《しさつ》せん」と。

右史料Fによれば、万暦二十四年（一五九六）九月二日（日暦では一日）、冊封使は徳川家康や毛利輝《てる》元《もと》らに引率されて殿中に到り、楊方亨は御座の前に、沈惟敬は金印を奉じて階下で待機していたところ、殿上の幔幕が開いて秀吉が出御し、両名は平伏してにじり寄ったと言う。また翌日行われた宴席にて、沈惟敬が日本軍の撤兵のことを述べたところ、秀吉の激怒を買ったと言う。ここで注目したいのは、冊封使が秀吉に対して卑屈な態度を取ったと描写されていること、及び秀吉が激怒した主な理由は、沈惟敬が撤兵要請を口にしたためであると述べていること、である。諸葛元声によれば、Fの情報源は随行護勅官の徐志登《じよしとう》なる人物だというが、その信憑性は不確実なところがある。例えば引見儀礼が日本式に行われたのであれば、冊封使が下座に置かれていたとしても不自然ではない。しかし引見と宴席を別々の日に置く史料Fは、これを同日とする沈惟敬の稟帖（B）及びフロイス年報補遺（E）を併せて考察すれば、恐らく間違いである。しかしFの記述内容は、一六二一年の茅元儀《ぼうげんぎ》『武備志』巻二三九「朝鮮考」（G）においても、字句や表現を変えつつ踏襲されてゆく。そしてその影響は、日本で著された軍記物や史書にも及んだ。

例えば一六四二年の林羅山《はやしらざん》・読耕斎《どっこうさい》『豊臣秀吉譜』下巻（H）では、冊封使が拝謁する有様を、FやGと同様の記述をもって描写する。引見を九月二日、宴席を三日に置いているのは、日明両暦の換算を忘れたためであろう（また謁見の場を誤って伏見城としている）。同書では、秀吉が宴席終了後に、誥命を西笑承兌《せいしようじようたい》に読ませて内容を知り、激怒したことを述べるが、その理由を説明した部分が実に興味深い。

H　明主《みんしゅ》、我を封じて日本国王と為《な》すと。固《もと》より是《こ》れ憎むべきの殊《こと》に甚だしき者なり。我は武略を以て既に日本に主《あるじ》たり。何ぞ彼の力を藉《か》りるか。前日行長《ゆきなが》曰く、大明は我を大明国王に為すと。故に我これを信ず。

右の「明主が吾輩を日本国王に冊封した。憎むべい」は、史料FやGの「天朝は遣使して吾輩を冊封してくれたから、とりあえず容赦してやる」を、文脈を真逆にして改変したのであろう。また「大明は吾輩を大明国王にすると、小西行長が申したので信じた」という台詞は、現今の感覚ではいささか戯画めいて見える。ところが一六三三年頃の堀杏《ほりきよう》庵《あん》『朝鮮征伐記《ちようせんせいばつき》』巻五（I）では、「大明王に封ずべしと小西《コニシ》申せしに依て、人数《ニンズ》を引き取りぬ」と言い、秀吉の「大明王」冊封が朝鮮撤兵の条件だったかのように大真面目に語られている。なお羅山の筆致は、一六七〇年の林羅山《はやしらざん》・林鵞峰《はやしがほう》『続本朝通《ぞくほんちようつ》鑑《がん》』巻二二三（J）に踏襲され、一六七三年の山鹿《やまが》素行《そこう》『武家事紀《ぶけじき》』巻一一（K）も、「明王《みんおう》和ヲ乞テ、我ヲ居ナカラ、大明ノ皇帝タラシメンコトヲ云ニヨツテ和談ヲナス」と、同様の趣旨を述べている。更に言えば、林羅山より前の世代の日本人にとっても、こうした言説はさほど奇異ではなかったようである。例えば明の冠服を秀吉から拝領した吉川広家《きっかわひろいえ》は、一五九七年にこれを出雲大社《いずもたいしゃ》に奉納した際、「大明皇帝が使者を遣わして殿下を帝位に附け、袞衣《こんい》と金璽《きんじ》を与えた」と願文に記している。この「帝位」とは、天皇の位ではなく中華皇帝の位を指し、冊封使は「大明皇帝の座を秀吉に譲るため」派遣されたとでも考えていたのであろうか。

さて冊封使の秀吉謁見の有様については、『豊臣秀吉譜』（H）・『朝鮮征伐記』（I）・『続本朝通鑑』（J）・『武家事紀』（K）とも、明側史料の『両朝平攘録』（F）・『武備志』（G）の記述を援用している（JはGを典拠として引用）。ところが激怒した秀吉が、誥命や冠服に対して取った行動については、日本側史料は次のように描写が変化する。

H　即ち大明餽《おく》る所の冠服を解いてこれを著《き》ず、誥命を唐捐《とうえん》して復《ま》た見ず。

K　乃チ明ヨリヲクル衣冠ヲ捨、ソノ冊書ヲナケウツ、

L　立ちどころに冕服《べんふく》を脱《だつ》して之を地に抛《なげう》ち、冊《さく》書《しよ》を取りて之を扯裂《しれつ》し、

すなわち羅山は「秀吉は冠服を脱いで（もう）着なかった。誥命は放り捨てて二度と見なかった」と言い、素行は「冠服は捨て、誥命は放り投げた」とする。そしてを更に劇的に演出したのが、一八二九年の頼山陽『日本外史』（L）なのであった。かくして明側史料では「秀吉が激怒」と単に記されていたものが、日本においては「激怒して冊書を捨てる」、「激怒して冊書を引き裂く」と進化を遂げ、日明講和決裂の視

コラム　破り捨てられた？冊封《さくほう》文書

覚的イメージがここに完成した。ただし秀吉激怒の理由が、「大明皇帝が秀吉を大明皇帝に冊封しなかったから」とした箇所については、頼山陽の目には余りに荒唐無稽に映ったのであろう。よってここの部分は無用とばかりにあっさり削除したのである。

現存する冊封文書の謎

万暦帝が秀吉にあてた冊封文書は、誥命・勅諭・詔書《しょうしょ》の三種があり、近世前期から日本国内の諸書に引用されてきた。『朝鮮征伐記』は誥命と勅諭を、『江雲随筆《こううんずいひつ》』は三種全てを、伊藤松《いとうしょう》『鄰交徴書《りんこうちょうしょ》』は誥命と勅諭を収録している。特に『鄰交徴書』二編巻一（一八三九年刊）にて伊藤松は、誥命の割注に『日本外史』の類文を載せ、勅諭の割注には「此の書、現存して瑕《きず》無し。蓋《けだ》し講和の徒、陰謀して通せず。因《よ》りて扯裂《しれつ》を免《まぬか》れるか」と記し、山陽の引き裂き説に疑問を呈する。なお近世以降の考証を参照すれば、現存する誥命は、まず堀尾吉晴《ほりおよしはる》が入手し、堀尾家断絶後、縁族の石川家（伊勢亀山藩主）が譲り受けたと言う（大阪歴史博物館現蔵）。勅諭については、成富家《なりとみ》（肥前蓮池藩家老《はすいけはん》）が所蔵した後、松浦静山《まつらせいざん》（肥前平戸藩主）や佐藤一斎《さとういっさい》の手に渡ったと言う（宮内庁書陵部現蔵）。最後の詔書については、残念ながら現物は亡失してしまったようである。

以上のように、無傷の現物が遺っているので山陽の筆致は虚偽である、これにて御題の疑問は全て解決……と思いきや、ここに更なる問題が生じる。実は三種の冊封文書は、一度書き替えられており、旧本と新本の両種が存在した。日本に遺る二点の現物と、記録上の一点をつぶさに調べてみると、これらは旧本に属している。また、なぜ文書が再造されたかと言えば、万暦二十四年（一五九六）四月三日に、冊封正使の李宗城が釜山から逃亡するという珍事が起きたためである。

この知らせを受けた明朝廷は、副使の楊方亨を正使に、沈惟敬を副使に昇格させることで使行続行を図ろうとした。問題は冊封文書のうち、勅諭と詔書には「正使は李宗城、副使は楊方亨」と記されていたことである。これを修正するため、表向きは「文書の損壊が甚だしいため」との理由をもって、万暦帝は五月十五日に冊封文書の再造を下命した。使者の名が記されていない誥命に関しては、修正箇所は無いはずであるが、これも一緒に再造して冊封使のもとに送致したらしい。なお文書の日付は、秀吉冊封の允許の年月を優先させ、旧本と同様の万暦二十三年（一五九五）正月二十一日に遡って記された可能性が高い。この新本の冊封文書三種は、文禄五年（一五九六）八月十八日（明暦は閏八月同日）に堺に到着し、九月一日（明暦は同月二日）に冊封使の大坂登城とともに秀吉のもとへ携行されたはずである。そして旧本の冊封文書は、常識的に考えれば、新冊封使によって速やかに回収され、本国に還納されたはず…である。

　しかし先述した通り、現在確認できる勅諭と詔書には、「正使は李宗城、副使は楊方亨」と記されている。すなわち、日本に伝わるべきでない旧本なのである。誥命に関しては新旧を判断する材料に乏しいが、緞子の料紙は万暦十八年（一五九〇）十一月に織造されたものであることが判明している。恐らくはこれまた旧本であろう。この矛盾に関して中村《なかむら》栄孝《ひでたか》は、旧本の誥命や勅諭は、何らかの特殊事情によって日本に遺棄され諸氏の所蔵に帰し、新本の方は大坂城内に安置されていたが、豊臣氏滅亡とともに消滅したのではないかと推測している。これに対し、筆者は以下のように考える。

　楊方亨・沈惟敬ら新冊封使は、新本の再造送致を待たず、念のため旧本を携行して釜山から日本に渡り、堺の宿所に至った。遅れて新本が無事到着するや、冊封使はこれを捧持して大坂城に向かい、秀吉に謁見した。冊封文書の現物は、冊封先の王の拝領要請が無い限り、奉読して持ち帰るのが原則であるため（『万暦大明会典』巻五八「蕃国迎詔儀」）、大坂城から辞去する際、再び新本を携えて堺の宿所に戻った。謁見の四日後、秀吉の激怒を蒙った冊封使は、その三日後、追われるように堺の港を出帆する。その蒼惶の最中、冊封使は旧本の冊封文書を宿所に置き忘れ、新本のみを護持して帰途に就いた。そして残置された旧本を、秀吉は堀尾吉晴や成富氏に与えた……以上のような見立てである。

　秀吉に贈呈された冊封物件のうち、膨大な冠服や服飾品はきちんと保管され、秀吉の没後は豊国社に奉納された（現在は妙法院が所蔵）。一方、誥命・勅諭・詔書の冊封文書や「日本国王」の金印は、「豊公遺宝」から何故か外されている。特に金印が無いのは不審である。秀吉は朝鮮への再出兵を決意した後、非常に鄭重な文面を持つ謝恩表を、恐らく軍事侵攻の時間稼ぎを狙って、万暦帝に送っている。そこには貰ったはずの「日本国王」印は押捺されず、「豊臣」印が押されていた。一説によれば、この金印は対馬の宗氏の得るところとなり、江戸時代初期の国書偽造に用いられたとも言う。冊封文書や金印は、なぜ豊臣家の外に流出したのであろうか。もしもこれら物件が、秀吉によって家臣に下賜されたと仮定すれば、その理由は、秀吉にとってこれらは威信財に足らざる「用無し」の代物であり、手放しても惜しくないと考えたためではなかろうか。あるいはこれら冊封物件が、大明皇帝の任命状や皇帝の印章でなく、日本国王用のそれに過ぎなかったことに心底腹を立て、放擲したのかもしれない。

●参考文献

徳富蘇峰『近世日本国民史　豊臣氏時代　朝鮮役』下巻（明治書院、一九三五年）
石原道博『文禄・慶長の役』（塙書房、一九六三年）
中村栄孝『日鮮関係史の研究』中巻（吉川弘文館、一九六九年）
佐島顕子「壬辰倭乱講和の破綻をめぐって」（『年報朝鮮学』四、一九九四年）
大庭　脩『古代中世における日中関係史の研究』（同朋舎出版、一九九六年）
金　時徳『異国征伐戦記の世界』（笠間書院、二〇一〇年）
桑野栄治「東アジア世界と文禄・慶長の役」（『第2期日韓歴史共同研究報告書』第2分科会篇、日韓歴史共同研究委員会、二〇一〇年）
荊木美行「「明王贈豊太閤冊封文」をめぐって」（『皇學館史学』二九、二〇一四年）
米谷　均「豊臣秀吉の「日本国王」冊封の意義」（山本博文・堀新・曽根勇二編『豊臣政権の正体』、柏書房、二〇一四年）
堀　新「徳川史観と織豊期政治史」（『民衆史研究』八九号、二〇一五年）

●引用史料A～L典拠

A・B…『朝鮮宣祖実録』巻八三、宣祖二十九年（一五九六）十二月己巳（七日）条。

C……景轍玄蘇『仙巣稿』下巻。

D……『朝鮮宣祖実録』巻八三、宣祖二十九年（一五九六）十二月癸未（二十一日）条。

E……一五九六年（九月十八日付、都発信）十二月二十八日付、長崎発信、フロイス年報補遺（松田毅一監訳『十六・十七世紀イエズス会日本報告集』第一期第二巻）。

F……『壬辰之役史料匯輯』下巻（中国・全国図書館文献縮微復制中心出版、一九九〇年）。

G・H…国立公文書館所蔵本。

I……『通俗日本全史』第二〇（早稲田大学出版部、一九一三年）。

J……『本朝通鑑』第一五（国書刊行会、一九一九年）

K……『山鹿素行先生全集』（山鹿素行先生全集刊行会、一九一五年）。

L……『日本外史』下巻（有朋堂書店、一九二九年）。

11 秀次《ひでつぐ》事件の真相

命令されての切腹か、無実の訴えのための自害か。秀次の最期をめぐっては、今ホットな話題が持ち上がっている。その際、ポイントになるのは、事件を伝える史料（資料）の性格の見極めである。後代の文学は、秀次の悪逆と反逆、石田三成の讒言、そして秀次の妻子の処刑へと、その関心を多方面に向けていく。また、その背後に秀吉政権末期への評価があることは、間違いないのである。

11 秀次《ひでつぐ》事件の真相

実像編

▼金子　拓（東京大学史料編纂所准教授）

関白豊臣秀次が謀反の疑いありとして太閤秀吉の嫌疑を受け、高野山に追放のうえ切腹を命ぜられたのが、いわゆる「秀次事件」である。最近この事件について、切腹は秀吉の命ではなく秀次自身の意志であったという新説が出され話題となった。そこで本章では、この新説を前提にもう一度関係史料を読み直し、事件について考えてみたい。

はじめに

豊臣秀次《ひでつぐ》は、三好吉房《みよしよしふさ》と、豊臣秀吉の三つ上の姉とも（智）との間に、永禄十一年（一五六八）に誕生したとされている。最初宮部継潤《みやべけいじゅん》の、ついで三好康長《みよしやすなが》の養子となり、織田信長が明智光秀《あけちみつひで》に討たれた本能寺の変当時は三好孫七郎信吉と名乗っていた。その後三好氏を離れて秀吉一門の大名として独立、近江八幡山を居城とし、秀次と名乗りを改め着実に昇進を重ねていった。その後天正十九年（一五九一）八月に秀吉が実子鶴松《つるまつ》を喪ったあと、叔父秀吉の養子となり、年末に関白職を譲られる。このことが秀次のその後の人生を大きく左右するきっかけとなったのだった。

秀次事件解釈の新説

ここで述べる秀次《ひでつぐ》事件とは、天正十九年十一月、叔父にあたる秀吉の跡継ぎとして関白職を譲られた秀次が、文禄四年（一五九五）七月、秀吉から謀反の嫌疑をかけられて高野山に出奔し、まもなく秀吉の命により切腹して、その後彼の妻子たちが連座して京都の三条河原で惨殺されたとされるできごとである。

この事件の原因・きっかけについては、秀次謀反説・石田三成讒言《ざんげん》説・（秀次）鬱病説・（秀次）不要説・秀頼《ひでより》溺愛説など、さまざまな説が取沙汰されており、物語の恰好の種となっていた。ところが近年この事件をめぐる史料について再検討をくわえた矢部健太郎が、通説とは異なる新説を提唱し、大きな話題となった。矢部は、この事件を考えるうえでの最重要史料である禁裏女官の日記『御湯殿上日記《おゆどののうえのにっき》』をはじめとした関係史料を丁寧に読み直し、次のように論じた。

すなわち、秀吉にはもともと秀次を切腹させるつもりはなく、彼が出奔した高野山にしばらく住まわせるつもりでいた。そのことを伝える使者として派遣された福島正則《ふくしままさのり》らが到着したあと、秀次は身の潔白を主張するため自ら切腹を選んだ。この秀次の意図せざる死に政権の動揺を恐れた秀吉は激怒し、ここまでの経緯を「秀次謀反」の罪による「切腹命令」という言説にすり替え、これを「公式見解」として流布させた。また謀反人秀次の妻子たちを捕らえ処刑することにより、この「公式見解」を首尾一貫した事件に仕立てあげた。

矢部は、秀次の失脚・切腹・妻子惨殺という三つの局面をひとつの事件としての流れのなかで相互に因果関係があって生じたものととらえる従来の見方を批判し、それぞれの局面に別個の理由を見いだすことによって、秀次事件の理解に新展開をもたらした。

この矢部の説に積極的に異を唱える反論はいまのところ出ていない。ただ、その後刊行された秀次の伝記のなかで、著者藤田恒春は、「秀次謀叛を呼ばわっているうちに話が昂じ、条書の旨趣を伝える前に一気に死を賜う方向へと行ってしまった、いわゆるもののはずみ的現象である」と論じ、切腹から秀次の確信犯的、能動的な意図を汲みとることに慎重であるように思われる。

細かな史料解釈の点でいくつか矢部の説に異論がないわけではなく、この点は後述することになるが、矢部の説は史料の詳細な検討をふまえたもので、基本的に首肯できる。したがってここで矢部の検討過程を逐一検証することはしない。ただ、矢部の説を学んだうえで、秀次事件について見直してみて気になるのは、この事件に関する〝認識の層〟の重なりである。秀次事件（に関する認識）は次の四層から成り立っていると考えられる。

（1）事実（実際起こったこと）の層
（2）情報・噂の層
（3）情報をもとに作られた物語の層
（4）実証的研究の層

歴史学の立場としては、可能なかぎり（1）の層を信頼性の高い史料をもとに明らかにすることが責務であろう。そのためには、（2）のもとになっている史料の性格を見きわめたうえで、確実と思われる事柄を積み上げ、（1）を再構築するしかない。ところが、事件のほぼ同時代のうちに（2）から作られた（3）の影響力が大きく、知らず知らずのうちに（3）の層を前提に考察が進み、（4）が形づくられてきたようである。矢部はこれまでの（4）の認識から解放され、あらためて（2）の層を丹念に掘り起こすことにより（1）の層に肉薄することに成功した。

ただ、（1）がどのような内容であったにせよ、当時の人びと（事件を記録した人びと）にとっては、（2）が〝現実〟であったはずである。本書ではこの（2）から生まれた（3）の「虚像」がいっぽうの注目点となっている以上、（2）がいかにして形成されたのかも大きな課題になるだろう。

そこで以下では、矢部の説を前提に、当時の人びとの認識を支配した（2）の層の洗い出しを大きな目的と定めて事件の推移をたどり直し、そのさい（1）の層とのズレにも注意を払って見てゆきたいと思う。

秀次事件の発端

この事件の発端とおぼしき問題が史料の表面にあらわれるのは、文禄二年七月三日のようである。当時勅勘《ちょっかん》を受けて朝廷に出仕できず、秀次より扶持米《ふちまい》を受けていた公家山科言経《やましなときつね》が、八日、その日記に関白と太閤が三日以来「御不和」となったと記している（『言経卿記《ときつねきょうき》』）。前日の七日時点で、秀次は所労のため誰とも面会しないという状態になっていた（同前）。太田牛一の『大かうさまくんきのうち』では、三日に秀次による謀叛の談合の噂が秀吉の耳に入り、その穿鑿のため石田三成ら四人の側近が秀次のもとに遣わされたとある。

右の牛一の記録は先の（3）に該当する。「御不和」の真相は直接的にはわからない。しかし矢部は、宮本義己の研究により、この背景に禁裏侍医曲直瀬玄朔《まなせげんさく》による「天脈拝診怠業事件」があるとみる。藤田もこのことを「秀次事件の伏線」と推測している。

六月半ば頃より、後陽成天皇が「御くわくらん《（霍乱）》心」（暑気あたりによる体調不良か。太陽暦でいえば七月中旬から下旬頃にあたる）により具合が悪く、医師曲直瀬玄朔が検診のためたびたび参内し、薬を処方してその快復に努めた。『御湯殿上日記』によれば、玄朔は十四日・十五日・十七日から十九日までとほぼ毎日のように参内している。

ところが二十日になって、玄朔は伏見にあった秀次の病を診るため、禁裏には薬を処方した書付を残し伏見に下った。つまり玄朔は天皇よりも秀次の診察を優先して伏見に下ったというわけである。

二十日の玄朔の行動が「怠業」とまで呼んでよいのかはなはだ疑問であり、秀吉・秀次の不和がこの程度の（と言ってしまうが）問題から生じることに訝《いぶか》しさは残る。ただ、秀次の高野山出奔を記す記事（後述する『御湯殿上日記』七月八日条）の翌日の記事に「玄朔も太閤からお叱りを受けた」（「けんさくも大かうより御しかり候よし申」）とあるので、秀次・玄朔が何らかの落ち度により秀吉から叱責を受けたことは確かである。その落ち度を探すとすればこのときの「怠業」をおいてほかに見あたらず、やはり発端と見るべきなのだろうか。

実際矢部も、いまわたしが抱いた疑問については認識しており、次のように考えている。すなわち、文禄四年に三歳になった拾（のちの秀頼）の壮健さに安堵した秀吉は、後継者問題を真剣に考えるようになり、秀次を失脚させるための軽微な罪を探り始めた。そのなかでくだんの「天脈拝診怠業」が起こり、朝廷と秀次の間を行き来する玄朔の動きに「謀反の疑いあり」と難癖をつけ、秀次を高野山に追放した。結局「天脈拝診怠業」は秀次を陥れるための口実に過ぎないということになる。

秀次の高野山出奔

朝廷に秀次出奔の情報が入ったのは、当日七月八日のことであった。『御湯殿上日記』の関係部分を現代語訳してみる。

今朝秀次のもとへ秀吉から使者が遣わされ、（秀次の）謀反というような噂がお耳に入り秀吉の機嫌が大変悪いので、ひとまず謝罪までということで、秀次が高野山に入ったという情報がもたらされた。（「けさくわんはくとのへ大かうより御つかゐありて、むほんとやらんのさた御入候て、大かうきけんわろくて、御ことはり御申候までとて、くわんはくとのかうやへ御のほりのよし申」）

ちなみに、おなじ日の京都吉田神社神主吉田兼見の日記『兼見卿記《かねみきょうき》』の記事を見ると、秀次は午刻（十二時頃）、従者数人を連れ、伏見（の秀吉のもと）へ赴いたことがわかる。

矢部は、情報伝達の早さという点から、この情報を早々に朝廷にもたらしたのが、秀次を受け入れた木食応其上人《もくじきおうご》を責任者とする高野山の情報伝達網によるという注目すべき見解を示しており、この点に異論はない。

異なるのは、「御ことはり御申まて」の解釈（具体的には「ことはり」と「まて」）であり、矢部は「弁解が済むまで」と理解し、これは秀吉の使者が秀次に伝えた秀吉の決断であるとする。その根拠のひとつとして、先に触れた『兼見卿記』同日条にある「今度雑説の「御理」のため、秀次が伏見に下った」という記事をあげているが、こちらの「御理」は弁解・謝罪いずれとも解釈ができる。

私見を述べれば、この日、秀吉から「むほん」「雑説」の真を問いただす使者を受けた秀次は、謝罪（もしくは弁解）のため伏見の秀吉のもとにおもむいた。そこでどのような問答がなされたかは不明であるものの、秀吉の不機嫌な姿に接し、謝罪の意を示してそのまま自らの意志で高野山に入ったのではあるまいか。

玄朔も秀次と一緒に叱責を受けていることから、秀吉・秀次の関係に亀裂が入ったきっかけのひとつが、六月二十日の玄朔による秀次診察にあった可能性は否定しない。ただ、そこから七月三日までの間に両者の関係が「御不和」と表現されるまでに悪化した過程や、八日に秀次の「むほん」が取沙汰されるまでに話が膨れあがった背後に何があったのか（誰が介在していたのか）は、さらに検討を重ねなければならないだろう。

「公式見解」の形成と秀次切腹

八日の『御湯殿上日記』に記された情報は、矢部の指摘にもとづけば当事者高野山から直接朝廷に伝えられた内容であり、認識の層としては（1）にかぎりなく近いものとみなしてよい。ところが、翌々日の十日付で秀吉は諸大名に「今度関白に不届きな事情があったため高野山に遣わした」（「今度関白不相届子細有之付而、高野山江被遣候」吉川家文書）と伝えたり、三成ら奉行衆が「関白殿には今度思いがけない心構えがあったため高野山に遣わされた」（「関白殿今度不慮之御覚悟有之付て、高野山へ被遣候」同前）と報じるなど、すでに秀吉側で事実を隠蔽して「公式見解」を吹聴する動きが見られる。

そもそも翌日九日の時点で、吉田兼見は、日記に「御謀反であることは確かだという。一味の衆もおり、つづいて糺明がなされるとのことだ」（「御謀反治定、歴々一味之衆在之、連々可有御糺明云々」）という伝聞情報を記している。翌日にはすでにこうした噂が飛び交っていた。「秀吉サイドで一斉に秀次追放を煽り、政権側の正当性を喧伝した」と藤田が述べた事態であり、すでに（2）の層が表面にできあがっているのである。

秀次の謀反騒ぎのため、秀吉が怒り、高野山へ追放したという「公式見解」は、朝廷には十二日になって前田玄以を通してあらためて伝えられた（『御湯殿上日記』）。秀次謀反・高野山追放という流れは、この当時の〝現実〟（（2）の層の認識）となっていた。

その後十五日に至り秀次が高野山において切腹することになった事情もまた、矢部が『御湯殿上日記』の丁寧な分析により明らかにしたとおりである。十六日条に「関白殿が昨日十五日の四つ時（午前十時頃）に切腹なさったという情報が届いた。無実であるからこのようになったとのことである」（「くわんはくとの、きのふ十五日のよつ時に御はらきらせられ候よし申、むしちゆへかくの事候のよし申なり」）というのだ。

高野山へ出奔した秀次に対し、秀吉には切腹させる意志はなく、当面そこに住まわせるつもりであった。そのため、十二日付で責任者である木食応其に宛て、秀次の高野山住山のために身の回りの世話をする人間や警固に関する規定を指示する条書を作成した（『所三男氏持参文書』）。この条書は福島正則・池田伊予守《いけだいよのかみ》・福原長堯《ふくはらながたか》の三人の使者によって高野山にもたらされた。

従来この三使は、秀吉の切腹命令を秀次に申し渡す使者であったとされてきたが、矢部は、秀次の高野山住山を伝えるのが役目であったと評価を一変させた。ただ、この使者を受けて秀次は切腹を決意した。矢部は「秀吉の意志が「高野住山」であることを知った秀次は、身の潔白のために切腹の意志を固めたのだろう」と推測している。

この矢部の見解を前提に、先の私見をくわえれば、切腹に至る秀次の心の動きは次のようになろうか。高野住山はすなわち謀反の嫌疑が払拭されなかったことを意味する。いわれのない謀反の嫌疑を受けたものの、玄朔の問題などで不興を買ったこともあるので、秀吉の怒りを鎮めるためにひとまず恭順の意を示して、謝罪のつもりでいったん高野山に退いた。しかしながら結局疑いは晴れず、復帰の道は閉ざされた。このため秀次は抗議の意志を示し、身の潔白を主張するためにも、切腹という手段を選んだのである。

ここで福島正則ら三使が、秀次切腹を諫止《かんし》せずに黙って指をくわえて見ていたことについて、福島正則と福原長堯（三成の女婿もしくは妹婿）それぞれの立場による意見の対立があった可能性が指摘されているが、この点はなお検討を要する問題だと言えよう。

「秀次事件」の成立

結局切腹もまた、秀吉の意に反した秀次の、政権の長たる関白という立場をわきまえない、またまわりが見えない刹那的な行動であった。矢部は、この想定外の秀次の行動が、秀吉にとってみれば「復讐行動」と受け止められ、また意に反することが起こったために生じた豊臣政権の動揺を抑えるために、秀吉は秀次一族の粛正というかたちでの幕切れを選ばざるをえなかったと指摘する。

事実、秀次が高野山に出奔した直後の時点で真相究明の命令が出されたため、「諸大名恐怖」「近国・遠国参着次第走り参る」のように、諸大名は動揺し、上方に駆けつける動きを見せた。また大切な物を「預け物」として吉田家に預かってもらう京都や伏見の人たちもあった（『兼見卿記』）。京都や伏見はこの噂によって騒然とした雰囲気になっていたと想像される。天下人として政治を主導する秀吉としても、面目をつぶされたような、憮然たる心持ちだったのではあるまいか。

最終的に秀次の妻子が惨殺されたことにより、見かけ上は、秀次の謀反・高野山への追放・命による切腹・連座による一族の処刑という流れが、一連の「秀次事件」として仕立てられ、これが豊臣政権としての「公式見解」、つまり当時の〝現実〟として広く浸透することになった。

「秀次公縁起」（瑞泉寺蔵）
（『愛知県史』資料編13・織豊3付録より）

この〝現実〟のうえに、当時の人びと、および後世のわたしたちは、鶴松《つるまつ》の死と秀次への関白職譲渡、拾の誕生といった事象を関連づけ、秀吉（および彼の側近）による秀次の追い落としという腑に落ちる推論を組み立てた。かくて話は（3）の層、さらに（4）の層へと展開してゆくことになったのである。

矢部は、事件前段の秀次の高野山への追放という点においては、そこに秀吉の意図を想定し、やはり秀吉は秀次失脚の時機をうかがっていたと考えているようである。しかしわたしは、秀次の高野山への出奔も、高野山における秀次の切腹も、いずれもが秀吉の意図しない方向に勝手に進んでしまい、秀吉は後手にまわるかたちで秀次の謀反という〝現実〟を作りあげたと考えたい。藤田は当時この事件は「突発的に引き起こされたものと思われた」と表現したが、真相はこれに近いのではあるまいか。

秀次の個性

本章では、「事実（実際起こったこと）の層」（1）および「情報・噂の層」（2）とのズレに注意しながら、とくに秀次の高野山への出奔と切腹という局面に絞って「秀次事件の真相」を考察した点、事件全体をつかみ切れていない憾みが多分にある。

矢部は、この事件から派生した諸大名による連署血判起請文《きしょうもん》の作成などをも視野に入れ、秀吉政権の構造的な問題点へと論点を広げて考察を展開している。また藤田は秀次という人間の一生をたどるなかでこの秀次事件の歴史的意義について論じている。こうした先学のすぐれた成果をふまえた秀次事件全体の再評価が待たれるところである。

藤田が紹介しているところであるが、イエズス会宣教師たちは、その記録のなかで秀次を残虐な暴君のように表現している。これらは貴重な同時代史料であるとはいえ、秀次死後に記されたものが多いという。つまり（2）のなかで形成された「公式見解」を前提に生まれた可能性が高い。その時代の〝現実〟を記したものではあるという意味で重要ではあるが、これを（1）の層と同一視できない。

いっぽうで秀次には嗜虐的な性癖もないわけではなかったらしい。和歌や漢詩文など文事に関心を寄せ、古典の保存にも心を配り、また子どもたちの病に気をもみ、その病死に嘆き悲しむといった一面もあわせ、わたしたちと変わらない、複雑で多面的な性格を含みこんだひとりの人間という存在であることを大前提に、豊臣秀次の人物像を考えてゆかねばならないのである。

●参考文献

宮本義己「豊臣政権における太閤と関白」(『國學院雑誌』八九―一一、一九八八年)

矢部健太郎「秀次事件と血判起請文・『掟書』の諸問題」(山本博文・堀新・曽根勇二編『消された秀吉の真実』柏書房、二〇一一年)

矢部健太郎「『大かうさまくんきのうち』の執筆目的と秀次事件」(金子拓編『『信長記』と信長・秀吉の時代』勉誠出版、二〇一二年)

矢部健太郎「『御湯殿上日記』と秀次事件」(天野忠幸・片山正彦・古野貢・渡邊大門編『戦国・織豊期の西国社会』日本史史料研究会、二〇一二年)

矢部健太郎「関白秀次の切腹と豊臣政権の動揺」(『國學院雑誌』一一四―一一、二〇一三年)

矢部健太郎『敗者の日本史一二　関ヶ原合戦と石田三成』(吉川弘文館、二〇一四年)

藤田恒春『豊臣秀次』(吉川弘文館、二〇一五年)

〔追記〕

本稿校正中、矢部健太郎『関白秀次の切腹』(KADOKAWA、二〇一六年)が刊行された。参考文献に掲げた氏の論文を一般書としてまとめなおした内容であるが、本稿執筆中に筆者から矢部氏に示した拙論の論旨を取り入れ、さらにあらたな見解を打ち出しておられる。あわせて参照されたい。

11 秀次《ひでつぐ》事件の真相

虚像編 ▼丸井貴史（上智大学大学院）

秀吉から関白の職を譲られた秀次《ひでつぐ》は、秀頼《ひでより》が誕生すると自らの地位が脅かされるのではないかと不安を抱き、謀叛《むほん》を計画するようになった。それに伴い乱行も目立つようになり、ついには「殺生関白《せっしょうかんぱく》」と呼ばれるようになってしまう。そして秀吉によって高野山に追いやられ、切腹を命じられた――。豊臣秀次の晩年は、このように認識されていることが多い。しかし、それは本当に秀次その人の姿だったのであろうか。秀次事件を題材とした近世文学を検討することで、現代における秀次のイメージが形成されるまでの過程を跡づけてみたい。

秀次事件を描いた作品

豊臣秀次が高野山において自害したのは、文禄四年（一五九五）七月十五日のことであった。小姓山本主殿《とのも》・山田三十郎・不破万作《ふわばんさく》を介錯し、東福寺の僧隆西堂《りゅうせいどう》の最期を見届けた後、自らも雀部《ささべ》淡路守重政の介錯により、切腹して果てたのである（文献によっては自害の順が異なる）。これを一般に秀次事件と呼んでいる。

この事件のことを初めて全面的に記したのは、太田牛一『大かうさまくんきのうち』（慶長十年〈一六〇五〉頃成立）である。以後、川角《かわすみ》三郎右衛門『川角太閤記』（元和七年〈一六二一〉頃成立）や小瀬《おぜ》甫庵《ほあん》『太閤記』（寛永三年〈一六二六〉跋刊）をはじめ、武内確斎《たけうちかくさい》『絵本太閤記』（寛政九年〈一七九七〉

初編刊）、栗原信充《くりはらのぶみつ》『真書太閤記』（嘉永二年〈一八四九〉初編刊）など「太閤記物」と称される一群の書物が現れるが、事件に関する記述はそれぞれ異なっている。それは、この事件が多様な解釈を許容するものであったことを意味していよう。

本章は、事件の真相解明を目的とするものではない。ここで問題としたいのは、この事件がいかに語られ、そして伝えられてきたかということである。それは、人々の目に秀次事件がどのように映っていたかを明らかにする試みでもある。

物語としての秀次事件

事件に関して諸書は様々な解釈を示すが、秀次の行動に秀吉への謀叛を疑わせるものがあったという点に関しては共通している。では、秀次には実際に謀叛の意思があったのか。まずは、この問題に関する諸書の記述を確認したい。

たとえば『大かうさまくんきのうち』には、木村常陸介《ひたちのすけ》（重茲《しげこれ》）と粟野木工頭《もくのかみ》が謀叛を勧め、秀次がそれに同意したとの記述がある。これを仮に〈謀叛説〉と称しておくが、この立場をとる作品は実はそれほど多くなく、『大かうさまくんきのうち』の他には、作者未詳の仮名草子『聚楽物語《じゆらくものがたり》』（寛永年間〈一六二四〜一六四四〉刊）に、「前《さき》の関白秀次公は、伯父《はくぶ》大閤秀吉卿の重恩をわすれ給ひて、あまつさへ逆心をふくみ給ひしかば」（読み仮名は適宜取捨した。以下同様）という記述があるのが確認される程度である。

これに対し、『川角太閤記』は「御謀叛は毛頭おぼしめし寄りなき事、後々、只今までも御座《ざ》なく候と承り候」と記し、謀叛説を完全に否定する。ただし、謀叛の事実がなかったにもかかわらず秀次が罪を負った理由については、特に言及がない。一方『太閤記』は、『川角太閤記』

と同じく秀次に謀叛の意思はなかったとした上で、次のように述べている。

夫惟《それおもんみ》るに、大かた讒者は智深く才足る物なり。秀次公在世し給はゞ、増田、石田が身の上あしかりなんと遠慮し、弥《いよいよ》讒言止む期《ご》なし。将軍も、あり〳〵しく長盛、三成申ししかば、げに左《さ》も有《ある》べしとおぼされにけり。

すなわち、秀次が生きていては都合が悪いと考えた増田長盛《ましたながもり》と石田三成が、秀吉に讒言を繰り返したというのである。これを〈讒言説〉と称しておこう。ここでは長盛と三成が並列的に記されているが、安永年間（一七七二〜一七八一）の成立とみられている写本『太閤真顕記《たいこうしんけんき》』では讒者から長盛の名が消え、三成の共謀者として新たに淀殿の名が加わる。そして、この書の強い影響下に成立した『絵本太閤記』や『真書太閤記』の流行により、三成・淀殿による讒言説は人口に膾炙することとなった。

天正十九年（一五九一）十二月、秀吉は関白職を養子の秀次に譲った。しかし文禄二年（一五九三）、淀殿との間に実子秀頼（幼名拾丸《ひろいまる》）が誕生する。徳富蘇峰《とくとみそほう》は『近世日本国民史　朝鮮役下巻』（民友社、大正十一年〈一九二二〉）において、秀吉はこれ以来、我が子を後継者とすることを望むあまり秀次を疎んじるようになったと論じたが、「太閤記物」にそのような秀吉の姿は描かれていない。秀頼の将来を強く案じるのは、むしろ淀殿の方なのである。『太閤真顕記』の淀殿は、秀次が生きていては秀頼の命が保証されないと三成に不安を煽られ、秀吉に秀次の讒言を繰り返す（『真書太閤記』も同様）。そして『絵本太閤記』にいたっては、淀殿の方から三成に秀次を殺す相談を持ちかけることになっている。

三成と淀殿の共謀は、おそらく『太閤真顕記』における創作である。ただし、こうした設定が成立し得たという事実は、秀頼の誕生と秀次事件に密接な関連性があるとする認識が、当時の人々にあったということを示していよう。その認識の淵源として考えられるのは、『聚楽物語』に見られる次の一節である。

秀次公おぼしめしけるは、「大閤御実子なからん時こそ、我に天下をもゆづり給ふべけれ、まさしく実子をさしをき、いかでか我を許容し給ふべき」と思しめす御心出で来けれ共、仰せ出だす事もなく、御心のそこにとゞこほりけるにや、いつしか御きげんあらくならせ給ひて、御前近き人々も故なく御かんきをかうぶり、或ひは御手うちにあふもあり。

秀頼の誕生によって自らの地位が奪われるのではないかと恐れた秀次は、その不安の反動によるものか、次第に気性が荒くなっていったという。実際の秀次が関白の地位にどれほど執着していたかは定かでないが、『聚楽物語』のこの設定は、秀次の変貌をきわめて自然に説明し得ているように思われる。『太閤真顕記』や『絵本太閤記』の淀殿が秀頼の誕生を契機に秀次への態度を一変させるのも、これに着想を得たものではなかろうか。

このように、秀次の謀叛疑惑に関する記述だけでも、その内容は諸書の間で異なっている。すなわち近世という時代において、秀次事件は多くの虚構を含んだ物語として語り継がれていたのである。そして事実と虚構の境界が曖昧化する過程の中で、歴史の登場人物たちは様々なイメージを纏わされていく。次節ではその一例を検討したい。

殺生関白秀次

すでに述べたとおり、『太閤記』は長盛・三成の讒言説を採っており、秀次謀叛説を否定している。しかし興味深いことに、以下のとおり必ずしも秀次を一方的な被害者として描いてはいない。

秀次公讒言にあひ給ひしは、唯《ただ》関白の高職をおろそかに思ひ給ふて、万《よろづ》其の法に違《たが》ひつる故なるべし。天罰の急緩黙止して知るべし。然《しか》れば長盛、三成が讒言も聊《いささか》にくからぬ意味も有《ある》か。

すなわち謀叛に関しては無実であるものの、切腹は「天罰」であるというのである。その理由として、『太閤記』は次のような出来事を挙げている。

文禄二年（一五九三）一月五日、正親町《おおぎまち》上皇が崩御した。諒闇の時期、本来ならば関白は服喪すべきであるが、秀次は上皇崩御から七日も経たないうちに鹿狩を挙行。さらに女人禁制・殺生禁断の比叡山に女房たちを帯同して登り、昼は狩猟、夜は遊宴に耽った。僧たちがそれを諫めると秀次は激怒し、僧が蓄えておいた味噌の中に魚や鳥の腸を放り込むなど、放埒の限りを尽くした。

こうした秀次の所行に対し、都では「院の御所手向《たむけ》のためのかりなればこれをせつしやう関白といふ」という落首が詠まれたという。言うまでもなく「摂政」と「殺生」が掛けられているのであり、現在にまで伝わる「殺生関白」としての秀次像は、諸書に描かれるこうした無道人ぶりに端を発しているといえよう。

秀次の悪行については、さらに多くの逸話が残る。たとえば『大かうさまくんきのうち』によれば、右に記した比叡山での暴挙の他、鉄砲の稽古と称して農作業中の百姓を撃ち殺したり、弓矢の稽古と称して往来の人々を射たりしたこともあったという。また、北野参詣の際に行き違った座頭をなぶり斬りにしたとの記事もある。『太閤記』ではこの座頭殺害に関する記

「豊臣秀次・妻子・家臣像」（瑞泉寺蔵）
中央幅中央が秀次。そこから時計回りに、高野山で秀次に殉じた隆西堂・山本主殿・雀部淡路守重政・山田三十郎・不破万作が描かれる。左右幅は秀次の子女と妻妾。女性の名や配列順は、主に『聚楽物語』に依拠したものと考えられる。制作年代は、瑞泉寺の地蔵堂が建立された正徳３年（1713）から間もない頃か。（参考：黒田智「豊臣秀次・妻子像を読み解く」、『文学』10-5、平成 21 年９月）。

述が詳細になり、秀次が座頭に酒を勧め、座頭が右手を出すと右腕を斬り落とし、座頭に罵られるとたちまちその体を斬り刻んだとされている。

注目したいのは、『聚楽物語』に次のような逸話が載ることである。あるとき、秀次の料理に砂が入っていた。激怒した秀次は料理人を呼び出して口の中に砂を押し込み、さらに右腕を斬り落とした。左腕をも斬り落とし、料理人が秀次を罵ると、その手で首を斬ったという。これは明らかに、先述の座頭の話を改変したものであろう。『聚楽物語』はこうした改変を行いながら、「殺生関白」という秀次の人物像に物語性を付与していったのである。さらに『絵本太閤記』では、淀殿によって差し向けられたおまんの方という女によって、こうした悪行が唆さ

11. 秀次《ひでつぐ》事件の真相　虚像編

れることになっている。

以上のことを踏まえれば、秀次という人物のイメージに、物語作者の手になる創作が多分に含まれていることは疑い得ない。物語の中の秀次は、決して秀次その人ではないのである。しかし近世において、その認識を持ち得た人物は稀であった。林羅山《はやしらざん》・読耕斎《どっこうさい》『豊臣秀吉譜』(明暦四年〈一六五八〉刊)や頼山陽《らいさんよう》『日本外史』(文政十二年〈一八二九〉刊)でさえ、こうした物語の中の秀次像を、あたかも秀次の実像であるかのように記しているのである。ただし、ひとり松浦静山《まつらせいざん》だけは、秀次の墓がある瑞泉寺《ずいせんじ》の「略縁起」を読んだ感想として、次のように述べている。


この縁起のさまにては、新関白高野へ退くの躰、妃妾和歌の詞を察するに、新関は桀紂の如き独夫とも聞こへず。全く石田が讒佞と太閤の不明とに出るなるべし。

(『甲子夜話《かっしやわ》続編』巻七十)


しかし秀次事件という物語の中で、こうした視点が示されることはあり得ない。たとえ謀叛を冤罪とみなすとしても、それに代わる切腹の正当な理由として、「殺生関白」としての秀次像は不可欠だったのである。『太閤記』に見える「天罰」の語は、それを顕著に示していよう。

秀次の妻妾たち

秀次事件は、秀次の切腹をもって終結したわけではなかった。文禄四年(一五九五)八月二日、京都三条河原において、秀次の子女と妻妾が一斉に処刑されたのである。

その日の朝、彼女たちが刑場に着くと処刑はすぐに始まった。まず、五十歳ほどの男が若君をつかみ上げると、そのまま胸に刀を突き刺した。人々の泣き声が響く中、三歳になる姫君は母であるお辰の方に抱きついている。姫君が勧められるまま南無阿弥陀仏と十遍唱えると、処刑人はこの幼い子を母親から引き離し、またも心臓を二度突き刺して投げ捨てた（『太閤記』）。

こうして遺児たちの処刑が済むと、次は妻妾の番である。正妻一の台をはじめ三十余人の女たちは、一人ずつ引き立てられ、置かれている秀次の首を拝んだ後、順に首を斬られていった。

この凄惨極まる処刑については、秀次の切腹を「天罰」と断じた『太閤記』も、「哀共《あはれとも》いたはし共、言葉も更になかりけり」と、同情の思いを寄せている。そして『聚楽物語』に至っては、彼女たち全員の名・経歴・辞世の歌を記した上で、最期の様子を一人ずつ詳細に描写する。秀次のことを「大あくぎやくの人」と断じた一方で、その妻妾であった彼女たちのことは深く悼んでいるのであろう。それを示すかのように、全三巻のこの作品は下巻のすべてを三条河原の描写に費やし、処刑を見届けた人々が俯きながら帰る様子を描いて閉じられている。

秀次事件最大の悲劇は、この三条河原の処刑であろう。それゆえに近世の小説は、この犠牲者たちに視線を注ぎ、物語を紡いできたのであった。そのひとつが、仮名草子『恨《うらみ》の介《すけ》』（慶長末年頃成立）である。

清水参詣に出かけた恨の介は、田村堂の近くで見かけた美しい姫に恋をする。恋にやつれた恨の介が、観音の託宣を受けて服部庄司なる人物の後家を尋ねると、その後家は姫を養育した女性であった。彼女によれば、姫は秀次事件に連座して切腹した木村常陸介（重茲）の遺児であり、帝から「雪の前」という名を賜っているという。そして後家は、姫の生い立ちとともに秀次事件の経緯を語るのだが、その中にひとつ奇妙な点がある。

その後おこぼの仰せには、「いづれも念仏し給へや」と言ひもあへず、衣の下より守り刀を抜き出し、切先を銜《くは》へつゝ、「南無阿弥陀仏」を最後にて俯《うつぶ》し給ふ。残りの姫たち御覧じて、「あら涼しの最期や」と、我も〳〵と御自害し給ふなり。

おこぼというのは秀次の妾の一人である。すなわち後家の話によれば、刑場に引き立てられた妻妾たちは、先に見たように斬首ではなく、自害して果てたのであるという。無論これは虚構であるが、後家の語りの中において、彼女たちの死は彼女たち自身によって選び取られている。田中伸が指摘するとおり、『恨の介』は女たちの殉死の物語という一面を持っているのである。

望みが叶い、雪の前と一夜を共にした恨の介は、別れ際に「またいつぞ」と尋ねる。しかし雪の前が「後生にて御見参に参り候べし」と答えると、二度と今世で逢うことは叶わぬものと思い込み、失意のままに恨の介は死んでしまう。それを聞いた雪の前は、あの言葉は通り一遍の挨拶のつもりであったのに、そこまで深く思いつめていたとは知らなかったと嘆き、そのまま息を引き取った。それを目にした庄司の後家は姫の後を追いただちに自害、さらに雪の前と姉妹のように親しくしていた菖蒲《あやめ》の前も自害する。そして雪の前の侍女であった紅《くれない》も、二人を介錯した後で刀を胸に突き刺した。

実は、木村常陸介（重茲）の娘である雪の前をはじめ、ここで死ぬ女たちはいずれも秀次事件と関係がある。後家は生前の木村に仕えており、紅は後家の妹、そして菖蒲の前は菊亭晴季《きくていはれすえ》の娘であった。晴季の長女は秀次の正妻一の台であるから、菖蒲の前はその妹ということなのであろう。

この設定に鑑みれば、雪の前に続いて女たちが次々と死ぬこの場面は、小姓たちが秀次に殉じた、あの高野山の一日の再現であるようにも思われる。すなわち『恨の介』における死の連鎖は、秀次事件の呪縛から逃れられない女たちの悲劇なのである。無辜の姫である雪の前が、些細な言葉のすれ違いのために死なねばならなかったのも、木村常陸介（重茲）の娘という如何ともしがたい運命を、彼女が背負っていたためではなかったか。

ところで後家が語った「おこぼ」という女は、本作において「最上殿の御娘」とされている。最上殿とは山形城主最上義光《もがみよしあき》のことであるが、三条河原で処刑された義光の娘は「おこぼ」ではなく「おいま」である。「おこぼ」は鯰江《なまずえ》才助（あるいは権之介）という者の娘であり、『恨の介』はこれを混同しているのであろう。

その最上義光の娘おいまは、三十余人の妻妾の中で、最も不運な女性であった。すぐれて器量のよかった彼女は、その噂を聞いた秀次の求めにより、文禄四年（一五九五）七月に京へ上った。そしてようやく都に着き、旅の疲れを癒していたところで、秀次事件は起こったのである。秀次とは一度も対面したことのない彼女も、妾の一人ということで捕えられ、三条河原に引き立てられた。しかし淀殿が繰り返し彼女の助命を嘆願すると、秀吉もとうとうそれを聞き入れる。そしておいまの処刑執行停止を命ずる早馬を走らせたにもかかわらず、三条河原まであと一町（約百メートル強）というところで、おいまは斬首されたのであった（『聚楽物語』）。

この事件からちょうど百年後の元禄八年（一六九五）、彼女を主人公とするひとつの恋物語が作られた。林義端《はやしぎたん》『玉櫛笥《たまくしげ》』巻三の第一話、「畜生塚」がそれである。以下、簡単に梗概を示す。

京都三条の橋の近くに、石井左門という者が住んでいた。ある日左門が帰宅すると、年の程十五六の美しい女が橋に佇《たたず》んでいた。その夜、今子と名乗るその女と左門は契りを交わすが、左門が素性を尋ねても、今子は何も答えない。あるとき二人の間に諍《いさか》いが起こり、今子は数日の間尋ねてこなくなった。ようやく戻ってきた日の夜、今子はここにいられるのは来年の春までだと言い、自分は出羽国最上殿の娘で、秀次に仕えるはずが一度も対面せぬうちに処刑された者だと語る（この今子の話は『聚楽物語』に基づいている）。一年後、今子が以前の言葉どおり家を出ると、左門はその後を追う。すると、瑞泉寺の畜生塚のあたりで今子の姿は忽然と消えた。左門は間もなく病気にかかり、あの世で再び今子にめぐり逢うことを願いながら息を引き取った。

金永昊が指摘するとおり、この作品は明の小説『剪燈新話《せんとうしんわ》』巻四「緑衣人伝」の翻案である。南宋の政治家賈秋壑《かしゅうがく》の腰元が幽霊となり、当時思い合っていた男の生まれ変わりである趙源《ちょうげん》のもとに現れ、三年間ともに暮らすという物語を、義端は利用したのであった。

「緑衣人伝」に描かれる賈秋壑は、あたかも『聚楽物語』の秀次のように暴政を敷く人物である。この二人が重ね合わせられるのは自然なことと思われるが、多くの妻妾の中からおいまがヒロインに選ばれたのは何故であろうか。それはおそらく、恋することも知らぬまま運命に振り回された少女への、せめてもの慰藉《いしゃ》であるのだろう。秀次事件によって失われた時間を、義端は一年分だけ取り戻し、それを彼女に手向けたのである。

事件の真相がどうであれ、三十余人の女たちは刑場の露と消えた。それは、歴史の流れの中においては小さなことであるかもしれない。事実『絵本太閤記』や『真書太閤記』は、彼女たちの最期をきわめて簡潔な記述で済ませている。しかし一方で、それをモチーフとした作品が生まれていることも確かである。そうした作品の存在が示しているように、秀次事件という悲劇は彼女たちの物語でもあった。

仏法僧――戦う秀次

上田秋成の『雨月物語』（安永五年〈一七七六〉刊）巻三に、「仏法僧」という作品がある。ある初夏の夜の高野山、息子作之治《さくのじ》とともに野宿していた夢然《むぜん》という男が「鳥の音も秘密の山の茂みかな」という発句を詠むと、先払いの声とともに貴人の一行が現れる。その貴人こそ秀次の亡霊であった。秀次に伺候していた紹巴《じょうは》に促され、夢然が先の発句を披露すると、山田三十郎が「芥子たき明すみじか夜の床」と脇をつけた。そのとき、「修羅の時」が訪れたことを雀部淡路守が告げると、秀次一行は「いざ石田・増田が徒《ともがら》に今夜《こよひ》も泡吹かせん」と勇んで姿を消した。

秀次の亡霊が出現するという趣向には、歌舞伎『傾城《けいせい》勝《かち》尾寺《おでら》』（宝暦十一年〈一七六一〉初演。秀次の名は「家次」となっている）という先蹤《せんしょう》があり、「仏法僧」に影響を与えた可能性の高いことが井上泰至によって指摘されている。しかしここでは、夢然の発句を契機とした秀次の霊の出現が、高野山という場を舞台にしていることに注意したい。それはある特定の場所において、その地に因縁のある人物の霊が諸国一見の僧の前に出現するという構成が、能によく見られるものであり、秀次をシテ、夢然をワキ、紹巴をアイと捉えれば、「仏法僧」は二番目物（修羅物）の様相を呈するからである。「仏法僧」の構想には、能の影響もまた及んでいるように思われる。

ただし、二番目物のシテの多くと秀次との間には、決定的な相違がある。前者はワキの僧に対して回向《えこう》を望むことが多いが（「頼政」「実盛」「朝長」など）、秀次は決してそのようなことを望んではいない。無論、「彼此《をちこち》の旅寝を老のたのしみと」するばかりの夢然には望むべくもないのだが、それ以上に、自身を陥れた長盛・三成との戦いを死してなお続けていることに注意を払うべきであろう。秀次は決して安らかに眠ってはおらず、そして眠ることを望んでもいないのである。秋成が抱いていた秀次の印象は、この造型に最も顕著に示されていよう。

近年は秀次事件の根本的な見直しが進んでおり、秀次の切腹は秀吉の命令によるものではなかったという新説も矢部健太郎によって提唱された。その検証を含め、議論は今後さらに進展することと思われる。事件の真相も、少しずつ明らかになっていくことであろう。物語の中の秀次は、そのときようやく戦いを終え、一人の人間としての姿を現すはずである。

●参考文献

鵜月洋（中村博保補筆）『雨月物語評釈』（角川書店、一九六九年）
田中伸「『うらみのすけ』の発想をめぐって」（『仮名草子の研究』、桜楓社、一九七四年）
中村幸彦「絵本太閤記について」（『中村幸彦著述集』第六巻、中央公論社、一九八二年）
井上泰至「『雨月物語』と当代」（『雨月物語論』、笠間書院、一九九九年）
藤田恒春『豊臣秀次の研究』（文献出版、二〇〇三年）
金永昊「『玉櫛笥』の「畜生塚」考察―林義端の構想と怪異性を中心に―」（『日本研究』四四、二〇一〇年）
濱田啓介「『絵本太閤記』と『太閤真顕記』」（『近世文学・伝達と様式に関する私見』、京都大学学術出版会、二〇一〇年）
矢部健太郎「関白秀次の切腹と豊臣政権の動揺―秀吉に秀次を切腹させる意思はなかった―」（『國學院雑誌』一一四―一一、二〇一三年）
藤田恒春『豊臣秀次』（吉川弘文館、二〇一五年）

12 豊臣政権の政務体制

この章は実像編と虚像編の内容的隔たりが最も甚だしい。『太閤記』の記述に端を発する五大老・五奉行の実態が、実像編では明らかにされ、「取次」や「清華成」という新たなキー・ワードが浮上する。虚像編では、その職掌よりも、政権担当者のキャラクターが明確化され、ドラマ仕立てとなっていく。ただし、両者に共通の影の主役がいる。次の政権を担う家康である。その記述について注目するのも面白い。

12 豊臣政権の政務体制

実像編 ▼谷　徹也（京都大学助教）

豊臣政権の政務を担当した人々としては、一番に「五大老《ごたいろう》」「五奉行《ごぶぎょう》」が挙げられるだろう。しかし、それらは実際にはどのように形成されて、いかなる政務を行っていたのだろうか？後世に作り上げられた「五大老」「五奉行」像を解体して、その実態を明らかにしてみたい。

「五大老」「五奉行」に関する通説

豊臣政権の政務体制（職制）といえば、真っ先に思い付くのが「五大老《ごたいろう》」「五奉行《ごぶぎょう》」制であろう。「五大老」は徳川家康・前田利家《まえだとしいえ》・毛利輝元《もうりてるもと》・小早川隆景《こばやかわたかかげ》（死後は上杉景勝《うえすぎかげかつ》）・宇喜多秀家《うきたひでいえ》の五人の大大名で、政治上の最高顧問を務め、「五奉行」は浅野長政《あさのながまさ》（長吉《ながよし》）・前田玄以《まえだげんい》・石田三成《いしだみつなり》・増田長盛《ましたながもり》・長束正家《なつかまさいえ》の五人の吏僚で「五大老」の下にあって実務を担当した、というのが一般の理解である。また、その成立時期は、通説では「五大老」が文禄四年（一五九五）、「五奉行」が慶長三年（一五九八）とされている。

しかし、近年、豊臣政権の政治構造に関する研究が進展したことによって、右の通説をそのまま鵜呑みにすることはできなくなってきている。本章ではそれらの成果を踏まえつつ、新たな知見も加えながら、政務体制の形成過程について概説していきたい。

小瀬《おぜ》甫庵《ほあん》『太閤記』の記述

まず、「五奉行」についての通説がどのように出来たのかを確認してみよう。実はかつて「五奉行」の成立時期は天正十三年（一五八五）七月の豊臣秀吉の関白任官直後と考えられていた。その根拠は、『太閤記』の以下の記述が関白任官の後に記されているためである。

> 浅野弥兵衛尉《やひょうえのじょう》は秀吉公の御台所《みだいどころ》と同じはらからにはあらねど、兄弟の因《ちな》みなりければ、毎事内外共に評諚《ひょうじょう》之座にはづれざる者なり。玄以は信忠《のぶただ》卿に事《つか》へ奉り、ときめき出たる才有。信忠卿は才勇兼備りし明将なりしかば、御見立あしくはあらじとて撰《えら》み出されしなり。長束は丹羽五郎左衛門尉《にわごろうざえもんのじょう》につかへ、毎物《ものごと》の裁判やはらぎ滞事なき者なり。増田・石田は江州北郡入部之時より吾に労を尽せしなり。殊増田は万事損益に暁《さと》ふして其性剛なり。石田は諫《いさめ》に付ては吾気食を取ず、物事有姿を好みし者なりとて、五奉行に定め給ふ。前田徳善院《とくぜんいん》玄以・浅野弾正少弼《だんじょうしょうひつ》・増田右衛門尉《えもんのじょう》・石田治部少輔《じぶしょうゆう》・長束大蔵大輔《おおくらだゆう》とぞ申ける。

文意を約すと、浅野長政は秀吉正室のねねと兄弟にあたるので、評定（政治決定）の場には欠かさず出席した。玄以は織田《おだ》信忠（信長の嫡男。本能寺《ほんのうじ》の変に際して死去）に仕えて才能があった人物で、才勇兼備の信忠の見立ては正しいだろうと、本能寺の変後に秀吉によって選び出された。長束正家は丹羽長秀《ながひで》に仕え、物事の判断を滞ることなく行った者である。増田長盛と石田三成は秀吉が長浜に領地を得た頃から労を尽くした。特に増田は物事の損益に敏感で、信念を曲げない性格である。石田は忠告を行う際には秀吉の御機嫌伺いを好まず、物事のありのままを重視する者である。このように五名を評価して「五奉行」に定めた。

これに対して、桑田忠親《くわたただちか》は、長束正家が秀吉に仕え始めたのは天正十三年頃であり、いきなり「五奉行」に抜擢されたとは考えにくいことや、「五奉行」全員で連署した書状は慶長三年以前には一例（実際には五名のみが一例、その他も加えるともう一例）しか確認できず、大きな案件についても五名で対処している事例が見られないことから、「五奉行」の成立は秀吉の死の直前の慶長三年七月頃と考えた。また、なぜ『太閤記』が「五奉行」の記述を天正十三年にしたのかという点については、秀吉の死後の状況を描く場合に、徳川家康による政権の簒奪過程を除くことはできず、江戸時代において、そのような記述はご法度であったために、作者の小瀬甫庵《おぜほあん》は慶長三年以降の出来事を記すことはできなかった。そのため、「五奉行」の記述を関白任官の後に移したのだと推測した。この推測の妥当性は右の引用箇所において、前半部分では浅野が天正十三年以前の通称である「弥兵衛尉」と記されているにもかかわらず、最後の部分ではそれ以後の通称の「弾正少弼」となっている点や、同じく玄以についても最後の部分で文禄五年（一五九六）五月以降の通称である「徳善院」が用いられている点からも窺うことができる。

秀吉生前における奉行の役割

確かに桑田の説く通り、「五奉行」の成立自体は慶長三年七月と見てよい。しかし、既に批判が出されているように、秀吉生前に存在していた奉行制を切り捨ててしまえば、その本質を見落とすことになるだろう。よって、ここでは秀吉生前において奉行（本章では後の「五奉行」となる玄以・浅野・石田・増田・長束を指す）がどのように政務を行っていたのかを確認してみよう。

まずは、取次《とりつぎ》である。取次とは、秀吉と大名との間を仲介する役割であり、天下統一の過程では大名との交渉窓口として機能し、統一後には大名統制の重要な手段の一つとして用いられていた。統一過程の取次は、大大名らも含めて多様な層が担っていたが、次第に奉行や側近によってその役割が独占されていくようになった。例えば浅野長吉（長政）は伊達《だて》氏、石田三成は島津《しまづ》氏や佐竹《さたけ》氏、増田長盛は里見《さとみ》氏などの取次を行い、検地をはじめとする大名領国における内政にも関与していた。ただし、取次にあたっていたのは奉行だけではなく、その独自の職務内容であったわけではない。

奉行のみが行っていた政務の代表例としては、中央政権としての公事《くじ》（裁判）と算用《さんよう》（決算）を挙げておこう。公事については、天正十六年（一五八八）頃から、奉行が村落からの訴訟に対応している様子が確認できる。天正段階では増田長盛がその中心であり、そこに浅野長吉（長政）・石田三成・長束正家のうちの一名が加わる二名体制であった。また、文禄三年（一五九四）頃からは増田長盛と長束正家の二人が中心となり、玄以と石田三成のうちの一名が加わる三名体制へと変化した。彼らは証拠に基づいた公正な裁定を行うことで、政権の統治の正当性を社会に示した。

算用については、奉行は豊臣政権の直轄領である蔵入地《くらいりち》の決算を担当していた。天正十八年（一五九〇）頃には増田長盛と長束正家の二名体制であったが、文禄三年頃からは玄以・浅野長吉（長政）・増田長盛・長束正家の四名体制となり、文禄五年四月に浅野が失脚した後は三名体制だったが、慶長二年（一五九七）中頃から石田三成がそこに加わった。豊臣政権は広範な蔵入地を持っていたが、それゆえ各地の代官からの勘定《かんじょう》の遅れや蔵米《くらまい》（年貢）の未進が多く起きており、それへの対処が彼らの重要課題であった。

また、奉行のうちの玄以・石田三成・増田長盛・長束正家の四名（彼らを「四奉行《よんぶぎょう》」とする評価も存在する）は、役の差配や首都行政をも担っていた。その始原は天正十九年（一五九一）に認められ、文禄三年頃から本格化する。本来は秀吉が行っていた公事や算用、役賦課などの諸政務を奉行らに委ねていったのには理由があり、秀吉の子供の鶴松《つるまつ》（天正十七年に生まれ、天正十九年に没する）や拾《ひろい》（のちの秀頼で、文禄二年生まれ）の生誕をその主要因とみなすことが出来るだろう。すなわち、秀吉は自らの子に政権を譲ることを見越して、それを補佐して政務を担当する役割を奉行らに期待したのである。

秀吉生前における大老の役割

一方、大老（ここでは徳川家康ら、のちの「五大老」クラスの大名を指す）らはどのような役割を担っていたのであろうか。天下統一以前には、大大名も諸方面の取次役を任されていた。また、天正十三年頃に既に一定の立場を認められていた大大名として、織田信雄《のぶかつ》と毛利輝元が挙げられる。徳川家康も天正十四年（一五八六）十月に上洛臣従し、「関東之儀」を任された。彼らは秀吉の弟の秀長《ひでなが》らと共に、秀吉と大名の仲介役や大名同士の調停役に加え、秀吉への発言権も有していたと考えられている。天下統一と秀長死去後の天正二十年（一五九二）頃には、徳川家康と前田利家の両者（彼らを「二大老」とする評価も存在する）が重用されはじめ、秀吉への進言や秀吉の代理などの役割を果していた。

また、秀吉は大名たちの編成にあたって、彼らの序列を可視化することに成功していた。「清華成《せいがなり》」――「公家成《くげなり》」――「諸大夫成《しょだいぶなり》」という新たな大名家格の秩序を構築したのである。最上位に位置する「清華成」大名とは、公家社会における「摂関家《せっかんけ》」に次ぐ家柄の「清華家」にあたる大名で、その家格の者は太政大臣《だじょうだいじん》・近衛大将《このえたいしょう》にまで昇進することが許された。「清華成」大名は公家の家格を模倣して秀吉が作り出し、天正十六年四月の聚楽第行幸《じゅらくていぎょうこう》において披露されている。その段階での「清華成」大名は織田信雄・徳川家康・羽柴秀長・羽柴秀次《ひでつぐ》・宇喜多秀家の五名であった。その後、同年のうちに毛利輝元・上杉景勝が上洛して「清華成」大名に加えられ、天正十九年には前田利家や羽柴秀保《ひでやす》（秀次の弟で秀長の養子）・羽柴秀俊《ひでとし》（のちの小早川秀秋《ひであき》）・徳川秀忠《ひでただ》らもその列に加わった。彼らは首都における諸儀礼に参加するだけでなく、一定の特権も認められていたとされる。

政権内のその他の政務

大老や奉行以外の人々もまた、政権内で様々な政務を行っていた。ここではそのうちのいくつかに触れておこう。

まず、常置のものの代表例を挙げていく。京都の都市行政や朝廷・寺社に関する政務を担当したのは所司代《しょしだい》（初期には京都奉行《きょうとぶぎょう》とも）であった。天正十年（一五八二）六月には桑原貞也《くわはらさだなり》が任命されたが、二ヶ月後には罷免され、杉原家次《すぎはらいえつぐ》と浅野長吉（長政）がその後任となった。浅野はすぐにその任から離れたが、天正十一年（一五八三）五月からは玄以がそこに加わり、杉原の離脱によって、玄以単独で政務にあたるようになった。天正十七年（一五八九）九月から浅野が再度任じられるが、それも一時的で再び玄以単独に戻っている。

また、主に家政を担当する者として、「六人衆《ろくにんしゅう》」と呼ばれた面々が確認できる。石川光重《いしこみつしげ》・伊藤秀盛《ひでもり》・小出秀政《こいでひでまさ》・寺沢広政《てらさわひろまさ》・蒔田久勝《まいたひさかつ》・帥法印《そちほういん》（一牛斎《いちぎゅうさい》）歓仲《かんちゅう》らがそれであり、そこに玄以や増田長盛、松浦重政《まつらしげまさ》が加わることもあった。秀吉の居城（大坂城など）の留守居《るすい》が当初の役割であり、周辺の訴訟対応や寺社への祈祷依頼なども行った。のちにその役割は秀頼の御前に伺《し》候《こう》する片桐且元《かつもと》・小出秀政・石川光吉《いしこみつよし》・石川一宗《いしこかずむね》ら「秀頼四人衆《ひでよりよにんしゅう》」に引き継がれた。

一方、様々な雑務についても個別案件ごとの奉行が設けられていた。比較的継続性のある案件については、竹木奉行《ちくぼくぶぎょう》（諸国は寺沢広政、洛中は河原定勝《かわらさだかつ》、のちに毛利高政《もうりたかまさ》・毛利重政《もうりしげまさ》）や山奉行（石川光重・山口宗長《むねなが》ら）などが定められていた。また、短期の案件に関する臨時の奉行としては、石奉行《いしぶぎょう》・普請奉行《ふしんぶぎょう》や検地奉行《けんちぶぎょう》・刀狩奉行《かたながりぶぎょう》・道作奉行《みちづくりぶぎょう》などが挙げられ、それぞれの政策の遂行のために各地に送り込まれ、その度ごとに主に直臣層から担当者が決められた。検地は土地だけでなく、藪や桑木などにも及び、京都近辺については所司代の玄以も協力していた。

秀次事件による政務体制の改変

文禄四年七月の秀次切腹（秀次事件）は、政務体制にも大きな影響を及ぼした。事件の後、諸大名が提出した血判起請文《けっぱんきしょうもん》（神仏への誓いを記した文書を起請文といい、更にその誓約を確実にするため、署名や花押の部分に自らの指先を切って血を付けたものを血判起請文という）の宛名は、玄以や石田三成など奉行らであり、奉行自身もまた算用や公儀のための政務などを行う旨の血判起請文を提出した。また、大老は文禄四年八月三日付の「御掟《おんおきて》」「御掟追加《おんおきてついか》」に署判を行い、大名や公家・寺社の守るべき内容を示した。ただし、この時点ではまだ「五大老」として政務を行ったわけではないことには注意すべきであろう。

「御掟追加」では、「十人衆《じゅうにんしゅう》」という大名公事《くじ》（訴訟）の担当者も定められた。その構成員は富田一白《かずあき》・寺西正勝《まさかつ》・毛利吉成《もうりよしなり》・堀田一継《ほったかずつぐ》・佐々行政《さっさゆきまさ》・石田正澄《まさずみ》・片桐貞隆《さだたか》・石川光元《いしこみつもと》・山中長俊《ながとし》・木下延重《のぶしげ》の十名である。彼らは合議ではなく、各人が窓口となって訴訟に対処したものと思われる。また、所司代も事件後の八月に、玄以単独の状況から増田長盛・石田三成との三名体制へと変化した。増田が上京《かみぎょう》、石田が下京《しもぎょう》の都市行政を分担し、玄以の職掌は朝廷と寺社に特化された。

「五大老」「五奉行」制の実態

慶長三年八月十八日、秀吉は伏見城で没する。病床にあった秀吉は大老（徳川家康・前田利家・宇喜多秀家・毛利輝元・上杉景勝）・奉行（玄以・浅野長政・増田長盛・石田三成・長束正家）に後事を託し、「五大老」「五奉行」制が本格的に始動することとなる。

彼らに期待された役割は、秀吉の遺言と、大老・奉行間で取り交わされた起請文から読み取ることができる。そこでは、「五奉行」については、①算用を行い、家康や利家に確認してもらう、②訴訟を処理し、決定しがたいことは家康と利家に判断を仰ぐ、③参会《さんかい》を開き、多数の意見を尊重して公平な政務を行うことなどが定められ、「五大老」全体については、遺言や起請文の内容に従うことのみが定められた。また、「五大老」のうちで、個別の取り決めとして、家康と利家は①大名らからの知行（領知）の加増や安堵の要求については秀頼成人まで原則凍結する、②「五奉行」の諮問に答える、③諸大名の下国の要求について、秀頼の意向を聞いた上で許可を与えることが定められ、前田利家と利長《としなが》親子は秀頼の傅役《もりやく》（後見人）となり、それに宇喜多秀家・徳川秀忠を加えた人々は、家康と「五奉行」とともに知行の加増の相談を行う（ただし、秀頼への奉公があった場合に限る）ことが定められた。よって、「五大老」総体での活動規定は存在せず、家康らの行動も、遺言や起請文の枠内に抑えることが求められた。

また、「五大老」や「五奉行」は十人での政権運営を公的に披露するために、「十人連判誓《じゅうにんれんぱんせい》

四大老・五奉行・三中老合議の図（「戦国合戦図屏風」岐阜市歴史博物館蔵。同館『館蔵品図録　戦国合戦図屏風』平成20年3月より）。家康弾劾の様子を表すものであり、恒常的にこのような合議が存在したわけではなかった。

紙《し》」と呼ばれる起請文を作成し、公開した。そこには政務を十人で決定すると公言され、秀吉死後の政権運営の理念が表明されていた。

では、実際の政務はどのように行われていたのであろうか。まず、「五大老」の活動については、①朝鮮からの撤兵《てっぺい》（及びそれに伴う相論裁定）、②知行宛行《ちぎょうあてがい》（領知の給与）、③海賊停止、④公武交渉などが挙げられる。一般には「五大老」は同じ場所に集まって政務を行っていた印象が強いが、実際には慶長三年八月から慶長四年正月頃までの期間に伏見城で主に朝鮮からの撤兵について対処をしていた後は、伏見城の家康らと大坂城の利家・利長らは日常的に顔を合わせることはなく、彼らの連署状も、それぞれの邸宅に文書が回覧されたうえで花押が加えられて作成されたものと推測される。

一方、「五奉行」については、「式日《しきじつ》の参会」という定期的に同じ場所に集まる寄合の日が設けられていた。そこで奉行らは、算用や公事などの案件を合議して処理していた。会場は伏見城や大坂城の奉行の邸宅であり、公事の場合、広間で待機していた訴人らが順次奥に呼ばれて問答と審理が行われた。

乖離する名分と実態

「五大老」「五奉行」の十人が常に協力して政務を行っていたのかというと、必ずしもそうとも言えない。例えば、秀吉の死の十日後に毛利輝元は、「五大老」のうちで秀頼へ逆心を抱くものがあれば、増田・石田・玄以・長束らと相談して秀頼への奉公を遂げることを起請文で誓っている(『毛利家文書』)。この起請文作成には石田が関与しており、仮想敵は明らかに家康であった。慶長四年(一五九九)正月には家康を他の九名が弾劾《だんがい》したが、諸大名の談合の結果、事態は収束した。

このような対立の背景を考えるにあたっては、「五大老」と「五奉行」の当時の呼称が有力な手がかりとなる。「五大老」「五奉行」は本章でも研究用語として使用しているが、本来は後世に命名されたものである。秀吉は「五大老」を「五人の衆《しゅう》」、「五奉行」を「五人の者《もの》」と呼んでおり、明確な呼称を付けなかった。そのため、彼らは自らをどのように位置づけるかによって、自分や相手の呼称を分けて使用していた。例えば、家康の同調者は「五奉行」を「奉行」と呼んだのに対し、三成側の人々は「五奉行」を「年寄《としより》」、「五大老」を「奉行」と呼んでいた。「年寄」とは政務に参与する重臣を指し、例えば江戸幕府の老中も、老中制が成立する以前は「年寄」と呼ばれていた。それに対して「奉行」とは主君の命を受けて政務を行う者を指し、あくまでも秀頼の命令を奉じる立場であることを強調する呼称であった。

こうした様々な対立軸を孕みつつ、情勢は刻々と変化していった。慶長四年閏三月には前田利家が死去し、子の利長が「五大老」に襲任した。また、同月には石田が七将によって襲撃され、失脚した。伏見城の西の丸に移った家康が次に狙いを定めたのは、秀頼と利長のいる大坂城であった。

慶長四年七・八月、景勝と利長は帰国する。おそらく家康の勧めによるものであろう。その直後の九月七日、重陽《ちょうよう》の節句《せっく》に際する秀頼への御礼のために伏見から大坂に下った家康は、突如兵を率いて大坂城を占拠し、反家康派の利長や加藤清正《きよまさ》の入京を阻止するために路次に軍勢を配備した。一種の軍事クーデターである。ねねは大坂城西の丸から退去し、代わりに家康がそこに入った。また、この政変の途中で浅野が失脚し、甲斐に下国させられた。家康は「天下《てんか》之御仕置《のおんしおき》」を命じる立場に浮上し、政権運営の主導権を掌握した。残された三名の奉行は家康が行った置目改めを、下国中の大名に知らせる役割を果した。これ以降、家康のもとには公事裁許や知行宛行の要求が殺到し、家康は公然と単独でそれに応じた。奉行らも参会を継続してはいたものの、家康の影響を大いに受けながら政務を行った。このように、慶長四年九月の家康の大坂城入城を契機として、「五大老」「五奉行」制は名分が残るばかりとなった。

そして関ヶ原の戦いへ

慶長五年（一六〇〇）七月、石田三成は挙兵し、「内府ちかい（違い）の条々」で家康の政権掌握を批判する。その中には「十人連判誓紙」や秀吉の「御仕置」に背き、一人で政務を取り仕切ったことが挙げられている。大坂城の奉行たち（玄以・増田・長束）も、毛利輝元に大坂入城を促し、家康によって改変された「御仕置」を再度改め、政務の実権を取り戻すよう要請した。こうして、関ヶ原の戦いが始まったのである。

●参考文献

桑田忠親『豊臣秀吉研究』（角川書店、一九七五年）
伊藤真昭『京都の寺社と豊臣政権』（法藏館、二〇〇三年）
山本博文『天下人の一級史料』（柏書房、二〇〇九年）
三鬼清一郎『豊臣政権の法と朝鮮出兵』（青史出版、二〇一二年）
矢部健太郎『関ヶ原合戦と石田三成』（吉川弘文館、二〇一四年）
谷徹也「秀吉死後の豊臣政権」（『日本史研究』六一七、二〇一四年）
谷徹也「豊臣政権の算用体制」（『史学雑誌』一二三―一二、二〇一四年）
谷徹也「豊臣政権の訴訟対応―畿内・近国の村落出訴を中心に―」（『史林』九八―二、二〇一五年）
跡部信『豊臣政権の権力構造と天皇』（戎光祥出版、二〇一六年）
堀越祐一『豊臣政権の権力構造』（吉川弘文館、二〇一六年）

虚像編

▼藤沢　毅（尾道市立大学教授）

五大老《ごたいろう》・五奉行《ごぶぎょう》。太閤検地《たいこうけんち》、刀狩り。また、配下の者の心を掌握するための行為。こうした政治に関することは、文学の中でどのように語られてきたのであろうか。通俗的な軍書に対する読者の興味は、戦であって、政治ではないはずである。しかし、英雄として描かれるようになった秀吉であるが、治世者ともなったために、戦のみが描かれたわけではないようである。

五大老・五奉行

「実像編」に示されたように、早く小瀬甫庵《おぜほあん》『太閤記』「五奉行之事」に、前田玄以《まえだげんい》、浅野長政《あさのながまさ》、増田長盛《ましたながもり》、石田三成、長束正家《なつかまさいえ》というこの五人が、なぜ五奉行《ごぶぎょう》に任ぜられたか、またどのように分業したかまで簡潔に記されていた。この記述は、例えば林羅山《はやしらざん》・読耕斎《どっこうさい》『豊臣秀吉譜《ふ》』にも採られるように、大きな影響力を持ったようである。江戸中期に成立し、大いに流行した通俗軍書写本『太閤真顕記《しんけんき》』もこれを承けるが、ただ一つ、三成に対し「元来、竜陽の寵あり」と、秀吉より男色的な寵愛があったことを付け加えている点が特徴である。読本《よみほん》『絵本太閤記』ではその記述はないが、前後に秀吉を称える文章が付随する。すなわち、「いよいよ万民を安きにあらせんとて、天下の政事《まつりごと》を執行《とりをこなふ》べき器量の者を近臣の中《うち》に撰《ゑら》み給ふ」として五奉行を定めたと描写され、さらにその後に、「かく上を正し下を恵み、国人《くにひと》を治め給へば、戸々《ここ》に万歳《ばんぜい》をうたひ、家々に千秋《せんしう》を唱へ、目出度かりける御代《みよ》なりけり」とまとめられる。英雄としての秀吉による善政という面を強調しているのだ。

なお、『太閤記』では、続く記事の「大仏殿之事」で、この五奉行が東山大仏殿の建立を命じられ、玄以を中心にこの任に当たった旨が記され、『太閤真顕記』『絵本太閤記』もこれを引き継ぐ。文学の世界では、五奉行が定められたのは、天正十三年（一五八五）、関白任官直後のこととされてしまった。

この五奉行は、例えば大仏殿建立や天正十七年（一五八九）の黄金分配の際に「五奉行」として直接秀吉の命を承けるが、それぞれの役割分担に応じた働きが描かれることはあまりない。唯一、前田玄以のみが、単独で例えば北野大茶会の奉行を務めたり、あるいは秀吉に直接諫言《かんげん》するといった様が描かれている。五奉行で協議して政策を進めたということも、目立っては描かれていない。

徳川家康、前田利家《まえだとしいえ》、宇喜多秀家、毛利輝元《もうりてるもと》、小早川隆景《こばやかわたかかげ》ら五大老《ごたいろう》については、さらに記述が少ない。諸書に「五大老」の語が登場するのは、朝鮮出兵の協議の時からであろうか。『太閤記』では、「五人之宿老、三人之小宿老、五人之奉行衆」が集められ、秀吉より出兵の考えを言い渡される。誰もが返事を躊躇う中、家康が「然るべく覚え侍る」旨を答え、秀吉の機嫌が良くなると記されている。読本『絵本朝鮮軍記』はこれに近いが、少々技巧が凝らされる。まず、「舞田利家《まいたとしいえ》、浮田秀家《うきたひでいゑ》、毛於留輝元《もおるてるもと》、小綾川隆景《こあやかはたかかげ》、これらを天下の大老とし」と、諸将の名を微妙に変化させ、そして家康の名はない。秀吉の意向を聞いた後の発言は、「老中、『これは珍敷《めずらしく》御沙汰にてある哉。一段しかるべう覚候』」と、やはり家康の名は隠し、「老中」で代用させている。出版に際し、気遣ったものであろう。

さて、『太閤真顕記』になると、一族、大老衆、中老（生駒親正《いこまちかまさ》、中村一氏《なかむらかずうじ》、堀尾吉晴《ほりおよしはる》）、五奉行の他、譜代《ふだい》、外様《とざま》の面々までもが集められ、同様の申し渡しがある。それに対して、五大老の中から利家が民の疲弊を理由に反対し、「上杉、毛利、浅野、大谷」も同様に反対し諫めるという描写がある。おもしろいのは、直後に「徳川公は如何思し召けるにや、一向詞を出し玉はず」という書き方がなされていることである。安易に賛成もせず、また反対もしない家康に、読者はさまざま想像を働かせることができる。この後、秀吉がさらに出兵を強調し、それに対して、「若手の輩」は興味を持ち、戦いに心を勇ませ、「老分の輩」は危ぶむが、諫めても聞き入れがないと諦め承知、そこに加藤清正《きよまさ》が先陣を志望し、秀吉が喜ぶという展開になる。やはり江戸中期成立の写本『審訓清正実記《しんくんきよまさじつき》』では、秀吉の出兵の考えに対し、「大老、中老、五奉行、其外諸大名、余りの事ゆへにあきれ果」た後、「五奉行」の中の浅野長政がさまざま諫める。結局秀吉は諫めを聞かず、清正が出兵賛成を言いだし、皆が諦めて出兵が決定される。『絵本太閤記』では、むしろ単純化される。出兵の考えに対し、皆が「狂気し給ひけるにや」との念を抱きながらも、「諫言中とも聞入給ふべきさまに有ざれば」として承知するのである。

こうした場面で、誰が反対し諫言するか、誰が賛同するかはそれぞれの作品、テキストによって変わってくる。もちろん、賛同したからと言って、それが本心からなのか、それとも諫言を諦めての発言なのかは読み方次第であろう。

ただし、『絵本太閤記』では、最終的に朝鮮出兵に対して否定的に書いていない。秀吉が天《てん》授《じゅ》の英才を持っており、信長に仕えている頃から朝鮮出兵を考えていたこと、また、もし出兵が本当に無謀なことであるのであれば、「御側《そば》に大老、中老、五奉行あり。恩顧の大名、外様の諸侯、豈《あに》、悉《ことごと》く智慮なからんや。身を捨《すて》、家を失ふとも諫言申す輩《ともがら》、これなくて叶ふべきや」と説明が添えられ、出兵が誤ったものではなく、また五奉行、五大老も納得したかのように読める。

『太閤真顕記』では、秀吉の臨終の際にも大老、中老、五奉行が描かれる。秀吉は遺言として、朝鮮在陣の諸士を無事帰朝させることを述べ、また、特に家康と利家が、秀頼の後見を頼まれる。そして、秀頼に忠義を尽くす旨を、まず五奉行が神文を認め誓紙血判をなし、中老、大老も同様になし、それを秀吉に捧げる、ということが描かれる。この書き方はやはり流行した通俗軍書写本『真田三代記』でも用いられる。「家康」が秀頼の後見を頼まれ、また神文を認めたという点が強調され、それにもかかわらず…、という読み方ができるようになっているのである。

太閤検地、刀狩りは描かれない

前述のように、秀吉を英雄として描く『太閤真顕記』や『絵本太閤記』では、秀吉の政治は基本的には善政として描かれる。特に平和を齎《もたら》したことを庶民が喜び、例えば『絵本太閤記』の北野大茶会を描く場面でも、「殿下の御威勢、四海に普《あまね》く行渡《ゆきわた》り、応仁已後、さしも久しき兵乱も爰《ここ》にはじめて静まり、戸々《とと》に千秋を謳《うた》ひ、家々《いへいへ》に万歳《ばんぜい》を唱へ、孝弟(悌)忠信の道明らかにして、国津風しげけく治《をさま》りぬるの時なれや、聚楽の繁栄なるは言葉にも尽《つく》しがたし」のように記される。

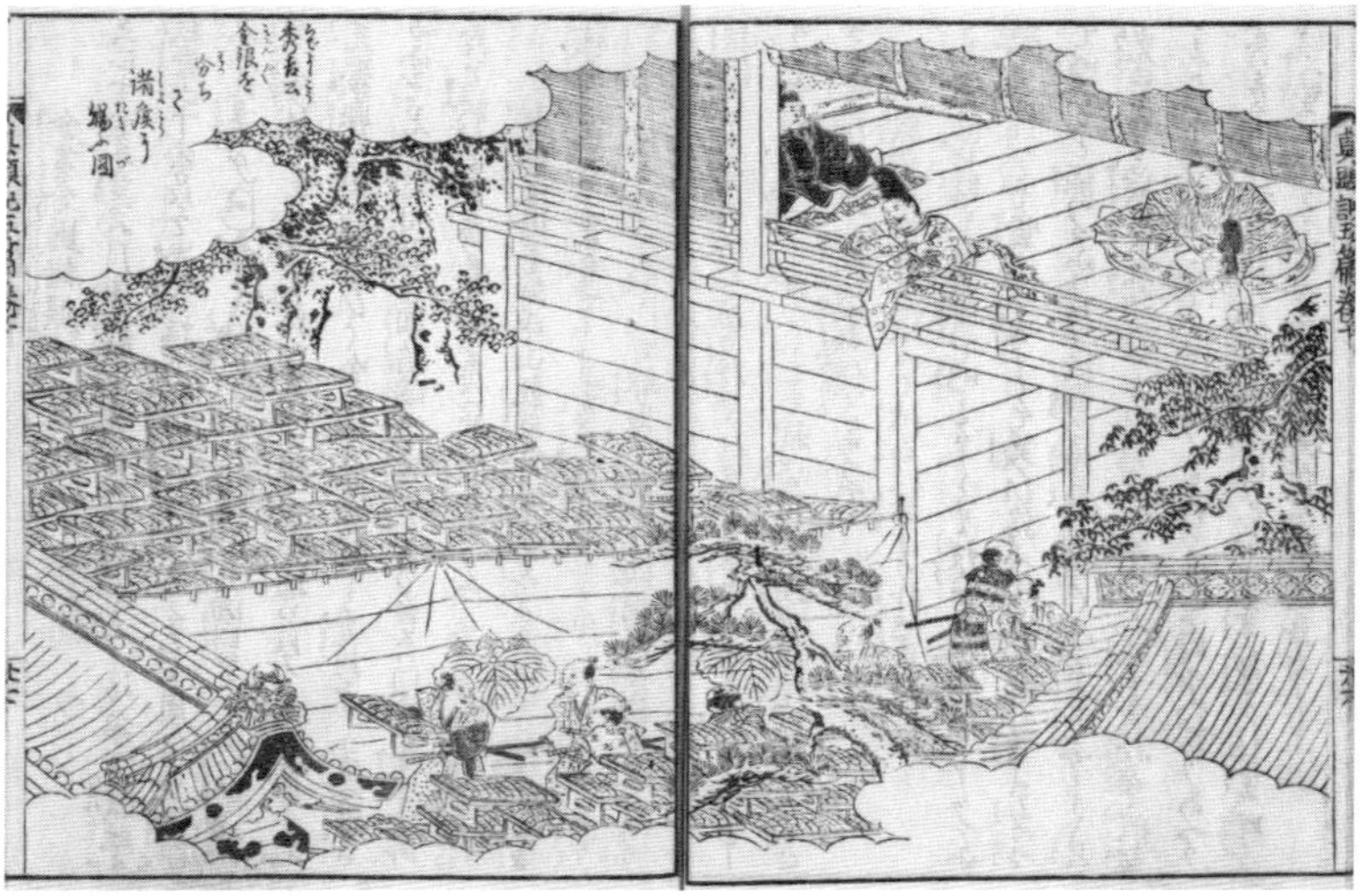

『絵本太閤記』五編巻十・
秀吉公、金銀を分かちて諸侯に賜ふ図（国文学研究資料館蔵）

『絵本太閤記』では、秀吉の性格を「寛潤」

という語で表現することが多い。これは、度量が広いというだけではなく、人をもてなすのが上手であり、また金銀を惜しげもなく使うというような意味で使用されている。例えば、「秀吉公、生質《うまれつき》寛潤大度にして小事にかかわらず。諸国近国の大名出仕する毎《ごと》に、必ずしひて之《これ》を留《とど》め、種々《さまざま》の珍味に飽《あか》しめ、酒飯皆善美を尽《つく》し」て饗応したとのことが記される。また、大仏殿の建立や聚楽第の造営にも、職人や役人に金銀を多く取らせ、「金銀を吝《をしむ》事勿《なか》れ」と命じたという。また、天正十七年（一五八九）五月には、聚楽第に金銀を並べ、諸国の大小名ほか、公卿などにも分配（五奉行が取り仕切る）。その総額は金銀三十六万余両であったという。気さくで、人をもてなすことに長けており、しかも気前よく金銀をばらまく。当然人気は出るであろう。しかし、その金をどうやって賄ってきたかということは、実はほとんど描かれていない。日本全国を治めることができたために、自然に金が集まっていたとするのみなのである。『太閤真顕記』『絵本太閤記』には、太閤検地についていっさい記されていない。

『太閤真顕記』には、奥州巡見からの帰りに故郷である尾張の国、愛知郡中村を訪ねる秀吉が描かれる。出世しながらも権威に誇らない秀吉に、農民もその別れに際しては「親にもわかるるよふにかなしみ、おくり奉りける」のである。秀吉もまた故郷の農民が困窮しないように、米十万石を下行し、農民は秀吉の「仁徳をかんじ」、「悦びの声、国中にみちみちける」のである。このように、農民に対し慈しむ秀吉像が作られているのである。刀狩りは描かれない。

富裕の町人への処罰

『絵本太閤記』には、奈良の高利貸しへの処罰が描かれている。貸し付けた富裕の者はますます富裕となり、「奈良の町人数十人、巨万の金銀を積《つみ》、其同類の者、悉《ことごと》く富栄《とみさか》へずといふ者なし」という状態である。一方、借りた者は困窮する。これを聞いた秀吉は、「己《おのれ》を富《とま》し他《た》を窮《きう》せしむる不道《ぶどう》のふるまひ、盗賊と同じ」と怒り、中心となっていた町人数十人の首を斬り、その金銀家財はことごとく「官庫」に入れたとする。

また、秀吉の定めた法令に、喧嘩口論をなした者たちは両成敗とするとのものがあったとして、堺の町人が刃傷沙汰を起こし、処分された事件が語られている。秀吉は法令に背いたとして、喧嘩の当人たちのみならず、その親、妻子、親族に至るまで死刑を迫る。ここで、「堺の地は古《いに》しへより福有《ふくゆう》の町人多し。子孫、所に満《みち》、強富《がうふ》の者、相互《たがひ》に因《ちな》み寄《より》、娘を嫁《か》し、子を養ひ、親族、堺中に広ごりぬれば、『今度の喧嘩に其三族を絶《たや》されんに於《をひ》ては、堺の豪家、一軒も安穏なる者なし』と歎き驚き、夥《おびただ》しき金銀財宝を出し、其罪を贖《あがな》ひけり」と、堺という町の当時の状況が解説され、そしてそれぞれの家を守るために大金を出して命乞いをしたということが記されるのである。結果として堺の地は富裕の者が一人もいなくなってしまったとして、この章は閉じられる。

　この二つの町人への処罰はどう読めるか。驕奢な町人に対して秀吉の怒りが向けられ、厳しく罰せられたと見ることもできよう。しかし、その反面、そうした町人を滅ぼし、力を削ぎながら、その金を自らの物にしようとしている姿もまた見ることができるのである。「官庫」に入れたとは言え、その使い道は前述のように、為政者として人気を高め、自分の力を強くすることに用いられたことになる。

武断派と文治派の対立

『絵本太閤記』における石田三成の位置づけを見てみよう。

三成は朝鮮出兵が秀吉の寿命を縮めるものと考え、和議を工作しようとするかのようにいったんは書かれる。ところが、その直後に語り手が顔を出し、次のような解説を加えるのである。

　爰《ここ》に一つの議論あり。三成、太閤の軍慮に労し、御齢《よはひ》を損じ給はん事を歎くは、忠臣に似て忠臣にあらず。深き所存の有ける也。（中略）されば三成、太閤の卑賤より成立《なりたち》給ひし御ふるまひを見て、『我も少しく志《こころざし》を得るものならば、碌《ろく》々として人の下位には立《たつ》まじきものを』と、窃《ひそか》に大望を心に企《くはだて》て、諸士に陥（諂）《へつら》ひ、帳中《てうちう》に執入《とりいり》、立身をこそ祈《いのり》ける。されば、加藤清正、朝野（浅）弾正、黒多（田）如炊（水）、福島正則なんど剛勇正直の人々はつまはじきして三成を忌嫌《いみきら》ひ、又、淀君をはじめ、小西、増田、長束、大谷等《ら》が輩《ともがら》は、才を悦び、智を尊《たつと》び、皆、三成が手裏《しゅり》に入れり。

このように、悪に位置づけられた三成を嫌う、いわゆる武断派と、逆に評価する、いわゆる文治派との対立は顕著に示されるのである。

浅野長政と黒田孝高が朝鮮に渡り、宇喜多秀家に秀吉からの命令を伝える場面がある。その直後に三成は増田長盛、大谷吉継とともに長政らに面会しようとするが、長政と孝高は囲碁に夢中で三成らに気がつかない。三成はおおいに怒り、その後、いよいよ不仲となっていく。しかし、ここでも語り手が解説を加え、長政も孝高も、囲碁に心を奪われるような人物ではないと弁護する。実は長政は、三成が淀殿との計略によって偽りの和議を結ぼうとしていることを知り、孝高と心を合わせ、三成を怒らせ、口論にこと寄せ、刺し違えて死のうと考えていたのである。一方、三成もそれを察知し、ことを荒らげなかったというのである。

明との偽りの和議が露顕した時、秀吉は当然怒り狂う。明からの使者とともに、小西行長の首を刎ねろとまで言う。行長は「是、全く某《それがし》一人の所存にて言上致すにあらず。三奉行の面々、臣(行長)に命じて為《なさ》しむる所なり」と弁明し、秀吉は、ここで「三奉行」と記された三成、長盛、吉継を呼び、長時間にわたって怒り罵るのである。大谷吉継は五奉行の一人ではないが、この一件に関してはこの三人が「三奉行」としてまとめられている。三成を悪と位置づけ、それゆえ、文治派も悪の側となっていくのである。

清正を中心に描く『審訓清正実記』でも三成は悪の側に位置づけられる。小西行長は、朝鮮での戦いにおいて清正がたびたび大功を立てるのを妬み、以前より交わりの深い三成や宇喜多秀家と語らい、明との和議を進める。兵を引き上げた日本勢であるが、清正に対し、五奉行連署で秀吉の怒りによって登城を控えるよう伝えられる。これは三成が、秀吉に清正を讒言したためであった。しかし、身に覚えのない清正は、「兼て増田右衛門尉長盛とは懇意なれば、かれに便《たよ》りて事を伺はん」として、長盛を訪ねる。長盛は、この件が三成より起こっていることを踏まえ、「当時の出頭たる三成を差置て御取持《おとりもち》をせん事はいかがなれば、理をまげられて三成を御頼みあるべし」と言う。清正は激怒し、「清正、たとへ此儘《まま》しばり首討るる共、三成と和睦せん事、思ひもよらず」と言い、長盛に絶交を言い渡す。英雄として読者に好印象を与え続けるように描かれてきた清正。その清正に敵対する悪の存在として三成が描かれ、これにおもねる長盛までもが悪く書かれている。

このように、エンターテイメント性の高い文学では、登場する人物に対する善悪の位置づけが顕著になり、三成、行長、淀殿、大野兄弟は悪とされ、清正や真田信繁は善となっていく（13章虚像編参照）。結果が悪くなるのは、すべて悪に位置づけられた人物によるものであるとの書き方がなされ、結果として、文治派が悪、武断派が善となったのである。

●参考文献

檜谷昭彦、江本裕校注『太閤記』（岩波書店　新日本古典文学大系 六〇、一九九六年）

濱田啓介『近世文学・伝達と様式に関する私見』（京都大学学術出版会、二〇一〇年）

金時徳『異国征伐戦記の世界　韓半島・琉球列島・蝦夷地』（笠間書院、二〇一〇年）

井上泰至　金時徳『秀吉の対外戦争：変容する語りとイメージ　前近代日朝の言説空間』（笠間書院、二〇一一年）

●コラム

二つの「キリシタン禁令」

▼堀　新（共立女子大学教授）

天正十五年（一五八七）に豊臣秀吉が発令した「キリシタン禁令」は、

A　六月十八日付「覚」十一ヶ条

B　六月十九日付「定」五ヶ条

の二点ある。AとBの内容はかなり違うが、かつてはAが一般民衆を対象とした基本法令、Bがバテレンを対象とした副次的法令、両者合わせて完全な禁教令として機能したとされたこともある。しかし、後述するように、これらを「キリシタン禁令」と呼ぶのは無理がある。Aには適切なものがないが、Bは「バテレン追放令」の名称が定着している。

この時秀吉は、島津氏を降伏させて九州を平定し、博多に滞在していた。六月十九日夜、秀吉は施薬院《やくいん》全宗《ぜんそう》から、キリシタン大名たちが領民に改宗を強制し、神社仏閣を破壊して教会を建てていると聞き、激怒する。そして、それを実行していた高山重友《たかやましげとも》（右近《うこん》）に対し、棄教か追放かを迫り、高山は追放を選んだ。秀吉はさらに怒り、副管区長コエリュに、日本人の強制改宗、神社仏閣の破壊、牛馬食、日本人奴隷の売買等を詰問した。コエリュは弁明したが、秀吉の怒りは収まらず、翌二十日には領主階級を信者としたキリスト教は民衆を信者とする本願寺よりも危険であるとして、Bを発令したのである。

Bの内容は、キリスト教と貿易の二点に分かれる。キリスト教については、日本は神国だから布教は好ましくないとし、具体的にはキリシタン大名による領民の強制改宗と、神社仏閣の破壊を非難している。そして、バテレンに二十日以内での国外追放を命じている。いっぽう、貿易は継続するので、商人はこれまで通り来日すればよいとしている。

ここで注意しなければならないのは、秀吉はキリスト教そのものを禁止していないことである。追放されるのはバテレン（宣教師）のみで、キリシタン（一般信者）は含まれていない。布教と一体化していた貿易は奨励したので、季節風の関係で帰国船はしばらく出航できなかったこともあり、バテレン追放はほとんど実行されなかった。

この前日に発令されたAは、キリシタン側の史料にはなく、その存在が疑われたこともあった。現在では、伊勢神宮からの働きかけによって出されたものと確定している。伊勢神宮は、領主蒲生氏郷《がもううじさと》による強制改宗と神宮破壊を怖れて、秀吉に保護を求めたと考えられる。

Aの内容は多岐にわたるが、キリスト教は一向一揆よりも天下統一の障害として、危険視している。しかし、一般民衆のキリスト教信仰は本人の心次第とし、信仰は自由であった。ただ誰でも自由だったのではなく、上級武士は許可制とし、事実上は禁止した。そして、領主による強制改宗も天下統一の障害として、厳しく禁じた。また、日本人奴隷の海外への売買と、牛馬食を禁じている。なお、七月下旬にAを受け取った伊勢神宮は、これが「諸国」へ交付されたと認識しており、Aは伊勢地域限定の法令ではない。

A・Bともにキリスト教を危険視しているが、禁止されたのは上級の領主の信仰と、それによる強制改宗のみである。「邪教」であっても一般民衆の信仰を認めているから、「キリシタン禁令」とは言えないのである。

この点は、江戸幕府がすべての人々のキリスト教信仰を禁止し、さらには禁教を徹底するためにポルトガルと断交し、寺請《てらうけ》制度を創設したこととは大きく異なっているのである。とはいえ、秀吉は前年にはキリスト教布教を許可していたから、これを契機に保護から統制へと大きく転換した。その理由は、施薬院全宗による讒言《ざんげん》、九州におけるキリスト教流行や長崎が教会領となっていることなど、諸説あるが未解明である。

●参考文献

渡辺世祐「我が史料より見たる戦国時代東西交渉史補遺」（『史学雑誌』五〇―七、一九三九年）
岩澤愿彦「豊臣秀吉の伴天連成敗朱印状について」（『国学院雑誌』八〇―一一、一九七九年）
平井誠二「『御朱印師職古格』と山田三方」（『古文書研究』二五、一九八六年）
清水紘一『織豊政権とキリシタン』（岩田書院、二〇〇一年）
堀新「バテレン追放令」（藤田覚編『史料を読み解く』三・近世の政治と外交、山川出版社、二〇〇八年）
山本博文『天下人の一級史料』（柏書房、二〇〇九年）
三鬼清一郎『豊臣政権の法と朝鮮出兵』（青史出版、二〇一二年）

13 関ヶ原の戦いから大坂の陣へ

この章の実像編は、６章のそれと比べて読むと面白い。秀吉はスピーディに仕掛けて織田の天下を奪うのに比べ、家康はそういう賭けを避け、秀吉・利家の死を受けて行動したり、豊臣の残存勢力と正面からいきなりやり合わず、外堀を埋めていったり、と実に慎重である。虚像編では、そういう常識的な家康より、負けの可能性を承知しながら、これに反抗した石田三成や真田信繁に関心が集まってゆく。

13 関ヶ原の戦いから大坂の陣へ

実像編

▼谷　徹也（京都大学助教）

徳川家康は関ヶ原の戦いで勝利を得たものの、まだ豊臣秀頼への対処という最大の問題を抱えていた。家康はどのようにしてその問題を解決しようとしたのだろうか？関ヶ原の戦いから大坂の陣への政治過程を明らかにすることで、その疑問に迫ってみよう。

大坂の陣への道程

慶長二十年（一六一五）五月、大坂城が落城し、豊臣秀頼《ひでより》は自害した。七月には年号が慶長から元和《げんな》へと改められ、「武家諸法度《ぶけしょはっと》」や「禁中并公家中諸法度《きんちゅうならびにくげちゅうしょはっと》」が制定された。後に「元和偃武《げんなえんぶ》」と称されたように、長きにわたった戦乱の世の終結をこの時点に見ることに、大方異論はないだろう。

関ヶ原の戦いから大坂の陣に至る時期の研究は膨大な蓄積を有する。例えば、この時期を江戸幕府の成立過程として捉える見方や、豊臣氏の立場を重視して、徳川公儀と豊臣公儀が並立していた「二重公儀体制《にじゅうこうぎたいせい》」であったとする評価が存在する。本章では、これまでの諸研究の成果を踏まえて、いま一度政治過程に即しながら、各段階での豊臣氏・徳川氏双方の立ち位置を確認していくことで、大坂の陣への道程を明らかにしたい。

関ヶ原戦後の上方情勢

慶長五年（一六〇〇）九月、関ヶ原の戦いに勝利した徳川家康は大坂城に入り、翌月には石田三成を首謀者として斬首した。名目上は未だに秀頼の庇護者であった家康だが、論功行賞《ろんこうこうしょう》などの戦後処理を行っており、実質的な天下の支配者としての第一歩を踏み出した。

その頃の上方の情勢を知りうる材料として、蝦夷地《えぞち》の大名である松前盛広《まつまえもりひろ》（初代松前藩主の慶広《よしひろ》の子）の書状（「近藤家文書」『青森県史』資料編近世1）が挙げられる。慶長六年（一六〇一）四月、盛広は伏見に本拠を移した家康の元へ礼参し、五月十一日には家康の参内の御供をした。その翌日付で国元に宛てた書状の記述を要約すると、次のようになる。

①家康は伏見城《ふしみじょう》に入り、以前よりも高い石垣を築かせている。

②秀頼には大坂城と河内国《かわち》二十二万石が与えられ、片桐且元《かたぎりかつもと》と小出秀政《こいでひでまさ》が付けられた。

③会津の上杉景勝《うえすぎかげかつ》とは和平が結ばれたが、島津氏との和談は破れ、軍勢を差し向けるとも噂されている。

④京都では、柳之水《やなぎのみず》（三条西洞院に所在する名水）を取り込んだ家康屋敷の建築が計画され、完成次第に後陽成《ごようぜい》天皇の行幸《ぎょうこう》を受け、将軍に任官する手はずである。付近に大名屋敷も建築予定である。

徳川家康画像（大阪城天守閣蔵）

⑤徳川秀忠《ひでただ》は大納言となり、結城秀康《ゆうきひでやす》以下、家康に味方した大名たちが加増された。
⑥松前家の指南《しなん》は本多正信《ほんだまさのぶ》と村越直吉《むらこしなおよし》の両名に頼むつもりである。
⑦家康の近くにいる出頭人《しゅつとうにん》は本多正純《まさずみ》と西尾吉次《にしおよしつぐ》らである。浅野長政《あさのながまさ》は碁《ご》の相手として家康の近くにいる。それらの人々へは御礼を申し上げた。

この記述は必ずしも事実を物語っているわけではないが、関ヶ原戦後の多くの重要な問題を描き出している。以下、各項目と対応させて実際の状況を確認してみよう。

❶家康はこれ以後、上方の拠点を伏見城に定め、慶長十二年（一六〇七）に駿府城《すんぷじょう》に移るまでは伏見と江戸の間を往復していた。すなわち、この間の徳川政権の中心地は伏見であり、家康は上方にあって西国を睨みながら政務を行う必要があった。

❷実際には秀頼の手元には和泉《いずみ》と摂津《せっつ》を加えた六十五万石あまりの所領が残された。秀頼は一定の権威を有した勢力として温存されたのである。この時点の家康は、秀吉恩顧の大名たちの反感を買うことを恐れていたのであろう。

❸家康は島津氏征伐のために軍勢を派遣したが、攻撃には移すことができなかった。関ヶ原の戦いに関する講和の完了は、慶長七年（一六〇二）の佐竹義宣《さたけよしのぶ》転封や島津忠恒《ただつね》（家久《いえひさ》）上洛まで長引いたのである。

❹家康の京都屋敷は実際には場所が変わり、慶長六年十二月から二条城が築かれることになる。また、行幸は家康在世時には行われず、征夷大将軍任官《せいいたいしょうぐんにんかん》も慶長八年（一六〇三）二月まで待たなければならない。しかし、福田千鶴《ふくだちづる》が指摘するように、京都における屋敷の造営と行幸と任官の連続性は、天正十三年（一五八五）の秀吉の関白任官と翌年の聚楽第《じゅらくてい》建設、

及び天正十六年（一五八八）の後陽成天皇の聚楽第行幸を思い起こさせる。家康は秀吉の政治手法を手本として、自らの権威確立の道筋を見極めようとしていた。

❺論功行賞の結果、関東や東海に所領を有していた秀吉恩顧の大名が西国などに移され、京都と江戸の間は徳川氏の一門や譜代が占めることになった。ただし、この時の知行宛行に際しては、家康は領知朱印状を発給していない。また、畿内には徳川系大名を配置できなかった。これは、この時点での家康の権力の限界性を示していよう。

❻豊臣政権期の大名への指南や取次《とりつぎ》は、機能こそ継承されたものの、その担い手は家康側近へと明確に変化した。

❼家康の出頭人が実務を担うようになり、かつての「五奉行」のうち家康の側近くに残った浅野長政ですら、その役目は碁の相手であった。

このように、豊臣体制は関ヶ原の戦いの後には相当程度改変されてしまい、家康を頂点とする公儀が生み出されようとしていた。しかし、秀頼と大坂城は健在なまま残されており、家康の権力にはまだ限界があった。家康にはこのような状況を徐々に克服しながら、新たな体制を築き上げる必要があったのである。

秀頼の立場

慶長五年十二月、九条兼孝《くじょうかねたか》が関白に再任された。家康は、武家（豊臣氏）から公家（摂関家）へ関白職を戻し、豊臣氏による関白の独占状態を解消したのである。ただし、このことはただちに秀頼の関白任官の可能性が無くなったことを意味するわけではない。実際、慶長八年二月家康の将軍就任前後、秀頼も同時に関白に就任するとの噂が流れており、世間では秀頼の関白任

豊臣秀頼画像（東京藝術大学蔵）

官は実現しうるものと考えられていたのであろう。慶長八年七月に家康の孫（秀忠の娘）にあたる千姫《せんひめ》と秀頼との婚礼が挙行され、表面上は豊臣氏と徳川氏の融和が演出された。

その一方で、家康は着実に自らの地歩を固めつつあった。慶長八年三月には秀吉恩顧を含めた大名たちに江戸市中の工事を負担させ、六月からは江戸城の普請《ふしん》をも行わせた。このように全国の大名に石高を基準とした普請役を課すことを「公儀普請《こうぎふしん》」や「天下普請《てんかふしん》」というが、家康は多くの城を「公儀普請」で修築させながら、次第にその権限を秀忠に譲ることで、徳川氏の安泰を図った。もっとも、豊臣氏は普請役から免除されるだけに留まらず、慶長十一年（一六〇六）の江戸城普請では奉行二名を派遣する立場にあったことにも留意したい。

また、かつて全国に存在した豊臣氏の蔵入地《くらいりち》（直轄領）の算用状《さんようじょう》（収支決算書）は慶長九年（一六〇四）を最後に作成されなくなる。この前後、摂津・河内・和泉を除く蔵入地の多くは徳川政権への編入を完了したのであろう。それと呼応するかのように、家康は同年八月、田畠の石高を記載した郷帳《ごうちょう》と、村名や道路・河川を描いた国絵図《くにえず》を作成するように諸大名に命令し、国土の把握を目指した。こうした大名課役の命令や財政基盤の整備、国土掌握を通じて、徳川政権の権威は日増しに高まっていった。

慶長九年八月はまた、秀吉の七回忌にもあたっていた。秀吉は自身が神として祝われることを願っており、死後に豊国大明神という神号が贈られ、方広寺《ほうこうじ》の東方にあたる阿弥陀ヶ峰《あみだがみね》に秀吉の廟所《びょうしょ》（墓所）と豊国神社（豊国社）が建てられた。そして、秀吉の命日を前にした八月十四・十五日に、豊国社が中心となって盛大な臨時祭礼が執り行われた。十四日には秀吉恩顧の大名らが騎馬行列を出し、田楽や能が奉納された。また、翌日には上京や下京の町人ら五百人が繰り出し、「風流踊《おどり》」を踊った。躍動する民衆の姿は『豊国祭礼図屏風《ほうこくさいれいずびょうぶ》』として現在に伝わっている。ただし、注意すべき点としては、祭礼は秀頼が費用を負担したが、あくまでも家康の指示のもとで行われたことが挙げられよう。家康は、祭礼を監督して亡き秀吉への崇敬を見せることで、秀吉恩顧の大名らや世間の目を自らに繋ぎとめようとした。秀頼や家康自身は祭礼には参加しなかったが、水面下での駆け引きは続いていた。

　そのような状況下、慶長十年（一六〇五）四月に秀忠への将軍宣下《せんげ》が行われた。同時に秀頼は内大臣《ないだいじん》から右大臣《うだいじん》に昇進しており、秀忠よりは上の官職に就いていたものの、徳川氏による政権の世襲が公的に明示された意義は大きい。家康は高台院《こうだいいん》（秀吉正室のねね）を通じて、秀忠の将軍襲職を賀して上洛するよう申し入れたが、豊臣氏はそれを拒否した。婚姻→秀忠将軍宣下→秀頼上洛の流れは、順序こそ異なるものの、かつての秀吉関白任官→婚姻→家康上洛という、家康の秀吉への臣従過程をなぞるものであった。秀頼はこの段階ではそれを受け入れない道を選択した。

　この後、秀頼による官位執奏《しっそう》（朝廷に官位を与えてもらうよう執り成すこと）や豊臣姓の叙位《じょい》任官は大坂の陣の直前になるまで見られなくなり、諸大名には将軍から偏諱《へんき》（名前の一字を与えること）と松平名字・位階が与えられる形式が定まってくる。慶長十一年四月には、武家官位は家康の推挙によってのみ行われることが徳川政権と朝廷の間で取り決められた。そして、秀頼は慶長十二年の右大臣辞任以後、新たな官位を得ることはなくなったのである。

公儀のゆくえ

大御所となった家康は、慶長十二年七月に駿府城に拠点を移し、主に西国を担当しながら秀忠の後見を行った。対外関係にも引き続いて携わり、慶長十四年（一六〇九）の島津氏の琉球《りゅうきゅう》侵攻や朝鮮との貿易再開、オランダとの通商開始など、東アジア海域における日本の外交や貿易を主導していた。

慶長十四年十二月、後陽成天皇は家康に譲位の意向を伝える。徳川政権と朝廷の間で何度かやりとりが行われたが、その過程で家康は強圧的な態度を示しつつ、朝廷への介入を試みた。結局、家康の考えた路線に従って、慶長十六年（一六一一）三月二十七日に後陽成天皇から後水尾《ごみずのお》天皇への譲位が行われた。それを見届けた家康は、翌日に二条城に秀頼を呼び出して会見を行う。六年前に果すことのできなかった秀頼上洛をついに実現にまで漕ぎつけたのである。家康は二条城の御成之間《おなりのま》における会見で、両敬（互いに対等に御礼を行うこと）を申し出たが、秀頼はそれを堅く断り、家康を敬った形での御礼を遂げた。

また、翌四月には、在京している諸大名二十二名を二条城に召集して、「三か条誓紙《せいし》」に署判をさせた（「尊経閣文庫所蔵文書」）。その内容は次の通りである。

①源氏以来の代々の将軍家の法式を遵奉し、江戸から発せられた法度を守ること。
②御法度に背いたり上意を違えた者を諸国に隠し置いてはいけないこと。
③各々が召し抱えている諸侍などが反逆人や殺害人であることが発覚したならば、互いにその者は召し抱えないこと。

家康は、伝統的な武家権威を継承し、全国の大名らの利害調節を行う公儀としての立場を認めさせたのである。秀吉は天正十六年に聚楽第行幸と諸大名誓紙提出を同時に行ったが、家康は天皇譲位・秀頼上洛・諸大名誓紙提出をまとめて行うことで、自らの権勢を示そうとした。この時に誓紙に署名したのは北国や西国の国持大名《くにもちだいみょう》であるが、慶長十七年（一六一二）には東国の国持大名十名と小大名（城主など）五十名がそれぞれ署名と血判を行った。さらに、同年には武家官位を朝廷官位とは切り離して定員外とすることを定め、大名序列を明示する手段を確立する。秀頼はそれらの秩序の中に位置付けられていないが、全国の大名を編成したという点で、徳川政権の権威向上にとって大きな意味をもっていた。また、同年にはキリシタン禁令を発布し、豊臣氏の本拠地である大坂や堺においても信徒や宣教師《せんきょうし》の摘発を行うなど、それを梃子とした大名や都市の統制を行った。この時点において、大御所家康・将軍秀忠を頂点とする公儀は、豊臣氏を圧倒していたと評価することができよう。

大坂の陣の始まり

秀吉の死の前後から、秀頼は頻繁に社寺の再興（堂舎修造）を行っていた。その範囲は自らの領内に留まらず、畿内・近国を中心に、遠くは出雲にも及び、百件を超える事例が確認されている。再興事業は社寺からの願い出を受けて豊臣氏が主体となって執り行った。ただし、その権限は秀頼が独自に発揮できるものではなく、家康の優位性に基づく限定的なものであったことには注意が必要である。

その中でも、慶長十四年頃から再開された方広寺大仏殿の再建は、豊臣氏の存在感をアピールするための重要な事業であった。方広寺は秀吉がかつて東山大仏の造立に伴って建立した、豊臣氏にとって極めて重要な寺院だったが、地震によって大仏は倒壊し、その再建工事中の火災によって堂舎も失われていた。再建の指示をしたのはむろん家康であるが、秀頼側が再建事業に方広寺だけでなく豊臣氏再興の思いをも込めていたと考えても、あながち間違いではあるまい。

慶長十七年四月頃には大仏殿がほぼ出来上がり、慶長十九年（一六一四）三月には大仏や伽藍《がらん》も完成していた。翌月には巨大な鐘の鋳造も終え、いよいよ大仏の開眼供養《くよう》を残すのみとなった。ところが、七月になって、家康側から急遽供養を延期するように指令が出された。その理由は、鐘銘《しょうめい》と棟札《むなふだ》の文言に問題がある、とのことであった。上棟の日が吉日ではなく、鐘に彫られた「国家安康《こっかあんこう》」「君臣豊楽《くんしんほうらく》」という文字も、家康の名を分断して豊臣の繁栄を願ったものだとの難癖をつけたのである（方広寺鐘銘事件）。

秀頼の家老である片桐且元は慌てて弁明のために駿府に下り、「互いにバケバケ騙し合い」（「山本豊久私記」）の交渉を行ったが、家康の許しを得られずに大坂へ帰った。且元は和議の証拠として、①秀頼が大坂城を出ること、②秀頼が駿府・江戸に参勤すること、③淀殿《よどどの》（茶々《ちゃちゃ》）を人質として関東に出すこと、を提案したが、淀殿や秀頼はそれを且元の裏切りとみて、切腹を迫った。結局且元は屋敷に立てこもったのち、大坂城から退き、茨木へと移った。

同年十月一日、秀頼籠城の風聞が立ち、所司代《しょしだい》の板倉勝重《いたくらかつしげ》はその報を駿府へ伝えた。京都と大坂の間の道は封鎖され、臨戦態勢がとられた。大坂の陣の始まりである。

豊臣方の民衆

大坂の陣には、全国の大名だけではなく、畿内・近国の都市や村落に住む民衆たちも多く参加していた。とりわけ、大坂城に籠城した豊臣氏は、金銀を用いながら多くの浪人を召し抱えていた。これらの浪人は、諸国からは勿論、周辺の村々からも供給された。

また、大坂城の周囲の村や寺は、秀頼から禁制《きんぜい》を交付されていた。禁制は軍勢の乱暴行為などを禁止するものであり、それを手に入れるということは、その勢力に味方することを意味していた。村落も戦争の勃発時には生き残ることに必死であり、中には、豊臣方と徳川方の双方から禁制を発給された村もあった。

このように、豊臣領国やその周辺には、豊臣方に味方する民衆が多く存在したのである。それらの町や村は付城《つけじろ》を築いたり、兵粮や武器・人夫などを大坂城に供出したりしていた。また、一揆を起こして徳川方の足止めを行った事例も存在する。ただし、必ずしも同情や恩顧から味方したのではなく、恩賞や自らの立場の向上を狙う場合や、意図せず巻き込まれた場合も多数存在していたと思われる。豊臣方は、味方すれば年貢や諸役を免除すると触れ流していたし、村の有力者たちの中には大坂城に人質を差し出していた者もいたためである。また、同様の理由から、大坂城近辺であっても、徳川方に加担する者もむろん存在した。

大坂の陣が終わった後、各地で落人や大坂籠城者の親族の探索が行われた。とりわけ、秀頼に再興してもらった社寺では豊臣方に通じた者が多く、関係者や預物《あずけもの》（戦難を避けるために社寺に預けた家財）などの穿鑿《せんさく》を受けている。それらは秀頼の所領だけではなく、畿内・近国を中心とした各地で確認でき、豊臣氏の支持層の広さを推し量ることができる。なお、大坂落人の大半は元和期に赦免され、その戦功を元に大名家への仕官活動を行った。

豊臣氏の滅亡により、豊国社は社領を没収のうえ社殿も廃され、豊国大明神の神号は剥奪された。しかし、遠くは津軽や金沢、近くは秀吉ゆかりの長浜などで、秀吉は神として密かに祀られていた。豊国社の公的な再興は、明治元年（一八六八）を待たねばならないが、江戸幕府統制下においても、豊臣氏は民衆の心の中において潜在的な人気を集めていたと言うことができよう（14章虚像編、主要太閤記物演劇作品一覧参照）。

関ヶ原の戦いからの道程

以上見てきたように、関ヶ原の戦いから大坂の陣に至る過程は、豊臣氏と徳川氏の多様な政治判断と駆け引きの連続として捉えることができる。振り返れば、関ヶ原の戦いの時点では、家康は秀頼の後見人としての立場で戦い、戦後にも秀頼を立てて諸事を慎重に執り行う必要があった。秀吉の作り上げた枠組みは、関ヶ原の戦いですぐに崩壊してしまうほど脆いものではなかったためである。よってそれ以後の家康は、秀吉が天下統一の過程で行った巧みな政治手法を手本としながら、独自の秩序を加えて新たな公儀を構築していったのだと評価しうる。一方、秀頼も家康によって崩されつつあった豊臣氏の権威をなんとか立て直そうと努力をしていたが、結局のところは、父が残した巨大な大坂城で齢二十三の命を散らせた。その後の豊臣氏の活躍の場は、文学・演劇と信仰の世界に引き継がれることとなったのである。

●参考文献

山本博文『幕藩制の成立と近世の国制』（校倉書房、一九九〇年）
曽根勇二『片桐且元』（吉川弘文館、二〇〇一年）
宮本裕次「大坂の陣と周辺村落―地域社会における対立と領主権力―」（『大阪城天守閣紀要』三二、二〇〇四年）
笠谷和比古『関ヶ原合戦と大坂の陣』（吉川弘文館、二〇〇七年）

藤井讓治『天下人の時代』(吉川弘文館、二〇一一年)
黒田日出男『豊国祭礼図を読む』(角川学芸出版、二〇一三年)
曽根勇二『大坂の陣と豊臣秀頼』(吉川弘文館、二〇一三年)
福田千鶴『豊臣秀頼』(吉川弘文館、二〇一四年)
福田千鶴「江戸幕府の成立と公儀」(『岩波講座日本歴史』第一〇巻、近世一、岩波書店、二〇一四年)
矢部健太郎『関ヶ原合戦と石田三成』(吉川弘文館、二〇一四年)

13 関ヶ原の戦いから大坂の陣へ

虚像編

▼井上泰至（防衛大学校教授）

秀吉の遺産の消滅―その評価は明治維新を境に激変する。焦点は、徳川家康と石田三成。まずは敗者に注目してみよう。

本章は、江戸時代に残された膨大な数の関ヶ原関係軍記、およびそれと地続きの大坂の陣関係軍記および実録の沿革を展望することにする。これは秀吉の一代記の世界とは別個の世界をなすだけの、ボリュームとバラエティを持っており、まだまだ学問的蓄積の薄い分野であるので、これまでの章とは別の形の記述、すなわち、徳川史観からの一連の歴史叙述を行った『慶長軍記』と、それを核にふくらませた『関ヶ原軍記大成』を軸に、近代になって通俗的ではあるが通史の典型をなした参謀本部編『日本戦史関原役』、民間史学の山路愛山《やまじあいざん》『豊臣秀吉』『徳川家康』や徳富蘇峰《とくとみそほう》『近世日本国民史関ヶ原役』に及ぶ、近世から近代にかけての関ヶ原及び大坂の陣に対する認識と構図の流れを俯瞰し、紙数の制約もあるので、豊かな文学的資源となった武将の銘々伝には触れないこととする。

徳川寄りの軍書

慶長五年（一六〇〇）九月十五日の関ヶ原の戦いのみならず、秀吉政権の総括から、全国に展開した東軍西軍の争い、そして大坂の陣に至る経過を叙述した最初の軍書は、植木悦《うえきえつ》『慶長軍記』（寛文三年〈一六六三〉序）である。巻一「関白秀吉公治世事」では、秀吉を「乱世之英雄」としつつも、「奢驕好色」を専らにした失政を指摘し、天下平定間もなく朝鮮の役を行ったことによる疲弊が、子孫に報いるという預言を載せる。また、秀頼《ひでより》の生母「淀殿」の貴種と秀吉の寵愛から、淀殿《よどの》を則天武后《そくてんぶこう》・西太后《せいたいごう》に並ぶ悪女で、漢の高祖《こうそ》の后で、高祖の死後専横を振るった「呂《りょ》太后」に比し、秀次とその一家の殺害を語る（7章虚像編参照）あたり、また、秀頼の「陰謀」たる大坂の陣の終結と徳川家の「中興」までを扱った本書には、一貫した徳川史観からの歴史解釈を見て取ることができる。

同書十八「御昇進并年譜事」では、家康の将軍宣下《せんげ》について、有職にも詳しかった編者植木悦はおそらく『職原抄《しょくげんしょう》』をふまえ、神武天皇の四道将軍や平安期の征夷大将軍から鎌倉・室町の武家の棟梁としての先例を引いて、秀吉の関白任官が将軍職継承を足利義昭から拒否されてのことであったことを記して徳川将軍の正統性を強調する。おそらく関白任官の経緯は、林羅《はやしら》山《ざん》・読耕斎《どっこうさい》『豊臣秀吉譜』の記事に拠るものであろう（9章実像編参照）。

「駿河大坂御中《（仲）》悪基本事」では、①方広寺大仏殿再建にあたって徳川から資金援助がなく、大坂城の金銀を使わせる魂胆と豊臣方が解釈したこと、②大坂城「外曲輪《くるわ》」の改修を依頼に来た片桐且元《かたぎりかつもと》に対し、それを許可しつつも、いずれ秀頼は大坂城から大和郡山城へ移り、淀殿を「証人」として江戸を送るよう示唆、これが秀頼の不興を買ったこと、③南禅寺鐘銘の「国家安康」
の文言に潜む家康に対する不敬が、戦の原因であったとする。そして「秀頼公隠謀露顕事」では、
浪々していた織田信雄《のぶかつ》に大坂方から挙兵のため軍勢をつけて迎える旨の使いがあり、それに対
して信雄は、小牧長久手《こまきながくて》以来世話になった家康には恩があっても、自らを追放した秀吉には恨
みしかないと家康に挙兵の動きを通報して、戦となった旨を記す。ここにも、織田家を簒奪し
た秀吉の罪と、信雄を奉じて小牧長久手を戦った家康の「義戦」や、積善積悪の応報という儒
教的世界観による徳川方の正戦化が確認できる。そして続く「徳川家中興事」では、家康の祖
先が新田義重《よししげ》に遡れることを語って、松平親氏《ちかうじ》・康親《やすちか》から数代を経て家康の祖父信忠《のぶただ》・清康《きよやす》の
三河での善政に言及、家康の武勇、特に小牧長久手の「勝利」を強調しつつ、「偏僻」の地ゆ
えに太閤に腰を折った「兵法」を解説、関ヶ原も西軍の背後には秀頼の存在があったが、これ
を許し、倹約をし、驕奢に走らず、儒仏の教えを聞き、子を多くもうけた家康の「積徳」を強
調する。羅山たちもそこまであからさまには書かなかった豊臣の「悪」と徳川の「善」を、儒
書を各所で引用しながら定位することが、本書の大枠だったわけである。

なお、本書の関ヶ原の戦いの記述については、拙著『サムライの書斎』で詳述したので、そ
れに譲るが、一言で言って、本書は、寛文期の軍学者らしく、『太平記秘伝理尽鈔《たいへいきひでんりじんしょう》』の語り口に従っ
て、異伝・通考（和漢の故事との対比）・評判（軍学的見地からの武将評価）を展開しており、大谷吉継《よしつぐ》が軍
師として浮上してくる点が、注目に値する。

関ヶ原モノの集大成——『関ヶ原軍記大成』

こうした、徳川史観からの関ヶ原の構図を基本的に継承しながら、広範な取材力によって、

資料を集成したのが、宮川忍斎《みやがわにんさい》の『関ヶ原軍記大成』である。浪人軍学者で、長年にわたって関ヶ原の資料を集めてきた忍斎は、福岡藩に仕官することで、藩と藩の間で資料のやりとりを行う、一段と強力な取材力を得ることになった。山本洋の調査によれば、岩国藩と福岡藩の双方に本書に載せるべき資料とそのやりとりを記録した文書・書状が残っていることが明らかになっており、それが根拠となろう。今日残る本文を見ても、異伝として各方面からの資料に取材したことは明らかである。忍斎は、板本から文書・家記に至るまで可能な限り資料を集め、『慶長軍記』のような過剰な文飾を行わず、異説を併記し、考証する態度を持した。この姿勢が結果的に、本書を関ヶ原モノの集大成たらしめたわけである。

徳川史観による見方も、『慶長軍記』に比べ、より補強されている。すなわち秀吉の出自が、信長の父信秀の鉄砲方だった木下弥右衛門《きのしたやえもん》であるなど、母・兄弟・義父とその子たちに記述を割き、その出自の低さを強調、秀吉の異例の出世から光秀を討つまでの華々しい活躍はわずか一丁程度で済まされ、清須《きよす》会議の後、信長の子を圧迫する秀吉の悪逆から、賤ヶ岳《しずがたけ》の戦いに至ったことを強調するが、小牧長久手の戦いについては織田信雄《のぶかつ》のことしか記述せず、家康の名前も出てこないし、秀吉への臣従を明らかにした家康の上洛も書かれない。これは、秀吉政権の貴種的権威の無さを強調する一方、秀吉との戦いの膠着と、その後の臣従に触れないことで、徳川方の武威を貶《おとし》める事件にいっさい口をつぐんだと見られる。また、後述するように、本書は黒田家が徳川創業に最も功績のあったことを記すのが目的であったから、秀吉の播磨攻め・中国攻め、大返し、山崎の合戦と続く黒田孝高の活躍に触れないことも重要であったろう。

さて、黒田家の活躍である。既に忍斎の和文の序で、「神君《(家康)》にかしづき奉ると雖も、志の深浅なきにしもあらず」と秀吉没後から関ヶ原の戦いにかけての各武将の忠誠度には濃淡があることを明言し、凡例でもそれを明らかにすることが本書の目的だとして、延宝三年（一六七五）から正徳三年（一七一三）の長きに渡って資料を収集したとする。さらに、それが黒田家の立場から編集されたことは、その前に置かれた、福岡藩儒「筑洲後学」竹田春庵《しゅんあん》の漢文序の存在によっていっそうはっきりとする。

また、本文を見ても、巻六「鳥居・内藤注進」で、三成ら西軍蜂起の報を受け、家康が小山の本陣に上杉攻めの諸将を招集した際、評議を前に家康の真意を量って黒田長政《ながまさ》は、福島正則《まさのり》を訪ね、上方の事は三成の首謀に間違いなく、大坂の人質も無暗に殺されることはないと、三成を嫌いながら秀頼には異心はないとする正則を、徳川方に与《くみ》するよう説得して、家康の「喜悦」と「忠節」の評価を得たことを記す。

巻十九「秀秋・広家内応」では、秀秋の裏切りが黒田孝高・長政《ながまさ》の暗躍によるものであること、安国寺恵瓊《あんこくじえけい》と意見を異にする吉川広家《きっかわひろいえ》の異心を家康に取り次いだのが長政であることを語り、関ヶ原東軍勝利に黒田家が第一等の勲功《くんこう》があったことを記す。さらに、巻二十「家康公御出馬」では、岐阜城攻めが、豊臣恩顧の福島正則の真意を確かめるものであるとする。

巻二十五「筑前中納言反忠《かえりちゅう》附奥平貞治戦死」では、関ヶ原当日、秀秋の裏切りの約束が果たされず、家康が指を噛んで「倅奴に謀れて、口惜よ」と言った後、秀秋の陣に鉄砲を放たせる有名な場面では、黒田の目付大久保猪之助《いのすけ》が秀秋家老平岡石見に裏切りを迫り、石田と乱戦中の黒田長政は家康から秀秋裏切りの事は確か聞かれると、秀秋が翻意したのなら家康同様、こちらもそれを知るはずはない、秀秋が翻意すれば打ち取るまでのこと、「我等が分別鑓先にあり」と荒けなく言い放って、家康はそれを聞いて長政は普段からその気のあるものと怒っていない。さらに、巻三十七～四十二まで六巻の長きを割いて、九州における黒田孝高の九州平定を念入りに描いてもいる。

以上、本書編纂の核には、この戦いにおける黒田家の功績を描く意図があったことは疑いなく、旗本の根岸直利・木村高敦が編纂した『四戦紀聞《しせんきぶん》』など小牧長久手の戦いに関心を向ける姿勢とは好対照と言っていい。そもそも関ヶ原の戦いは、中山道を経由した秀忠率いる徳川本隊の延着によって、福島・黒田・細川・藤堂といった外様大名が東軍の主役にとなったものであることは、ここで改めて思い起こして置く必要があろう。先に挙げた『慶長軍記』の筆者植木悦が藤堂家に仕え、関ヶ原ではその正面の敵だった大谷吉継《おおたによしつぐ》を焦点化している点と、本書が黒田と戦った島左近《しまさこん》の活躍を描く点にも、注意を払うべきだろう。自らの功績を述べる場合、敵の評価も高くならざるを得ない面があるのである。

徳川贔屓の構図を引き継ぎ文芸化――『難波戦記』

こうした徳川寄りの構図を引き継ぎ、大坂の陣を本格的に文芸化したのが、十七世紀の後半、おそらくは『慶長軍記』を受けて成立した『難波戦記』である。実録関係については、高橋圭一（二〇一二）の指摘に従って記す。本書は慶長十六年（一六一一）三月の秀頼上洛と家康との対面から起筆する。慶長十年の秀忠将軍宣下に際して秀頼が上洛を促されても従わなかった一件には全く触れない点から推して、そもそも秀頼は徳川の家来であることを印象付ける意図があったものだろう。家康は寄せ手にできるだけ死傷者がでないように触れを出し、塙団右衛門《ばんだんえもん》らの奇襲も予想、冬の陣の和睦に際しても総攻めの進言に対し、力攻めの被害を避けるのが良将というものであるとこれを退ける。

大坂城の堀埋め立てにあたって、抗議のため大野治長《おおのはるなが》と織田有楽斎《おだうらくさい》（長益）は家康の前に出るものの、家康の「猛威」に一言も発せられない。伊達政宗や藤堂高虎《とうどうたかとら》が裸になった大坂城を攻めようと言っても、家康は不義を行えば天罰を受ける、関ヶ原後秀頼を討てという意見もあったが、太閤生前の誼《よし》みから許した。すると今回の謀反となったが、不義があっても善で報いる気持ちで和睦した。秀頼が不義を重ねれば、彼は天罰を受けよう。信長・秀吉・信玄、みな天罰を受けた。自分は天道に背いていないので子孫まで天下を保つだろう、と預言めいた発言までする。秀頼の不義・謀反、家康の仁愛・良将という対比の構図は、既に『慶長軍記』に用意されており、本書はそれを徹底する形で大坂の陣を描いているのである。

夏の陣では、真田信繁を筆頭に大坂方の華やかな奮戦が描かれるが、それは軍記にありがちな武勇と潔さのカタルシスを狙ったもので、「恩を荷《にな》い徳を戴く」徳川方に対し、奸臣大野治長らによる拙い策謀と、忠臣の排斥、武勇のなさ、大野を用いる淀殿の不見識により大坂方は亡んだという構図は変わらない。

大坂贔屓への転換――『厭蝕《えんしょく》太平楽記』

こうした徳川贔屓の構図が十八世紀の実録では転換する。表題作は、大坂方の戦闘での勝利を麗々しく書く。真田信繁の活躍に焦点を当てて見てみよう。片桐且元によって優秀な「軍師」として登用された信繁は、後藤基次《ごとうもとつぐ》・木村重成《きむらしげなり》・長曽我部盛親《ちょうそかべもりちか》ら四天王の総帥として辣腕を振るう。大坂入城早々に『甲陽軍鑑《こうようぐんかん》』の作者と伝えられる小幡景憲《おばたかげのり》が徳川方の間者であることを見抜き、真田丸では朝鮮伝来の銅蓮火砲なる、火花と毒ガスを噴出する武器で徳川方を苦しめ、大勝利を収めた鴫野・今福などの戦いも信繁の命令によるもので、その洞察は、天文を読む軍師そのものである。

そもそも文芸化が進む戦国・織豊期の武将伝において、もっともその痛快な活躍が膨らんでいくのが軍師の存在である。その軍師像には二つある。一つは、白面の美男子で冷静沈着、天文を読み、仁将でもあるタイプで、竹中重治がこの典型であるが、その源流は諸葛孔明《しょかつこうめい》と楠正成《くすのきまさしげ》であろう。今一つは、容貌魁偉、あるいは不具者で、陰影を帯びた、見るからに、何をしかけてくるかわからない策士のタイプで、山本勘助・黒田孝高・大谷吉継がそこに連なるが、その源流は足切りの刑を受けたためその名があるという中国の戦国時代の軍師、孫臏《そんぴん》にさかのぼれよう。信繁はこの前者のタイプに分類できるし、実際文芸化された活躍には、諸葛孔明と楠のイメージが使われている。特に、孔明については、『厭蝕太平楽記《えんしょくたいへいらくき》』で地面の下で

橋本玉欄作画『徳川東国武勇伝』三編（国文学研究資料館蔵）
大谷吉隆（継）切腹の図。明治七年ごろ刊。最初の関ヶ原もの『慶長軍記』ではハンセン病で顔が崩れたとの記述すらない。

爆発が起こり、上下から火攻めにあって家康が逃げ出し、伏兵に襲われる平野の焼き討ちの場面が、『通俗三国志』の影響であることを高橋圭一は指摘している。

過去の軍談・軍記のイメージを転用するのは信繁に限らず、講釈師の常套手段だが、孔明や楠という軍師像の典型を踏まえる点から推して、史実としては大坂方の一傭兵隊長に過ぎなかった信繁が、軍師の総帥として大坂方を代表する人物に浮上してくる背景がうかがえるのである。

徳川コードの消失とともに――『名将言行録』と『日本戦史関ヶ原役』

江戸の武家説話の集大成で、近代武士道の観点から再評価を受けた岡谷繁実《おかのやしげざね》『名将言行録』は明治三年（一八七〇）に初版が刊行されるが、それは巻三十までで、秀吉や三成などの銘々伝は、明治二十七・八年版の増補により登録されるに至る。この間、徳川の世は終わり、秀吉や三成を論じる際、幕府に気を使う必要はなくなった。特に三成の伝においては、豊臣秀次を讒言《ざんげん》で切腹に追い込み、蒲生氏郷《がもううじさと》を毒殺し、淀殿と情を通わせたとする、江戸時代に刊行された軍記類に描かれた悪人像（『聚楽《じゅらく》物語』『石田軍記』『東国太平記』『絵本太閤記』など）は、全く捨象されている。

むしろ、繁実は徳川光圀《みつくに》の「三成は悪からざる者なり、人各々其の主の為にすといふ義にて、事を行ふ者は敵なりとも悪《にく》むべからず」（『桃源遺事《とうげんいじ》』）という評言を最後に引いて、匹夫から天下の政務に関するまでになった三成は「大丈夫」であり、関ヶ原に敗戦しても自殺せず、死に臨んでも家康拝領の小袖を辞し、柿は身の毒と断る背後に、豊臣家への忠誠を見てとる。ここには、本書序文に見える幕末・明治の身分を超えた「士」の活力を戦国・織豊期の武士に求める態度と、徳山毛利家から養子に入った館林藩秋元志朝《ゆきもと》に仕え、尊王攘夷派であった繁実の立場が反映していると考えられる。

これに先駆けて、明治二十六年（一八九三）、ドイツの戦史に倣って参謀本部が編纂した『日本戦史関ヶ原の役』は、江戸時代の関ヶ原史観を転換させるとともに、軍書・編纂物のみならず史料を発掘・集成し、近代の実証史学の方法で記述を行ったという意味で画期的な書物である。その史観においても、家康を善、三成を悪とし、倫理で歴史を裁断する見方を完全に払拭している。その冒頭に展開される関ヶ原の総括は、秀吉個人の創業ゆえの政権の弱体性と、武将たちの天下への欲望と不仲を前提に、突出した力を持つ家康が、秀吉生前の律義さから、その死後は一転、待ちに待った機会を得て、天下を掌中にしようと剛腕を発揮し、挑発を繰り返したとする。対する三成は、秀吉の後ろ盾を得て官僚として権勢を振るったに過ぎず、秀吉政権内の武闘派との不仲、秀吉の正妻派と後室派に分かれた武将たちの内、後者に属したこと、何よりも、力を貯えずに機会を見誤り、せいて家康の挑発に乗り大戦をしかけ、かえって豊臣家の滅亡を早めたという戦略論の立場から三成に厳しい評価を下している。

本書のもう一つの特徴は、記述方法の近代化である。時系列に沿った記述し、武将の石高・近代的な測量地図・兵数・兵器・休養・衛生に至るまで科学的な情報を挙げることに心がけている。それは、日清戦争を事実上指導することになる川上操六《かわかみそうろく》の指揮のもと、ドイツに倣った近代的戦史を志したからに他ならない。本書は、日本戦史のシリーズの最初でもあり、軍部の教育に供するのみならず、広く一般にその成果を公刊したという意味でも、忘れられてはならない事業であった。

民間史学から歴史小説・近代歌舞伎へ——山路愛山・徳富蘇峰・高安月郊・司馬遼太郎

民間史学の英雄伝を書いた新聞記者の山路愛山《やまじあいざん》。その『豊臣秀吉（豊太閤）』（明治四十一年〈一九〇八〉）「三成論」『徳川家康』（大正四年〈一九一五〉）は、資料の上で『日本戦史』のお世話になっているが、三成への見方は、『名将言行録』の立場に近い。『日本戦史』が勝者と敗者の分かれ目となる原因に冷徹にメスを入れ、敗者の失敗の本質に光を当てるのに対し、山路は敗者三成の器量を再評価して、司馬遼太郎の『関ヶ原』（昭和三十九年〜四十一年〈一九六四〜六六〉）の先駆けとなった。三成を「当時の人傑」と評し、それまでの「奸邪《かんじゃ》」の評価を全面否定、秀吉に忠義を尽くし、倨傲《きょごう》のため損をしたが、秀吉の参謀としてその全盛期を支えた彼は、みすみす家康にその天下を奪われるのが我慢ならなかったのだとする。

ただし、愛山の視点は複眼的で、三成の英雄的士気と能力、それに忠義心は評価しつつも、秀吉亡きあとの天下の利害は豊臣家の利害とは一致せず、力の信奉者家康が天下を経営する公的な存在になったことを認めなかった点で、歴史に逆行した存在であったとする。そして豊臣政権で地位を得ながら、この天下の動きの本質を知って東軍に属したのが、藤堂高虎と黒田孝高であったとして三成と対照させている点も興味深い。それでも、小身の三成が、諸将の意志は別として、家康に対抗しうる勢力を構築しえた点は高く評する。これらの見方は司馬遼太郎が『関ヶ原』で描く三成像とほぼ一致するものである。司馬がこれに加えたのは、数字に明るい、戦後日本のメインストリームとなる、合理的な経営の才のある三成の側面であった。同じ民間史学の徳富蘇峰《とくとみそほう》『近世日本国民史　家康時代上巻関原役』は、三成の英雄性を認めつつ、天下取りの一戦の準備がなかったと指摘する点、『日本戦史』の影響下にもあり、三成の豊臣家への忠義心は薄かったとする点が異なる。

最後に、大正八年（一九一九）帝国劇場で上演された高安月郊《たかやすげっこう》作の新歌舞伎「関ヶ原」を紹介しておく。この芝居は、三成を主役にしたもので、「序曲　醍醐の春」で、淀殿とねねの対立、三成の士気と忠義を描き、前田利家の死後、伏見の家康屋敷に逃げ込む三成は、途中西軍蜂起の一か八かの戦略を大谷吉継に語り、失敗を予見しつつもそれを聞いた大谷が命を預けると漏らす（「城外京橋口」）。

三成を抱えた家康は、茶を勧めつつ北野大茶会を懐かしみ、秀吉が大村由己《ゆうこ》に作らせて自身舞った謡曲「柴田」を謡うことを所望、三成は「何、柴田を？」と「忌々しい思入」ながらこれを承諾、北の庄落城の折、信長の面影と懐かしく対面する勝家の謡を謡う（伏見徳川邸）。これは明らかに、三成が柴田の立場にあることを象徴した悲劇的演出であろう。

戦に敗れて六条河原に引き出される三成は、福島正則・小早川秀秋《ひであき》を面罵、秀秋は自分こそ豊臣家を守る家康に与《くみ》したのだとして、阿弥陀ヶ峰の秀吉廟に顔向けできまいと三成を責め、三成が断腸の思いで、秀頼の行く末の危うさを予見しつつ、秀吉の墓の前で切られるのは、敵の手にかかるのではなく、秀吉のお手打ちになるのだと述懐、淀殿も阿弥陀ヶ峰で三成を見送っていると、侍女荻江が今はの際《きわ》に連絡する。確かに、阿弥陀ヶ峰への参道を西へ向かえば六条河原に行きあたる。

昵懇だった三玄院円鑑国師《えんかんこくし》が、「三成殿――今こそ天下を得られたな」と言葉をかけると、三成は「イヤ阿弥陀が峰は――静でござるな」と言い残して首を差し出す（「六条磧」）。三成の士気と忠義、賭けとしての関ヶ原の挙兵、時勢の見誤りなど、愛山が示したような近代の三成像を悲劇化した作品として、記憶されるべきだろう。秀吉の墓を何度も出す演出は、三成の歴史的位置と生き様を照らす鏡であると共に、次章の虚像編で触れるように、近代になって再興される豊国神社のイメージも大きかったに違いない。

●参考文献

中村哲郎『歌舞伎の近代』（岩波書店、二〇〇六年）

塚本隆彦「旧陸軍における戦史編纂」（『戦史研究年報』一〇、二〇〇七年）

井上泰至『サムライの書斎』（ぺりかん社、二〇〇七年）

井上泰至「武家の文藝―江戸の武家説話から司馬遼太郎へ」（『国文学解釈と鑑賞』七四―三、二〇〇九年）

高橋圭一『大坂城の男たち』（岩波書店、二〇一一年）

山本洋「『関ヶ原軍記大成』所載の吉川家関連史料をめぐって」（『軍記物語の窓　第四集』和泉書院、二〇一二年）

井上泰至『近世刊行軍書論　教訓・娯楽・考証』（笠間書院、二〇一四年）

高橋圭一「幸村見参」（『文学』一六、二〇一五年）

14 秀吉の神格化

ヒトが生前の活躍を光源としてカミになる。これは長い日本の歴史の中でも画期的なことだ。その先例となった秀吉の神格化には、大きく括れば、海外まで武威を発揮した軍神、あるいは近世京都の建設者・国家鎮護の神の二つの性格に集約できようか。それらは、神話・歴史に先例がある。しかし、より重要なのは、草莽からカミとなったという点かも知れない。それが、欧米列強への危機感から生まれた、日本のナショナリズムを推進する維新の志士、および国事殉難者のカミ化のモデルとなっていった素地でもあったのだろうから。

実像編

▼北川　央（大阪城天守閣館長）

秀吉は自らの遺言によって、死後、「神」として祀《まつ》られることを願った。希望した「新八幡《しんはちまん》」という神号については朝廷の許可が下りず、結果として彼は「豊国大明神」という「神」になった。どうして彼は「神」になろうとしたのか？「豊国大明神」とは、いったいどのような神だったのか？

神になった秀吉

慶長三年（一五九八）八月十八日、豊臣秀吉は伏見城で六十二年の波瀾の生涯を終えた。第二次朝鮮出兵（慶長の役）の最中であったため、その死は秘され、遺体は伏見城内に安置された。

九月七日には、京都・東山の大仏殿（のちの方広寺）近くで「八棟作ノ社頭」の建立が始まり、この社殿は「大仏鎮守《だいぶつちんじゅ》」と呼ばれるようになる。十二月十八日には、未だ建設途中であったにもかかわらず、この「大仏鎮守」に五大老《ごたいろう》筆頭の徳川家康以下諸大名が参詣した。醍醐寺三宝院門跡の義演《ぎえん》は「今日大閤（太）御所御忌日か、今に披露無き故、治定《ちじょう》知らず」（『義演准后日記《ぎえんじゅごうにっき》』）と記した。翌十九日には、五奉行の一人前田玄以《まえだげんい》が「大仏之地社」のことで吉田神道の総帥《そうすい》である吉田兼見《よしだかねみ》のもとを訪れ、同二十四日には兼見の弟神龍院梵舜《しんりゅういんぼんしゅん》が「大仏之社」のことで、家康から質問を受けている（『舜旧記』）。

この「大仏鎮守」「大仏之地社」「大仏之社」は、また「東山新八幡社」「新八幡社」「東山新社」「新社」などとも呼ばれた（『言経卿記《ときつねきょうき》』）。

慶長三年中に朝鮮半島からの日本軍の引き揚げが無事完了したことをうけて、翌慶長四年正月五日、前田玄以・石田三成ら五奉行《ごぶぎょう》が元結《もとゆい》を払って秀吉逝去を公表し、建設中の「大仏鎮守」の祭神が秀吉であることも明らかとなった（『義演准后日記』）。

そして同年四月十三日には密かに伏見城から阿弥陀ヶ峰《あみだがみね》山頂に秀吉の遺骸が移され、十六日には仮殿への遷宮が行われた。十七日にはその仮殿で正親町季秀《おおぎまちすえひで》が「豊国大明神」の神号宣下《せんげ》を行ない、十八日に正遷宮が執り行われて「豊国社」が誕生した。翌十九日には豊国大明神に正一位が授けられている。こうして豊臣秀吉は「豊国大明神」という神になったのである。

秀吉の神格化と御霊信仰

従来、現実に生きた人間の神格化は御霊信仰《ごりょうしんこう》に拠るものがほとんどであった。この世に怨みを残して亡くなった人物が死後怨霊と化して社会に怖ろしい祟りをなすので、神として丁重に祀《まつ》り、その怒りを鎮めることで、怨霊が持っていた強大な力を社会の利益の為に発揮してもらおうというのが御霊信仰である。藤原時平《ふじわらのときひら》らの讒言《ざんげん》によって中央政界を逐われ、左遷先の九州・大宰府において非業の死を遂げた菅原道真を「天満大自在天神《てんまんだいじざいてんじん》」として祀り上げたのが最も著名な事例である。しかし秀吉の場合は、こうした御霊信仰とはまったく異なり、成功に成功を重ね、栄達を極めた末での神格化であった。「豊国大明神」の成立は我が国における神観念に重大な変化をもたらす画期になったといわれ、徳川家康の「東照大権現《とうしょうだいごんげん》」や諸藩々祖の神格化へとつながっていく。

秀吉は死に臨んで、幼い我が子秀頼《ひでより》の身上を案じ、徳川家康ら五大老と石田三成ら五奉行にその将来を託した。ところが、家康は生前の秀吉との約束をあっさり反故《ほご》にして、慶長二十年五月、大坂夏の陣で豊臣氏を滅亡に追い込んだ。従来であれば、ここで秀吉が怨霊と化して徳川家康らに祟りをなし、怨霊となった秀吉を鎮めるために、幕府が秀吉を神格化するというのがパターンであった。しかし、豊臣氏滅亡から一年も経たない元和二年（一六一六）四月十七日に豊臣氏を滅ぼした張本人である家康が亡くなったにもかかわらず、この時点で秀吉怨霊の祟りが語られた形跡はない。それどころか、大坂夏の陣後には家康によって「豊国大明神」が否定され、秀吉から「豊国大明神」という神号が剥奪《はくだつ》されたのであるから、秀吉の神格化は御霊信仰によるそれの対極に位置した。

ところで、万治三年（一六六〇）六月十八日に徳川再築大坂城の焔硝蔵《えんしょうぐら》（火薬庫）に雷が落ち、大爆発を起こして、大坂城内はもちろん、城下にも甚大な被害が生じた際、十八日は秀吉の命日であったことから、「豊国大明神の霊」の仕業と語られた（『武門諸説拾遺《ぶもんしょせつしゅうい》』）。寛文二年（一六六二）五月一日に京・大坂をはじめ近畿地方一帯を地震が襲い、二条城や膳所《ぜぜ》城・篠山《ささやま》城・尼崎《あまがさき》城など各地の城郭に被害が出たときも「豊国大明神の祟り」とされた（『忠利宿禰日次記』）。秀吉の場合は、神格化され、さらに神の座から引きずり降ろされたのちに、「豊国大明神」として怨霊化したのである。これまた御霊信仰とは相容れない考え方である。

織田信長の神格化をめぐって

秀吉の主君である織田信長についても神格化が行われたといわれる。その根拠となるのはイエズス会宣教師ルイス・フロイスの著した『日本史』で、それによると、信長は「予自らが神体である」といい、「盆山《ぼんさん》」と呼ばれる石を神体である信長自身に代わるものとした。そして「盆山」を、安土城内の摠見寺《そうけんじ》に祀るすべての仏像の一番上に、窓のない仏龕《ぶつがん》を置いてその中に安置し、信長の誕生日に参拝するように命じた。参拝すると、富める者はますますその富が増し、貧しい者や身分の低い者、賤しい者は富裕の身となることができ、子孫や後継者のいない者は子宝に恵まれ、長寿も得られるといい、また病気が治り、健康と平安が得られ、願いも成就する、とその功徳が語られた。一方で、信仰しない者は現世においても、来世においても滅亡するであろうと喧伝《けんでん》されたので、信長の誕生日には、諸国から貴人・武士・庶民・賤民など、あらゆる身分の男女が多数、摠見寺に参拝に訪れたというのである。

この信長の神格化については、イエズス会宣教師の史料のみに見え、国内史料で該当する事実が確認できないことから、これを疑う研究者も多いが、仮に事実であったとしても、信長の場合は本人生存中の神格化であり、朝廷から神号宣下を受けた形跡もなく、日本古来の八百万《やおよろず》の神々の列に加えられたわけでもないから、死後に神格化された秀吉の「豊国大明神」やこれにつらなる家康の「東照大権現」などとは一線を画すべき事例と考えられる。では、秀吉の神格化が完全に独創的なもので、先行するモデルケースがなかったのかというと、そうでもない。

秀吉神格化のモデル

醍醐寺三宝院門跡の義演は、慶長三年九月七日に東山の大仏殿近くに「八棟作ノ社頭」の建設が始まったことを日記に書き留めた際、「北野社の如く」と記している（『義演准后日記』）。林羅《はやしら》山《ざん》の著した『本朝通鑑《ほんちょうつがん》』でも、「秀吉廟《びょう》」は「北野菅廟《かんびょう》に倣《なら》う」とある。「北野社」「北野菅廟」はいずれも菅原道真を祀る北野天満宮のことで、先にも記したように御霊信仰による神格化の典型的事例であるから、これを秀吉神格化の先行事例と見做《みな》すことはできない。これらの意味するところは、社殿建築は北野天満宮のそれをモデルにしたということである。

『戸田左門覚書《とださもんおぼえがき》』は、徳川家康の家臣で、膳所《ぜぜ》・尼崎・大垣城主を務めた戸田氏鉄《とだうじかね》の事績について記すが、その中で、秀吉遺骸の埋納《まいのう》の様子が「豊国大明神と勅願下され、正一位太政大臣の贈号を給り、将軍塚のならひ阿弥陀ヶ峰《あみだがみね》に死骸を壺に入れられ、朱にてつめ、棺槨に納む」と具体的に記され、わざわざ「将軍塚」の名前を出して阿弥陀ヶ峰を説明しているのが注目される。あるいは、その性格の近似性を示しているのかもしれない。

将軍塚は、平安京鎮護のため、桓武《かんむ》天皇が八尺の土人形に黒鉄《くろがね》の鎧《よろい》・兜《かぶと》を着せ、弓矢を持たせて埋納したものといわれ（『平家物語』）、京の都に凶事が発生する際には激しく鳴動《めいどう》してこれを報せたと伝えられる。慶長三年八月十八日に秀吉が亡くなった際にも、八日前の八月十日に将軍塚が鳴動している（『当代記』『本朝通鑑』）。将軍塚の役割が平安京鎮護だったとすると、阿弥陀ヶ峰山頂に営まれた秀吉の墓所・豊国廟については、秀吉が改造した新たな都市・京都を守護するという役割が期待されたのかもしれない。

室町・戦国期には、他に男山《おとこやま》（石清水八幡宮）、多田院（多田神社）、後鳥羽院御影堂（水無瀬神宮）、多武峰《とうのみね》（談山神社）などが、将軍塚と同じく、鳴動して凶事を警告した。

徳川家康は、秀吉同様、死後に神となることを願い、まずは遺体を駿府郊外の久能山《くのうざん》に葬り、一年後に日光に遷すよう遺言した。これについて、『東照社縁起《とうしょうしゃえんぎ》』は、「大織冠《たいしょっかん》のためしをあふきて、日光山へ移し」と記す。「大織冠」とは藤原氏の始祖藤原鎌足《ふじわらのかまたり》のことで、鎌足の遺骸は当初「摂津国島下《しましも》郡阿威山《あいやま》」に葬られたが、鎌足の長男で、不比等《ふひと》の兄にあたる定慧《じょうえ》によって、大和国多武峰に遷されたという（『多武峰略記』）。多武峰に遷された藤原鎌足に対しては、その後、朝廷から「正一位大織冠大明神」の神位・神号が贈られたとされ（談山神社文書）、織豊期《しょくほう》にはその神名が広く知れわたっていた。

家康の神格化、すなわち東照大権現の成立は、既に述べたとおり、秀吉の神格化に倣ったものであることは疑いないが、『東照社縁起』はその点にはいっさい触れず、久能山から日光への改葬に関してのみ、藤原鎌足の例に倣ったとする。しかし、ここで「多武峰」を持ち出してくるのは、鎌足の神格化がそれほど有名だったからに他ならない。だとすれば、秀吉の神格化も鎌足のそれに倣った可能性がじゅうぶんある。

というのも、秀吉は、藤原氏嫡流《ちゃくりゅう》で、五摂家《ごせっけ》筆頭の近衛前久《このえさきひさ》の猶子《ゆうし》となり、「藤原朝臣秀吉」として、天正十三年（一五八五）七月十一日に関白に任官した。すなわち秀吉は、一時的にせよ、鎌足を始祖と仰ぐ藤原氏の一員だったのである。また、秀吉は関白に就任して三ヶ月後の天正十三年九月九日に朝廷から「豊臣朝臣」の氏姓を賜ったが、秀吉が右筆《ゆうひつ》の大村由己《おおむらゆうこ》に命じてまとめさせた『関白任官記』は、これについて、

古《いにしえ》、源平藤橘の四姓、その人の器用に依りて、一姓々々これを制するものか。藤原の姓は、天智の朝、鎌足始めてこれを賜はる。今に至りて九百二十年に及ぶ。橘氏は聖武の朝に、諸兄《もろえ》公、始めてこれを賜はる。八百五十年に及ぶ。平家は桓武天皇の葛原《くずはら》親王始めてこれを賜はる。八百年に及ぶ。源氏は清和天皇の孫多田満仲の父経基《つねもと》王始めてこれを賜はる。七百五十年に及ぶか。往昔、猶かくの如し。今また、姓を改めて五姓と成すべきは、この時なり。

と記す。「豊臣朝臣」に先行する「源平藤橘」の四姓の内、「藤原朝臣」を除く三姓はいずれも

皇族の臣籍降下にともなう賜姓であったから、秀吉にとっては藤原鎌足だけが自己の先例となる存在であった。そして、秀吉の弟で大和郡山城主の豊臣秀長《ひでなが》は、天正十六年四月三日に多武峰の大織冠神像を、郡山城下に造営した新たな社殿に遷し、「新多武峰」と称している。秀吉は多武峰、すなわち藤原鎌足の神格化について熟知していたことは間違いない。

朝廷から「豊臣朝臣」の氏姓を賜った秀吉は、新たに豊臣氏を興したが、その豊臣氏の始祖として、藤原氏の始祖である鎌足の「大織冠大明神」をモデルに「豊国大明神」が創出された可能性はきわめて高い。鎌足は天智八年（六六九）に亡くなったが、それから千年近く経った慶長年間にいたっても、その子孫たちは朝廷の重要官職をほとんど独占するほど繁栄を続けていた。死に臨んで秀吉は、幼い秀頼の将来をひたすら心配したが、その秀頼はもちろん、秀吉・秀頼の子孫が累々と代を重ね、豊臣氏が藤原氏同様の繁栄を遂げることを強く願い、秀吉は自らの神格化を遺言したのではなかろうか。

豊国大明神の性格

秀吉に贈られた神号「豊国大明神」については、「日本の惣名ヲ豊葦原中《とよあしはらのなか》津国《つくに》ト云ヘル故ナリ。大閤は和朝の主たるにより、豊国大明神と名付けまつる」（『豊国大明神臨時御祭礼記録』）と説明される。我が国の古名が「豊葦原中津国」であり、秀吉がこの国の「主」であるから、その「豊葦原中津国」から神号を「豊国大明神」としたというのである。すなわち、豊国社は豊臣氏の氏神であるとともに、豊臣氏が支配するこの国の国家神として創出されたことがわかる。そして、「豊葦原中津国」の略称とされる「豊国」であるが、それは当然「豊臣氏が支配する国」をイメージさせた。

豊国社は「大仏鎮守」と称されたように、秀吉が創建した大仏殿に隣接して社殿が造営された。大仏殿では、毎月経堂において「太閤様御先祖御弔《おとむらい》」が営まれ（東寺文書）、その法要は真言・天台・律・五山禅宗（臨済宗）・日蓮党（法華宗）・浄土・遊行（時宗）・一向（浄土真宗）という当時存在した仏教諸宗派からそれぞれ百人ずつの僧侶が出仕する形で執り行われた。（『言経卿記』）。いわゆる「千僧供養《せんそうくよう》」である。ここでいう「太閤様御先祖」とは、具体的には「栄雲院道円《えいうんいんどうえん》」「栄《えい》光院妙円《こういんみょうえん》」の両人を指すが、これは秀吉が関白就任の際に語った彼の母方の「先祖」である。『関白任官記』によれば、秀吉の母大政所《おおまんどころ》の父は「萩の中納言」という公卿に仕えたが、大政所三歳の折に讒言《ざんげん》により宮中を逐われ、尾張国飛保村雲《ひぼむらくも》というところに蟄居《ちっきょ》したという。その後大政所は上洛して禁裏で天皇の側近くに仕えるようになり、二、三年で身籠り、尾張に戻って出産した。それが秀吉だというのである。秀吉皇胤《こういん》説で、もちろん全くの作り話であるが、大仏殿経堂で営まれた千僧供養は、この架空の秀吉先祖「栄雲院道円」と、その室「栄光院妙円」の菩提を弔うために執行されたのである。

したがって、大仏殿は豊臣氏の氏寺という性格を持ったが、その先祖供養の法要に仏教諸宗派が出仕したように、大仏殿は一宗一派に属する寺院ではなく、仏教の全ての宗派の上に君臨する国家的寺院でもあった。天正十六年七月に発布されたいわゆる「刀狩令」において、秀吉は、百姓たちから取り上げた刀・脇差などは、大仏の釘に使うので、これにより、百姓たちは現世だけでなく、来世においても救われる、と述べた。こうした豊臣氏々寺と国家的寺院という二つの性格は豊国社と共通するものであり、大仏殿と豊国社は隣り合って存在し、豊臣氏ならびに豊臣氏が支配するこの国の聖域を演出したのである。

新八幡《しんはちまん》と豊国大明神

秀吉の神格化については、秀吉が遺言で自らの神格化を希望し、阿弥陀ヶ峰に祀られることを願ったとされる（『御湯殿上日記』）。

しかし、『伊達日記』には、「秀吉公、新八幡ト祝い申すべき由御遺言ニ候ヘドモ、勅許ナキニヨッテ、豊国ノ明神と祝い申し候」とあり、秀吉自身は自らの神格化を願ったものの、神号については「新八幡」を希望し、それについて勅許《ちょっきょ》を得られなかったために「豊国大明神」になったというのである。

これについては既に見たように『言経卿記』に「東山新八幡社」「新八幡社」という表現が見え、『当代記』もまた慶長四年四月十九日条で、「阿弥陀が峰新八幡堂へ各々社参。是、太閤秀吉公を神に崇め奉る。八幡大菩薩堂と号する也。（中略）大菩薩はいかがあるべしとて、その後豊国大明神に改む」と記し、『本阿弥行状記』にも、「新八幡宮ト祝はれたきよし、御内々御願いこれありといえども、日月地に落ちず、勅許なく」とある。

秀吉が自らの神号として「新八幡」を希望し、その方向で検討が進められたが、最終的には勅許が下りず、その結果「豊国大明神」という神号が贈られたという経緯は広く知れ渡っていたらしい。

秀吉が「新八幡」という神号を希望した理由については、イエズス会宣教師フランシスコ・パシオが以下のように記している。

最後に太閤様は、自らの名を後世に伝えることを望み、まるでデウスのように崇められることを希望して、日本全土で通常行われるように遺体を焼却することなく、入念にしつらえた柩《ひつぎ》に収め、それを城内の遊園地に安置するようにと命じました。こうして太閤様は、以後は神の列に加えられ、シンハチマン、すなわち、新しい八幡と称されることを望みました。なぜなら八幡は、往昔のローマ人のもとでの軍神マルスのように、日本人の間では軍神として崇められていたからです。

「八幡」は当時日本人の間で「軍神」として崇められていたから、秀吉は「新八幡」として祀られることを望んだというのである。

この頃一般に、八幡は応神《おうじん》天皇とその母神功皇后《じんぐうこうごう》であると理解されていた。「神武《じんむ》」「綏靖《すいぜい》」「安寧《あんねい》」…といった歴代天皇の漢風諡号《しごう》は奈良時代の天平宝字六年（七六二）～八年に贈られたもので、このとき諡号に「神」の字が用いられたのは「神武」「崇神《すじん》」「応神」の三人のみであり、しかも応神天皇の母にも「神功」の名が贈られたから、応神天皇と神功皇后は奈良時代から既に皇統譜の中でも特別視される存在であったことがわかる。称徳《しょうとく》天皇の寵愛を受けた道鏡《どうきょう》が皇位を望んだ折、和気清麻呂《わけのきよまろ》が伊勢神宮ではなく、応神天皇と神功皇后を祀る豊前の宇佐八幡宮までわざわざ赴いて神託を得、道鏡の野望を阻止した。この一件だけでも、応神天皇と神功皇后、すなわち八幡神がどれほど特別な存在であったか、よくわかる。平安時代の貞観二年（八六〇）には、平安京郊外の男山に、宇佐の八幡神が勧請《かんじょう》されて石清水八幡宮が成立する。中世になると八幡神は、伊勢内宮に祀られる天照大御神《あまてらすおおみかみ》に次ぐ、第二の皇祖神としての地位を揺るぎないものとした。

その神功皇后は、夫である仲哀《ちゅうあい》天皇亡き後、応神天皇を胎中に宿した身重《みおも》の体でありながら、自ら朝鮮半島に渡って、かの地で新羅・百済・高麗の三国を服属《ふくぞく》させ、帰朝後、九州で応神天皇を出産したと伝えられる（『日本書紀』『古事記』）。到底史実とは見做し得ない話ではあるが、そのイメージは、二度の朝鮮出兵を行なった秀吉の理想像ではなかったか。秀吉は単なる「軍神」

としてではなく、海外にまで派兵した「偉大なる軍神」として祀られることを願ったのであろう。それが「新八幡」という神号を望んだ理由と考えられる。

朝廷は、「八幡」が第二の皇祖神《こうそしん》であったがゆえに、「新八幡」という神号を拒んだと思われるが、「豊国大明神」の神号宣下の際に読み上げられた宣命《せんみょう》には、「兵威を異域の外に振るい、恩沢《おんたく》を卒土《そっと》の間に施す」と記されているので、「新八幡」から「豊国大明神」へ神号の変更はあったものの、海外にまで威を振るった偉大なる軍神という性格は継承されたものと考えられる。

秀吉を祀る豊国社は、京都・東山に本社が成立した後、各地の大名領内にも分祀《ぶんし》され、それにともない多数の豊国大明神の神影が作られた。これらは一般に「豊臣秀吉画像」として紹

重要文化財　豊臣秀吉画像　南化玄興賛
（高台寺甲本、高台寺蔵）

介されるが、俗人豊臣秀吉を描いたものではなく、神になった秀吉、すなわち「豊国大明神」の神影として製作されたものである。これらの神影の上部には高僧が賛文《さんもん》をしたためる。そこには神影

を造進した大名の名前とともに、「倭国を護すと雖《いえど》も、威を大明《だいみん》に振るう」（高台寺甲本、慶長三年八月）、「朝鮮震旦《しんたん》倶《とも》に来貢《らいこう》」（サンフランシスコ・アジアミュージアム本、慶長四年四月）、「竺支倭《じくしわ》の権柄《けんぺい》を執り」（等持院本、慶長四年八月）、「竺支日東《にっとう》を照徹《しょうてつ》」（西教寺本、慶長五年五月）といった具合に、朝鮮出兵の事実を誇張して、大陸の覇者となった「偉業」を称賛する文言が記される。「豊国大明神」の神影が日本古来の冠ではなく、唐冠を被った姿で描かれるのも、「豊国大明神」がその威を大陸にまで轟《とどろ》かせた偉大なる軍神であることを表現しているのであろう。

豊国大明神の多様な信仰

慶長五年に勃発した関ヶ原合戦の折、西軍総大将の毛利輝元《もうりてるもと》や副将の宇喜多秀家《うきたひでいえ》らが里神楽《さとかぐら》を奉納したり、湯立神事《ゆだてしんじ》を執行したりした。これは、豊国大明神が豊臣氏の始祖神、我が国の国家神としての性格に併せて、「軍神」としての性格を有していたからではなかろうか。

その他、豊国社に対しては、高台院《こうだいいん》（ねね）や生駒親正《いこまちかまさ》が病気平癒を願い、豊国社領となった地域の住民をはじめ、多くの庶民が参詣したことも知られている。珍しいところでは、起請文《きしょうもん》に、毒薬を使用した者には豊国大明神が罰を与えると記された。

先にも述べたように、豊国社は京都・東山の本社以外に各地の大名領内にも分霊が勧請された。秀吉の子飼大名の代表として知られる加藤清正《かとうきよまさ》などは、天正十五年の九州攻めの際、秀吉によって社領を没収された阿蘇社からの社領回復の歎願に対して、清正領国の肥後にも間もなく豊国大明神を勧請するので、その神意をうかがった上で、社領を回復するか否か決定すると回答している（「西巌殿寺文書」）。豊国大明神は現実社会にも大きな影響を及ぼす存在であったことが知られる。

豊臣秀頼は現在確認できたところでも、東は信濃の善光寺から西は出雲大社に至る範囲で一〇〇ヶ所以上の寺社を復興したが、そうした秀頼復興寺社の境内にも豊国大明神の分霊が勧請された。この場合、豊国大明神の神影は豊臣氏の側で製作し、それぞれの寺社に寄進された。大名たちが造進したものと違い、これらの神影に賛文は記されない。大名が勧請した豊国社は城内などに鎮座するケースが間々見られたが、多くの人々が参詣に訪れる寺社境内に豊国社が鎮座することで、豊国社は庶民にとってより身近な存在となり、さまざまな信仰欲求に応える神となったに違いない。

大坂城への勧請

豊国大明神の分霊勧請の特筆すべき事例としては、慶長十八年二月二十七日の大坂城への勧請がある。豊臣秀頼による勧請で、社殿は大天守北側の山里曲輪《くるわ》に造営された。

慶長十九年には大坂冬の陣が勃発し、翌慶長二十年の大坂夏の陣で豊臣氏は滅ぶのであるが、陣後幕府は同年六月十四日付で諸大名に対し、「去々年より当春までの間に領分より大坂へ奉公に罷り越し候者」のリストを作成し、提出するよう命じた（『家忠日記増補』『薩藩旧記増補』ほか）。豊臣方残党狩りの資料とするためである。一般には慶長十九年十月一日に徳川家康が諸大名に大坂攻めを命じたことを以て大坂冬の陣勃発と考えたり、あるいは大坂冬の陣の始まりは家康が大仏殿鐘銘の「国家安康」云々といった文言に難癖《なんくせ》を付けた同年七月頃とも理解されているが、これによると幕府は、慶長二十年からみて「去々年」、すなわち慶長十八年以降に大坂城に入った者を残党狩りの対象としたことがわかる。これに関して細川忠興《ほそかわただおき》は「御触状に去々年とこれあるところ、おのおの不審たるべく候。大坂御むほんの御くわだて、去々年二月時分よりの儀と、只今知れ申し候」と解説している（『細川家記』）。

豊臣氏側では慶長十八年二月から徳川幕府との戦闘準備をスタートさせていたことがわかったので、それ以降に大坂城に入った者については残党狩りの対象になった、というのである。

慶長十八年二月といえば、秀頼が大坂城山里曲輪に豊国大明神の分霊を勧請したときである。細川忠興の解説を信じるならば、徳川幕府との一戦を決意した豊臣秀頼は、豊臣氏の始祖神であり、偉大なる軍神でもある豊国大明神を大坂城内に勧請して、戦勝を祈願したことになる。しかし、それが豊臣氏滅亡につながったとすれば、あまりに皮肉というしかない。

江戸から明治の豊国社

豊臣氏滅亡後、徳川家康は「豊国大明神」の神号を停止した。高台院（ねね）の歎願により、東山の豊国本社の社殿は荒れるに任すことになったが、各大名領内に祀られていた豊国分社はそれぞれ廃社の憂き目をみた。この神号が明治新政府によって正式に復活を遂げるのは明治元年のことで、明治十三年には京都・東山に豊国神社の本社ができ、大阪・中之島の分社は前年に成立した。しかし、江戸時代にも各地で豊国社の存在が確認できる。たとえば、大坂・珊瑚《さんご》寺境内のそれに関しては、享保六年（一七二一）二月二十八日付で大和国葛下《かつげ》郡の三歳山《さんざいやま》八幡宮祠官の福井春房に対し、神祇管領長上吉田家から兼務の神道裁許状が発行されているので（諸鍬神社文書）、吉田家レベルにおいては豊国社が復活、あるいは存続していたことが知られる。豊国社は江戸時代をもたくましく生き抜き、明治を迎えたのである。

●参考文献
近藤喜博「起請罰文の神としての豊国大明神」（『史迹と美術』九―五、一九三八年）

北川央「神に祀られた秀吉と家康―豊国社・東照宮―」(佐久間貴士編『よみがえる中世2　本願寺から天下一へ　大坂』所収、平凡社、一九八九年)
西山克「豊臣『始祖』神話の風景」(『思想』八二九、一九九三年)
北川央「江戸時代の豊国分祀」(『ヒストリア』一四二、一九九四年)
北川央「豊臣秀吉像と豊国社」(黒田日出男編『肖像画を読む』所収、角川書店、一九九八年)
河内将芳「京都東山大仏千僧会について―中近世移行期における権力と宗教―」(『日本史研究』四二五、一九九八年。のち、同著『中世京都の都市と宗教』所収、思文閣出版、二〇〇六年)
河内将芳「豊国社の成立過程について―秀吉神格化をめぐって―」(『ヒストリア』一六四、一九九九年。のち、同著『中世京都の都市と宗教』所収、思文閣出版、二〇〇六年)
斎藤夏来「秀吉の画像賛」(『禅学研究』八六、二〇〇八年)
野村玄「豊国大明神号創出過程に関する一考察」(『史学雑誌』一二一―一一、二〇一二年。のち「慶長期初頭の政治情勢と豊国大明神」と改題されて、同著『天下人の神格化と天皇』所収、思文閣出版、二〇一五年)
芦原義行「豊国大明神の盛衰」(『龍谷日本史研究』三六、二〇一三年)
芦原義行「豊国社の祭礼について―豊国社の神事並びに運営を中心に―」(『日本宗教文化史研究』一七―一、二〇一三年)
北川央「怨霊と化した豊臣秀吉・秀頼」(『怪』四一、二〇一四年)

14 秀吉の神格化

虚像編

▼井上泰至（防衛大学校教授）

神話はその「始め」と「終わり」こそ内容が新しい。本書の場合も1章と14章の虚像編にこそ人々が秀吉という人格に何を託そうとしたのか、その本質が浮かんでくるのかもしれない。

大坂夏の陣で豊臣家が滅亡すると、豊国神社は豊国大明神の神号をはく奪され、秀吉の霊は方広寺大仏殿裏手に仏式で祀られ、社殿は荒廃、参詣の道も新日吉神社に遮られ、社内にあった神宮寺も妙法院に移され、社宝・寺宝はその管轄するところとなった。

秀吉が正式に「神」として復活するのは、慶応四年（一八六八）の大坂への明治天皇行幸の際の詔勅《しょうちょく》による神社再興の意志発現と、それを受けて明治八年（一八七五）から始まる豊国神社の再建事業の時からであり、それは明治三十一年（一八九八）の豊太閤三百年祭に帰結する。

その間、秀吉を神として崇めることは、長く憚られてきた面があるが、秀吉への信仰の芽は、京都における災害や祭礼の時に見出せ、本居宣長《もとおりのりなが》の登場によって、新たな政治的意味を付与されてから、幕末・明治のナショナリズムと呼応する形で「再生」を遂げた。

　前近代の文学は近代のそれと違って、宗教の論理が物語を支える準拠枠となる。中世に比べ宗教が世俗化したと言われる江戸時代においても、それは基本的に変わりない。この章では、文学とその周辺の資料に当初は見え隠れし、十九世紀になって顕在化する征韓の「神」としての秀吉像をめぐる問題を整理しておこう。

神社の荒廃とにわか震災神

　神号ははく奪されたが、公刊された幕府の公的史書と言っていい林《はやし》羅山《らざん》・読耕斎《どっこうさい》『豊臣秀吉譜《ふ》』の末尾には、秀吉没の翌年慶長四年（一五九九）四月十八日に「豊国大明神」の神号を朝廷から得たことが明記されている。続いて、豊臣政権の総括から関ヶ原を経て、大坂の陣までを記述した最初の編纂物軍書『慶長軍記』三「豊国造営並《ならびに》伏見城内府公御移事」では、豊国廟の壮麗と共に、十八日家康以下諸将の参拝を記述した後、家康は秀吉の信任厚かった道誉《どうよ》上人創建の妙法院内門跡寺院照高院で天台論議を聴聞した事を載せる。その際、新田義貞《よしさだ》が叡山の戦いに負け北国に落ちる時、日吉神社に参詣して子々孫々まで天下の武将たることを祈願した先例（『太平記』巻十七「立儲君被著于義貞事付鬼切被進日吉事」）を引いて、家康はその子孫であるから、天台宗を特に敬った旨を記している。ここは豊国神社より、家康の武家の棟梁としての血統と神話的権威を示す意図が垣間見える。

　一方で、『豊臣秀吉譜』と同年に刊行された『京童《きょうわらべ》』（明暦四年〈一六五八〉）、『東海道名所記』（万治二年〈一六五九〉頃刊）巻六、『出来《でき》斎《さい》京《きょう》土産《みやげ》』（延宝五年〈一六七七〉刊）巻三など地誌類には、かつて壮麗だった豊国神社の荒廃を悲しむ記述が見える。つまり、都の人々にとってこの神社のかつ

『京童』（明暦四年刊）巻二「とよくに」
（国立国会図書館デジタルコレクション）
近世地誌の先駆け『京童』。秋草と繁茂した木々に覆われ、参拝者もなく荒廃した様。編者で俳諧師の中川喜雲は、「あはれとよくに民かてぬ山さくら」の句で締めくくる。

ての栄光とその後の荒廃は周知のことであった点はまず確認しておかなければならない。

さて、寛文二年（一六六二）五月に近江・若狭で大地震が起き、京都にも甚大な被害を及ぼしたとき、秀吉は地震除けの神として一度復活する。この地震のルポルタージュ的文学である、浅《あさ》井《い》了《りょう》意《い》筆の『かなめいし』（寛文三年〈一六六三〉ごろ刊か）中巻「豊国は、なゆのゆらずとて、諸人参詣の事」には以下のように伝える。すなわち、豊国神社周辺では、ほとんど被害がなかったとの流言が広まり、人々は境内の草や木を家に持ち帰り、軒に飾ったりして、地震除けのお守りとした。

人々がこのような信仰へと走ったのは、この地震が京都御所や方広寺、三条・五条大橋など大型建造物の損傷・倒壊に象徴されるように、町屋千軒の倒壊と、死者二百人余りと伝える（『殿中日記』）その被害の甚大さに加え、地震の発生から約一ヶ月半、毎日余震が複数回あり、その後次第に減少するものの、暮まで断続的に続いたことによる社会不安が引き金であった。科学的知識のない時代、人々がこういう災害神への祈祷へ向かうのは当然のこととして、荒廃著しく参詣も困難であった豊国神社でなければならなかった理由は何であったのか。

おそらく、それは荒廃しているかつての権力者を祀った神社への贖罪意識、お土居に象徴されるように秀吉が近世都市京都の建設者であった事実、そして先例としての秀吉晩年に起こった文禄五年（一五九六）の伏見地震の記憶などが介在したと考えうる。

御霊信仰の「御霊」とは、本来非業の死を遂げた怨霊に対する尊称である。祟りを避けるべく祈祷が行われても、収まらない場合は怨霊を慰撫し、祭り上げて守護霊へと転換する方法が図られた。これを御霊信仰と言う。非業の死を遂げた権力者は、強力な怨霊と化して、朝廷のみならず社会にもさまざまな災厄をおよぼすと考えられ、皇室の変事・疫病・雷・地震・大火・大雨・洪水・地震災害などを怨霊の祟りとみなした。秀吉の場合、非業の死を遂げたのでなく、むしろ栄達を極めて神となったのだが、豊国神社の荒廃への贖罪意識が、御霊信仰に近い感覚を産み出したのではなかったか。また、京都における震災の先例たる、この地震により慶長と改元することになった地震で、伏見城の天守閣まで倒壊し、圧死者を出しながら秀吉は無事であったことも、災害神としてのカリスマを生む原因であった可能性は考えておくべきだ。

『かなめいし』の筆者浅井了意自身は、たまたま豊国神社の辺りがたいして揺れなかっただけで、揺れたから宗教的権威がないということになるのなら、被害の大きかった住吉神社・八坂神社なども「神秘」がないということになるのか、とにわか災害神として豊国神社を祭り上げる人々を冷静に批判している（中の八）。興味深いのは、公儀が京の町屋の被害を記録するようになると、誰が噂を流したのか、「お上が豊国神社参詣のことはよろしくない、神社の境内の草の葉を抜いて軒にかけたのを証拠に、町の目付がこれを記録し、懲罰を与えるだろう」との噂が拡がり、人々は慌てて軒の草の葉をしまい、豊国神社の参詣も一軒また一軒と減っていったと伝える点である。この了意の観察からは、逆に人々が豊国社の霊威を感じ取っていたことを確認できよう。

なお、上杉流軍学者でのち紀州藩のお抱えとなった宇佐美定祐《うさみさだすけ》の軍書『朝鮮征伐記』は、地震の起こった寛文二年（一六六二）の序を有するものだが、その跋では寛文五年の夏、定祐自身豊国神社の荒廃ぶりを目の当たりにし、これを嘆いて以下のように記している。

嗚呼殷の湯王、夏の桀を討ち、天下を取り給ひしか共、禹の廟を尊び祭り、周の武王、商紂を亡し給へ共、殷の社祠を修理しつつ、祭祀を専らにし給ひしに、秀頼の罪何か桀紂に及べる。

中国古代の王朝交代に名高い悪王桀《けつ》・紂《ちゅう》の滅亡後も、後の王朝は前王朝の社稷《しゃしょく》を尊崇した例を引いて、徳川政権を批判するこの言辞は公を憚るもので、本書が刊行されることはなかった。そこで、定祐は日本の武威を明国にまで示した秀吉の勲功を明らかにすべく本書を書いたという（序）。秀吉の再評価が朝鮮の役によって行われること、それを行おうとしたのが軍学者であったことは注意がなされていい。まだ秀吉の神としてカリスマに言及するものではない点が、後に触れる宣長とは異なるが、既に軍学者たちが秀吉の外征を高く評価していたことは、十九世紀以降に外圧を受けた際の、秀吉の宗教的権威化の資源となったことを確認できる。例えば、山鹿流軍学者を本分とした吉田松陰に、こうした江戸前期以来の見方が前提とした働いた可能性を十分考えておく必要があるだろう。

対外的武威の神として——宣長の古道論の内面化と和歌

1　かしこきやすめらみくさにいむかひてなやめ奉りしたぶれあしかが
2　いかなるや神のあらびぞ真木のたつあら山中にすみか御世経し
3　からくにこびてつかへてあしかがのしこのしこ臣御国けがしつ
4　天のしたとこ夜ゆくなす足利のすゑのみだれのみだれ世ゆゆし
5　いつまでか光かくらん久かたの天のいは戸はただしばしこそ
6　しづはたを織田のみことはみかどべをはらひしづめていそしき大臣
7　まつろはぬ国等ことごとまつろへて朝廷《みかど》きよめし豊国の神
8　とよ国の神の御いつはもろこしのからのこくしもおじまどふまで

本居宣長の『玉鉾百首《たまぼこひゃくしゅ》』終盤の詠史歌の一連である。古道精神を詠んだ百首歌に付して、「あまり歌」として歴史上の事件を詠んだ歌三十二首を載せるが、その中のもの。本書に載せる歌は万葉仮名で書かれており、読むのが難しいため、門人たちが注釈を試み、本居大平《もとおりおおひら》『玉鉾百首解』で完成を見る（安永五年〈一七七六〉刊）。

明治になってからも刊行され、そこでは引用歌の後、徳川家康を讃美した歌があったがこれを削って、代わりに「本末歌」を載せた。一戸渉の整理によれば、万葉仮名で和歌を書記する例は、江戸時代前期に懐紙・色紙の書法として確立しており、大嘗会和歌の書法としても採用され、その性格は多様で、芸術性・儀礼性・呪術性・漢字との親和性・遊戯性など多くの側面を持つが、この宣長の百首以降、古道論と万葉仮名は強固に結び付けられてゆく、という。

さて和歌の実際を見てみよう。1・2は足利政権が南朝を吉野に押し込めた悪を批判し、3

は明に朝貢した足利義満の行為を「しこ（醜）のしこ臣」と誹謗する。『玉鉾百首解』では、同じ宣長の外交史書『馭戎慨言《ぎょじゅうがいげん》』を引いてこれを解説している。さらに、４・５ではその足利の悪政による乱世と皇室の衰微を詠んだとし、６で信長が朝廷を安んじたと解説した上で、７で秀吉が全国統一を成し遂げ、朝廷を保護し、京の町を再興した功績から、その死後、慶長四年四月十八日朝廷より「豊国大明神」の神号を得たとする。さらに、８では「御いつ」が武威であることを明記し、明の王が我が国を恐れた記事は、日本の軍書にも、明の書にも載るとしつつ、やはり『馭戎慨言』を引いて、足利以来の朝貢体制に比べ、「豊国大明神」による国威の発揚が、宗教的権威化されて麗々しく謳われているとする。

以上、『玉鉾百首解』の末尾の詠史歌の解釈を一瞥して、その史観と、その解に『馭戎慨言』が再度引かれ、重要な参考書となっていたことが確認できた。宣長ら国学者にとって和歌は古道を知る通路であり、それにならった歌を詠むという実践を通してそれを体得するものでもあった。しかし、周到かつ精緻な理論構築を専らにする宣長の秀吉評価は、彼の古道論の立場から、日本の対外交渉史を詳細に論じた『馭戎慨言』によって確認されなければならない。

本書は『日本書紀』に見える大物主大神《おおものぬしのかみ》の神託の伝えによって出発する汎神論であり、神功《じんぐう》皇后《こうごう》の三韓侵攻を古代における国威発揚の例として位置づけ、それが一旦は遣唐使や室町幕府の朝貢によって低迷するものの、信長を経て秀吉の朝鮮侵攻によってふたたびその国威を得る段階に回帰し、徳川政権の鎖国をその帰結と見て、いずれ大陸の諸国も日本に朝貢をするだろう、とする独自の皇国史観を展開するのである。その意味で朝鮮侵攻には紙数が割かれ、全四冊中の最後の一冊を全てこの戦争の経緯に充てる力の入れようを見せている。

一般に国学者は、多くその出自が武家階級でないこともあいまって、近世と連続する、武家の出自の時代たる中世を飛び越え、古代を直接に志向するため、政治性・現実性に欠ける傾向があると言われてきた。ただし宣長については、近年、中世神道や仏教の言説を十分意識していたことが明らかにされつつあるように、古代から当代に至る時間軸を他の国学者に比べ認識しており、外国（中国）への対抗意識とそれへの思想的戦略を明確に持っていた。その表れが『馭戎概言』である。本書の「馭戎《ぎよじゆう》」とは、儒学者の中国崇拝（華夷秩序）を逆転しつつ、同じ論理を使って攻撃するものであり、中国至上主義から転じて日本中心の東アジア外交史を構想するものであった。古代にあっては、天皇家の祖先を呉《ご》の太伯《たいはく》と見る林家の説（林羅山『羅山先生文集』「神武天皇論」（元和四年〈一六一八〉）、および和刻本『東国通鑑《とうごくつがん》』序〈林鵞峯《がほう》〉）を暗に標的とし、その後は中国への朝貢の記事を批判・削除し、日本への朝鮮の朝貢を史実として強調し正当化する。

これらを受けて秀吉の外征が取り上げられるのは、朝鮮が日本から見て「周辺」に位置することの歴史的証明とされ、また日本が明との戦いに「負けなかった」ことを称揚する文脈にある。その中では当然、加藤清正がクローズアップされてゆくが、秀吉の神格化、及び神君家康に始まる徳川政権による中国との国交（朝貢）断絶（長崎での交渉は通商に過ぎない）は、宣長の神学的史観の中では重要な位置を占めていたわけである。

なお、10章虚像編で触れたことなので、詳しくは論じないが、十九世紀に入って絵入歴史読み物として多くの読者を得た『絵本太閤記』は、朝鮮の役の武勇をそれまでの歴史読み物とは違って評価する色が出ているうえ、この戦いを語るに際し、七編巻頭でその神像を挙げている。それは京都の年中行事を登録した『日次記事《ひなみきじ》』に明らかな、高台寺の秀吉像の開帳を踏まえたものであろう。そのイメージは太閤記物の演劇作品にも見え、飯倉洋一が紹介したように、これら絵本読本の序者には宣長学の影響を受けた公家や地下官人《じげかんじん》が目につくが、特に『絵本太閤記』五編序（松井永喜筆、寛政十一年〈一七九九〉刊）は「豊臣の神のみいつ」が「から国まで」「なびけ」、「やまとたましひの」顕現としての永久不滅の戦功を評価するのには、漢学でなく「皇国風」の仮名書きの読み物が適当であるとして、

すめらぎのおほ宮ところ古へにかへしそめたる神ぞそのかみ

と詠んでいる。ここには二年前に刊行されたばかりの『馭戎慨言』や、さかのぼって『玉鉾百首解』からの明らかな影響を確認することができる。

朝鮮の役に同様に取材する、幕末に刊行された鶴峯戊申《つるみねしげのぶ》『絵本朝鮮征伐記』（橋本玉蘭《ぎょくらん》画、前編、嘉永六年〈一八五三〉、後編、安政元年〈一八五四〉刊）は、『絵本太閤記』に比べ、神功皇后の三韓征伐が一定の分量を以て描かれているが、水戸に仕えた国学者鶴峯戊申の序には、東方の神州たる日本こそ、中国・朝鮮・西洋に優越する「神聖」なる国であり、「道」「教」があり、三韓征伐とその後の日本への朝貢、および秀吉の外征こそが、その証であるとする。ここには、『絵本太閤記』より明確な形で、宣長以来の神学的対外観が披歴されていた。

征韓論の神話的先例――幕末から明治

鶴峯と同じく水戸の人たちと交流のあった吉田松陰は、山鹿流軍学師範から出発してのち西洋兵学に転じた軍学者らしく、当初海外事情を伺うべく黒船に乗り込もうとするが、その挙に失敗して長州藩内において事実上幽閉されて以降は、天皇という「国体」あってこその日本であるという絶対性を説いて、半ば確信犯的に尊王攘夷のアジテーションを行っていく。その彼

にも、安政六年（一八五九）、大獄に連座して萩から江戸に捕縛され護送される際に詠んだ、文天《ぶんてん》祥《しょう》と藤田東湖《とうこ》を意識した「文天祥の正気歌の韻に和す」（『縛吾集』）があり、過去の忠義の臣に照らして、攘夷を実行すべき志を歌うのだが、やはりそこでは楠《くすのき》や赤穂義士と並べて秀吉の外征を引いている。松陰において尊王攘夷を眼目とした学問とは、正気歌の先例たる藤田東湖の水戸学と共に、「宣長学」であり、両者にすこぶる異同があっても、尊攘の二字は同じとしていた（安政六年十月二十日入江杉蔵宛書簡）。

そのような幕末の動きを受けて、慶応四年（明治元年〈一八六八〉）、京都東山に国事殉難者を招《しょう》魂社《こんしゃ》に祀るに当たり、豊臣秀吉・楠正成に次いでこれを祀るものとし（五月十日太政官布告）、墓所に接して招魂社を建てるその方法は、会沢《あいざわ》正志斎《せいしさい》が定める楠祭に沿ったものであった。王政復古を唱えて新政府樹立のために命を失った殉難者は、こうした招魂の慰霊祭により、ヒトガミとなってゆくのだが、最後に、日韓併合の翌年に出された賀茂《かも》百樹《ももき》『玉鉾百首略解《たまぼこひゃくしゅりゃっかい》』（明治四十四年〈一九一一〉）を紹介しておこう。先に勤王の武将として秀吉を評価した7番の宣長の歌については、豊国神は別格官幣《かんぺい》大社として祀られているとし、明王も日本を恐れたという8番の歌については、以下の百樹の歌で鑑賞を締めくくる。

いましまし世にいませらばからくにも皇国の内となりてあらんを

百樹は山口県熊毛郡の出身。白井田八幡宮司の藤井厚鞆《あつとも》の三男として生まれ、兄で国学者の藤井《ふじい》稜威《いづ》は、愛国婦人会の会長になる賀屋鎌子と結婚し、東条内閣の大蔵大臣で、A級戦犯となるも、釈放後政界に復帰した賀屋《かや》興宣《おきのり》は甥にあたる。

広島国学院や国風新聞社設立者でもあった兄の稜威のもとで、主に国学を学び、神宮教の教導職試補から、少教正となる。さらに伊勢の外宮禰宜《ねぎ》御巫《みかなぎ》清直《きよなお》の門で学び、神宮皇学館を中退。東京に出て、井上頼圀《よりくに》・栗田寛《ひろし》に学んで後、賀茂真淵の家名を嗣ぎ、賀茂真淵の子孫で靖國神社第二代宮司の賀茂《かも》水穂《みずほ》の養子となった。学事視察のため朝鮮に渡るなどし、明治四十二年から昭和十三年の長きにわたり、三代目の靖国神社宮司を務めた。その間、『靖国神社誌』『靖国神社忠魂史』全五巻を発刊、昭和十六年、七十四歳で亡くなっている。

つまり、宣長の豊国神称揚の歌は、明治の戦死者の鎮魂を国家レベルで行う祭祀の担当者によって、その歴史的現実の文脈の中で、あるいは後の東アジアの歴史を不吉にも先取りする形で、再生したわけである。

●参考文献

秋元信英「本居宣長の名分史論　『馭戎慨言』の論証技法と思想的特質」（『國學院大学栃木短期大学紀要』一二、一九九四年）
西山昭仁「寛文二年（一六六二）近江・若狭地震における京都での被害と震災対応」（『京都歴史災害研究』五、二〇〇六年）
飯倉洋一「濫觴期絵本読本における公家・地下官人の序文」（『江戸文学』四〇、二〇〇九年）
井上泰至「8　転化していく戦争のイメージ」（同・金時徳『秀吉の対外戦争：変容する語りとイメージ　前近代日朝の言説空間』笠間書院、二〇一一年）
一戸渉「万葉書和歌をめぐる覚書」（『北陸古典研究』三〇、二〇一五年）

付録

秀吉関連作品目録（軍記・軍書・実録・近代史論・歴史小説）

●井上泰至編

主要秀吉関連演劇作品一覧

●原田真澄編

付録

秀吉関連作品目録（軍記・軍書・実録・近代史論・歴史小説）

●井上泰至編

この目録は、桑田忠親『太閤記の研究』（徳間書店、一九六五年）を元にしつつ、関ヶ原モノや大坂の陣モノの主要なものなどを追加して、時代順に掲出したものである。遺憾ながら、太閤記物・朝鮮征伐物・関ヶ原物・大坂の陣物の実録については未整理のため、本文で取り上げたものに限定した。詳しくは、菊池庸介「主要実録書名一覧稿」『近世実録の研究』（汲古書院、二〇〇八年）、金時徳『異国征伐戦記の世界—韓半島・琉球列島・蝦夷地』（笠間書院、二〇一〇年）を参照されたい。また、膨大な数の演劇作品については、別途原田真澄が目録を作成し、本目録に続いて掲載した。

この目録は、活字本がある場合、それを挙げ、ない場合もデジタル画像で見られるものは、そのデータベースを挙げ、デジタル画像もないものは主な所蔵先を掲げた。以下はそのデータベースの出典と対応する目録上の略称である。

国＝国文学研究資料館マイクロデジタル目録データベース
早＝早稲田大学附属図書館古典籍総合データベース
近＝国立国会図書館近代デジタルライブラリー
内閣文庫＝国立公文書館デジタルアーカイブ

書名	作者名	成立	活字本	デジタル画像他
天正記	大村由己		改訂史籍集覧13	内閣文庫
大かうさまくんきのうち	太田牛一		斯道文庫古典叢刊3	
忍城戦記		天正一八年（一五九〇）か	続々群書類従4	
大坂物語		慶長一九年（一六一四）～二〇年刊	新日本古典文学大系74（『仮名草子集』）	
川角太閤記	川角三郎右衛門	元和七（一六二一）～九年成立	改訂史籍集覧19（嘉永四年〈一八五一〉版内閣文庫）	
豊鑑	竹中重門	寛永八年（一六三一）	校註 日本文学大系13	
太閤記	小瀬甫庵	寛永一一年（一六三四）～一四年刊	新日本古典文学大系60	
豊内記		寛永一六年（一六三九）以降	改訂史籍集覧13	
祖父物語	柿屋喜左衛門	寛永一九年（一六四二）頃か	改訂史籍集覧13	
豊臣秀吉譜（将軍家譜のうち）	林羅山・読耕斎	明暦四年（一六五八）刊		国・内閣文庫
朝鮮征伐記	堀正意	万治二年（一六五九）刊	通俗日本全史20、仮名草子集成50	
朝鮮征伐記	宇佐美定祐	寛文二年（一六六二）序	国史叢書	
慶長軍記	植木悦	寛文三年（一六六三）序（寛文八年序本もあり）		内閣文庫（デジタルなし）
本朝将軍記	浅井了意	寛文四年（一六六四）刊	『広島経済大学研究論集』20（その1）～20（その3）	
新撰豊臣実録	大原武清	寛文五年（一六六五）		内閣文庫（デジタルなし）
難波戦記		寛文一二（一六七二）年以前成立	通俗日本全史11	国
太閤素生記（秀吉出生記）	土屋知貞	延宝四年（一六七六）以前成立	改訂史籍集覧13	
豊臣記		天和二年（一六八二）か	続群書類従20上	
関ヶ原合戦誌記	峯賀高亮	貞享四年（一六八七）		国

書名	作者名	成立	活字本	デジタル画像他
浅井三代記		元禄二年（一六八九）刊	改訂史籍集覧6	
明智軍記		元禄六年（一六九三）刊	明智軍記（新人物往来社）	
蒲生軍記		元禄八年（一六九五）刊	改訂史書集覧14	
賤箇嶽記	雄山	元禄一〇年（一六九七）刊	「商学雑誌人文科学編」昭和六〇・六月・十二月	
石田軍記		元禄一一年（一六九八）刊	国史叢書	
土佐軍記		元禄一五年（一七〇二）刊	通俗日本全史15	
四戦紀聞	根岸直利編・木村高敦校正	宝永二年（一七〇五）成立、弘化三（一八四六）年刊	徳川合戦史料大成・松平記	
東国太平記		宝永三年（一七〇六）刊	通俗日本全史17	
武徳安民記	木村高敦	宝永五年（一七〇八）成立		内閣文庫
土佐物語	吉田孝世	宝永五年か	国史叢書	
関ヶ原軍記大成	宮川忍斎	正徳三年（一七一三）成立	国史叢書	
おあむ物語		享保一五年（一七三〇）刊	和泉書院版	
御撰大坂記		延享二年（一七四五）成立		内閣文庫（デジタルなし）
慶長中外伝	堀麦水	宝暦年間成立		国
厭蝕太平楽記		明和年刊（一七六四～七二）以前	近世実録翻刻集（大阪大谷大学文学部高橋圭一研究室発行〈科研報告書〉）	国
真田三代記			昭和版帝国文庫	
常山紀談	湯浅常山	明和八・九年（一七七一～七二）頃か	岩波文庫	国
太閤真顕記	白栄堂長衛	天明年間（一七八一～八九）か		国
絵本太閤記	武内確斎著・岡田玉山画	寛政九年（一七九七）～享和二年（一八〇二）刊	国書刊行会、有朋堂文庫	国・早
豊臣鎮西軍記			通俗日本全史20	
おきく物語		天保八年（一八三七）刊	和泉書院版	
小牧戦話			長久手町史資料編6	
真書太閤記	栗原信充	嘉永二年（一八四九）～慶応四年（一八六八）か	国民文庫刊行会、帝国文庫	国・早
参考長久手記	稲葉邦通	嘉永三年（一八五〇）	長久手町史資料編6	

絵本豊臣勲功記	八功舎徳水著、初～五編・歌川国芳画、六～九編・松川半山画	安政四年（一八五七）～明治一七年（一八八四）		国・早（十～十二編稿本・天理図書館蔵）
名将言行録	岡谷繁実	明治三年（一八七〇）、二七・八年（一八九四・五）、四二年（一九〇九）	岩波文庫（明治四二年版）	内閣文庫（デジタルなし）
豊臣四将伝	青山延光	明治一七年（一八八四）		近
新編閨閣伝	中山幽夢（伊笠碩哉増補）	明治一八年（一八八五）		近
豊臣太閤裂封冊	依田学海・川尻宝岑	明治二三年（一八九〇）		近
太閤軍記朝鮮巻	福地源一郎	明治二四年（一八九一）		近
豊臣氏法度考	三宅長策	明治二六年（一八九三）		近
豊太閤征外新史	木下真弘	明治二六年		近
豊臣秀吉	高橋鍬郎	明治二七年（一八九四）		近
豊太閤征韓秘録	松本愛重	明治二七年		近
豊公歌集	日下寛	明治三一年（一八九八）		近
豊公五三桐	四大庵	明治三一年		近
豊太閤	橘隆支	明治三一年		近
豊太閤	新智社編纂	明治三九年（一九〇六）		
豊太閤	山路愛山	明治四一年（一九〇八）	岩波文庫「豊臣秀吉」	近
秀吉と家康	伊藤銀月	明治四二年（一九〇九）		近
豊臣秀吉	旭堂南陵	明治四二～四四年		近
豊臣秀吉言行録	井口丑二	明治四三年（一九一〇）		近
豊太閤	村上浪六	明治四四年（一九一一）		近
豊臣秀吉	渡辺霞亭（緑園生）	明治四四年		近
徳川家康	山路愛山	大正四年（一九一五）		
近世日本国民史　織田氏時代・豊臣氏時代・家康時代	徳富蘇峰	大正七年（一九一八）～一二年（一九二三）	時事通信社版、第1～13巻	近
太閤記	矢田挿雲	大正一四年（一九二五）～昭和九年（一九三四）	日本国民文学全集別巻12～18（河出書房、昭和三一～三二年）	近
石田三成	尾崎士郎	昭和一三年（一九三八）	光文社時代小説文庫、尾崎士郎全集（講談社）第9巻	

書名	作者名	成立	活字本	デジタル画像他
新書太閤記	吉川英治	昭和一四年（一九三九）～二〇年（一九四五）	読売新聞、講談社吉川英治歴史時代文庫、吉川英治全集（講談社新版）第19～23巻	
関ヶ原	司馬遼太郎	昭和三九年（一九六四）～四一年	新潮文庫、司馬遼太郎全集（文芸春秋社）第14・15巻	
新太閤記	海音寺潮五郎	昭和四〇年（一九六五）	角川文庫、海音寺潮五郎全集（朝日新聞社）第6・7巻	
新史太閤記	司馬遼太郎	昭和四三年（一九六八）	新潮文庫、司馬遼太郎全集（文芸春秋社）第17巻	

付録

主要秀吉関連演劇作品一覧

●原田真澄編

本表は、秀吉に関する演劇の中でも翻刻のある主要作品の初演年表である。ただし、翻刻がない作品およびいわゆる読本浄瑠璃（読物浄瑠璃）や現代劇、映画、テレビドラマの作品などは除く。秀吉が登場しなくとも、後続作に影響を与え、重要だと考え得る作品や、本書でとり上げた作品も参考に記した。

以下、各綱目について記す。

○歌／浄：初演が歌舞伎か人形浄瑠璃かの別。　○初演年・西暦・月：作品が初演された年・西暦・月。

○上演劇場：初演された場所と劇場。竹本座の「座」などを略して記した。

○作品名：作品名とそのよみ、おおよそ初演時の作品名による。○作者：作品の作者。合作者が多い場合は主要な作者のみ記す。

○備考：別外題や内容に関する備考。　○活字本：翻刻が収録されている主な活字本の書誌情報。

歌/浄	初演年	西暦	月	上演劇場	作品名（よみ）	作者	備考	活字本
浄瑠璃	享保四	一七一九	二月	大坂・竹本	本朝三国志（ほんちょうさんごくし）	近松門左衛門		『近松全集 第11巻』（岩波書店）他
浄瑠璃	享保一〇	一七二五	五月	大坂・竹本	出世握虎稚物語（しゅっせやっこおさなものがたり）	竹田出雲		『義太夫節浄瑠璃未翻刻作品集成 1』（玉川大学出版部）他
浄瑠璃	延享四	一七四七	八月	大坂・竹本	傾城枕軍談（けいせいまくらぐんだん）	並木千柳		『義太夫節浄瑠璃未翻刻作品集成 31』（玉川大学出版部）
浄瑠璃	宝暦七	一七五七	一二月	大坂・豊竹	祇園祭礼信仰記（ぎおんさいれいしんこうき）	中邑阿契・浅田一鳥		『叢書江戸文庫37 豊竹座浄瑠璃集3』（国書刊行会）他
歌舞伎	宝暦九	一七五九	一二月	大坂・中	仮名草紙国性爺実録（かなぞうしこくせんやじつろく）	竹田治蔵	天竺徳兵衛物かつ太閤記物	『歌舞伎台帳集成 第13巻』（勉誠社）
歌舞伎	宝暦一一	一七六一	一月	京・北側角	けいせい勝尾寺（けいせいかちおでら）	藤川山八	秀次幽霊や加藤清正らが登場	『歌舞伎台帳集成 第14巻』（勉誠社）
浄瑠璃	宝暦一三	一七六三	四月	大坂・竹本	山城の国畜生塚（やましろのくにちくしょうづか）	近松半二・竹本三郎兵衛		『叢書江戸文庫14 近松半二浄瑠璃集1』（国書刊行会）他
浄瑠璃	宝暦一三	一七六三	四月	大坂・竹本	天竺徳兵衛郷鏡（てんじくとくべえさとのすがたみ）	近松半二・竹本三郎兵衛	「山城の国畜生塚」との連作、秀吉は登場しない	『未翻刻戯曲集5 天竺徳兵衛郷鏡』（国立劇場調査養成部・芸能調査室）
浄瑠璃	明和四	一七六七	一二月	大坂・竹本	三日太平記（みっかたいへいき）	近松半二		『半二戯曲集』（国民文庫刊行会）、『続帝国文庫第14編 近松半二浄瑠璃集』（博文館）他
歌舞伎	明和五	一七六八	二月	京・四条南	傾城桃山錦（けいせいももやまにしき）	末広与一	秀次が登場	『歌舞伎台帳集成 第22巻』（勉誠社）
歌舞伎	明和六	一七六九	一二月	大坂・竹本	近江源氏先陣館（おうみげんじせんじんやかた）	近松半二・三好松洛他	大坂軍記物。続編に「鎌倉三代記」がある	『日本古典全書 近松半二集』（朝日新聞社）他
歌舞伎	明和九	一七七二	一〇月	大坂・中	三千世界商往来（さんぜんせかいやりくりおうらい）	並木正三・奈河亀輔	秀次が登場	『歌舞伎台帳集成 第26巻』（勉誠社）

歌／浄	初演年	西暦	月	上演劇場	作品名（よみ）	作者	備考	活字本
浄瑠璃	安永一	一七七二	一二月	大坂・豊竹此吉	後太平記瓢実録（ごたいへいきひさごじつろく）	菅専助・若竹笛躬	秀吉の出生譚、信長、光秀らが登場	『菅専助全集　第2巻』（勉誠社）
歌舞伎	安永二	一七七三	八月	大坂・中	松下嘉平治連歌評判（まつしたかへいじれんがひょうばん）	奈河亀輔		『歌舞伎台帳集成　第30巻』（勉誠社）
歌舞伎	安永七	一七七八	四月	大坂・角	金門五三桐（きんもんごさんのきり）	並木五瓶	別外題「楼門五三桐」など	『歌舞伎台帳集成　第36巻』（勉誠社）、『歌舞伎オン・ステージ13』（白水社）他
浄瑠璃	安永九	一七八〇	一月	大坂・竹田万治郎	仮名写安土問答（かなうつしあづちもんどう）	近松半二		『新日本古典文学大系94　近松半二江戸作者浄瑠璃集』（岩波書店）
歌舞伎	安永九	一七八〇	一二月	大坂・角	帰命曲輪譚（あなかしこくるわぶんしょう）	並木五瓶		『歌舞伎台帳集成　第41巻』（勉誠社）
浄瑠璃	天明一	一七八一	二月	大坂・竹本	時代織室町錦繡（じだいおりむろまちにしき）	近松半二		『続帝国文庫第14編　近松半二浄瑠璃集』（博文館）
浄瑠璃	天明六	一七八六	閏一〇月	大坂・竹本	彦山権現誓助剣（ひこさんごんげんちかいのすけだち）	梅野下風・近松保蔵		『有朋堂文庫　浄瑠璃名作集上』（有朋堂書店）他
歌舞伎	天明八	一七八八	一一月	江戸・中村	唐相撲花江戸方（とうずもうはなのえどかた）	桜田治助、福森久助	四立目が舞踊「戻駕色相肩（戻り駕）」	「戻り駕」のみ『名作歌舞伎全集　第19巻』（東京創元新社）他
歌舞伎	寛政一	一七八九	一月	大坂・中	けいせい北国曙（けいせいこしじのあけぼの）	奈河七五三助		『日本戯曲全集　第43巻　京坂二の替狂言集』（春陽堂）
浄瑠璃	寛政一	一七八九	二月	大坂・豊竹此吉	木下蔭狭間合戦（このしたかげはざまがっせん）	若竹笛躬・近松余七・		『未翻刻戯曲集4　天竺徳兵衛郷鏡』（国立劇場調査養成部・芸能調査室）
歌舞伎	寛政一	一七八九	一一月	大坂・中	けいせい稚児淵（けいせいちごがふち）	近松徳叟	秀次らが登場	『日本戯曲全集　第43巻　京坂二の替狂言集』（春陽堂）
浄瑠璃	寛政三	一七九一	三月	大坂・豊竹此母	雕刻左小刀（ちょうこくひだりこがたな）	菅専助		『菅専助全集　第6巻』（勉誠社）

歌舞伎	寛政四	一七九二	二月	大坂・角	土舊礎花大樹（めいしょずえはなのこのした）	奈河七五三助、辰岡万作		『日本戯曲全集 第34巻 太閤記狂言集』（春陽堂）
浄瑠璃	寛政五	一七九三	七月	大坂・竹本	蝶花形名歌島台（ちょうはながためいかのしまだい）	若竹笛躬・中村魚眼		『有朋堂文庫 浄瑠璃名作集下』（有朋堂書店）他
歌舞伎	寛政六	一七九四	一月	大坂・角	けいせい青陽鶏（けいせいはるのとり）	辰岡万作	別外題「三千両初春駒曳」	『日本戯曲全集 第7巻 寛政期京阪時代狂言集』（春陽堂）、『歌舞伎脚本傑作集 第12巻』（春陽堂）
歌舞伎	寛政六	一七九四	一〇月	大坂・北堀江	日本賢女鑑（にっぽんけんじょかがみ）	近松柳・近松松助	大坂軍記物。十冊目、通称「片岡忠義の段」のみ翻刻あり	『浄瑠璃名作集 下』（加島屋竹中書店）
歌舞伎	寛政八	一七九六	四月	大坂・角	艶競石川染（はでくらべいしかわぞめ）	辰岡万作	秀次らが登場	『日本戯曲全集 第3巻 石川五右衛門狂言集』（春陽堂）
歌舞伎	寛政一〇	一七九八	七月	江戸・桐	智仁勇三面大黒（ちじんゆうさんめんのだいこく）	並木五瓶	通称「十二段月粧」の部分のみ翻刻あり	『日本戯曲全集 第47巻 続舞踊劇集』（春陽堂）
浄瑠璃	寛政一一	一七九九	七月	大坂・若太夫	絵本太功記（えほんたいこうき）	近松柳・近松千葉軒		『新日本古典文学大系94 近松半二江戸作者浄瑠璃集』（岩波文庫）
歌舞伎	寛政一一	一七九九	一一月	江戸・守田	八百八町瓢箪笄（はっぴゃくやちょうひさごのかんざし）	村岡幸次		『日本戯曲全集 第34巻 太閤記狂言集』（春陽堂）
浄瑠璃	享和元	一八〇一	一〇月	大坂・北堀江	日吉丸稚桜（ひよしまるわかきのさくら）	近松やなぎ・近松梅枝軒		『日本名著全集 江戸文芸之部 第二十八巻 歌謡音曲集』（三段目のみ）他
歌舞伎	享和二	一八〇二	一月	大坂・中	けいせい廓源氏（けいせいくるわげんじ）	近松徳三		『日本戯曲全集 第2巻 不破名古屋狂言集』（春陽堂）
歌舞伎	文化一	一八〇四	七月	江戸・河原崎	天竺徳兵衛韓噺（てんじくとくべえいこくばなし）	鶴屋南北	別外題「音菊天竺徳兵衛」、初演時は太閤記物の世界	『名作歌舞伎全集 第9巻鶴屋南北集』（東京創元社）、『世話狂言傑作集第2巻』（春陽堂）他

歌／浄	初演年	西暦	月	上演劇場	作品名（よみ）	作者	備考	活字本
歌舞伎	文化五	一八〇八	七月	江戸・市村	時桔梗出世請状（ときもききょうしゅっせのうけじょう）	④鶴屋南北	通称「馬盥の光秀」、現行は「時今也桔梗旗揚」	『歌舞伎オン・ステージ 9』（白水社）、『鶴屋南北全集 第1巻』（三一書房）他
歌舞伎	文化六	一八〇九	九月	江戸・市村	高麗大和皇白浪（こまやまとくもいのしらなみ）	④鶴屋南北	女五右衛門の趣向が後続作へ影響	『日本戯曲全集 第3巻 石川五右衛門狂言集』（春陽堂）、『鶴屋南北全集 第1巻』（三一書房）他
歌舞伎	文政二	一八一九	一一月	江戸・河原崎	奴江戸花槍（やっこやっこえどのはなやり）	②瀬川如皐	別外題「館扇真砂白浪」	『日本戯曲全集 第47巻 続舞踊劇集』（春陽堂）
歌舞伎	文政三	一八二〇	一一月	江戸・中村	猿若瓢軍配（さるわかひさごのぐんばい）	②瀬川如皐	通称「小倉山」のみ翻刻あり	『日本戯曲全集 第27巻 舞踊劇集』（春陽堂）
歌舞伎	天保一〇	一八三九	一月	大坂・角	けいせい浜真砂（けいせいはままさご）	西沢一鳳	秀次が登場	『日本戯曲全集 第23巻 天保嘉永度狂言集』（春陽堂）
歌舞伎	安政二	一八五五	九月	江戸・市村	菊競艶相肩（はなくらべいろにあいかた）	③瀬川如皐	通称「女戻駕籠」のみ翻刻あり	『日本戯曲全集 第27巻 舞踊劇集』（春陽堂）
歌舞伎	安政四	一八五七	七月	江戸・市村	網模様燈籠菊桐（あみもようとうろのきくきり）	河竹黙阿弥	夢の中の場で秀吉が登場	『黙阿弥全集第3巻』（春陽堂）、『名作歌舞伎全集 第23巻 河竹黙阿弥集 4』（東京創元社）
歌舞伎	明治二	一八六九	八月	東京・市村	桃山譚（ももやまものがたり）	河竹黙阿弥	別外題「増補桃山譚」「地震加藤」	『黙阿弥全集 第9巻』（春陽堂）他
歌舞伎	明治三	一八七〇	八月	東京・守田	桶狭間鳴海軍談（おけはざまなるみぐんだん）	河竹黙阿弥	別外題「狭間軍記鳴海録」	『黙阿弥全集 第22巻』（春陽堂）
歌舞伎	明治六	一八七三	一〇月	東京・中村	艶山錦木下（いろますやまにしきのこのした）	河竹黙阿弥		『黙阿弥全集 第22巻』（春陽堂）
歌舞伎	明治九	一八七六	九月	東京・新富	音響千成瓢（おとにひびくせんなりひさご）	河竹黙阿弥		『黙阿弥全集 第27巻』（春陽堂）

歌舞伎	明治二〇	一八八七	六月	東京・新富	関原神葵葉（せきがはらかみのあおいば）	河竹黙阿弥	関ヶ原物	『黙阿弥全集　第17巻』（春陽堂）
歌舞伎	明治二四	一八九一	一一月	東京・歌舞伎	太閤軍記朝鮮巻（たいこうぐんきちょうせんのまき）	福地桜痴		『太閤軍記朝鮮巻』（金湊堂）
歌舞伎	明治三七	一九〇四	三月	東京・東京	桐一葉（きりひとは）	坪内逍遙	夢の中の場で秀吉が登場。大坂軍記物。続編に「沓手鳥孤城落月」がある。	『歌舞伎オン・ステージ　24』（白水社）、『逍遥選集　第1巻』（第一書房）他
歌舞伎	大正八	一九一九	一〇月	東京・帝国	関ヶ原（せきがはら）	高安月郊	関ヶ原物	『明治大正文学全集　48巻』（春陽堂）
歌舞伎	大正一一	一九二二	五月	東京・新富	小田原陣（おだわらじん）	岡本綺堂		『綺堂戯曲集　第7巻』（春陽堂）他
歌舞伎	昭和二七	一九五二	一〇月	東京・歌舞伎	若き日の信長（わかきひののぶなが）	大仏次郎		『戦国の人々 大仏次郎戯曲全集』（朝日新聞社）、他
歌舞伎	昭和三二	一九五七	八月	東京・東横ホール	明智光秀（あけちみつひで）	福田恆存	「マクベス」の翻案	『福田恆存戯曲全集第4巻』（文藝春秋）他
歌舞伎	昭和三四	一九五九	一〇月	東京・歌舞伎	殺生関白（せっしょうかんぱく）	大仏次郎		『戦国の人々 大仏次郎戯曲全集』（朝日新聞社）、他

あとがき

堀　新

編者の井上泰至さんとは、二〇一四年度民衆史研究会大会「近世につくられた「中世」―「語り」の視点から―」の準備報告会でお会いしたのが最初である。もちろん、お名前もご活躍ぶりも存じ上げていたが、それまでは不思議と交流がなかった。軽妙かつ切れ味鋭い語り口と論理に感嘆しつつ、同年代ということもあってすぐに親しくなり、検討すべき軍記・軍書を教えてもらって何とか報告を準備できた。

偶然だが、大会当日は卒業論文を提出してちょうど三十年目の日であり、母校のキャンパスという感傷からか、「本日使用する史料は、卒論の頃には「使ってはいけない」とされていたものばかりです」と発言してしまった。江戸幕府を正当化する「徳川史観」が戦国・織豊期の政治史理解を歪めているというのが私の持論であるが、その歪みを検証するためには、それまで手付かずだった軍記物語など文学作品に取り組む必要があった。そういう意味では「使わなければいけない」史料なのだが、民衆史研究会大会が足を踏み入れるきっかけを作ってくれた。

新しい世界の扉を開いたようで、大会はエキサイティングで面白かった。その充実感にひたっていると、井上さんから「豊臣秀吉を素材に、文学と歴史で共同企画をやりませんか」と提案があった。報告準備に青息吐息の私とは違って、井上さんは早くから本書の企画を見据えていたのだろう。

豊臣秀吉を素材に、歴史学が実像を、文学が虚像をという企画は、これまでありそうでなかったと思う。私はかつて「信長公記」を素材に、文学・歴史学のコラボ企画を担当したことがあったが、それぞれが異なるテーマについて論じるのみだった。これに対して、同じテーマで文学・歴史学双方が原稿を出し、編集過程でお互いに意見交換するクロスチェックというのが本書の特徴である。井上さんならではのアイディアは、「どうなるのだろうか」という不安もあったが、それよりも新しい何かが始まるワクワク感の方が圧倒的に大きかった。実際のところ、クロスチェックは難しい面もあったが、本書は確実に一つのステップとなった。また本書の準備過程で、秀吉が北政所を「ねね」と呼んでいることに気付いたことは、学説史的にも個人的にも衝撃の事実だった。内容の詳細は「コラム　北政所の実名」を御覧頂きたい。

本書の原稿が集まり始めた頃、より一層のコラボを模索して、今度は私が井上さんに科研費申請を提案した。幸いにも採択され、基盤研究（B）「戦国軍記・合戦図屏風と古文書・古記録をめぐる学際的研究」（課題番号16H03480、研究代表者・堀新）がスタートした。本書の構想が発展し、さらに美術史学も含めたコラボとクロスチェックである。「その先」にはどんな情景が広がっているのか、とても楽しみである。

二〇一六年五月

あとがき

井上泰至

本書で描かれた世界の主役は、秀吉であると同時に「戦争」でもある。秀吉個人の、またその政権と家の、節目節目には必ず「戦争」があった。「戦争」には勝者と敗者があり、両者の立場からその「歴史」は語られる。本書は、そうした「語り」方の豊かさにこそ魅力がある。戦争とその主役を語る時、立場が違えばここまで解釈が違い、語り口を巧妙に変えてゆくものかと目を見張る思いをされたことだろう。

しかし、戦争の当事者、およびその末裔たちの双方の「溝」を埋めることが、容易なことではないことは、近隣諸国との戦争をめぐる「解釈」の問題を思い起こす時、すぐに了解して頂けるだろう。

にもかかわらず、我々は秀吉の「歴史」と「物語」を多様な形で育んできた。今でこそ、「歴史研究」と「文学研究」に分かれ、事実と虚構を各々追ってはいるが、なぜ秀吉の時代なのかと考える時、両者の共通点もある。それは「戦争」やそれにまつわる「決断」への興味である。「戦争」は蛮行ではあるが、比喩的な意味で人生は「戦い」であり、「決断」が求められると考える人にとっては、「決断」そのものの内容への興味とともに、その「語り」は教訓にもなり、娯楽にもなりうる。

人間は平和な日常で日々「選択」をしているが、これも軽い「賭け」である。重要な局面の「賭け」に直面すれば、たいてい心を痛めるが、それを避けて通ることはできないし、自分が安全なところにいて、人の「決断」を観察することは、教訓にもなり、娯楽にもなるのである。「歴史研究」も「文学研究」も、光を当てる事象や資料、それにその扱い方に違いはあるが、秀吉とその遺産たる存在が下した「決断」への興味という点では共通する。大きな「賭け」たる「戦い」からは、生きる努力をしながら、必ず死ぬという矛盾を運命づけられている人間の集約されたあり方が、浮かび上がってくるから、ドラマになる。「歴史研究」は、今通説の北政所の呼称「ねい」が、本書を含めた指摘で再び「ねね」に訂正されつつあるように、慎重な史料の取り扱いを通して、史家自身がそれを語り、「文学研究」は資料の「語り」に注目してこれを浮かび上がらせる。

これまで別々になされてきた研究を、同じ土俵に載せる意味は、合戦をめぐる言説にあると序文で述べた真意はここにある。堀新さんとは、二年前の民衆史研究会大会シンポジウムからの、新たなご縁にもかかわらず、今回のような試みに、勇敢にも乗って下さった。その「決断」に深謝申し上げる。ご縁は続いて、合戦をめぐる言説・表象への、学際的かつ、本格的になるだろう共同研究も始まる。「賭け」は続くが、私自身楽しんで、結果読者にも楽しんでいただけるはずの、今回のような仕事は、「その先」があることを申し添えておきたい。

二〇一六年五月

あとがき　堀　新 × 井上泰至

執筆者プロフィール（執筆順）

堀　新［編者］（ほり・しん）↓奥付参照のこと。

井上泰至［編者］（いのうえ・やすし）↓奥付参照のこと。

湯浅佳子（ゆあさ・よしこ）東京学芸大学教授。著書に『天空の文学史　太陽・月・星』（共著、三弥井書店）、論文に「『鎌倉北条九代記』の歴史叙述の方法」（『文学』11巻3号）、「『鎌倉管領九代記』の歴史叙述の方法」（『近世文藝』98号）などがある。

北川　央（きたがわ・ひろし）大阪城天守閣館長。著書に『大阪城ふしぎ発見ウォーク』（フォーラム・A）、『神と旅する太夫さん―国指定重要無形民俗文化財「伊勢大神楽」』（岩田書院）、『おおさか図像学―近世の庶民生活』（編著、東方出版）などがある。

太田浩司（おおた・ひろし）長浜市長浜城歴史博物館館長。著書に『浅井長政と姉川合戦　その繁栄と滅亡への軌跡』（サンライズ出版）、『テクノクラート小堀遠州』（サンライズ出版）、『近江が生んだ知将　石田三成』（サンライズ出版）などがある。

柳沢昌紀（やなぎさわ・まさき）中京大学教授。著書に『仮名草子集成』40巻・43巻・45巻・49巻・50巻・52巻・53巻・54巻（共編、東京堂出版）、『江戸時代初期出版年表』（共編、勉誠出版）、論文に「甫庵『信長記』初刊年再考」（『近世文藝』86号）などがある。

原田真澄（はらだ・ますみ）演劇博物館招聘研究員。論文に「朝鮮軍記物浄瑠璃作品における武将・小西行長像」（『アジア遊学』173、特集：日中韓の武将伝）、「近代文楽の太閤記物と時局物上演にみるナショナリズムとその展開」（『演劇映像学』２０１２）、翻刻に鳥越文蔵監修、原田真澄翻刻『義太夫節浄瑠璃未翻刻作品集成（第四期）百合稚高麗軍記』（玉川大学出版）などがある。

堀　智博（ほり・ともひろ）共立女子大学非常勤講師。論文に「毛利輝元と大坂の陣」（山本博文・堀新・曽根勇二編『偽りの秀吉像を打ち壊す』柏書房）、「織豊期における徳川・細川氏の関係―宝刀『児手柏』の譲渡時期をめぐって―」（『平成27年度「開校・彰考館」プロジェクト水戸徳川家関連史料調査・活用事業報告書』）、「大坂落人高松久重の仕官活動とその背景―戸村義国との往復書簡を題材として―」（『共立女子大学文芸学部紀要』62号）などがある。

菊池庸介（きくち・ようすけ）福岡教育大学教授。著書に『近世実録の研究―成長と展開―』（汲古書院）、『天空の文学史　第二巻　雲・雪・風・雨』（共著、三弥井書店）、論文に「敵討ち実録「創作」の一方法―『荒川武勇伝』を例に―」（『文学』16巻4号）などがある。

谷口　央（たにぐち・ひさし）首都大学東京教授。著書に『幕藩制成立期の社会政治史研究―検地と検地帳を中心に―』（校倉書房）、『関ヶ原合戦の深層』（編著、高志書院）、『愛知県史　資料編　中世・織豊』（共著）などがある。

網野可苗（あみの・かなえ）上智大学大学院。論文に「物くさ太郎の一代記―『物種真考記』にみる手法としての「実録」―」（『近世文藝』104号）、「『物くさ太郎』享受の一側面―黒本における物くさ太郎像を中心に―」（『上智大学国文学論集』47号）などがある。

遠藤珠紀（えんどう・たまき）東京大学史料編纂所助教。著書に『中世朝廷の官司制度』（吉川弘文館）、『兼見卿記』第1〜5（共編、八木書店）、「「豊臣伝奏」の成立と展開」（『東京大学日本史学研究室紀要別冊　中世政治社会史論叢』）などがある。

森　暁子（もり・あきこ）。お茶の水女子大学研究員。論文に「戦国の和歌から近世の軍書へ―北条氏康『詠十五首和歌』の背景と享受をめぐって―」（『お茶の水女子大学人文科学研究』10巻）、「北条氏長『兵法問答』の合戦語り」（『近世文藝』100号）、「将門の表象と連想―「大晦日は合はぬ算用」考―」（『国文』122号）などがある。

米谷　均（よねたに・ひとし）早稲田大学講師。論文に「日明・日朝間における粛拝儀礼について」（中島楽章・伊藤幸司編『寧波と博多』汲古書院）、「豊臣秀吉の「日本国王」冊封の意義」（山本博文・堀新・曽根勇二編『豊臣政権の正体』柏書房）、「中世日明関係における送別詩文の虚々実々」（『北大史学』55号）などがある。

金子　拓（かねこ・ひらく）東京大学史料編纂所准教授。著書に『織田信長権力論』（吉川弘文館）、『織田信長〈天下人〉の実像』（講談社現代新書）、『記憶の歴史学　史料に見る戦国』（講談社選書メチエ）などかある。

丸井貴史（まるい・たかふみ）上智大学大学院。著書に『上田秋成研究事典』（共著、笠間書院）、論文に「「三言」ならびに『今古奇観』の諸本と『英草紙』」（『近世文藝』97号）、「『太平記演義』成立の背景―冠山の不遇意識を視座に―」（『近世文藝』103号）などがある。

谷　徹也（たに・てつや）京都大学助教。論文に「秀吉死後の豊臣政権」（『日本史研究』617号）、「朝鮮出兵時の国内政策―次舟・人留・人掃―」（『ヒストリア』251号）、「豊臣政権の「喧嘩停止」と畿内・近国社会」（『歴史学研究』942号）などがある。

藤沢　毅（ふじさわ・たけし）尾道市立大学教授。著書に『新局玉石童子訓』［上・下］（共著、国書刊行会）、『読本事典　江戸の伝奇小説』（共著、笠間書院）、論文に「『俊傑神稲水滸伝』序論」（『読本研究新集』7集）などがある。

執筆者プロフィール

秀吉の虚像と実像

編者

堀　新
（ほり・しん）

1961年生まれ。共立女子大学教授。著書に『信長公記を読む』（吉川弘文館、2009年）、『天下統一から鎖国へ　日本中世の歴史 7』（吉川弘文館、2010年）、『織豊期王権論』（校倉書房、2011年）、共編著に『消された秀吉の真実　徳川史観を越えて』（共編、柏書房、2011年）、『偽りの秀吉像を打ち壊す』（共編、柏書房、2013年）、『岩波講座 日本歴史 第 10巻　近世 1』（共著、岩波書店、2014年）、『豊臣政権の正体』（共編、柏書房、2014年）などがある。

井上泰至
（いのうえ・やすし）

1961年生まれ。防衛大学校教授。著書に、『サムライの書斎　江戸武家文人列伝』（ぺりかん社、2007年）、『雨月物語の世界　上田秋成の怪異の正体』（角川選書、2009年）、『江戸の発禁本』（角川選書、2013年）、『近世刊行軍書論　教訓・娯楽・考証』（笠間書院、2014年）、共編著に、『江戸文学 41　軍記・軍書』（責任編集、ぺりかん社、2009年）、『秀吉の対外戦争　変容する語りとイメージ　前近代日朝の言説空間』（共著、笠間書院、2011年）、『江戸の文学史と思想史』（共編、ぺりかん社、2011年）、『近世日本の歴史叙述と対外意識』（編著、勉誠出版、2016年）などがある。

執筆者

井上泰至／堀　新／湯浅佳子／北川　央／太田浩司／柳沢昌紀／原田真澄
堀　智博／菊池庸介／谷口　央／網野可苗／遠藤珠紀／森　暁子／米谷　均
金子　拓／丸井貴史／谷　徹也／藤沢　毅

（執筆順）

2016（平成 28）年 7 月 1 日　初版第一刷発行

発行者　池田圭子

装　丁　笠間書院装丁室

発行所　笠間書院

〒 101-0064　東京都千代田区猿楽町 2-2-3
電話 03-3295-1331　Fax 03-3294-0996　振替 00110-1-56002
ISBN978-4-305-70814-4 C0021

大日本印刷　印刷・製本

http://kasamashoin.jp/